기업의
DX와 5G

기업의 DX와 5G

기업의 디지털 혁신을 위한 5G 자가망 사례 및 도입/구축 입문서

최성남 · 안철주 · 육영수 지음

i!i
에이콘

| 추천사 |

4세대 이동통신 시스템은 패킷 데이터 중심, 특히 스마트폰의 출현과 더불어 B2C 서비스에 있어 큰 성공을 거뒀다. 그러나 B2C 시장이 점차 포화되면서 이종 산업 간 융합의 활성화를 위해 초고속, 초연결, 초저지연의 서비스 시나리오가 필요해졌다. 이를 위한 핵심성능지표를 만족시키도록 상용화된 5세대 이동통신시스템은 B2C 뿐만 아니라 B2B와 B2G 시장을 정조준하고 있다. 이러한 융합산업의 활성화를 위한 일환으로 정부는 스마트제조 및 물류, 의료, 국방, 항공, 엔터테인먼트, 교육 등 다양한 분야에 5G를 적용하기 위해 무선사설망 구축에 박차를 가하고 있다. 정부는 2021년 10월 주파수 할당 공고를 통해 5G 특화망 주파수를 수시로 공급하기로 했고, 이런 특화망은 다양한 IoT 기기를 신뢰성 있게 연결하고 여기서 확보된 데이터의 보안을 유지해야 하는 요구사항을 가졌다.

이로써 5G 이동통신의 초저지연과 고신뢰 서비스 특성을 바탕으로 다양한 산업분야의 경쟁력 제고를 위한 융합이 가능해졌다. 5G 포럼은 5G 이동통신 기술/표준 선도 및 세계 최초 상용화를 위해서 민·관 합동으로 2013년 5월에 창립됐으며, 2019년 4월 전세계 최초로 5G 이동통신을 상용화 한 이래 세계 최고의 5G 협력 생태계 조성, 5G의 지속적인 진화와 이종산업 융합, 그리고 차세대 통신인 6G의 글로벌 경쟁력 확보를 지원하기 위해 추진체계를 강화했다. 8개의 전문위원회와 10개의 Working Group 중 스마트제조위원회를 비롯한 다수의 위원회가 특화망과 연계한 전문활동을 추진하고 있다. 이 즈음에 맞춰 5G 자가망 구축을 위한 실질적인 안내서가 출간됐다. 기업의 DX와 5G의 관련성, 다양한 글로벌 사례, 5G의 핵심적 기술 요소 및 6G 전망까지, 5G 관련 기획, 전략 수립 담당자부터 기술 실무 담당자까지 참고할 만한 모든 내용들을 담았다. Nokia 벨 연구소의 5G 표준 담당자와 실무 5G 아키텍트가 함께 집필한 이 책이 대한민국 기업의 DX에 중요한 기술적 지렛대 역할을 하길 바라며 글을 마친다.

장경희, 인하대 전자공학과 교수, 5G 포럼 집행위원장

4G 기술인 LTE가 B2C 시장에서 무선광대역 서비스로 동영상 서비스 및 스마트폰 혁신을 제공했다면, 5G 기술은 초광대역, 초저지연, 대규모 기기통신 등을 기반으로 B2B 시장의 파괴적 기술 혁신에 대한 단초를 제공한다. 이 혁신적 기술 파괴가 가장 강력하게 나타날 분야가 바로 스마트 팩토리다. 전통적으로 시계 산업의 글로벌 주도권은 스위스가 가지고 있었으나 애플의 스마트워치 출시로 시계의 개념이 완전히 바뀌었고 럭셔리 시계를 석권한 적이 없던 미국의 기업이 시계 산업의 판도를 바꿨다. 스마트 팩토리는 기계 및 제조의 개념을 완전히 바꾸는 것이다. 2022년 정부에서는 스마트 팩토리 구축에서 정량적인 목표를 제시했지만, 갯수보다는 성공적인 사례 하나가 더 중요하다. B2B 분야에서의 5G 주도권을 대한민국이 가져가려면 새로운 한류 콘텐츠, 드라이브스루 코로나 진단 방식 등과 같은 한국형의 스마트 팩토리 사례를 만드는 것이 무엇보다 중요하다. 성공적인 한국형 스마트 팩토리 사례를 발굴하고 특화된 산업용 어플리케이션과 특화 단말을 개발한다면 5G에 이어 6G까지도 이어갈 것이다. 5G 자가망 도입을 검토 중인 독자들에게 기업 DX 관점에서 5G의 A-to-Z를 알려주는 이 책을 추천한다. 이 책이 한국형 스마트 팩토리의 성공적인 구현에 시의적절한 마중물이 되기를 기원한다.

김성륜, 연세대 전기전자공학과 교수, 前 5G 포럼 스마트공장 위원장

5세대(5G) 이동통신 글로벌 이용자가 올해 10억 명을 넘어설 전망이다. 아시아·태평양 지역은 글로벌 통신 혁명에서 몇 년 내 선두주자로 올라설 것이 유력하다. 5G가 자리를 잡으며 첨단 기술을 활용한 스마트 시티, 스마트 팩토리, 정밀농업, 사물인터넷(IoT), 로봇 공학을 구현할 수 있을 것이다. 5G는 가상과 실제가 혼합한 놀라운 세계를 보여 준다. 이미 각종 센서와 인공지능(AI)·머신러닝 기술이 보편화된 상황에서 디지털 트윈 모델과 실시간 동기화를 통해 현실 세계 연구, 미래 예측, 적절한 행동 처방이 가능하다. 5G를 활용해 생산 설비 자동화를 비약적으로 고도화할 수 있고, 위기가 발생했을 때 도시 기능을 탄력적으로 운영할 수 있으며 학생에게는 몰입도 높은 학습 경험을 제공할 수 있다. 그 외에도 많은 부분이 변할 것이다. 독일에서 시작한 인더스트리 4.0에 발맞춰 5G/LTE 기반의 기업용 무선통신 솔루션을 노키아에서 가장 처음으로 개발했고 560개를 상회하는 5G/LTE 자가망 고객 사례를 구축했다. 대한민국의 5G 특화망 제도 시행에 따라 노키아의 5G 전문가 3인이 기업들의 5G 자가망 도입에 도움이 될 지침서를 발간한다. 대한민국 기업들의 글로벌 경쟁력 강화에 디딤돌이 되길 바란다.

안태호, 노키아코리아 대표

| 지은이 소개 |

최성남

IBM 메인프레임 및 UNIX 시스템 담당으로 IT에 입문해 다양한 통신서비스 개발, DR^{Disaster Recovery}, 소프트웨어 솔루션 개발, 유무선 통신망 전략 컨설팅, SDN, NFV, AI, 5G 등 30여 년 동안 IT 전반에 대한 폭넓은 경험을 보유하고 있다. 삼성SDS, 밸텍 컨설팅^{Valtech Consulitng}, 시스코 등에 재직했으며 현재 노키아에서 기업용 5G 자가망 솔루션 컨설턴트로 재직 중이다. 서울대학교 수학과, 헬싱키경제대학^{Helsinki School of Economics} EMBA를 졸업하고 MIT Sloan & CSAIL의 AI Coursework을 수료했다. 정보통신 기술사, PMP^{Project Management Professional} 등의 자격증을 보유하고 있으며 에이콘출판사에서 펴낸 『데브옵스 시대의 클라우드 네트워킹』(2017), 『네트워크 가상화의 모든 것』(2018) 등을 번역했다.

안철주

유선통신분야로 입문해 통신망 설계, 서비스/솔루션 개발, 유/무선 통신망 분야 컨설팅, PSTN, VoIP/Soft Switch/IMS, 4G, 5G, Cloud/NFV 및 보안 분야 등에서 유/무선통신 및 IT 전반에 대한 폭넓은 경험과 전문성을 보유하고 있다. 데이콤 및 제너시스템즈에서 음성통신 및 서비스의 큰 기술적 변화와 발전을 경험했다. 지금은 모든 것이 무선으로 연결되는 미래 사회를 꿈꾸며 노키아에서 E2E Solution Architect로서 APJ Region의 Private Wireless(LTE, 5G) 관련 기술부분을 리딩하고 있다. 성결대학교 학사, 연세대학교 공학석사, 한세대학교에서 공학박사 학위를 취득했다. 정보통신기술사, CISSP^{Certified Information Systems Security Professional} 등의 자격증을 보유하고 있다.

육영수

이동통신 기술 전문가로 연세대학교 전자공학과를 졸업하고 동대학원에서 박사학위를 취득했으며, 20여년 동안 LG전자와 노키아 벨 연구소^{Bell Labs}에 재직하면서 이동통신 관련 기술 개발, 표준화 등의 폭넓은 경험을 가지고 있다. 특히, 3GPP LTE/5G, IEEE 802.16 WiMax 등의 이동통신 표준화에 직접 참여하고 다수의 표준 특허를 보유한 표준 전문가이다. 또한, 삼성SDS 재직 중 기업용 Wi-Fi, VPN 네트워크 서비스를 위한 솔루션을 개발에 참여하는 등 기업용 5G 자가망/특화망 관련 기술에 대한 전문성을 보유하고 있다. TTA, 5G포럼, 스펙트럼 포럼 등 국내 주요 포럼에서 활발히 활동하고 있다. 『5G New Radio: A Beam-based Air Interface』(Wiley, 2020)의 저자로 참여했으며, 『재난안전망을 위한 PS-LTE 기술』(홍릉과학출판사, 2016) 등을 번역했다.

"다양한 글로벌 기업의 5G/LTE 기반 디지털 혁신 사례 및 적용 유형들이 국내 기업들의 경쟁력 확보에 도움이 되길 바라며 이 책을 저술했다. 통신사 5G와 5G 자가망의 비교, 국내 5G 특화망 제도에 대한 소개, Nokia Bell Labs의 5G 인증 교육 과정, 5G 자가망 SaaS 예시 등을 통해 기업의 디지털 혁신을 담당하는 CIO, CDO, 전략 기획 담당자 뿐만 아니라 실무 담당자에게도 기업에서 5G를 활용하는 데 실질적인 안내서가 되기를 바란다."

– 최성남 –

"비통신 전공자 및 5G 이동통신 기술에 관심이 있거나 이해를 필요로 하는 기업 내 5G 기반 디지털 혁신 담당자가 5G 관련 기술에 대한 개념 정립에 도움이 되길 바라며 저술했다. 5G 기술, 5G 코어 네트워크, 5G 무선 네트워크, 네트워크 슬라이싱, MEC, 5G QoS 및 무선기술과 안테나, 망 설계/적용 등의 내용을 담았다. 이를 통해 기업 내 네트워크 기획 담당자 및 실무 담당자가 기업의 특성에 맞게 최적화된 5G 자가망을 효과적으로 도입하고 적용하는 데 실질적인 참고서가 되기를 바란다."

– 안철주 –

"5G 표준은 다양한 산업 어플리케이션에 적용되기 위해 진화하고 있다. 5G 표준의 진화 방향을 이해하고 장기적인 네트워크 구축 및 확장 계획을 수립하는 데 도움이 되기를 바라며 저술했다. URLLC 성능 강화를 위한 다양한 최적화 기술, NPN 기술, 네트워크 자동화, 산업용 단말표준 등의 개념을 쉽게 이해할 수 있도록 기술했으며, 추가적으로 5G 확장 기능인 위치 측정, 타임서비스 등을 소개했다. 마지막으로 최근 논의가 시작되고 있는 6G 미래 비전을 통해 산업용 통신망의 미래를 그려볼 수 있길 기대한다."

– 육영수 –

대한민국을 선진국 반열에 오르게 한 국내 기업들이 한 단계 더 높은 지속 가능한 가치, 초격차의 디지털 혁신을 달성하는 데 이 책이 일조하기를 바란다. 전세계 IT 기술을 선도하는 대한민국에서 5G 자가망을 활용한 수많은 디지털 혁신 성공 사례들이 나타날 것으로 믿어 의심치 않는다.

5G 특화망 제도 시행의 실질적인 원년인 2022년에 5G 특화망에 대한 다양한 컨퍼런스 및 논의에 더불어, 여러 5G 자가망 구축 프로젝트로 바쁜 업무 중에도 저술에 도움을 주신 Nokia 내부의 여러 전문가들과 협력업체 직원들에게 감사를 드린다. 업무로 인한 집필의 일정 지연과 전문 분야 기술 서적의 어려운 내용에도 불구하고 최선의 노력과 지원으로 이 책의 탈고에 힘써 주신 에이콘출판사 여러분들께도 감사를 드린다.

| 들어가며 |

코로나19, 탈세계화, 미중 패권 경쟁 등에 따른 공급망 이슈, 자국 내 생산 및 서비스 거점 확보 등의 추세에 따라 기업들의 경쟁 환경과 판도는 급격하게 변하고 있다. 이에 따라 모든 기업들은 디지털 혁신을 통해 생산성 향상 및 효율성 강화 뿐만 아니라 산업 현장 내 작업자들의 안전에도 더 높은 수준을 달성하기 위해 노력하고 있다. 기업의 디지털 혁신을 위해서는 AI, RPA, AR/VR, 클라우드, 로봇, 5G 등의 다양한 IT 기술을 검토하고 활용하고 있다. 세계경제포럼, WEF에서 발표한 보고서에서도 언급했지만 다양한 IT 기술 가운데서도 5G 자가망은 디지털 혁신에 필요한 모든 IT 기술의 활용에 근간이 되는 통신 기술이다. 국내에서도 2021년 11월 5G 특화망 제도를 시행함에 따라, 기업에서 통신사의 5G서비스를 사용하지 않고, 직접 5G 자가망을 구축할 수 있는 길이 열렸다.

이에 기업의 5G 기반 디지털 혁신을 지원하는 Nokia의 5G 전문가 3인이 기업의 5G자가망 도입 안내서를 내놓게 됐다.

이 책의 대상 독자

- 기업의 DX 전략을 수립 및 실행하는 담당 CDO, CIO, 전략팀장과 실무 담당자

- 5G 기술을 활용한 글로벌 기업 DX 사례 및 적용 방안에 관심이 있는 기업 DX 담당자

- 5G 자가망 구성과 활용을 위한 제도, 주파수, 솔루션, 교육, 5G 기술 등이 필요한 기업의 네트워크 담당자 및 담당 부서

- 5G 자가망 기술 및 솔루션을 기반으로 기업 DX 시장에서 비지니스를 진입 또는 확대하려는 기업 DX 솔루션 제공사의 프리세일즈 팀

이 책에서 다루는 내용

- 5G/LTE 자가망을 활용한 기업의 디지털 혁신 사례 소개

- 5G 자가망을 활용한 기업의 디지털 혁신 적용 유형 소개

- 5G 자가망과 통신사 5G, Wi-Fi의 비교 및 차이점 설명

- 기업의 5G 자가망 도입을 위한 5G 특화망 제도 및 도입 절차 소개

- Nokia Bell Labs의 5G 인증 교육 소개 및 5G 자가망 SaaS 소개

- 5G의 기술적 아키텍처, 주요 구성 요소 및 특징에 대한 상세한 설명

- 네트워크 슬라이싱 및 MEC의 아키텍처 및 상세 기술 설명

- 5G의 QoS 기술, 무선 기술 설명 및 설계/도입 기술적 방안 소개

- 5G의 표준화 동향 및 6G 전망

이 책의 구성

이 책은 기업의 생존과 지속성에 대한 불확실성이 증가하는 시대에 개별 기업이 디지털 혁신을 통한 미래 전략 수립에 최신 무선 통신 기술인 5G를 활용하는 안내서로 기획됐다. 기업의 DX 전략 담당자, 기획 담당뿐만 아니라 네트워크 담당자 및 IT 부서까지 다양한 업무 분야에 필요한 내용을 담았다. 각자의 업무, 경험과 필요에 따라 일부 장 또는 전체를 읽으면 되겠다.

주요 내용은 다음과 같다.

1장, 기업의 DX와 5G

기업의 DX 동향과 기업 DX에 수반되는 기술 요소를 살펴본다. 딜로이트, 세계경제포럼, 노키아 벨 연구소 등의 세계 유수 기관들의 보고서를 인용해

객관적 관점에서 기업 DX에서 5G의 필요성과 Wi-Fi 등과의 차별점을 살펴본다. 또한 이를 위해 2021년부터 국내에서 시행 중인 기업 DX를 위한 5G 자가망 제도를 소개한다. 노키아 벨 연구소의 5G 인증 교육 과정 소개와 기업용 5G 자가망의 클라우드 기반 서비스 예시로 AWS Private 5G 서비스, 노키아 DAC 서비스도 살펴본다.

2장, 5G를 활용한 글로벌 기업 DX 사례

기업 DX의 적용 유형들을 포함하고 있는 인더스트리 4.0 프레임워크를 살펴본다. 인더스트리 4.0 프레임워크의 주요 범주인 디지털 산업 현장, 자동화된 작업 현장, 커넥티드 작업자, 스마트 자산 등에 따라 대표적인 적용 유형을 소개한다. 각 유형별로 글로벌 기업에서 5G 자가망을 활용해 기업 DX를 구현한 사례를 소개한다. 2021년부터 국내에서 시작한 기업용 5G 자가망 제도인 이음5G$^{e-Um\ 5G}$의 사례도 살펴본다.

3장, 5G 이해하기

5G의 주요 활용 사례의 특징을 살펴보고, 이것을 통해서 5G가 우리의 일상 생활뿐만 아니라 산업에 어떻게 영향을 미치는지 살펴본다. 미래산업사회의 기반 인프라로 5G가 활용되기 위해서 기존 이동통신 기술 대비 어떤 기술적 진보가 있었는지 소개한다. 또한 3GPP의 표준화 그룹 및 표준화 절차와 5G NR 주파수 밴드, 5G 주요 기술 및 SA, NSA 배포 옵션별 네트워크 아키텍처를 살펴봄으로써 5G 전반에 대한 이해를 할 수 있다.

4장, 5G 네트워크 구성

5G 네트워크의 전체 구성에 대한 개요를 살펴보고, 5G 코어 네트워크를 구성하는 개별 NF[Network Function]와 RAN 네트워크를 구성하는 요소, RAN 프로토콜 아키텍처 및 RAN 아키텍처를 상세히 소개한다. 그리고 5G UE와 5G 네트워크 간의 호처리 절차를 간략히 살펴보며 호 설정을 위한 5G 네트워크 구성 요소간 동작 절차 전반을 이해할 수 있다.

5장, 네트워크 슬라이싱

네트워크 슬라이스를 전반적으로 소개한다. 네트워크 슬라이싱 정의, 4G 네트워크 슬라이싱 개념과 5G 네트워크 슬라이싱 비교, 각 도메인(코어, RAN, 전송)별 슬라이싱 및 네트워크 슬라이싱 동작 절차를 다룬다. 5G의 핵심 서비스 기능인 네트워크 슬라이싱을 E2E 관점에서 이해할 수 있을 것이다.

6장, MEC

MEC를 전반적으로 소개한다. ETSI MEC 구조, MEC 구성 요소, MEC 구축 모델 그리고 MEC가 3GPP 5G망과 어떻게 밀결합 될 수 있는지를 살펴봄으로써 MEC와 5G와의 관계를 서비스 및 기술적 관점에서 이해한다.

7장, 5G QoS, 무선 기술과 안테나

4G 및 5G 망에서의 QoS모델을 비교해 소개한다. 5G망에서 QoS 처리가 4G망에서의 처리와 어떤 차이점을 갖는지 이해할 수 있도록 한다. 그리고 무선기술 및 안테나에 대한 기본적인 내용을 소개하며 5G 자가망에 입문하는 기업 담당자 및 독자들이 현장에서 접하는 기본적인 기술 내용에 대한 전반적인 이해를 할 수 있도록 돕는다.

8장, 망 설계 및 적용

기업에서 5G 자가망을 도입하기 위해 고려할 수 있는 기술적인 방안 NPN Non-Public Network에 대한 기술적인 내용과 적용 방안을 소개한다. 또한 실제 서비스 망 구성에 필요한 관련 번호계획 및 설계 방안을 다루며 5G 자가망 설계를 전반적으로 이해한다.

9장, 5G의 미래와 6G

5G 표준의 진화 방향과 6G의 미래 비전을 통한 산업 통신망의 미래를 그려 볼 수 있도록 내용을 구성했다. 유무선의 통합과 산업 통신망의 요구 사항들을 더 많이 수용하게 되는 6G의 비전을 살펴볼 수 있다.

에이콘출판의 기틀을 마련하신 故 정완재 선생님 (1935-2004)

| 차례 |

기업의 DX와 5G

기업의 DX와 5G

1.1 기업의 DX 동향

디지털화^{Digitization}는 아날로그 정보를 이미지 스캐너나 디지털 음성 녹음 장치 등과 같은 디지털 변환 도구를 사용해 디지털 형태로 바꾸는 것을 의미한다. 디지털화는 1990년대 인터넷의 태동 이후 급속하게 활성화됐다. 디지털 전환^{Digital Transformation}, 즉 DX는 기존의 데이터나 프로세스를 단순하게 디지털화하는 것 이상을 의미한다. DX는 디지털 기술을 활용해 제품의 생산 방식, 서비스의 제공 방식뿐만 아니라 일하는 업무 절차와 방식 그리고 조직의 구성 및 의사 소통 구조까지 바꿔 가는 것이다. DX는 단순한 기술의 도입이 아니라 사회적 기술 프로그램^{Socio-technical Programme}이다.

OECD에서 기업 DX와 생산성 간의 상관 관계를 조사한 보고서에 따르면 2009~16년 사이에 디지털화를 강력하게 추진한 상위 5%의 기업들과 나머지 기업들 간의 생산성을 비교한 결과 상위 5%의 기업들의 생산성은 2009년을 기준으로 7년 동안 20% 가량 증대했다. 반면 나머지 95%의 기업들의 생산성은 동일 기간 동안 5% 증가하는 데 그쳤다. 기업의 DX는 이제 선택 사항이 아닌 기업의 생존을 위한 절대적인 명제가 됐다. 기업의 DX 분야는 비즈니스의 디지털화, 경험의 디지털화, 운영의 디지털화, 조직 및 문화의 디지털화, 인프라스트럭처 기술의 디지털화 등으로 구분할 수 있다.

글로벌 리서치사에서 기업 현장의 주요 담당자 1,080명을 대상으로 시행한 조사에 따르면 2020년 발발한 코로나로 기업의 DX는 훨씬 더 가속화되고 있다. 기업의 사업장 규모에 따라 차이는 있지만 60~70%의 기업들이 코로나 확산으로 원래의 계획보다 빠르게 DX를 실행하고 있다.

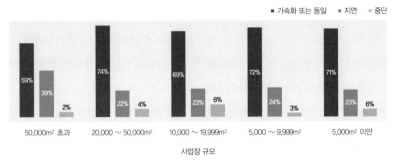

그림 1-1 코로나 확산에 따른 기업 DX 영향(2022, ABI 리서치)

비즈니스의 디지털화는 데이터 기반의 인사이트로 실행이 가능한 항목들을 도출하고 실시간의 응답 결과를 제공하는 것이다. 이를 통해 시장 대응 시간 TTM, Time-To-Market을 단축하고 개인화 및 맞춤화된 서비스나 상품을 제공하며 파트너 생태계를 꾸려 가는 것이다. 경험의 디지털화는 다양한 옴니채널로 고객과 소통하며 사전 예방적으로 자동화된 고객 관리를 제공하는 것이다. 서비스 또는 신규 상품의 제공 기반 마련을 통해 수익화를 신속하게 실행하고 고객 접점을 항상 연결 상태로 유지하는 것도 포함한다. 운영의 디지털화는 추상화, 자동화, 연결된 지능을 필수 기반으로 한다. 이를 통해 서비스 생성 및 제공을 애자일 방식으로 하며 고객 경험을 향상시킨다. 또한 새로운 비즈니스 모델을 위한 촉진자 역할을 하며 복잡도를 낮춘다. 조직 및 문화의 디지털화는 적절한 디지털 전략을 기반으로 하며 작업자 및 파트너사들을 대상으로 한다. 이는 온라인 도구 구축, 디지털화 교육, 디지털 활용 역량 강화 등을 포함한다. 인프라스트럭처 기술의 디지털화는 클라우드, 인공지능AI, Artificial Intelligence, 증강 및 가상 현실, 메타버스, 프로그램이 가능한 인프라스트럭처, 동적인 자원 할당 등을 주요 요소로 한다. 이들을 통해 안정적이고 신뢰성 높은 연결을 보장하고, 수요가 급증하더라도 그에 맞춰 규모를 확대할 수 있으며, 보안성 높은 데이터 전송과 상호 커뮤니케이션을 보장할 수 있다.

2022년 하버드 비즈니스 리뷰에 게재된 내용에 따르면 성공적인 DX를 위해 중요한 4가지 요소는 IT 고도화IT Uplift, 운영의 디지털화Digitizing Operations, 디지털 마케팅Digital Marketing, 신규 비즈니스New Venture 등이다. IT 고도화는 현대적인 IT 기술들을 적극적으로 도입해 활용하는 것을 말하고, 운영의 디지털화는 고도화된 IT를 기반으로 운영 및 업무 절차를 혁신하는 것을 의미한다. 디지털 마케팅은 고객 및 파트너 생태계 등 기업 외부와의 커뮤니케이션에 디지털 도구와 방식을 적용하는 것을 말하고, 신규 비즈니스는 혁신적인 비즈니스 모델과 새로운 제품을 생산하는 것을 일컫는다. 기업의 DX에서 기술 요소는 필수 요소임을 다시 한 번 확인할 수 있다.

2019년 매킨지에서 1,700여 명의 C-레벨 임원들을 대상으로 기업의 DX 실행 성과에 대해 설문 조사를 했다. DX 실행에 적극적이고 전략적으로 접근하지 않으면 예상과 다르게 DX의 성과가 45%는 기대보다도 저조함을 보여주는 결과가 나왔고, 44%는 기대 수준 정도, 11%만이 기대 이상의 성과를 나타냈다. 전략적인 DX 실행을 한 그룹의 경우 52%가 기대 수준 이상의 성과를 거뒀으며 48%는 기대 수준을 충족했다. 전략적인 DX 실행을 위해 실행 과제별로 우선순위를 명확하게 정의하는 것, 핵심 인재에게 투자, 시간과 예산에 대한 강력한 지원, 신속한 애자일 실행 수용, 담당 인력들에게 충분한 권한 위임 등의 5가지 원칙을 제시했다.

기업의 DX를 위해서는 기술 요소도 빼놓을 수 없는 필수 요소이지만 그것의 도입, 적용 및 활용에서 전략적인 실행이 수반되지 않으면 기대하는 결과를 얻지 못할 수도 있음을 명심해야 한다.

1.2 기업 DX의 기술 요소

딜로이트Deloitte 그룹의 2021년 설문 조사 결과에 따르면 향후 몇 년 동안 중요한 기술로는 사이버 보안(54%), 클라우드 컴퓨팅(54%), 5G(51%), 인공지능(47%) 등의 순으로 나타났다. 그 외에 IoT, RPARobotic Process Automation, AI 기반 데이터 마이닝, 엣지 컴퓨팅, 블록체인, 노코드No-Code 개발 등도 중요한 기술들로 예상하고 있다.

2019년 캡제미니Capgemini에서 12개 국가의 10가지 산업 분야에 종사하는 800여 명의 기업 임원들을 대상으로 DX에 필수적인 기술에 대한 설문 조사를 했다. 그 결과 클라우드 컴퓨팅이 84%, 5G가 75%, 드론 및 AGV 등에 기반한 고수준 자동화가 73% 등의 순으로 의견이 수렴됐다. 기업의 IT 예산의 가장 큰 부분을 차지하는 컴퓨팅 자원의 비용의 효율적인 활용을 위해 클라우드 컴퓨팅은 빼놓을 수 없는 필수 기술이다. 자체적인 IT 서버 인프라에 대한 대규모 투자 없이도 클라우드 서비스를 통해 IaaSInfrastructure-as-a-Service, PaaSPlatform-as-a-Service 등을 활용할 수 있다. 또한 기업 내의 CRMCustomer Relationship Management, SFASales Force Automation, HRMHuman Resource Management 등의 SaaSSoftware-as-a-Service 등은 오늘날 거의 대부분의 기업에서 통용되고 있다.

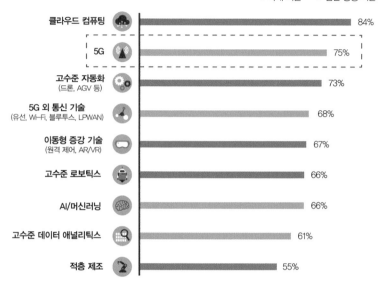

그림 1-2 기업 DX의 필수 기술(2019, 캡제미니 보고서)

더 빠른 속도, 더 높은 안정성, 더 많은 장치의 연결을 지원하는 5G 기술은 산업 현장의 다양한 통신에 대한 필요를 채워줄 것이다. 실시간으로 대용량의 데이터 송수신이 필요한 디지털 트윈, 무인 자율주행, 메타버스, 가상 현실 등을 구현하는 데 5G 기술은 통신 관점에서 필수 요소로 자리 잡을 것으로 전망한다. 기존에는 산업 현장에서 장비 및 센서 등을 포함한 다양한 IoT 단말을 유선, 와이파이, 블루투스, 통신사의 3G/LTE 서비스 등을 통해 연결했다. 이와 같은 기존의 통신 기술들은 이동성의 제약, 통신 속도의 한계, 통신의 안정성 부족, 데이터 사용량에 따른 과금 체계 등의 이유로 부분적으로 활용되고 널리 적용되지 못했다. 하지만 5G 서비스의 활성화와 5G 자가망 제도의 확산에 따라 산업 현장에서 DX를 위한 5G 기술 도입이 더욱 가속화될 전망이다.

기업의 CXO들은 디지털 혁신 기반의 원대한 미래 비즈니스 전략을 수립할 때 강력할 데이터 기반의 기술을 활용한다. 인공지능, 애널리틱스, 차세대 IoT 등의 기술들을 활용해 산업 현장의 데이터를 놓치지 않고 잘 수집해 처리, 연계, 활용할 때 디지털 혁신을 가속화하고 효율성을 극대화하며 조직의 민첩성도 높일 수 있을 것이다. 데이터 기반의 혁신적 기술의 활용에 따라 통신의 대용량 처리 속도, 통신의 안정성 등의 중요도는 지금까지의 통신에 대한 기대 수준을 훨씬 넘어선다. 또한 데이터 송수신에 따른 처리 지연 시간, 송수신 소요 시간에 대한 부분이 개선된다면 훨씬 더 많은 혁신 기술들을 더 높은 효율성으로 구현하고 활용할 수 있을 것이다. 2021년 딜로이트Deloitte가 400개가 넘는 글로벌 조직을 대상으로 조사한 결과 76%의 응답자들이 향후 3년간 디지털 전략을 위해 훨씬 더 강력한 네트워크 기술들을 도입할 계획이며 이는 디지털 전략 수행에 가장 필수적인 부분이라고 했다. 이 부분에 도움을 줄수 있는 기술이 5G 엣지 컴퓨팅 기술이다. 5G 엣지 컴퓨팅 기술을 바탕으로 기업 네트워킹 관점에서 혁신Innovation, 효율성Efficiency, 민첩성Agility 등의 새로운 장을 열 수 있다. 4G/LTE에서 5G 엣지 컴퓨팅으로 전환하게 되면 디지털 혁신을 향한 선형적 발전이 아니라 네트워크 기능의 퀀텀 점프Quantum Leap 역할을 하게 돼 비즈니스 가능성의 스펙트럼을 상상하기 어려울 정도로 확장하게 된다. 예를 들어 인공지능 도입 계획이 완료는 됐지만 실시간 데이터 연결이 부족해 베타 버전 수준에 머물러 있는 경우 5G 엣지 컴퓨팅을 기반으로 산업 현장에서 또는 고객의 데이터를 하나도 빠뜨리지 않고 실시간으로 연동해 신규 제품이나 서비스 개발에 즉각 활용할 수 있을 것이다. 또한 생산 현장에서 실시간으로 센서 데이터를 수집하고 분석해 효율성은 높이고 유지보수 비용은 절감하는 목표를 향하는 IoT 전략도 그 예시가 될 수 있다. DX의 전반적인 부분에서 신규 제품과 서비스, 비즈니스 모델 등을 더 강력하게 하는 데 걸림돌이 됐던 수많은 네트워킹의 제약 사항들은 5G 엣지 컴퓨팅으로 해결할 수 있다.

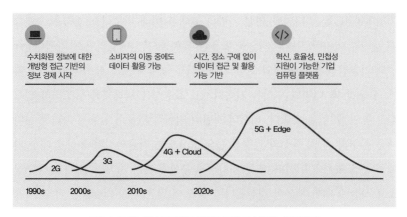

| 수치화된 정보에 대한 개방형 접근 기반의 정보 경제 시작 | 소비자의 이동 중에도 데이터 활용 가능 | 시간, 장소 구애 없이 데이터 접근 및 활용 가능 기반 | 혁신, 효율성, 민첩성 지원이 가능한 기업 컴퓨팅 플랫폼 |

그림 1-3 5G 엣지 컴퓨팅의 혁신적 기업 기술(출처: 딜로이트)

5G를 선도적으로 도입한 기업들의 경우는 대부분 5G의 기능이 기대치를 충족했거나 상회했다. 5G 시범 도입이나 초기 구현에서도 이미 강력한 비즈니스 관점의 효과를 확인하고 있다. 선도적 도입 기업들의 60%가 운영의 효율화가 증대됐다고 말한다. 비즈니스 효과가 있는 핵심 적용 사례로는 5G로 연동한 영상 기반의 품질 검수, 원격 제어 및 장비 운영, AGV 구동, 자율주행 로봇, AR/VR 기반의 원격 협업 등으로 나타났다. 산업 현장을 기반으로 한 기업들은 5G를 활용하면 신규 제품, 서비스, 비즈니스 모델 도입이 용이해져서 비즈니스 매출 향상에도 큰 도움이 될 것으로 전망했다. 하지만 5G가 주류로 자리 잡기까지는 좀 더 시간이 걸릴 것으로 전망하는 보고서들도 있다. 그 이유로는 미중 경제 전쟁에 따른 5G 확산 일정 지연, 통신 사업자들의 소극적 5G 투자 등을 들고 있다. 그럼에도 불구하고 DX를 위해 5G 자가망 주파수 제도를 도입하는 나라들이 늘어나고 있고 기업들도 현장에 5G 도입을 서두르고 있기 때문에 어떤 형태로든 기업들의 5G 도입은 가속화될 것이다.

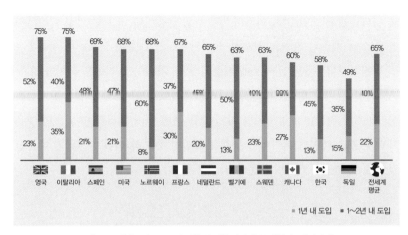

그림 1-4 기업들의 5G 도입 의향에 대한 나라별 통계(출처: 캡제미니)

캡제미니의 보고서에 따르면 조사 대상 기업의 65%가 2년 이내에 5G를 도입할 계획이며 그중 22%는 1년 이내에 도입한다는 의향을 밝혔다. 5G 도입으로 가장 큰 혜택을 보는 분야는 제조 분야로 운영의 효율성 증대 효과가크다. 생산 현장을 원격으로 제어하고 VR과 인공지능 기반의 원격 협업으로산업 현장의 운영을 매끄럽게 이어갈 수 있다. 항공 회사들은 항공기 유지보수를 예지 보전으로 혁신해 동작 불량에 따른 운행 지연 예방이나 항공기유지보수 비용 절감 등의 혜택을 볼 수 있다. 철도 사업자도 AR 기술을 활용해 실제 상황과 접목한 시뮬레이션으로 철도 기관사들의 교육 수준을 강화할 수 있다. 화학 회사에서는 위험 물질이나 제품들을 생산하고 운송하는 부분을 용이하고 안전하게 수행할 수 있다.

1.3 대반전

코로나의 확산은 전 세계의 경제 활동과 인류의 생활 양식에 짧은 기간 동안 괄목할 만한 결과를 낳았다. 그 결과 중 하나가 미국의 소비자 경제 활동을 나타내는 지표인 미국 이커머스의 수요 급증이다. 코로나 발생 이전까지 전체 소매 매출의 20%를 하회하던 이커머스의 매출이 코로나가 확산된 1년 남짓한 기간 동안 전체 소매 매출의 40% 가까이로 치솟은 것이다. 이는 미국뿐만 아니라 한국이나 다른 나라들에서도 동일한 현상이다. 단기간에 이커머스의 비중이 급증했지만 이 수요를 문제 없이 처리할 수 있었던 것은 사전에 공급 측면의 이커머스 플랫폼 도입이 충분히 이뤄져 있었기 때문인 것으로 벨 연구소 컨설팅 부문에서는 진단했다.

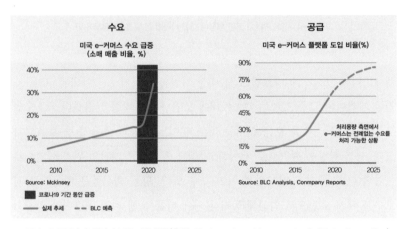

그림 1-5 코로나가 이커머스에 끼친 영향(출처: Big Inversion whitepaper by Bell Labs Consulting)

미국의 이커머스 플랫폼 도입은 2015년 이후 급격하게 이뤄져 도입 비율의 변곡점을 생성했으며, 코로나가 발발하던 2020년경에는 전체 소매 시장의 60% 가까이 이커머스화가 진행됐다. 역사적인 전례가 없는 소매 수요를 감당하기에 충분한 이커머스 플랫폼이 소매 업계 전반에 확산돼 있었던 것이다. 소매 업계의 디지털 플랫폼 기반의 혁신이 있었기 때문에 코로나의 충격에도 오히려 더 큰 매출과 실적의 성과를 이룰 수 있었다.

브루킹스 연구재단에서는 기업의 디지털화 관점에서 기업군을 분류했는데 벨 연구소 컨설팅 부문에서는 이를 디지털 성숙군Digital Mature, 물리적 선도군 Physical Leading, 물리적 추종군Physical Lagging 등의 세 영역으로 구분한다.

구분	세부 사항
디지털 성숙군 (Digital Mature)	• 모든 디지털 산업군 포함 • 가장 높은 디지털화 성취도 • 다년간의 고강도 ICT 투자 결과 • 통신, 미디어, 은행, 증권, 보험, 클라우드 등
물리적 선도군 (Physical Leading)	• 일부 디지털화를 달성한 물리적 산업군 • 통상적인 ICT 투자로 제한적 디지털화 달성 • 높은 생산성을 위한 ICT 투자에 가장 적극적 • 제조, 헬스케어, 운송, 소매, 교육, 공공, 유틸리티 등
물리적 추종군 (Physical Lagging)	• 저수준의 ICT 투자 및 디지털화 성취도 • 대륙/국가/세부 업종별 디지털화 효과 편차 상이 • 건설, 농업, 광업, 도매, 공연, 숙박, 외식 등

디지털 성숙군Digital Mature은 모든 디지털 산업군을 포함하며 가장 높은 디지털화 성취도를 기록했다. 이는 다년간의 고강도 ICT 투자의 결과이다. 디지털 성숙군에는 통신, 미디어, 은행, 증권, 보험, 클라우드 등의 산업군들이 포함된다. 물리적 선도군Physical Leading은 일부 디지털화를 달성한 전통적인 물리적 산업군으로 통상적인 ICT 투자를 기반으로 제한적인 디지털화를 달성했다. 이 그룹은 높은 생산성을 달성할 수 있는 수단에 대한 투자에 가장 적극적이며 ICT 투자에 대한 관점도 동일하다. 물리적 선도군에는 제조, 헬스케어, 운송, 소매, 교육, 공공, 유틸리티 등의 산업군들이 포함된다. 물리적 추종군Physical Lagging은 저수준의 ICT 투자로 가장 낮은 디지털화 성취도를 달성했다. 이 그룹의 일부 세부 업종에서는 상대적으로 높은 수준의 자동화

를 달성해 디지털화의 효과를 누리고 있으나 이는 극히 예외적인 것이다. 동일한 업종 내에서도 디지털화를 통한 효과가 대륙, 국가, 세부 업종별로 편차가 아주 큰 것이 이 그룹의 특징이다. 물리적 추종군에는 건설, 농업, 광업, 도매, 공연, 숙박, 외식 등의 업종이 포함된다.

전통적인 물리적 산업군의 디지털화는 ICT와 산업 현장의 OT[Operation Technology]를 아우르는 증강 기술의 도입을 통해 일어난다. 고도의 로봇 기반 자동화, 대규모의 센서 연동 및 처리 기술, 증강 인지 및 머신러닝 기반의 인지적 제어 기술, 국소적이며 전 세계를 연결하는 네트워킹 기술 등에 대한 산업 현장 플랫폼이 디지털화의 기반이다. 벨 연구소 컨설팅 부문에서는 이런 증강 기술을 바탕으로 출현하는 증강 작업자[Augmented Worker] 계층을 "뉴칼라[New Collar]" 작업자라고 명명했으며 2030년경에는 미국 근로자의 70%가 뉴칼라 계층에 속할 것으로 전망했다.

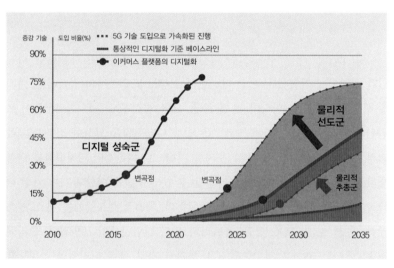

그림 1-6 디지털화 그룹별 증강 기술 도입 범위 및 속도

전통적인 물리적 산업군의 디지털화는 이미 시작됐지만 전체적인 잠재력에 비해 디지털화를 도입하는 속도와 규모는 아직 많이 부족한 편이다. 새로운 기술을 제한적이고 파편적으로만 도입하고 있기 때문에 눈에 띄는 경제적인 편익을 생성하지 못하고 있다. 클라우드, AI, 머신러닝, 블록체인, 로봇, RPA[Robotic Process Automation] 등을 포함한 성숙된 새로운 IT 기술을 산업 현장에 도입하기에는 제약 사항이 많다. 이에 대한 가속화 촉매제가 5G의 확산이 될 수 있다고 벨 연구소 컨설팅 부문에서는 예측한다.

디지털 성숙군에 속한 기업들의 디지털화는 2015년을 지나며 증강 기술 도입 비율의 변곡점을 지났다. 물리적 산업군의 디지털화에는 디지털 성숙군의 변곡점인 2015년이 중요한 기점이었다. 이 즈음에 대규모의 IoT[Internet of Things], M2M[Machine-to-Machine] 통신, 고도의 무선 기술, 클라우드 컴퓨팅, 증강 인지 기술 및 머신러닝 기술들이 급속하게 확산되기 시작했다. 이런 기술들의 확산은 도입 범위 관점과 도입 속도 관점에서 분석할 수 있다. 도입 범위 관점은 여러 산업군들에 속한 일자리 수의 비율로 추산할 수 있다. 이 분석 결과 물리적 선도군의 경우 2026년 이후, 물리적 추종군의 경우 2030년 이후 디지털화에 따른 증강 기술 도입 비율의 변곡점이 올 것으로 예상한다.

증강 기술 도입 비율은 5G를 활용할 때 그 변곡점이 훨씬 더 앞당겨질 수 있다. 5G를 활용할 때 증강 기술 도입 비율의 변곡점은 물리적 선도군의 경우 2024년, 물리적 추종군의 경우 2028년이 될 것이다. 이는 5G 기술이 산업 현장에서의 디지털화를 염두에 두고 설계됐고 무선 기반에서 유선 전용선 수준의 통신이 가능하도록 지원하기 때문이다. 5G를 기반으로 산업 현장의 통신 네트워크를 구성하면 수백만 개의 센서를 연동하기가 용이하고 장비 간의 통신이나 움직이는 AGV[Automated Guided Vehicle], 로봇 등의 활용이 유연해진다.

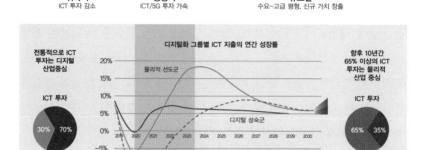

그림 1-7 뉴노멀로의 여정, 대반전(The big inversion)

전 세계 GDP에서 차지하는 비중을 보면 물리적 산업이 전체의 70% 가량을 차지하고, 디지털 산업이 30% 가량을 차지한다. 하지만 ICT 투자의 비중은 디지털 산업이 70%, 물리적 산업이 30% 가량을 차지한다. 이 ICT 투자의 비중이 멀지 않은 미래에 GDP 비중과 유사하게 물리적 산업이 65%, 디지털 산업이 35%로 반전되게 될 것으로 전망한다. 이를 벨 연구소 컨설팅 부문에서는 대반전The big inversion이라고 명명했다. 벨 연구소 컨설팅 부문에서는 코로나로 인한 ICT 투자 감소의 위축기를 거쳐서 ICT 및 5G에 대한 투자가 가속되는 팽창기가 물리적 선도군을 중심으로 올 것으로 전망한다. 이는 2020년대 중반까지 이어지며 2020년대 후반에 이르러 수요와 공급 간의 평형을 이루는 뉴노멀 시기에 도달하게 된다. 이 과정을 거치며 ICT 투자의 비중이 물리적 산업군과 디지털 산업군 간에 반전되는 결과에 이르는데 이것이 15년에서 20년에 걸친 대반전The big inversion이다.

현재 전 세계에서 통신사들이 5G/LTE 서비스를 위해 운용 중인 기지국의 개수가 700만 개가량 된다. 향후 뉴노멀에 이르게 돼 산업 현장에 5G가 도입되면 산업 현장의 5G 네트워크 기지국 개수는 1,400만 개에 이를 것으로 추산된다. 이 가운데 1,071만 개의 기지국이 산업용 및 제조 현장에 구축될 것으로 예측된다. 그다음으로 물류 창고 분야에서 330만 개의 기지국이 신규로 구축될 것이다. 그 외에 병원 및 연구실 분야에서 26.3만 개의 기지국, 용수 공급 플랜트에서 14만 개의 기지국, 광산 분야에서 5.4만 개의 기지국 등이 세워질 것으로 보인다. 이와 같이 산업 현장에서 5G를 상상치 못할 규모로 도입하는 이유는 기업의 디지털화에는 유선 전용선 수준의 무선 통신 기술이 절대적으로 필요하며, 5G 기술 표준 자체가 기업에서의 무선 통신 사용을 전제로 안정성, 대규모 확장성, 보안성 등을 고려해 설계됐기 때문이다.

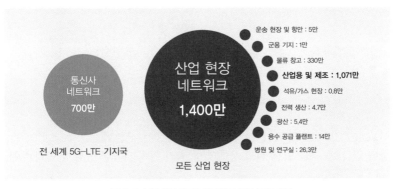

그림 1-8 산업 현장의 5G 네트워크 도입 규모 예측

1.4 고수준 인더스트리 4.0

세계 경제 포럼WEF, World Economic Forum에서는 2019년 12월에 발간한 글로벌 선도 사례 네트워크Global Lighthouse Network 보고서에서 4차 산업혁명4IR, 4th Industrial Revolution의 최전방에서 모델 사례를 보여주는 제조 현장 44개를 선

정했다. 44개의 선정 사례 중 30개는 다양한 4차 산업혁명의 기술을 적용한 선도 사례four-wall factory lighthouse로 분류했고, 노키아, 존슨앤존슨 등을 포함한 14개는 종단 간의 가치 사슬을 연결한 선도 사례end-to-end connected value chain lighthouse로 분류했다.

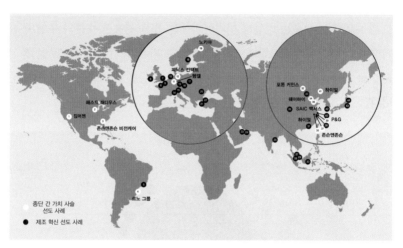

그림 1-9 글로벌 선도 사례 네트워크

종단 간 가치 사슬 연결 선도 사례의 종단 간 가치 사슬은 공급망 연결 부문, 종단 간 제품 개발, 종단 간 계획 수립, 종단 간 수급, 고객 연결성 등의 관점에서 분석했다. 14개의 종단 간 가치 사슬 연결 선도 사례 중 노키아의 사례는 완전히 디지털화된 5G 제조 현장으로 선정됐다. 신규 제품을 생산하기 위한 설계 및 제조를 통합하는 데 주안점을 둔 것으로 평가했다. 사설 네트워크를 기반으로 연결해 생산성은 30% 증가했고 시장 대응 속도는 과거 대비 50% 이상 단축됐다. 신규 제품 도입을 가상화해 프로토타입 리드타임이 50% 감소했고 EMS로의 이전 소요 시간은 70% 줄었다. 유연한 로봇 적용으로 연속적인 신규 라인 확장에 높은 생산성과 민첩성을 보장할 수 있게 돼 리드타임과 제조 중간재^{WIP, Work In Progress}의 대기 시간을 60% 이상 줄였다. 사설 네트워크를 기반으로 신규 제품 도입에 필요한 제조 공정의 변경을 빠르게 할 수 있게 돼 이동이 가능한 로봇의 효율과 안정성이 40% 이상 증대됐다. 클라우드 기반의 디지털 데이터 제어로 실시간 공정 관리가 가능해 공정 결함률이 50% 이상 감소했다. 커넥티드 이동형 로봇 기반의 완전 자동화된 내부 물류로 생산성이 100% 증가했다.

글로벌 선도 사례 네트워크의 44개 사례들의 생산성, 지속가능성, 민첩성, 시장 대응 속도, 주문형 구성 등의 관점에서 주요 성과 지표^{KPI, Key Performance Indicator}를 분석한 결과 종단 간 가치 사슬을 연결한 14개의 사례들이 상대적으로 뛰어난 결과를 성취했다.

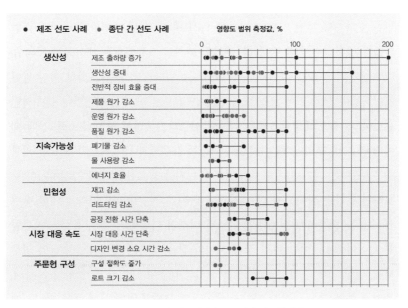

그림 1-10 글로벌 선도 사례별 주요 성과 지표 측정치

이런 선도 사례들은 회사 전체적으로 규모 확대를 위한 출발점이다. 선도 사례를 만든 후 전사적으로 동일한 모델을 확대, 이식하게 된다. 규모 확대의 단위는 인사 시스템People System, 업무 프로세스Business Process, 관리 시스템Management System, IIoT/데이터 시스템Industrial IoT/data System 등으로 구분할 수 있다. 선도 사례를 확대하기 전에 이 4가지의 단위 관점에서 최소 규모의 IIoT 기반 운영 시스템의 MVPMinimum Viable Product를 만들어야 한다.

IIoT 기반 운영 시스템의 MVP가 완성되면 전사적 규모를 확대하게 된다. 이 단계에서는 종단 간 가치 사슬을 고려해 애자일 접근법Agile Approach, 혁신 오피스Transformation Office, 애자일 디지털 스튜디오Agile Digital Studio, 기술 에코시스템Tech Ecosystem, IIoT 아키텍처IIoT Architecture, IIoT 교육IIoT Academy 등의 6가지 규모의 핵심 요소 중심으로 확대하는 것이 바람직하다. 애자일 접근법을 통해 짧은 기간 동안 다양한 방안들을 검증하고 신속하게 효율화할 수 있다. 혁신 오피스를 통해 전사적 변화와 혁신 및 가치 사슬 전반의 변경에 대한 관리를 일관적으로 할 수 있다. 애자일 디지털 스튜디오는 데이터 엔지니어, ERP 엔지니어, IIoT 아키텍트, 데이터 사이언티스트 등을 포함한 혁신 관련 개발자들이 상호 간에 소통할 수 있는 공간으로 애자일 접근법에 필수적인 요소이다. 기술 에코시스템은 디지털 인프라스트럭처 구성 요소들 간에 데이터 공유 및 협업을 하는 것으로 기술적 플랫폼과 네트워크가 중요한 역할을 한다. 이는 과거에 기술 솔루션과 데이터를 중요한 경쟁력으로 여기며 보호하던 것과는 판이하게 다르다. IIoT 아키텍처는 데이터 처리에 대한 용량과 속도를 증가시켜 현재뿐만 아니라 미래의 다양한 업무 사례들을 지원할 수 있어야 한다. 이는 원격 장비 제어와 같은 저지연 데이터 송수신의 업무 사례, 영상 기반 품질 관리와 같은 실시간 대용량 데이터 송신의 업무 사례, 음성 통화와 같은 실시간 저지연 데이터 송수신의 업무 사례 등을 다양하게 지원할 수 있어야 한다. IIoT 교육은 지속적으로 변화하는 환경과 기술을 모든 인력들이 습득하고 필요 시 전문가 수준에 이를 수 있도록 환경과 수단을 제시하고 이를 대규모로 관리할 수 있도록 하는 것을 말한다. 이를 위한 수단으로 디지털화된 교육 과정, AR/VR 기반 교육, 현장의 실시간 AR 기반 작업 지시, 게임 방식의 교육 등을 활용할 수 있다.

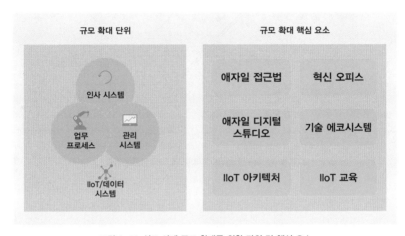

그림 1-11 선도 사례 규모 확대를 위한 단위 및 핵심 요소

세계 경제 포럼WEF의 "5G의 충격The Impact of 5G, 2020년 1월" 보고서를 분석한 벨 연구소의 결과에 따르면 증강 인지 제어 기술, 대규모 용량 센싱 기술, 사람 중심의 증강 기술 구현, 로봇 기반의 고도의 자동화 등을 통한 고수준의 인더스트리 4.0이 현실화될 것으로 전망한다. 이를 통해 생산성 30% 증대, 소요 시간 50% 절감, 수십억 이상의 원가 절감 등이 가능할 것이며 이 최첨단 기술 도입을 위한 근간은 바로 5G+ 기술 기반의 사설 모바일 네트워크이다. 고수준의 인더스트리 4.0을 위한 다양한 기술들은 산업 현장의 안전Safety 강화, 생산성Productivity 향상, 효율성Efficiency 증대 등의 목적들 가운데 하나 또는 복수 개의 목적을 달성하기 위해 도입한다. 이런 기술들을 5G+ 네트워크를

통해 연동할 때 보안 강화를 위해 상호 간에 신뢰도가 전혀 없다는 원칙인 제로트러스트 보안 원칙을 적용한다.

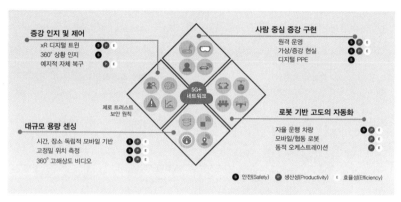

그림 1-12 고수준 인더스트리 4.0을 위한 다양한 기술

도입 속도 관점에서는 디지털화 기술들의 산업별 적합성, 기업 내의 의사 결정 유형과 특성, 산업의 특성, 산업군 내 개별 기업의 규모 등을 포함한 다양한 요소들이 영향을 끼친다. 또한 개별적인 디지털화 기술들의 도입에 그치는 것이 아니라 다양한 디지털화 기술들을 융합하고 연동하는 것이 디지털화 도입 속도에 영향을 주고, 도입 범위 확산의 변곡점을 가져오는 데도 결정적인 역할을 한다. 물리적인 산업군과 디지털화를 위한 관계자들 간에는 분명히 갭이 있으나 5G+ 기술이 이를 연결하고 메워 줄 수 있다. 5G+의 플러스(+)는 5G 네트워크 인프라를 넘어서는 것을 의미한다.

5G+ 네트워크의 주요 사항은 7가지로 요약할 수 있다.

- 충만적 5G 기술(Pervasive 5G): 대용량, 저지연, 높은 안정성 및 보안성을 보장하는 무선 연결 서비스로 원격 무선 연결과 고정식 네트워크 서비스들에 대해 보장된 서비스 수준을 제공한다.

- 엣지 클라우드 인프라스트럭처/클라우드 플랫폼: 하위의 엣지 클라우드 인프라스트럭처 및 플랫폼 서비스로 구성되며 클라우드 네이티브 기능(CNF, Cloud-Native Function) 및 애플리케이션, 서비스를 지원한다. 전체 서비스는 최종 사용자 중심으로 100km 이내에 위치해 높은 안정성과 저지연 애플리케이션들을 지원해 생산성을 최적화한다.

- 승상 시능 및 머신러닝 시스템: 데이터 관리, 교육용 도구 세트, 딥러닝 모델, 애널리틱스, 수학/통계 도구들 및 관련 시각화/오케스트레이션 하드웨어/소프트웨어로 구성된다. 이 구성 세트는 엣지 클라우드 인프라스트럭처에서 동작하며 실시간 자동화 및 증강 현실 서비스를 제공한다.

- 사설 네트워크: 외부망 연계를 최소화한 독립형 비공중 네트워크(SNPN, Standalone Non-Public Network)에서 공중망에 연계된 통합형 비공중 네트워크(PNI-NPN, Public Network Integrated Non-Public Network)까지 다양한 형태의 전용 네트워크를 일컫는다. 주파수 스펙트럼은 면허 방식, 비면허 방식, 공유 방식 등이 있고, 네트워크 슬라이싱(Network Slicing)을 통해 다양한 애플리케이션 및 서비스들에 대해 엣지 클라우드에서 종단 단말 장치까지 종단 간 서비스 보장이 가능하다.

- 고수준의 센서 및 머신 기술: 물리적 세계에 대한 탐지를 기반으로 사람과 머신의 이동이 가능하고 디지털 트윈을 정확하게 구현할 수 있다. 이 디지털 트윈을 기반으로 현재와 미래의 다양한 시나리오를 분석할 수 있다.

- 종단 간 보안: 산업용 자동화 서비스 및 애플리케이션과 관련된 다양한 센서, 단말 장치, 머신, 시스템 및 사람들의 동적인 조합들에 대해 비즈니스 및 데이터 관점에서 완전 무결성의 제공을 위해 종단 간 보안은 필수이다. 노출된 보안 위협은 대규모로 증가하고 계속해 변하고 있기 때문에 항상 검증해야 한다. 이 검증에는 블록체인 원장(Ledger)이나 증강 기술/머신러닝 기반의 실시간 패턴 인식 기술 등을 활용할 수 있다.

- 서비스형 네트워크(Network-as-a-Service) 비즈니스 모델: 이는 가치 중심의 접근으로 5G 기술의 시장 진입을 가속화할 것이다. 이 방식을 활용하면 초기 투자 비용을 최소화할 수 있다. 애플리케이션의 수요 변동에 따른 네트워크 수요가 바뀔 때 탄력적으로 네트워크 규모에 대응할 수 있으므로 비즈니스와 기술 리스크를 회피할 수 있다.

5G+ 기술을 활용해 산업 현장에 적용할 때 그 효과를 벨 연구소에서는 SPE^{Safety, Productivity, Efficiency, 안전성, 생산성, 효율성} 관점에서 분석했다. 안전 관련 효과는 노동 통계국^{BLS, Bureau of Labor Statistics}의 분류를 기준으로 안전 관련 항목들을 정의해 분석했다. 그 항목들은 물체나 장비 접촉에 의한 사고, 작업자 추락, 미끄러짐, 발 헛디딤, 과도한 동작에 따른 부상, 운송 관련 사고, 위험한 인자에 노출, 화재, 폭발 등을 포함한다. 생산성 관련 효과는 전체적

인 SPE 효과의 주요 항목으로 동일한 자산을 기반으로 생산한 제품이나 서비스 규모 측면에서의 증가를 백분율로 산정했다. 자동화, 실시간 스케줄링 기반의 조율 등을 통한 프로세스나 운영 측면의 개선이 가장 크게 영향을 주며, 구체적으로는 반복 작업들의 1회당 시간을 줄이는 것, 프로세스의 휴지 시간 감소, 작업 중단 횟수 감소, 유지보수 횟수 줄이기 등을 통해 생산성이 증가한다. 이를 통해 자산의 활용률이 올라가고 이는 매출의 증대로 이어진다. 생산성은 결과물의 증대에 초점을 맞춘 반면, 효율성은 동일한 결과물을 생산할 때 투입하는 자원들의 양을 최소화하는 데 관심을 기울인다. 효율성을 개선하면 원가가 절감되고 기존보다 더 적은 원자재로 더 나은 품질을 이룰 수 있으며 낭비되는 부분을 줄일 수 있다. 노동 방식이나 내용을 바꿔 노동 원가를 낮출 수도 있고 재고를 줄여서 부대 원가를 절감할 수도 있다. 생산성이 증가하면 자산 활용률이 올라가게 되고 투자 원가가 절감되므로 효율성 지표도 개선된다. 효율성 개선은 운영 원가 감소, 재고 수준 감소, 전반적인 장비 효율성 개선 및 에너지 효율 증대 등의 항목으로 산정했다.

제조 분야는 5G+로 SPE 효과를 가장 크게 볼 수 있다. 증강 지능 및 머신러닝 기반의 지능적인 영상 인지 기술로 사고가 발생하기 전에 감지해 현장 작업자와 장비의 안전을 크게 개선할 수 있다. 증강 지능 및 머신러닝 시스템으로 특정 제품들에 대한 수요를 사전에 예측해 선제적인 생산, 주문 처리 시간 감소, 생산 용량 극대화 등을 실현할 수 있다. 증강 지능을 활용하면 제품 설계를 최적화해 대량의 주문 생산을 현실화할 수 있고 제조 프로세스를 끊김 없이 유연하게 이어갈 수 있다. 재설정이 가능한 지능적인 로봇으로 현장 작업자들의 능력을 증강시키면 제조 현장의 생산성을 더욱 높일 수 있다. 제조 현장의 효율성 측면에서도 증강 지능 및 머신러닝 기반의 새로운 센서 기술을 활용하면 장비의 장애를 사전에 탐지해 예기치 못한 중단 상황을 최소화할 수 있다. 영상 기반의 애널리틱스를 활용하면 품질 문제 발생 가능성을 사전에 탐지해 원자재의 낭비를 막을 수 있다. 제조 현장 전체를 원격으로 제어하는 환경을 구성하면 재고 수량을 최소화할 수 있다. 서비스형 네트워크를 활용하고 네트워크의 가용성을 개선하는 것을 기반으로 디지털 가속화 도구들로 비즈니스 지능을 고도화하면 운영의 유연성을 높일 수 있고 단기간 내에 대규모로 SPE 효과를 가져올 수 있다. 노키아의 핀란드 오울루 사업장은 세계 경제 포럼의 글로벌 선도 사례 네트워크 프로젝트에서 5G 기반의 완전 디지털화된 공장으로 선정됐다. 협업 로봇, 로봇 기반의 자율 운송 체계, 대규모 센서 및 영상 애널리틱스 기반의 품질 관리, 증강 지능 및 머신러닝 기반의 유지보수 스케줄링 등의 모든 5G+ 기술들을 구현했다. 이 모든 시스템들은 5G 사설 네트워크, 5G 자가망으로 연결되며 증강 작업자들이 관리 감독한다. 매년 30% 이상의 생산성 증대가 있었고 효율성 개선 지표 중 로봇 리드타임은 80%가 개선됐다. 작업자들의 생산 현장 상주 시간을 20% 감소시켜 작업자의 안전을 높였다. 중대형 제조 현장에서 5G+ 기술을 적용할 때 전체적인 SPE 효과는 최소 4배에서 최대 11배에 이르는 것으로 산정됐다. 세부적으로 생산성은 4배에서 12배, 효율성은 5.7배에서 9.8배, 안전성은 4.4배에서 6.6배로 개선되는 것으로 산정됐다.

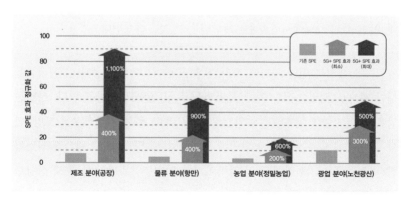

그림 1-13 5G+ 활용 기반 산업별 SPE 효과 분석(벨 연구소 분석)

물류 분야에서는 전형적인 물리적 선도 분야로 항만을 그 대표적인 사례로 분석했다. 배의 크기가 커지고 컨테이너 물동량이 증가함에 따라 만성적인 적체와 컨테이너 관리, 지속가능성 문제 등에 직면하고 있다. 항만에서도 다양한 방식으로 5G+를 통한 SPE 효과를 가져올 수 있다. 증강 지능과 머신러닝을 영상 관제와 결합해 저지연의 자동화된 모션 제어 및 지오펜싱^{Geofencing}을 적용하면 고공에서 컨테이너를 이동할 때 충돌을 미연에 방지할 수 있다. 부두, 갠트리 크레인^{Gantry Crane}, AGV^{Automated Guided Vehicle} 등의 중요한 자산들을 원격으로 자율 운행하도록 해 고수준의 운영 연속성을 구현할 수 있다. 증강 지능 및 머신러닝 기반의 애널리틱스를 활용해 실시간 동기 기반의 부두 접안 스케줄링, 야적장 관리 및 출입구 트래픽 관리 등에 적용하면 항만의 생산성을 높일 수 있다. 출입구의 수요 관리부터 배, 야적장 운용까지 종단 간 조율을 할 수 있게 되면 장비 가동률이 높아져 운영 원가는 절약하고 에너지 효율은 높일 수 있다. 실제 한 대형 항만의 경우 자율주행 및 원격 제어가 가능한 장비, 운송 차량, 드론, 스마트 센서, 영상 애널리틱스 및 AR/VR 등을 5G와 연계해 구성한 후 추가적으로 24%의 운영 원가가 절감됐고 가용한 처리 용량이 4G 대비해 35%나 증가했다. 일반적인 중규모의 항만을 기준으로 볼 때 전체적인 SPE 효과는 최소 4배에서 최대 9배에 이르는 것으로 산정됐다. 세부적으로 생산성은 5.2배에서 15배, 효율성은 3.5배에서 5.8배, 안전성은 4.2배에서 6.3배로 개선되는 것으로 산정됐다.

농업 분야에서는 인구 증가에 따라 향후 30년 간 70% 이상의 식품 생산을 해야 하므로 정밀농업^{PF, Precision Farming}을 핵심 전략으로 삼고 있다. 정밀농업은 첨단 기술을 활용하는 농업으로 종자, 비료, 용수 등의 배포를 토양, 작황 및 환경에 맞추는 계획 농법인데 농작물의 생산을 늘리고 원가를 최소화한다. 농업은 디지털화에 느린 분야이지만 정밀농업은 5G+를 통해 상당한 SPE 효과를 볼 수 있는 예시적 분야이다. 증강 지능 및 머신러닝과 영상 애널리틱스를 활용할 때 정밀농업은 생산성의 증대 효과를 가장 크게 볼 수 있다. 이는 대규모의 센서들을 안정적으로 연결하고 현장에서 고성능의 컴퓨팅으로 구현할 때 가능하다. 농장에서는 안정적인 영상 기반의 탐지를 통해 삭불들을 삽조와 문리하는 것을 세밀하게 제어할 수 있다. 종자, 비료, 제초제 및 용수를 살포할 때 실시간 토양 조건 관제 시스템과 연계된 증강 지능 및 머신러닝을 활용해 원격 운영으로 정밀한 작업이 가능하다. 이는 농장의 생산을 최적화할 뿐만 아니라 소요 자원들의 원가를 통제해 운영의 효율성을 높이고 농장 장비들의 활용률을 극대화한다. 세계 최고의 농업 대학인 네덜란드 와게닝겐 대학Wageningen University에서 5G+ 기술을 활용한 사탕무Sugar Beet 농장의 정밀농업 사례를 분석한 결과 생산성이 6.7배 증대했다. 이 농장에서는 카메라가 장착된 자율주행 무선 로봇을 활용했다. 지상의 식물들 이미지를 찍어 5G 연결을 통해 클라우드 기반의 엣지 컴퓨팅 서버로 전송했다. 서버에서는 딥러닝 알고리즘을 기반으로 잡초와 작물을 구분하고 원격으로 잡초 제거를 위한 제초제 살포를 실행했다. 5G+ 기술을 적용할 때 정밀농업의 전체적인 SPE 효과는 최소 2배에서 최대 6배에 이르는 것으로 산정됐다. 세부적으로 생산성은 1.7배에서 8.1배, 효율성은 2.2배에서 5.3배, 안전성은 3.5배에서 4.8배로 개선되는 것으로 산정됐다.

광업 분야에서는 노천광산의 디지털화를 5G+ 기술을 통한 SPE 개선 사례로 분석했다. 수년 동안의 생산성 저하를 경험한 후 SPE 개선을 통해 안정적인 성장세를 기록하고 있다. 넓은 지역에 수천 개의 센서를 5G 기반으로 연결하고 증강 지능 및 머신러닝을 연계해 정밀한 전방향 상황 인식 기능과 지오펜싱Geofencing 기능을 통해 다양한 원인으로 인한 사고들을 예방한다. 그 원인들은 작업자의 피로, 오염, 경사로의 안정성 문제 등을 포함한다. 자율주행 고출력 드릴, 운전자 없는 트럭을 포함한 다양한 장비들을 저지연 비디오 센싱과 증강 지능 및 머신러닝 기술 기반으로 제어해 현장의 작업 중단 빈도와 중단 시간을 유의미하게 줄였다. 자율주행 장비를 사용함에 따라 안전하면서도 예측이 가능한 방식으로 24시간 주 7일 동안 끊김 없이 작업이 가능하게 돼 생산성과 효율성이 개선됐다. 유사하게 디지털 트윈을 활용해 광산 내에서의 다양한 운영 관련 문제들을 인지하고 해결할 수 있다. 하이퍼스케일의 센싱을 기반으로 하는 증강 지능 및 머신러닝 시스템을 통해 광산에서 항만까지의 전체적인 운영을 통제하고 실시간으로 계획할 수 있다. 관련 자산들의 활용률을 높이고 시의적절한 성능을 보장할 수 있다. 호주의 철광석 광산에서는 기존의 Wi-Fi 기반으로 연동한 자동화를 사설 5G+ 기반으로 전환해 다양한 성과를 달성했다. Wi-Fi 사이트 숫자가 20분의 1로 줄었고, Wi-Fi에 대한 유지보수 및 관리 인력을 4분의 1로 줄일 수 있었다. 또한 주간 다운타임을 15시간 줄일 수 있어 작업의 연속성을 높였고 각 광산에서 연간 7천만 유로의 비용을 절감할 수 있었다. 추가적으로 사설 5G+ 기술로 아주 안정적인 커버리지를 제공하며 끊김 없는 이동성과 광활한 지역을 지원해 다양한 애플리케이션 수요를 처리할 수 있었다. 전형적인 노천광산의 경우 전체적인 SPE 효과는 최소 3배에서 최대 5배에 이르는 것으로 산정됐다. 세부적으로 생산성은 2.8배에서 4.7배, 효율성은 3.0배에서 4.5배, 안전성은 4.6배에서 7.0배로 개선되는 것으로 산정됐다.

1.5 기업 DX의 통신

기업의 사무 환경에서는 유선 이더넷, 와이파이를 포함한 다양한 통신을 사용하고 있다. 산업 현장에서는 사무 환경과는 다른 IoT 및 머신 간의 통신을 위해 지그비Zigbee, 블루투스Bluetooth, 프로피넷Profinet, 모드버스Modbus 등의 통신 방식도 사용하고 있다. 앞에서도 살펴봤듯이 세계 경제 포럼에서는 기업의 DX를 위해 5G를 기반으로 한 사설 무선 네트워크를 도입할 때 다양한 혁신적 디지털 기술들을 활용할 수 있고 생산성 향상, 효율성 증대, 원가 절감 등의 효과를 달성할 수 있다고 했다. 일반 기업 현장에서는 와이파이를 부분적으로 또는 전체적으로 사용하고 있기 때문에 와이파이와 5G 기반의 사설 무선 네트워크의 장단점을 비교해 살펴볼 필요가 있다.

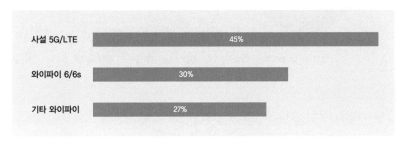

그림 1-14 아시아/태평양 지역 기업 무선 기술 도입 의사(2022, ABI 리서치)

ABI 리서치가 아시아/태평양 지역 기업 266곳을 대상으로 조사한 바에 따르면 45%의 기업들이 사설 5G/LTE 방식을 자사의 무선 네트워크 기술로 선호한다고 응답했다. 기업 고객들은 사설 5G/LTE 기술과 와이파이 기술 가운데서 검토하고 있음을 보여준다.

와이파이 도입을 검토하거나 기존에 사용 중인 고객들이 인지하는 문제점이나 한계로는 옥외 지역에 대한 네트워크 구성의 어려움, 실내 구성 시 음영 지역 발생으로 인한 문제, 이동성 지원에 따른 한계점, 전파 간섭에 따른 문제점, 인증 및 데이터 송수신에 대한 보안 취약성 등이 있다. 그중에서도 이동성 지원에 따른 한계점을 가장 두드러진 문제점으로 기업 담당자들은 말한다.

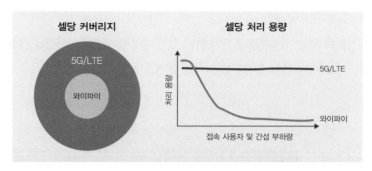

그림 1-15 와이파이 대비 5G/LTE 셀당 커버리지 및 처리 용량 비교

셀당 커버리지 및 처리 용량도 와이파이 대비 5G/LTE의 우수성을 대표한다. 5G/LTE는 셀당 커버리지 측면에서 와이파이 대비 4배에서 100배까지 더 넓은 지역에 서비스를 제공할 수 있다. 셀당 처리 용량 측면에서도 와이파이는 단일 셀에 접속 사용자가 늘어나거나 동일 대역 주파수에 대한 간섭이 증가하게 되면 셀당 처리 용량이 급속하게 줄어들게 된다. 이는 AMR^{Autonomous Mobile Robot}와 같은 이동체를 수반한 시나리오에서는 치명적인 단점이다. 반면에 5G/LTE는 접속 사용자가 증가하더라도 처리 용량 측면에서 일정한 수준을 유지해 무선 네트워크 연결의 안정성을 보장한다.

사설 무선 네트워크의 이동성을 고려한 지연 시간에 대해 벨 연구소^{Bell Labs}와 덴마크의 알보그 대학^{Aalborg University}에서 테스트한 사례가 있다. 사설 무선 네트워크를 LTE와 와이파이로 구성해 단일 접속 사용자를 기준으로 정지한 사례와 이동하는 사례에서 지연 시간을 측정했다. 와이파이에서 이동성의 지원을 위해 제정한 802.11r 규격도 이동하는 사례로 지연 시간을 측정했다.

정지한 사례의 경우 와이파이가 50밀리초 이하에서 더 짧은 지연 시간을 보여준다. 이동하는 사례의 경우 와이파이는 150밀리초 이하에 대한 확률이

99% 정도의 기대 확률을 보여주고, 사설 LTE 네트워크의 경우 99.99%의 기대 확률을 보여준다. 이는 수많은 이동체들을 활용하는 산업 현장에서 적용하는 경우 와이파이를 기반으로 구성하기에는 어려움이 있다는 것을 의미한다. 산업 현장에서는 무선 네트워크 기반 연결의 안정성과 적정 수준의 지연 시간을 보장하는 것이 아주 중요하다.

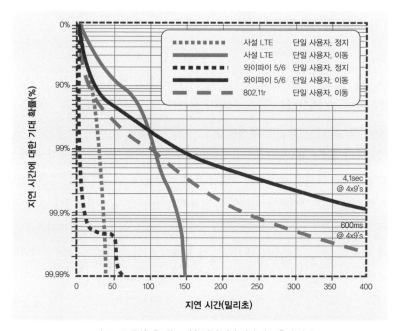

그림 1-16 무선 네트워크 기술 간의 지연 시간 비교 측정 결과

보안성 측면에서 살펴보면 와이파이는 WPA 2/3 등의 보안을 제공한다. 유심USIM 기반의 인증과 종단 간 암호화를 통해 데이터 및 전송 보안 체계를 제공하는 5G/LTE 대비 와이파이는 보안성의 수준이 취약하다. 또한 5G/LTE는 산업 현장의 IoT를 위한 LoRa, NB-IoT 등의 통신규격도 제공하므

로 산업 현장에서 무선 통신 기술을 단일 네트워크로 통합하기에는 와이파이보다 유리하다. 기업 현장에서 많이 사용하는 테트라와 같은 PTT[Push-To-Talk] 그룹 통화 등의 애플리케이션 또한 사설 5G/LTE 네트워크를 기반으로 동일 단말기로 활용이 가능한 부분이 와이파이 네트워크 대비 5G/LTE의 장점이다.

1.6 기업용 5G/LTE 제도

2019년 4월 3일 대한민국이 세계 최초로 5G 상용화를 시작했다. 5G 통신과 LTE 통신의 차이는 일반인들이 인식하고 있는 것처럼 5G 통신이 LTE 통신보다 더 빠르다는 것에 그치지 않는다. 이동통신 표준화를 진행하는 3GPP에서는 5G 표준을 설계하면서 가장 주안점을 둔 부분이 기업에서의 이동통신 활용이다. 이동통신은 1981년 무선을 기반으로 음성 통화 서비스를 제공하는 1세대 이동통신 서비스부터 시작했다. 이동식 음성 통화 서비스가 아날로그 기반에서 디지털로 진화하고 단문 문자 메시지 서비스가 추가되면서 2세대 이동통신 서비스가 출현했다. 이후 이동통신 네트워크를 통한 데이터 통신 서비스를 추가하면서 모바일 인터넷 시대가 열리는 3세대 이동통신 서비스 시대가 열렸다. 3세대 이동통신 서비스에서는 데이터 통신 서비스를 지원했지만 저속에 데이터 사용량 단위로 부과되는 이용 요금이 천문학적으로 고가였기 때문에 이동통신 데이터 서비스가 본격적으로 활성화되지는 않았다. 3세대 이동통신 표준 이후 LTE라고 부르는 4세대 이동통신 서비스에서 초고속의 모바일 인터넷 시대가 시작됐다. LTE 서비스 상용화 시기에 맞춰 아이폰을 비롯한 대화면 기반의 스마트폰들이 출시됐다. 동영상, 이미지 등의 고용량 콘텐츠를 개인이 소지한 휴대폰 기반으로 사용하게 되면서 이동통신 시장의 폭발적인 성장과 휴대폰 기반의 다양한 서비스들이 나타났다. LTE가 개인의 초고속 모바일 인터넷에 주안점을 둔 이동통신 서비스인 반면, 5G 이동통신 서비스는 기업의 이동통신 네트워크 활용을 중점적으로 고려한 것이다. 이동통신 네트워크에 연결되는 단말이 기존의 휴대폰 중심에서 자율주행차, 로봇, 생산 현장의 자동화 장비 등으로 확대된 것이나. 기존의 LTE로도 유사하게 연결될 수 있지만, 5G에서의 비휴대폰 단말들의 연결은 단순한 데이터 연결을 넘어 실시간 기반으로 다양한 네트워크 연결 요구 사항들을 수용하는 것을 의미한다. 무선을 통한 연결이지만 유선 전용선 이상의 안정성을 보장하면서 지연 시간을 최소화해 실시간 통신을 보장하는 것이다. 또한 가상화 기술 기반으로 분리된 네트워크를 구성하는 네트워크 슬라이싱Network Slicing 기술을 기반으로 다양한 유형의 연결 장비들 간의 간섭을 사전에 차단할 수 있도록 5G의 표준 아키텍처가 제정됐다.

그림 1-17 **이동통신 서비스의 진화**

5G 이동통신 서비스는 기업에서 다양하게 활용할 수 있도록 표준이 제정됐으나 통신사의 5G 네트워크로는 기업의 다양한 요구 사항 및 환경을 지원하는 데 한계가 있다. 대한민국이 전 세계 최초로 5G 상용화 서비스를 개시

한 이후 5G 기반의 기업 사례를 만들려고 다양한 정책을 시행하고 예산을 들였지만 거의 대부분이 단순한 파일럿 규모에 그치고 말았다. 그 이유는 이동통신 사업자의 5G 네트워크가 갖는 한계점들 때문이다.

- B2C 기반의 이동통신 네트워크 아키텍처: 기존의 이동통신사들의 네트워크는 B2C, 즉 개인 가입자들의 휴대폰을 위한 것으로 설계돼 있고, 음성 통화 서비스를 가장 중심으로 셀 설계 및 최적화, 운용 등을 하고 있다. 기업들이 필요로 하는 고용량의 데이터 통신은 가입자가 많은 대도시에서 가능하고 산업 현장에서는 지원이 되지 않아 기업들의 5G 활용도가 크게 제약된다.

- 단말 및 데이터 사용량 중심의 과금 구조: 이동통신 서비스의 과금은 이동통신 네트워크에 연결된 단말을 단위로 부과되며, 일반적으로 데이터 종량제 형태로 이뤄진다. 이는 기업에서 다양한 단말을 대량으로 연동하거나 대용량의 데이터를 5G 기술을 이용해 전송하고자 하는 경우 장벽으로 작용한다.

- 네트워크 자원 공유: 상용 5G 이동통신 서비스의 경우 개인 가입자 또는 타 기업 가입자들과 무선 전파 구간을 공유하며, 기지국 이후 이동통신 사업자의 네트워크도 공유하는 아키텍처이다. 이는 사무 환경을 지원하는 IT 서비스보다 훨씬 더 높은 보안 수준이 필요한 산업 현장의 OT 서비스와는 보안 아키텍처상 어울리지 않는다.

- 사설망 연계 구성의 낮은 사업성: 프라이빗 LTE 서비스, 5G 전용선 서비스 등의 명칭으로 기업 현장에 일부 5G/LTE 코어를 전진 배치해 네트워크 자원의 공유 구간을 최소화하면서 네트워크의 인정성과 망 연동의 신뢰성을 높인 기업용 이동통신 서비스들도 있다. 하지만 이동통신 사업자는 단말 및 데이터 사용량 중심의 과금 구조의 비즈니스를 영위하기 때문에 기업 현장에 투자한 5G/LTE 코어의 원가를 상쇄하기가 어렵다. 이미 LTE 때부터 프라이빗 LTE라는 이름으로 기업 전용 서비스가 존재했지만 확산되지 못하는 이유이기도 하다.

- 네트워크 설계 및 운용 기준: 이동통신 사업자는 네트워크 설계 및 운용을 커버리지를 중심으로 수행한다. 1차적으로 5G 커버리지가 되면 특별히 개인 가입자가 많은 곳이 아니면 추가적인 셀 구성 등의 투자를 진행하지 않는다. 이는 기업들의 산업 현장에서의 안정적 대용량 트래픽 처리 요구 사항과 상충돼 기업에서의 5G 활용에 한계가 있다.

- 다운로드 중심의 네트워크: 이동통신 사업자의 상용 5G 서비스는 다운로드를 중심으로 네트워크를 설계하고 운용한다. 개인 가입자들은 인터넷에서 콘텐츠를 다운로드해 사용하는 것이 거의 대부분이기 때문이다. 이동통신 사업자의 5G 네트워크는 다운로드와 업로드의 비율이 4:1이다. 기업 현장에서는 CCTV 등을 포함해 업로드에 대한 트래픽 처리가 더 많이 요구돼 기업의 다양한 시나리오들을 수용하기에는 한계가 있다. 이 다운로드, 업로드 네트워크 비율은 이동통신 사업자의 전체 네트워크에 동일하게 적용해야 하기 때문에 특정 기업 현장의 요구 사항에 맞춰 특정 지역만 업로드 비율을 조정할 수 없다.

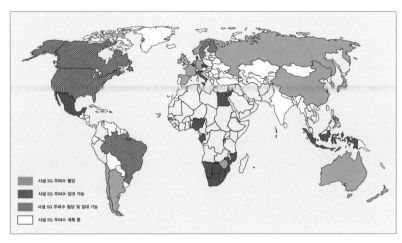

그림 1-18 국가별 사설 5G 주파수 할당 및 임대 가능 현황

이동통신 사업자의 5G/LTE 네트워크로는 기업에서 필요로 하는 무선 네트
워크 서비스를 제공하는 데 적절하지 않은 부분이 있기 때문에 제조업이 발
달한 미국, 독일, 일본 등에서는 LTE 때부터 기업용 사설 주파수 제도를 운
영했다. 해외에서는 프라이빗 LTE라고 하면 기업 전용 주파수를 활용한 이
동통신 자가망을 일컫는다. 5G 시대에도 미국, 독일, 일본, 영국 등은 이미
기업용 사설 주파수 제도를 만들어 기업들이 5G 네트워크의 장점을 십분
활용할 수 있도록 기반과 환경을 제공하고 있다. 그 외에도 많은 나라들이
이미 사설 5G 주파수를 할당했거나 주파수 소유자로부터 임차해 사설 5G
망을 구축할 수 있도록 제도를 허용하고 있다.

이에 대한민국 정부도 기업 환경에서의 5G 활성화를 위해 2021년 산업용
5G 주파수를 할당했다. 대한민국 정부에서는 기업의 5G 사용 활성학를 위
해 여러 단계를 거쳐 사설 5G 주파수를 제도화했다. 2020년 10월에 비면
허 대역인 6GHz를 사설 5G 용도와 와이파이-6e 용도로 사용할 수 있도록
주파수심의위원회에서 확정했다. 하지만 6GHz 대역을 지원하는 5G 기지

국 장비와 단말 등이 시장에서 거의 전무한 상황에서 활용성이 떨어진다는 의견들을 반영해 2021년 1월에 28GHz 주파수를 사설 5G 용도로 추가했다. 2021년 당시 통신사들의 5G 상용망은 LTE와 함께 제공되는 5G 서비스인 NSA^Non-Standalone 방식이었다. 28GHz로 사설 5G를 구성하려면 LTE가 없는 5G SA^5G Standalone 방식으로 구성해야 하는데 이는 전 세계적으로 통신사에서조차 아직 시작한 곳이 거의 없어 6GHz와 마찬가지로 관련 장비와 단말 시장이 준비되지 않았다. 28GHz는 전파의 특성상 커버리지가 짧고 기지국 장비의 비용이 6GHz 이하 주파수를 지원하는 장비보다 높아 경제성도 떨어졌다. 이에 2021년 6월에 4.7GHz를 사설 5G 주파수로 추가 확정했다. 이에 4.7GHz와 28GHz의 2가지 주파수를 심의 기간을 거쳐 2021년 11월에 사설 5G 용도의 면허 대역 주파수로 확정하게 됐다.

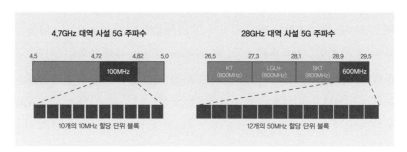

그림 1-19 대한민국 사설 5G 주파수 할당 현황

4.7GHz 대역 사설 5G 용도의 주파수는 4.72~4.82GHz 구간의 100MHz 대역으로 3GPP의 5G 표준에서 선정한 5G 주파수 중 n79 밴드에 속한다. 100MHz 주파수 대역은 10MHz 단위로 주파수 할당 신청을 할 수 있다. 28GHz 대역 사설 5G 용도의 주파수는 28.9~29.5GHz 구간의 600MHz 대역으로 3GPP의 5G 표준에서 선정한 5G 주파수 중 n257 밴드에 속한다. 600MHz 주파수 대역은 50MHz 단위로 주파수 할당 신청을 할 수 있다.

5G의 기술적인 특성을 요약하면 초광대역 통신^{eMBB, extremely Mobile Broadband}, 대규모 사물 통신^{mMTC, massive Machine Type Communication}, 초저지연 및 고신뢰도 통신^{uRLLC, ultra-Reliable and Low-Latency Communication} 등의 3가지이다. 초광대역 통신은 빔포밍, 28GHz 고주파 대역 등의 기술을 활용해 LTE 대비 최대 20배까지 빠른 기술을 지원한다. 또한 대규모 사물 통신 기술을 표준규격에 반영해 1제곱킬로미터당 1,000,000개의 센서에 대한 통신을 처리할 수 있다. 무선 기술의 취약점인 통신 안정성을 극대화해 지연 시간을 10ms 이하로 줄이면서 무선 구간 연결의 안정은 유선 구간 수준으로 지원하도록 기술규격을 표준화했다.

과학기술정보통신부는 대한민국의 5G 특화망 제도의 명칭 공모를 통해 2021년 12월에 이음^{e-Um} 5G로 최종 확정했다. 이음 5G는 한글로 이어준다라는 의미를 내포하고 있고, 영문 명칭은 5G의 특징을 담고 있는 초광대역 통신^{eMBB}, 초저지연 및 고신뢰도 통신^{uRLLC}, 대규모 사물 통신^{mMTC} 등의 영문 첫 글자들로 구성돼 있다.

유형	구축 주체	설치 지역 내 서비스 제공 대상	도입 요건
Type 1	수요 기업	수요 기업 한정	수요 기업이 자기망 설치자로 신고
Type 2	수요 기업	수요 기업+협력사, 방문객 등	수요 기업이 기간 통신 사업자로 등록
Type 3	제3자 등	수용 기업+협력사, 방문객 등	제3자 등이 기간 통신 사업자로 등록

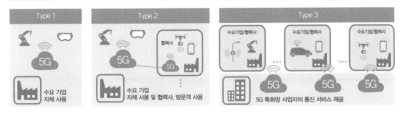

그림 1-20 대한민국 5G 특화망, 이음 5G 도입 방식

이음 5G의 도입 방식은 3가지 유형으로 구분할 수 있다. 사설 5G 네트워크를 사용하고자 하는 수요 기업이 자체적으로 사용하고자 하는 경우 유형1로 구분하며, 수요 기업이 직접 주파수를 신청하고 수요 기업이 위치한 지방자치단체에 자가망 설치자로 신고하는 과정을 거친다. 수요 기업의 자체적 사용뿐만 아니라 수요 기업을 방문하는 협력사나 방문객 등이 사설 5G 네트워크를 사용하는 경우 유형2로 구분하며, 수요 기업이 직접 주파수를 신청하고 기간 통신 사업자로 등록하는 절차를 거친다. 여러 수요 기업들을 대상으로 이음 5G 서비스를 제공하는 통신 사업자가 되려고 하는 경우 유형3으로 구분하며, 통신 사업을 하려는 기업이 주파수 신청을 하고 기간 통신 사업자 면허를 취득해야 한다. 이음 5G 이용 관련 정보 및 문의 사항은 한국방송통신전파진흥원(http://www.kca.or.kr)의 이음5G지원센터를 이용하면 된다.

1.7 기업의 5G 자가망 도입 절차

기업 입장에서 사설 5G 네트워크를 사용하고자 하는 경우 단순히 기술적인 관점이나 네트워크 도입 측면에서만 고려하기보다는 비즈니스적인 관점도 고려해 사전에 충분한 검토와 계획을 수립한 후 도입하는 것이 바람직하다. 사설 5G 네트워크는 산업 현장의 모든 통신을 위한 기반 인프라로 기존의 유선 기반의 통신 네트워크, 와이파이, 통신사의 LTE 또는 5G 네트워크, IoT를 위한 다양한 통신 방식 등을 대체하거나 수용해야 한다. 따라서 사설 5G 네트워크 도입을 위해 사전에 다양한 사항들을 고려해야 한다.

- 애플리케이션별 필요 대역폭 및 요건: 사설 5G 네트워크는 이동하는 다양한 이동체들의 연결과 그 트래픽 요건들을 처리하므로 다양한 단말들에서 사용하는 애플리케이션들의 종류와 그 트래픽 요구 사항들을 면밀하게 하나도 누락 없이 반영해 사설 5G 네트워크를 설계해야 한다. 산업 현장 사용자 입장에서의 다운로드 트래픽량, 업로드 트래픽량, 트래픽 전달 지연 시간 등에 대한 정보를 모두 고려해야 한다. 또한 사용자들의 영역별 밀집도도 고려해야 한다.

- 단말 관점 수용성: 산업 현장에서 현재 사용 중인 애플리케이션들과 향후 도입할 애플리케이션들을 사설 5G 네트워크로 언제, 어떻게 수용할지에 대한 고려와 계획 수립이 필요하다. 예를 들어 테트라와 같은 다자간 커뮤니케이션의 경우 사설 5G용 단말기로 이 기능들을 대체할 수 있는지 확인해야 하며, 향후 로봇 기반의 자율주행차량을 도입할 계획이라면 사설 5G 네트워크로 연동이 가능한지에 대한 검토도 사전에 완료해야 한다.

- 통신 방식의 수용성: 산업 현장에서 기존에 적용 중인 유선 방식의 네트워크 연결, 와이파이 기반의 무선 연결, 통신사의 5G 또는 LTE를 이용한 네트워크 연결 등에 대해 사설 5G 네트워크로 어떻게 연결 또는 대체 가능한지에 대해 검토하고 충분한 검증 과정에 대한 부분과 이전에 대한 계획을 수립해야 한다.

- 업무 프로세스 개선 여부: 사설 5G 네트워크로 통신 기반 인프라를 변경함에 따라 유선 기반 네트워크 또는 통신사의 통신 서비스 이용 기반의 경직된 업무 프로세스가 유연하게 개선되는 부분이 있을 수 있다. 예를 들어 기존에 사람이 직접 옮기던 자재를 자율주행 이동 차량을 활용해 자동화된 무인 프로세스로 대체할 수 있다. 따라서 업무 애플리케이션과 현장 근무자들의 업무 절차 또한 변경될 부분이 있고 사설 5G 네트워크 설계에도 반영돼야 한다.

- 사설 5G 네트워크 도입 마스터 플랜 수립: 사설 5G 네트워크 도입이 갖는 의미는 단순한 통신 네트워크의 방식을 바꾸는 것에 그치지 않고 애플리케이션의 사용 방식, 현장 근로자의 일하는 방식, 더 나아가 기업의 비즈니스 방식과 생산성 및 효율성까지 바꾸게 되는 것이다. 따라서 사설 5G 네트워크는 단계적으로 수년 간에 걸쳐서 수행해야 한다. 이를 위해 파일럿 프로젝트, 이전할 애플리케이션들의 순서, 사전 검증 등에 대한 철저한 검증과 계획 수립이 선행돼야 한다.

- 5G 기술과 시장에 대한 이해: 5G 기술의 활용을 극대화하고 기업 현장에 효율적이며 안정적인 방식으로 도입하려면 5G 기술에 대한 정확한 이해와 현재 시장에 출시된 5G 장비로 구현이 가능한 수준을 파악하고 있어야 한다. 5G 기술 표준은 기업에서의 5G 활용을 고려해 다양한 기술들을 2~3년마다 신규로 포함해 Release한다. 5G 장비 제조사들에서는 3GPP의 표준규격들 중에서 통신사나 기업들의 수요가 가장 많은 기능들을 중심으로 먼저 장비에 구현한다. 따라서 기업에서 사설 5G 네트워크를 도입할 때 현재까지 표준화된 기술들과 실제로 사용할 수 있는 기술을 확인해 사설 5G 네트워크 도입 마스터 플랜에 반영해야 한다.

- 사설 5G 네트워크 운영: 5G 기술은 통신사에서 주로 사용하던 기술로 기업에서는 5G 기술에 대한 전문 인력이나 관리 도구 등이 없다. 따라서 사설 5G 네트워크를 기업들이 산업 현장에 도입하려면 사설 5G 네트워크의 도입, 설계, 운용 등에 대한 방안 수립이 필수이다. 기존에 통신사의 5G/LTE 관련 운용, 유지보수를 담당하던 회사들과 협업을 하거나 클라우드 기반의 사설 5G 네트워크 서비스를 활용해 초기 운영 리스크를 분산시키는 것도 좋은 전략이다. 중장기적으로 자체 전문 인력을 양성할 계획이라면 이를 위한 교육 및 실습 계획, 운용 체계 이전 및 변화 관리 계획도 사전에 수립해야 한다.

수요 기업이 사설 5G 네트워크를 자체적으로만 사용하는 유형1의 경우 이음 5G를 이용하는 절차는 주파수 신청, 주파수 심사, 주파수 이용, 주파수 이용 점검 및 갱신 등의 5단계 과정을 거친다. 주파수 신청의 경우 무선국 개설 허가 신청서를 포함한 제출 서류를 준비해 과학기술정보통신부 산하기관인 전파관리소에 접수한다. 주파수 심사는 주파수 지정 가능성, 기술 기준 적합성, 무선 종사자 적합성, 무선국 개설 조건 등을 고려해 진행하며 14일 이내에 심사를 완료한다. 주파수 이용은 사설 5G 네트워크를 구축하고 무선국 검사를 완료한 후 사설 5G 네트워크를 사용한다. 개설된 무선국의 유효 기간은 통상적으로 5년이며 5년 주기로 재허가가 필요하다.

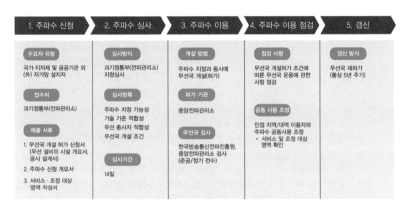

그림 1-21 기업이 직접 주파수 지정을 받는 경우 유형1의 이음 5G 이용 절차

사설 5G 네트워크 구축을 위한 주파수를 획득했다면 그다음은 네트워크 구축을 시작하게 된다. 네트워크 구축을 위해서는 설계 단계와 시공 및 최적화 단계를 거치게 된다.

설계 단계에서는 설계 목표 정립, 셀 설계, 현장 실사, 시뮬레이션 등의 작업이 필요하다. 설계 목표 정립 시에는 사설 5G 네트워크에 연동할 애플리케이션 서비스 및 커버리지를 정의해야 한다. 유선 네트워크와도 동일하게 연결하는 사용자나 단말기의 수량, 처리할 트래픽량, 사설 5G 네트워크 지원 영역 넓이 및 특성 등은 필수적으로 고려할 사항들이다. 이를 바탕으로 사설 5G 네트워크의 셀을 설계한다. 현장 실사 시에는 사설 5G 네트워크 기지국 설치 및 구성을 위한 현장 조건을 점검한다. 광케이블 연결 경로, 전원 인입부 등에 대한 조사도 포함된다. 시뮬레이션 시에는 건물의 형태 및 지형지물의 정보를 입력해 사설 5G 주파수의 특성을 고려한 무선 네트워크에 대한 검증을 수행한다. 전문 시뮬레이션 도구를 이용하며 전문 서비스 업체를 활용할 것을 추천한다. 시뮬레이션 결과를 바탕으로 실제 도입 및 구축할 사설 5G 기지국 장비와 안테나 및 기타 부자재들의 수량과 소요 비용을 산출한다.

| 설계 단계 | 1. 설계 목표 정립 | 2. 셀 설계 | 3. 현장 실사 | 4. 시뮬레이션 |
| 시공 및 최적화 단계 | 1. 시공 및 설정 | 2. 전파 환경 조사 | 3. 최적화 | 4. 인수 검사 |

그림 1-22 사설 5G 네트워크 구축 단계 및 절차

시공 및 최적화 단계에서는 설계 단계에서 산출한 장비와 자재들의 물량을 기반으로 실제 구축을 한다. 사설 5G 기지국 장비는 실내 천장부나 옥외 6m 이상의 높이에 설치하는 경우가 대부분이므로 시공 작업 시 안전에 대해 각별히 고려해야 한다. 설계 단계 시뮬레이션 결과에 따라 기지국 장비의 방향과 각도를 조절해 시공한다. 1차 시공 후 사설 5G 네트워크의 서비스 대상 지역을 이동하며 전파가 계획된 강도대로 수신되는지 확인하는 전파 환경 조사를 수행한다. 전파 환경 조사 결과를 바탕으로 사설 5G 네트워크 최적화를 수행한다. 필요한 경우 전파 환경 조사 및 최적화 단계를 수차례 반복한다. 최적화가 완료되면 종단 간 테스트를 한다. 애플리케이선 별 다양한 사용 예시에 따라 성능과 품질이 예상 기준치만큼 나오는지 검증한다.

1.8 기업용 5G 자가망 클라우드 기반 서비스 예시

5G, 특히 5G 자가망의 다양한 잠재력과 가능성에도 불구하고 기업들이 산업 현장에 5G를 도입하는 데는 장애 요소들이 많다. 그 대표적인 예로 비용, 안전, 운용 전문성, 무선 간섭 등을 들 수 있다.

- 비용: 기업은 이윤 창출을 위한 조직으로 신규 솔루션이나 기술 도입을 위해서는 궁극적으로 비용 또는 원가 절감이 가능함을 증명해야 한다. 이는 초기 도입 비용이 낮지 않은 5G 기술 및 솔루션 도입에 걸림돌로 작용할 수 있다.

- 안전: 수백 개 이상의 자동화된 장비들이 생산 현장이나 산업 현장에서 동작할 때 현장 작업자들의 안전은 기존과는 또 다른 관점에서 검토돼야 한다. ESG 관점에서 근로자의 안전에 대한 중요도가 크게 증가함에 따라 5G 도입에 따른 자동화 및 이동형 자율주행체들로 인한 산업 현장 안전에 대한 부분도 면밀하게 검토해야 한다. 이는 시범 도입 단계에서 수행해야 전체 확장 단계에서 문제 없이 진행할 수 있다.

- 운용 전문성: 5G 기술이 통신사 중심으로 사용, 발전돼 왔으므로 일반 기업에서는 5G 기술의 전문성이 다소 부족하며 이는 산업 현장에 5G를 도입할 때 장애 요소가 된다. 5G 운용을 위한 신규 조직이 필요하고 각 산업 현장에 맞는 5G 네트워크 구성 및 운영을 위한 노하우 습득을 위한 시간도 필요하다.

- 무선 간섭: 5G는 무선 기반의 통신 기술이므로 건물 구조, 이동하는 차량, 장비 등이 통신에 영향을 줄 수 있다.

5G 솔루션 관점에서의 장애 요소로는 비용과 운용 전문성 확보가 대표적인 예이다. 이를 피하고 기업에서 5G 도입의 가속화를 위해 클라우드 기반의 SaaS 형태의 5G 서비스들이 나타나고 있다. 그 대표적인 예가 아마존 AWS의 Private 5G 서비스로 2021년 11월 프리뷰 버전이 출시됐다.

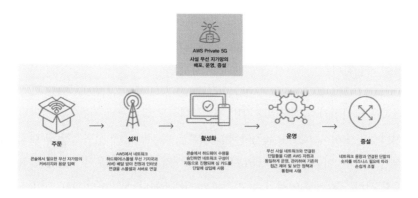

그림 1-23 AWS의 사설 무선 자가망 서비스 AWS Private 5G 이용 절차

AWS의 Private 5G 서비스는 기존의 클라우드 사용과 크게 다르지 않다. 클라우드 콘솔에서 필요한 요건들을 입력하면 사설 무선 네트워크 구성에 필요한 스몰셀 장비와 서버 등이 배송된다. 수령한 사설 무선 네트워크 장비들에 전원과 인터넷을 연결한 후 클라우드 콘솔에서 수령을 승인하게 되면 사설 무선 네트워크의 구성이 자동적으로 이뤄진다. 이후 사설 무선 네트워크에 연결할 단말기에 유심 카드만 삽입하고 사용하면 된다. 사설 무선 네트워크의 운영도 기존의 클라우드 인프라 운영과 동일하게 클라우드 콘솔을 기반으로 하므로 크게 이질감 없이 수행할 수 있다. 사설 무선 네트워크의 증설이 필요한 경우도 클라우드 콘솔에서 추가적으로 필요한 부분을 주문해 사용하면 된다. 기업 입장에서는 5G 전문가의 도움 없이도 손쉽게 기업 현장 내에 사설 자가망 방식의 5G 네트워크를 구성할 수 있으며 5G 자가망의 운영도 추가적인 전문 조직을 구성하지 않고 수행할 수 있다. 5G 자가망에 따른 비용도 종량제 방식 기반이라 도입 비용 측면에서 부담 없이 시작할 수 있다. AWS에서는 Private 5G 서비스의 장점으로 손쉬운 배포 및 구성, 통합된 하드웨어 및 소프트웨어 기반 솔루션, 사용량 기반의 요금제, 필요 시 상시 증설 가능 구조, 유연한 정책 관리, 자체적인 네트워크 관제 기능

등을 제시하고 있다. 이는 클라우드 기반의 5G 자가망 서비스들의 공통적인 장점이다. AWS Private 5G의 경우 현재 프리뷰 버전으로 미국 내에서만 사용이 가능하다.

클라우드 사업자 외에도 5G 장비 제조사에서도 클라우드 기반 5G 자가망 서비스를 출시하고 있다. 노키아의 DAC^{Digital Automation Cloud} 서비스가 그 대표적인 예이다. 이 서비스는 4G/LTE 때부터 시작된 기업용 무선 자가망 클라우드 서비스로 가장 역사가 깊고 검증된 서비스이다. 노키아의 DAC 서비스는 클라우드 기반의 구독형 5G 자가망 서비스이며 5G 전문 운용 인력 없이도 간편하게 기업에서 5G 자가망을 구축해 사용할 수 있도록 설계돼 있다.

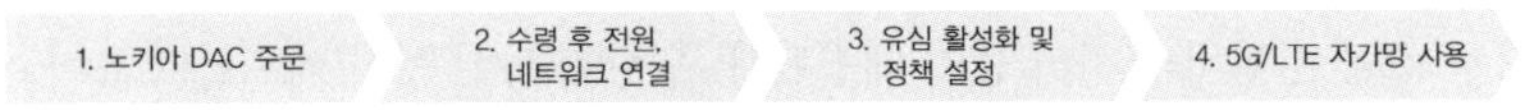

| 1. 노키아 DAC 주문 | 2. 수령 후 전원, 네트워크 연결 | 3. 유심 활성화 및 정책 설정 | 4. 5G/LTE 자가망 사용 |

그림 1-24 노키아 DAC 구독형 5G/LTE 자가망 이용 절차

노키아 DAC 기반의 구독형 5G/LTE 자가망 서비스를 사용하려면 주문, 연결, 유심 설정의 3단계를 거친다. 주문 단계는 기업 현장에서 필요한 5G 또는 LTE 기반의 엣지 및 액세스 포인트 그리고 유심 등을 주문하는 절차이다. AWS Private 5G 서비스와 달리, 주문 단계는 노키아의 협력사를 통해 주문 방식과 내용에 대한 지원을 받아 진행한다. 주문한 장비는 기업 고객의 현장으로 배송되며 수령한 장비들을 구성 가이드에 따라 전원과 네트워크를 연결하는 것이 연결 단계이다. 연결이 완료되면 클라우드 기반의 통합 콘솔에서 엣지 및 액세스 포인트의 가동 현황을 확인할 수 있다. 마지막 단계로 함께 주문한 유심을 활성화하고 관련된 보안 및 품질 관련 QoS 정책을 설정하면 5G/LTE 자가망 사용을 위한 모든 절차가 완료된다.

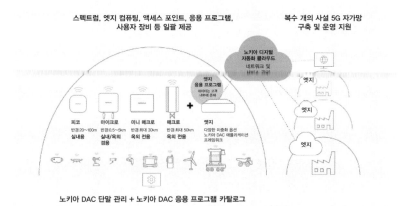

그림 1-25 노키아 DAC의 클라우드 기반 구독형 5G 자가망 서비스 개념도

노키아 DAC 서비스는 기업이 편리하고 간편하게 5G 자가망 서비스를 사용할 수 있도록 여러 특징들을 보유하고 있다.

- 클라우드 기반 5G 자가망 SaaS: 5G 자가망 이용 기업 관점에 최적화된 클라우드 콘솔을 기반으로 통합 관리 기능을 제공해 5G 전문 인력 없이도 사용 및 운영 가능

- 플러그앤플레이 방식의 자동 구성: 엣지 컴퓨팅, 액세스 포인트 등의 5G 자가망 장비들을 수령하고 전원 및 네트워크 연결만 하면 자동으로 구성 및 설정이 완료돼 즉시 사용이 가능한 방식

- 사용 규모별 구독형 요금 체계: 사용하는 엣지 컴퓨팅 용량, 5G/LTE 액세스 포인트 종류 및 개수 등과 같은 사용 규모에 따라 차등화된 구독 요금을 월 단위로 지불해 초기 도입 비용을 최소화하는 구독형 요금 체계

- 엣지 컴퓨팅 아키텍처: 애플리케이션 프레임워크 플랫폼을 기반으로 MEC(Mobile Edge Computing)와 동일한 기능을 제공해 다양한 산업용 애플리케이션을 엣지 컴퓨팅에서 실행하고 애플리케이션의 라이프사이클 관리를 지원

- 고객 데이터의 물리적 보안: 5G 자가망의 단말 인증 정보, 단말의 네트워크 데이터는 엣지 컴퓨팅 서버와 고객의 내부망에서만 존재하며 고객 네트워크 외부로의 전달은 차단되는 아키텍처

- 기업용 5G 자가망을 위한 토털 솔루션: 5G 자가망 구성을 위한 엣지 컴퓨팅, 5G/LTE 액세스 포인트뿐만 아니라 단말 장비, 응용 프로그램 등까지 기업에서 5G 자가망 구성 및 활용을 위한 모든 솔루션을 일괄 제공

- 전 세계 5G/LTE 자가망 지원 및 통합 콘솔: 5G/LTE 자가망이 제도적으로 가능한 모든 나라의 스펙트럼을 지원하며, 글로벌 산업 현장들에 여러 개의 5G/LTE 자가망을 구성하는 경우 단일 통합 콘솔에서 관리의 일원화 지원

노키아 DAC의 클라우드 통합 콘솔은 기업 관점에서 5G 자가망 사용에 필요한 기능을 제공하며, 전문적이고 기술적인 5G 관련 구성 및 설정 부분은 모두 클라우드 기반으로 자동 처리하는 방식으로 동작한다. 노키아 DAC의 클라우드 통합 콘솔 대시보드에서는 5G 자가망 사용을 위한 모든 것을 직관적으로 확인할 수 있도록 다양한 메뉴를 제공한다.

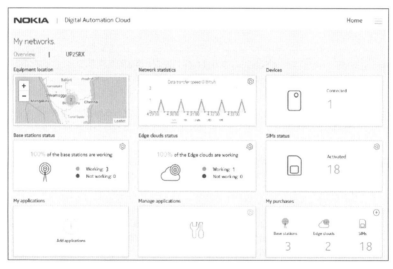

그림 1-26 노키아 DAC의 클라우드 통합 콘솔 대시보드

- 5G/LTE 자가망 지도 기반 관제 메뉴: 하나 또는 여러 곳에 구성된 5G 자가망 또는 LTE 자가망의 위치와 가동 현황을 직관적으로 확인할 수 있는 지도 기반의 관제 메뉴

- 네트워크 통계 정보 메뉴: 5G/LTE 자가망에서 처리하는 데이터들의 총 처리량, 지연 시간 등의 정부를 확이할 수 있는 메뉴

- 단말 정보 메뉴: 단말들의 접속 현황 및 가동 상황을 확인할 수 있는 메뉴

- 5G/LTE 액세스 포인트 메뉴: 5G/LTE 자가망에 구성된 기지국 베이스 스테이션의 세부 정보, 가동 현황, 접속한 단말 현황 등을 확인할 수 있는 메뉴

- 엣지 클라우드 메뉴: 5G/LTE 자가망에서 5G/LTE 코어 및 애플리케이션의 실행 플랫폼이자 서버인 엣지 클라우드의 가동 현황 및 통계를 확인할 수 있는 메뉴

- 유심 메뉴: 5G/LTE 자가망에 등록된 유심 목록, 활성화된 유심, 유심 접속 정보 등을 확인할 수 있는 메뉴

- 마이 애플리케이션 메뉴: 노키아 DAC에서 기본적으로 제공하는 애플리케이션이 아닌 자체 개발 애플리케이션 또는 별도 구입 애플리케이션을 노키아 DAC 애플리케이션을 통해 엣지 컴퓨팅으로의 실행을 위해 엣지 애플리케이션으로 등록하는 메뉴

- 애플리케이션 관리 메뉴: 5G/LTE 자가망에서 사용하는 전체 애플리케이션 카탈로그 및 애플리케이션의 라이프사이클 관리 메뉴

- 나의 구입 목록 메뉴: 노키아 DAC 기반 구독형 5G/LTE 자가망 서비스를 이용하며 구입 또는 구독 중인 5G/LTE 액세스 포인트, 엣지 클라우드, 유심 등의 전체 내역을 통합 조회할 수 있는 메뉴

이런 클라우드 기반의 구독형 5G/LTE 자가망 서비스를 활용하면 기업에서는 최소의 투자 비용으로 5G 전문가나 전문 운용 조직 없이도 용이하게 5G/LTE 자가망을 구성할 수 있다. 디지털 트랜스포메이션^{DX}을 위한 영상 기반의 유스 케이스나 자율주행 로봇 기반의 유스 케이스를 최소 비용과 최소의 노력으로 검증하는 것도 가능하다.

1.9 벨 연구소(Bell Labs)의 5G 인증 과정

기업에서 디지털화 계획 또는 DX 마스터 플랜을 수립할 때 구현이 가능한 기술 요소들에 대한 정확한 이해가 수립된 계획의 실행 가능성을 담보한다. 클라우드, AI, 빅데이터, 머신러닝, 5G 등의 기술 요소에 대한 전반적인 이해와 현재 도입이 가능한 기술 수준 그리고 향후 미래에 기술의 진화 속도 등에 대한 부분을 반드시 고려해야 한다.

노키아 벨 연구소는 기업들의 5G 도입과 5G에 대한 이해를 돕고자 5G 인증 교육 과정을 제공하고 있고, 5G/LTE/3G 등을 포함한 이동통신의 표준을 제정하는 3GPP[3rd Generation Partnership Project]에서 주도적인 활동을 하고 있다. 이를 기반으로 통신사, 클라우드 사업자 및 일반 기업 등을 포함한 다양한 주체들이 5G를 제대로 이해하고 활용할 수 있도록 5G의 기본적인 이해를 돕는 5G 어소시에이트 인증 과정[5G Associate Certification Course]과 5G의 분야별 심화 과정을 다루는 5G 프로페셔널 인증 과정[5G Professional Certification Course] 등의 2가지 교육 및 인증 과정을 제공한다.

5G 어소시에이트 인증 과정은 5G 표준의 제정 배경, LTE와의 근본적인 차이점, 클라우드 기반의 5G 아키텍처, 가상화 기반의 다양한 기업들 및 기업 애플리케이션 수용 구조, 5G 아키텍처상의 보안, 산업 현장에서의 적용을 위한 5G의 자동화 지원 인터페이스 등의 주제들을 포함한다. 온라인상으로 교육 과정을 이수한 후 제3의 인증 테스트 전문 기관을 통해 인증 시험을 통과하면 벨 연구소의 5G 어소시에이트 인증을 통과하게 된다.

5G 프로페셔널 인증 과정은 5G 어소시에이트 인증 과정의 심화 과정으로 5G 네트워킹[5G Networking], 분산 클라우드 네트워크[Distributed Cloud Networks], 네트워크 슬라이싱[Network Slicing], 보안 네트워크[Secure Networks], 산업 현장 네트워크

자동화Industrial Automation Networks 등의 5종으로 구성돼 있다. 이 5가지 심화 과
정은 독립적으로 운영되며 각각의 교육 과정을 이수한 후 제3의 인증 테스
트 전문 기관을 통해 인증 시험을 통과하면 벨 연구소의 5G 프로페셔널 인
증을 통과하게 된다. 그중 산업 현장 네트워크 자동화 과정은 5G를 적용한
산업 현장의 사례를 기반으로 사례를 연구하는 과정으로 5G의 특성을 활용
해 실제 적용한 내용을 구체적으로 확인하고 배울 수 있다.

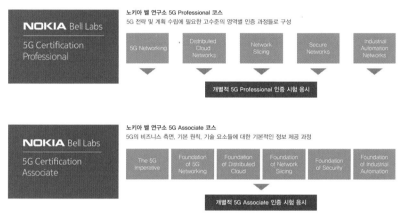

그림 1-27 노키아 벨 연구소 5G Professional 코스, 5G Associate 코스

수많은 글로벌 기업들이 5G를 자사의 산업 현장에 적용하려는 목적으로 또
는 DX 마스터 플랜을 수립하려고 이 교육 과정을 이수했다. 기업들을 위해
5G 서비스를 제공하려는 통신 사업자 및 클라우드 사업자들과 기업의 5G 서
비스 도입에 도움을 주려는 컨설팅 회사들도 다수 이 교육 과정을 이수했다.

5G를 활용한
기업 글로벌 DX 사례

5G를 활용한 기업 글로벌 DX 사례

기업의 DX는 업종과 관점에 따라 다양한 기술이 가능하나 이 책에서는 제조업 중심의 인더스트리 4.0 프레임워크를 기반으로 다양한 적용 유형들을 살펴보고 각 업종별로 5G를 활용한 글로벌 사례들을 살펴본다.

2.1 인더스트리 4.0 프레임워크

인더스트리 4.0 프레임워크는 디지털 산업 현장Digital Workplace, 자동화된 작업 현장Automated Workplace, 커넥티드 작업자Connected Worker, 스마트 자산Smart Asset 등과 같은 4가지 범주로 나눌 수 있다. 이는 제조 현장을 예시로 기술하고 있으나 물류, 전력, 광업 등 다른 업종 분야에서도 유사하게 참조 및 활용할 수 있다.

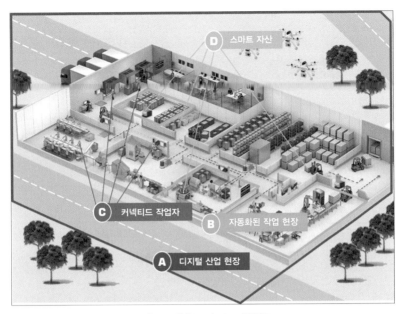

그림 2-1 인더스트리 4.0 프레임워크

인더스트리 4.0 프레임워크의 디지털 산업 현장 범주는 기업의 산업 현장을 디지털화 및 연결하고 스마트화해서 제조 공정이나 산업 현장을 디지털화하는 것이다. 이는 기업의 지속가능성을 향상시켜 주며 디지털 트윈, 설비 관리 및 보안, 스마트 연결 등의 적용 유형들을 포함한다. 디지털 트윈은 고수준의 애널리틱스 기술, 데이터 마이닝, 머신러닝, IoT 등을 활용해 현장의 데이터를 디지털 공간에 복제하는 것이다. 이를 기반으로 제조 현장을 관제하고 가시화한다. 설비 관리 및 보안은 IoT, 지오펜싱Geofencing, 비디오 애널리틱스, 다기능 드론 등으로 고도화된 고정식 및 이동식 관제를 하는 것을 말한다. 스마트 연결은 산입용 시실들을 무신 네트워크나 고징형의 유신 네트워크를 기반으로 단일 사업장뿐만 아니라 여러 곳에 구성된 다중의 산업 현장들을 상호 연결하고 더 나아가 전 세계를 연결해 모든 산업 현장을 디지털화하는 것이다.

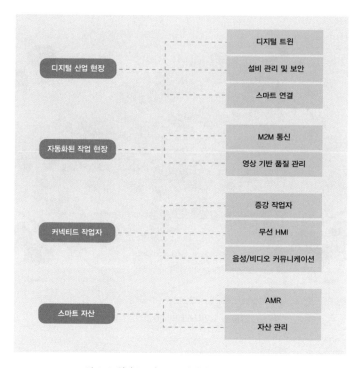

그림 2-2 인더스트리 4.0 프레임워크 범주별 적용 유형

자동화된 작업 현장 범주는 기업의 생산 현장과 작업 현장들을 자동화하고 관제 및 최적화가 가능한 공간과 지역으로 만드는 것이다. 이는 장비 간의 통신인 M2MMachine-to-Machine 통신과 영상 기반의 품질 관리 등의 적용 유형들을 포함한다. M2M 통신은 산업 현장 영역과 엣지Edge, 포그Fog 및 중앙 클라우드 등을 연결해 산업 현장 장비들을 자동으로 제어하는 것을 말한다. 이를 통해 IoT, 협동 로봇, 클라우드 로봇 등을 구현할 수 있다. 영상 기반의 품질 관리는 비디오 애널리틱스 기반의 비정상 상태 탐지Anomaly Detection, 패턴 인식Pattern Recognition, 계수 기반 탐지Counting-Based Detection 등의 기법으로 조건, 프로세스, 생산 KPI 등을 관제하는 것이다.

커넥티드 작업자 범주는 사람과 장비 간의 소통 방식인 HMI^{Human-Machine Interface}를 통해 현장의 작업자들 간의 일대일이나 일대다의 음성 또는 화상 통신, 작업자와 장비들 간의 한 방향이나 양방향 소통을 언제, 어디서든 할 수 있도록 하는 것이다. 이는 증강 작업자^{Augmented Worker}, 무선 HMI, 음성/비디오 커뮤니케이션 등의 적용 유형들을 포함한다. 증강 작업자는 디지털화된 증강 콘텐츠^{Augmented Contents} 또는 가상 콘텐츠^{Virtualized Contents}를 작업자의 장치로 분배하는 것을 기반으로 한다. 이를 통해 원격에 있는 전문가로부터 현장 점검이나 중요한 작업을 지원받을 수 있다. 또는 커넥티드 웨어러블^{Connected Wearable} 장비를 통해 원격에서 작업 현장이나 가동 중인 장비의 상황을 실시간으로 현실감 있게 파악 및 통제할 수 있다. 무선 HMI를 이용하면 작업자와 장비 간의 통신을 위치와 무관하게 수행할 수 있다. 또한 이동 중에도 작업자와 장비 간의 소통을 원활하게 할 수 있다. 음성/비디오 커뮤니케이션은 산업 현장의 작업자들 간의 일대일 음성 기반이나 영상 기반 통신을 포함한다. 또한 산업 현장에서 가장 많이 사용하는 일대다의 그룹 통신 기능도 이 적용 사례에 포함된다. 내부에서의 통신뿐만 아니라 외부 전화와의 연동, 다수의 작업자 또는 전체 작업자를 대상으로 하는 방송 기능 등도 이 적용 사례에 포함할 수 있다.

스마트 자산 범주는 산업 현장에서 사용하는 주요 기구나 장비들의 위치 및 사용 현황, 가동 현황 등에 대해 관제, 추적하는 적용 사례들을 포함한다. 산업 현장의 제조 설비, 로봇, 차량, 진단 기구 등은 스마트 자산 관리 범주에 포함할 수 있다. 자율주행 이동체, AMR^{Autonomous Mobile Robot}와 자산 관리^{Asset Management} 등의 적용 유형을 포함한다. AMR 적용 유형은 AMR의 움직임을 제어하고 AMR에 부착된 카메라를 통한 영상 스트리밍, AMR의 센서에 기반한 감지 등을 엣지 컴퓨팅을 통해 구성한다. 이를 통해 산업 현장을 실시간으로 효율적으로 관제 및 제어할 수 있다. 또한 AMR를 이용해 생산 중간재나 자재, 물품 등의 이동을 자동화할 수 있다. 자산 관리는 측정 장비, 로봇, 이동형 작업 장비 등을 대상으로 산업 현장 어디에서, 누가 사용하는지 실시간으로 관리하며, 대상 자산의 가동 현황과 점검 필요 여부까지 자동으로 처리한다.

2.2 디지털 산업 현장 범주

디지털 산업 현장 적용 유형은 디지털 트윈, 설비 관리 및 보안, 스마트 연결 등의 적용 유형들과 같이 산업 현장을 디지털화하는 것을 목적으로 한다. 이는 산업 현장 자동화, 커넥티드 작업자, 스마트 자산 등과 같은 다른 범주의 기반이 된다.

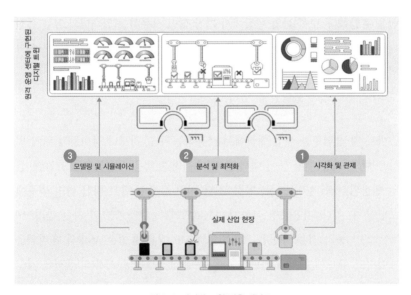

그림 2-3 디지털 트윈 적용 개념도

디지털 트윈 적용 유형은 제조 현장의 계획 및 최적화 방법이 유연성이 부족하고 촉박한 변경 요청 등의 요구 사항이 증가하는 데도 대응이 어려운 문제점을 해결하는 것이 가장 큰 목적이다. 이외에도 캐드 모델, 프로세스 시뮬레이션 등과 같은 디지털 자산이 현상의 구현 및 프로세스 관제와 분리돼 있는 문제점, 프로스세와 KPI의 단순한 시각화조차도 종종 누락돼 있는 문제점 등도 목적에 포함된다.

이에 대한 해결 방안으로 KPI 시각화를 위해 필요한 플랜트 데이터와 결과 관제를 위한 상태 값 등을 수집한다. 그다음 단계로 계획 및 시뮬레이션 도구의 입력값을 프로세스 및 환경 관제 출력값과 통합한 후 데이터 처리 및 시각화 개념을 도입해 확장 가능성과 적응 가능성을 구현한다.

디지털 트윈 구현에는 5G 자가망 기술과 더불어 대규모의 IoT 센서들과 이들을 관리하는 IoT 플랫폼 기술들이 사용된다. 대용량의 데이터 전송을 위해 5G의 대용량 처리 기능을 활용한다. 또한 대량의 데이터에 대한 실시간 처리를 위한 빅데이터 플랫폼, 다양한 데이터 분석 알고리즘, 시각화 도구 등을 활용한다. 산업 현장의 모든 설비들과 다양한 프로세스의 통합 관제를 위한 통합 관제 및 운영 플랫폼도 필수적인 소프트웨어 플랫폼이다. 디지털 트윈은 데이터의 수집 및 가공을 통한 관제에만 머무는 것이 아니라 디지털 트윈을 통한 제어도 포함한다. 이를 위해 5G의 저지연 통신 기술이 활용된다.

디지털 트윈 적용 유형의 비즈니스 효과는 적절한 시각화로 프로세스 관제 결과의 영향을 극대화하는 것을 첫 번째로 말할 수 있다. 또한 계획, 시뮬레이션, 관제 및 통제를 선순환 구조로 만들어 즉각적인 제어가 가능한 환경을 기반으로 고수준의 프로세스 품질을 구현할 수 있다. 완벽한 디지털 트윈상에서는 물리적 자산을 고수준으로 계획, 시뮬레이션해 유연성과 효율을 높일 수 있다.

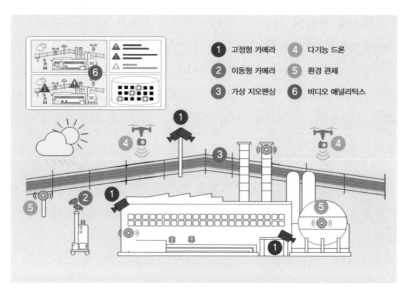

그림 2-4 설비 관리 및 보안 개념도

설비 관리 및 보안 적용 유형은 다양한 IT 기술들을 활용해 산업 현장을 관제하는 것으로 산업 현장의 유연성이 증대함에 따라 더 동적인 설비 관리 역량의 필요성이 자연스럽게 대두됐다. 환경, 안전 및 공공규제, 운영에 대한 규제 등이 한층 엄격해짐에 따라 이의 준수를 위한 방안이 필요한 것도 설비 관리 및 보안의 고도화가 필요한 이유 중 하나이다. 또한 비계획적인 다운타임으로 다중의 손해가 발생할 수 있는 것을 미연에 방지하는 것도 산업 현장에서는 중요한 과제이다.

이에 대한 해결 방안으로 다양한 이종의 기술들을 단일 시스템에 통합하고 고정형 카메라, 센서 퓨전, 드론 기반 카메라 등을 활용해 설비 관리 역량을 고도화한다. 예지 보전 방법을 적용해 산업 현장 설비들의 가용성을 높일 수도 있다. 가상의 지오펜싱 기술을 통해 산업 현장의 중요한 자산, 작업자, 방문자 등의 위치 추적 및 안전 관리, 업무 자동화 등을 구현할 수도 있다.

설비 관리 및 보안 적용 유형의 구현을 위해 영상 인식 기술, 5G 자가망 기반의 드론, 5G 자가망 기반의 실내 및 옥외 측위 기술 등을 활용한다. 고해상도 카메라, 열영상 카메라 등의 다양한 영상 인식 장비와 인공지능, 머신러닝 기술 능을 결합해 산업 현장 설비늘의 가동 현황 감시와 비정상 상태 탐지를 자동화할 수 있다. 이 경우 고정식 카메라, 이동식 카메라를 활용할 수 있는데 여기에 5G 자가망 기반의 드론을 결합하면 훨씬 더 유연하게 설비 관리 및 보안 관제 사례를 구현할 수 있다. 드론을 5G 자가망 기반으로 구현하면 기존의 와이파이 기반의 방식보다 훨씬 더 안정적으로 동작하면서 더 넓은 영역을 관제할 수 있다. 드론에서 관제하는 영상을 5G 자가망을 통해 지연 시간 없이 고해상도의 이미지나 동영상을 실시간으로 관제 시스템으로 전송할 수 있다. 관제 시스템으로 전송된 이미지나 영상은 인공지능을 기반으로 자동 해석 및 자동 관제가 가능하다. GPS 기반의 위치 식별 시스템이나 다양한 실내 측위 솔루션을 활용하면 산업 현장의 기능별, 중요도별, 위험도별 구분을 통해 작업 인력, 이동 차량 등의 위치와 접근을 관리 및 관제할 수 있다. 디지털 트윈을 기반으로 지오펜싱 기능을 설정하면 영역별 경계를 설정할 수 있다. 이 경계를 기준으로 어느 영역에 속해 있는지, 경계를 이탈하지 않았는지 등의 정책을 설정해 관리 대상에 대한 관제를 자동화할 수 있다.

설비 관리 및 보안 적용 유형의 비즈니스 효과는 첫 번째로 기존에 작업 인력을 직접 투입해 수작업 기반으로 이뤄지던 설비 관리 및 보안 업무를 자동화함에 따라 수작업량이 줄어들고 운영 효율이 증대하는 것을 꼽을 수 있다. 또한 수작업 기반의 관리 및 점검에 비해 수집하는 데이터 포인트 및 정보량이 증가하게 돼 분석의 정확도도 높아지고 상황을 파악하는 수준이 향상된다. 더 많은 데이터를 기반으로 인공지능이나 머신러닝 등의 최신 소프트웨어 기반 기술을 활용하는 것도 용이하게 된다. 기존의 고정형 카메라,

고정형 센서 등과 AGV, 로봇, 드론 등에 장착한 카메라나 센서 등을 활용해 상황에 따른 다양한 정보의 수집이 가능하고 디지털 트윈과 결합해 설비 관리 프로세스의 유연성을 높일 수 있다. 궁극적으로 산업 현장에서 현장 설비의 가용성과 안정성을 증대할 수 있게 된다.

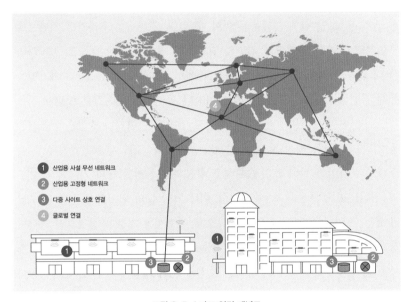

그림 2-5 스마트 연결 개념도

스마트 연결 적용 유형은 DX에 따른 디지털화, 데이터 수집, 축적 및 처리, 실시간 연결 기반의 상호 간의 통신 등에 따라 필요한 다양한 네트워크를 전사적 관점에서 다양한 방식으로 구성하는 것이다. 데이터 수집 대상의 급격한 증가로 네트워크 용량이 초과될 수 있고, 기존의 구리선 기반의 네트워크는 고비용 및 관리 운용의 비효율성, 고용량 데이터의 수용 어려움 등의 문제점이 있다. 또한 유선 방식의 연결로는 기존의 산업 현장의 구성 방식이나 변경에 제약이 많으며, 이동하는 현장 작업 인력, AGV, 로봇 등의 활용이 어렵다. 산업 현장이 여러 곳인 경우 사업장들 간의 데이터 통합 및 연관 분석, 원격 사업장들에 분산된 전문 인력들 간의 협업 등을 위해서는 다중 사이트 간의 원거리 연결이나 글로벌 연결에 대한 부분도 함께 고려해야 한다.

이에 대한 해결 방안으로 산업 현장에서의 마지막 구간은 5G와 같은 안정적이면서도 대용량의 데이터 전송이 가능한 무선 네트워크가 가장 적절하다. 5G를 자가망으로 구현하면 지연 시간도 줄이면서 보안 수준도 높일 수 있다. 5G 자가망의 무선 구간은 유선 기반의 내부 네트워크에 연결해 해야 하는데 이는 기존의 구리선 대신 광통신 기반의 네트워크로 구성해 미래를 고려한 네트워크 아키텍처로 권장한다. 산업 현장이 넓은 경우에는 유선 광통신 네트워크의 관리, 운용 및 유지보수에 대한 부분도 고려해 해야 하는데 이 경우에는 GPON^{Gigabit Passive Optical Network} 기술 기반의 패시브 네트워크가 이런 요구 사항을 충족한다. 다중 사이트 간의 연결 및 글로벌 연결 부분은 소프트웨어 정의 기반의 구성을 통해 지역 단위나 대륙 단위의 유연한 구성 관리 및 사용자별, 애플리케이션별 대역폭, 품질 관리가 용이한 아키텍처로 설계하는 것이 바람직하다.

스마트 연결 적용 유형의 구현을 위해서는 5G, GPON, SDN^{Software-Defined Network}, DCI^{Data Center Interconnect}, SD-WAN^{Software-Defined Wide-Area Network} 등 다양한 기술들을 활용할 수 있다. 연결 사이트의 규모나 접속 빈도에 따라 일부는 VPN^{Virtual Private Network}을 활용해 구성할 수도 있다. 클라우드 사업자들이 제공하는 IoT 플랫폼을 사용하는 기업들이 늘어남에 따라 산업 현장에서 퍼블릭 클라우드 사업자의 데이터 센터와 연결이 필요한 경우도 있을 수 있다. 이런 경우에는 퍼블릭 클라우드 사업자의 전용선 기반 연결 또는 VPN 기반 연결 등의 서비스를 활용해 연결해야 한다.

스마트 연결 적용 유형의 비즈니스 효과로는 수십년 이상 사용이 가능한 고성능 광케이블 기반의 네트워크 구축으로 전체 TCO를 절감할 수 있으며, 기존의 유선 기반의 고정형 네트워크를 무선 기반의 이동형 네트워크로 대체함에 따라 업무의 효율성 및 생산성을 높일 수 있다. 다중 사이트들이 있는 경우 다중의 산업 현장 및 플랜트들을 단일의 디지털 트윈 플랫폼을 기반으로 관리, 운용할 수 있게 돼 운용 프로세스의 유연성을 증대할 수 있다. 또한 소프트웨어 정의 기반의 네트워크 구현으로 네트워크의 운용과 관리의 효율성도 높일 수 있다.

디지털 산업 현장 범주 중 가장 대표적인 디지털 트윈의 사례로 노키아의 오울루 제조 현장의 5G 적용 사례를 살펴본다. 이곳은 5G/LTE의 무선 기지국 전파 처리 장비인 RRH^{Remote Radio Head}를 생산하는 곳이다. 세계 경제 포럼^{WEF, World Economic Forum}과 매킨지 컨설팅^{McKinsey Consulting}에서는 2019년에 이 사례를 "고수준 인더스트리 4.0^{Advanced Industry 4.0}"의 가능성을 보여주는 길잡이 사례로 선정했다.

노키아의 오울루 제조 현장에 있던 기존의 유선 기반의 테스트 기기들은 사용에 제약이 있고 케이블로 고정돼 있어 생산 기기들을 배치하는 데 장애물이었다. 이곳에서는 로봇을 사용하는 데 와이파이를 기반으로 구성하는 경우 통신이 끊어지거나 지연이 발생하는 등 사용에 어려움이 많았다. 와이파이를 기반으로 영상 기반의 비디오 애널리틱스를 적용하려고 시도했으나 과도한 통신 지연 시간으로 작업 현장에서 사용하기에는 부족했다.

이의 해결을 위해 5G/LTE, IoT, 클라우드 등 노키아의 자체 기술들을 포함해 로봇, 영상 기반의 애널리틱스 등 다양한 디지털 기술들을 적용했다. 제조 현장을 디지털화해 디지털 트윈을 구현해 언제, 어디서든지 생산 현장의 관제 및 제어가 가능하도록 구현했다.

그림 2-6 노키아의 오울루 제조 현장 디지털 트윈 사례

노키아의 오울루 제조 현장은 사설 5G 네트워크를 기반으로 모든 통신이 무선을 기반으로 이뤄진다. 제조 공정은 모두 모듈형으로 구성해 레고 블록과 같이 재배치가 용이한 구조로 설계했다. 데이터 통신을 위한 유선 케이블이 필요하지 않으므로 공정의 재배치가 하루만에 가능하다. 평균 일주일에 한 번씩 제조 공정을 재배치하고 있으며, 다품종 생산에 대한 신속한 대응이 가능한 제조 현장을 구현했다.

기술적으로는 로봇, IoT, 비디오 애널리틱스 등을 적용했다. 5G 기반의 로봇을 활용해 공정 간의 제조 중간 제품 이송 및 공정 간에 연동을 하고 있다. 5G 기술을 기반으로 로봇은 현재의 위치와 가동 현황 정보, 작업 정보 등을 디지털 트윈 플랫폼에 실시간으로 업데이트한다. 5G 기반의 IoT 기술을 적용해 제조 현장의 생산 설비를 포함한 다양한 장비와 환경에 대한 정보를 사설 5G 네트워크를 통해 수집하고 디지털 트윈 플랫폼에서 처리한다. 비디오 애널리틱스를 기반으로 작업자의 작업 순서 준수를 관제하고 작업 순서 오류 시 알려줘 순서대로 작업할 수 있도록 도움을 주는 사례도 구현했다.

사설 5G 네트워크의 구성 요소로는 엣지 서버, 5G AP^Access Point를 구성했다. 엣지 서버는 사용자 및 장비의 5G 네트워크 접속에 대한 인증과 데이터 트래픽을 처리한다. 노키아의 오울루 제조 현장 내에 엣지 서버를 설치해 거리에 따른 지연 시간을 최소화했다. 엣지 서버는 이중화로 구성해 엣지 서버의 장애로 사설 5G 네트워크가 서비스되지 않는 것을 방지하도록 아키텍처를 설계했다. 노키아의 오울루 제조 현장의 5G AP는 무선 기반의 5G 연결의 안정성을 극대화하는 방식으로 구성했다. 5G 셀 설계를 할 때 사설 5G 네트워크에 접속하는 사용자나 장비들이 언제, 어디서든지 최소 2개 이상의 5G AP에 접속할 수 있도록 5G 셀을 설계했다. 이 아키텍처는 평상시에 통신 성능을 극대화하는 역할을 하며, 5G AP 장애 시에도 안정적으로 사설 5G 네트워크를 사용할 수 있도록 한다. 이런 구성은 통신 사업자의 상용 5G 서비스나 LTE 서비스로는 제공받기 어려운 아키텍처인데 5G/LTE 네트워크를 사설 네트워크로 구성하는 경우 용이하게 구현할 수 있다.

디지털 산업 현장 구현의 설비 관리 및 보안 적용 유형 사례로 홋카이도 전력 사례를 들 수 있다. 홋카이도 전력 및 홋카이도 호트네트^HOTnet는 홋카이도 최초로 특화망을 위한 로컬 5G 스펙트럼 면허를 할당받아 2021년 11월부터 2022년 3월까지 토마토아츠마 화력 발전소 내에 5G 특화망을 구축해 생산성 향상 및 운영 유지보수 고도화에 대한 실증 과제를 진행했다. 두 회사는 2020년부터 LTE(4G) 기반의 BWA^Broadband Wireless Access를 구축하고, 화력 발전소의 현장 업무의 효율화를 향한 실제 검증을 실시해 효율화 성과 등을 확인할 수 있었기 때문에 새로운 생산성 향상이나 고도화를 위해 5G로 고도화해 검증을 진행하게 됐다. 주요 검증 내용은 다음과 같다.

- 로컬 5G망의 통신 성능 검증(전파 환경 및 통신 속도)

- 현장 작업의 생산성 향상을 위한 무선 감시 카메라, HMD(Head Mounted Display), 자동 검사 로봇, 무선 센서로부터 얻어진 현장 고화질 실시간 영상 및 시설 데이터를 이용한 중앙 관제 및 제어

- HMD를 활용한 숙련자 및 기술자에 의한 원격 지도, MR(Mixed Reality, 복합 현실) 기술을 활용한 숙련자 노하우 습득 검증

- 발전소 내 이상 징후의 조기 발견이나 고장의 미연 방지

- O&M 고도화를 위해 무선 센서 등의 각종 정보 단말로부터 자동으로 수집되는 대량의 설비 데이터나 운전 데이터를 축적해 AI 등으로 해석하기 위한 상세 설계

디지털 산업 현장 구현의 스마트 연결 적용 유형 사례로는 세계적인 에너지 업체인 에퀴노르Equinor를 살펴본다. 에퀴노르는 전 세계에 산재한 현장의 운영을 위해 사설 5G/LTE 솔루션을 도입하기로 시스템 통합 사업자인 넷노르딕NetNordic과 일괄 기본 계약을 체결했다. 1차적으로 영국에 위치한 더전Dudgeon과 셔링엄 숄Sheringham Shoal 격오지의 풍력 발전 사이트에 3.5GHz 대역 지역 면허 기반의 사설 LTE 네트워크를 구성하고 있다. 이를 통해 다양한 커뮤니케이션, 유지보수 작업 및 안전 작업들을 수행할 수 있다. 커뮤니케이션 도구들이나 드론 네트워크 등과 같은 통합된 여러 애플리케이션들을 손쉽게 멀리 떨어진 현장에 배포하고 사용할 수 있게 됐다. 에퀴노르에서 도입한 사설 LTE 네트워크 솔루션은 향후 다양한 업무를 적용하는 경우 용량 확장이나 5G 업그레이드가 용이하다.

2.3 자동화된 작업 현장 범주

자동화된 작업 현장 범주는 산업 현장의 작업들과 프로세스들이 사람의 개입 없이 스스로 동작하도록 구현하는 것을 말한다. 작업 현장을 자동화하면 생산 공정에 사람이 개입하는 부분을 최소화할 수 있어 생산 설비의 가동

효율을 극대화할 수 있다. 따라서 생산성을 높일 수 있으며 프로세스 효율화, 원가 최적화 등을 꾀할 수 있다. 이 범주에는 M2M 통신과 영상 기반 품질 관리 등을 주요 적용 유형으로 포함할 수 있다.

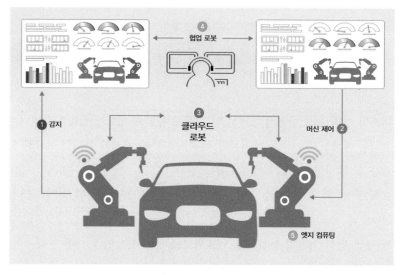

그림 2-7 M2M 통신 개념도

M2M 통신은 산업 현장에 존재하는 사람 외의 다양한 구성 요소들, 즉 다양한 장비와 도구, 관제 시스템 등이 한 방향 또는 양방향으로 통신하며 데이터 전달 및 상호 제어하는 것을 말한다. 특히 머신, 로봇, AGV 등의 이동형 장비 및 도구들이 활용됨에 따라 실시간 기반의 M2M 통신 요구 사항이 급증했다. 머신과 로봇을 제어하는 플랫폼들이 퍼블릭 클라우드, 프라이빗 클라우드, 엣지 클라우드, 관련 장비 등에 분산돼 있으며 이들 간의 유기적인 통신이 필요하다. 최근에 산업 현장해 도입되고 있는 협업 로봇의 경우 저지연 통신을 기반으로 최대 지연 시간이 일정 한도를 넘지 않는 확정적

deterministic 통신이 필수적이며 구성 및 이동성을 위한 무선 기반의 통신이 필요하다. 기존에 이미 많이 사용하고 있는 센서들의 경우 디지털 트랜스포메이션DX 과정에서 대규모로 증가함에 따라 유선 기반의 고정식 연결로는 과노한 비용과 제한된 유연성 등의 한계가 있다.

이런 문제점들은 5G 기반의 무선 사설 네트워크로 거의 모든 문제점들을 해결하고 요구 사항들을 충족할 수 있다. 5G 자가망 기반의 네트워크를 구성한 후 프로피넷Profinet, 이더캣EtherCAT 등과 같은 산업 현장의 프로토콜 지원을 위한 소프트웨어 기반의 어댑터나 하드웨어 기반의 게이트웨이를 연동하면 기존의 장비들도 용이하게 연동할 수 있다. 퍼블릭 클라우드나 엣지 클라우드 등을 5G 자가망 및 산업 현장의 장비들과도 적절하게 상호 연결해 분산된 통신 및 제어 기능들이 원활하게 동작할 수 있도록 설계해야 한다.

M2M 통신 적용 유형은 5G 자가망을 핵심 기반 기술로 구현할 수 있다. 기존 장비들과의 연동을 위해 프로피넷Profinet이나 이더캣EtherCAT 등의 산업 현장 프로토콜 연동용 게이트웨이가 필요할 수도 있다. 다양한 IoT 센서 연동을 위해 지그비Zigbee, 블루투스, 와이파이, RS232C 등의 다양한 유무선 기반의 센서용 액세스 프로토콜을 지원하는 IoT 게이트웨이도 필수 기술이다. 이런 게이트웨이들은 전송 구간을 5G 자가망으로 연동하는 5G 단말 기능을 내장하고 있어 5G 자가망에 용이하게 연동할 수 있다. 장비, 로봇 등의 연동 및 제어를 위한 MESManufacturing Execution System, 로봇 제어 시스템 등과 IoT 센서 연동을 기반으로 데이터의 수집, 처리, 분석, 이벤트 연동 등을 담당하는 IoT 빅데이터 플랫폼 등을 활용할 수 있다. 로봇 제어와 같이 저지연 기반의 확정적 통신이 필요한 경우 엣지 클라우드를 활용해 최소의 물리적 거리로 전송 지연을 최소화하는 아키텍처로 구성할 수 있다.

M2M 통신 적용 유형의 비즈니스 효과는 필요한 모든 종류의 연결을 제공해 사람의 개입 없이 모든 통신과 작업들이 이뤄지므로 산업 현장의 유연성을 높일 수 있다. 산업용에 적합하게 설계된 5G 자가망을 기반으로 확정적 통신과 보안성이 높은 통신을 구현할 수 있고, 클라우드 기반의 데이터 모델 구현으로 빅데이터 애널리틱스와 저지연을 동시에 구현할 수 있다. 또한 5G 자가망 기반의 네트워크로 대량의 고집적 센서 네트워크를 구현할 수 있어 효율적인 데이터 수집, 처리, 분석이 가능하다.

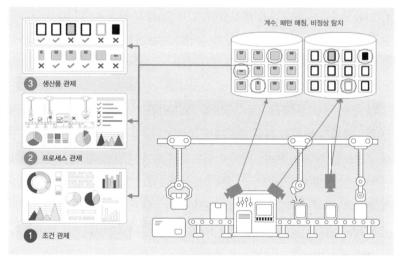

그림 2-8 영상 기반 품질 관리 개념도

영상 기반 품질 관리 적용 유형은 인공지능 기반의 영상 처리 기술이 급격하게 발전함에 따라 다양하게 활용하고 있는 적용 유형으로 비디오 애널리틱스 기술을 기반으로 비정상 탐지, 패턴 인식, 계수 등의 기능을 구현한다. 이는 디지털 트윈 및 자동화된 산업 현장의 구현에 따라 단일 생산 체제로 유연한 생산 대응을 위해 실시간적인 품질 보장이 필수적인 요구 사항이다.

프로세스, 생산품, 조건 등을 개별적으로 처리하던 데서 향후에는 전체를 아우르는 통합적인 품질 관리 시스템이 필요하다. 또한 새로운 데이터 애널리틱스 및 인공지능, 머신러닝 기술을 기반으로 비디오 스트림, 영상 등을 포함한 대량의 데이터 소스에 대한 접근 및 저리도 필요하다.

이에 대한 해결 방안으로는 신규 및 기존 환경에서 데이터의 수집 기능을 구현할 때 영상을 포함한 다양한 기술과 센서들을 활용하고, 관제 데이터를 수집, 통합, 처리할 때 적절한 플랫폼을 구현한다. 영상 기반으로 생산품 및 장비, 작업 인력 등을 관제하고 탐지한 상황 및 결과에 따라 적절한 프로세스를 통해 통보, 제어, 알람 등의 작업을 수행한다. 기본적인 영상 기반 단위 기능에는 계수, 패턴 매칭, 비정상 탐지 등을 포함한다. 전체 공정 프로세스의 가동 현황 및 매크로 단위의 품질을 관제하며 품질 정책 지표와 다양한 조건에 따라 관제 및 제어를 수행하도록 구현한다.

영상 기반 품질 관리 적용 유형을 구현할 때 영상을 제공하는 카메라는 필수적이다. 관제 대상 및 상황에 따라 고해상도 카메라, 열화상 카메라, 원적외선 카메라 등의 다양한 카메라를 활용할 수 있고, 특정 위치에 고정하는 방식 외에도 이동하는 로봇, AGV, 드론과 연계한 이동식 카메라도 적극적으로 활용해야 한다. 영상 데이터는 다양한 센서 데이터와 함께 융합해 분석 및 처리할 수 있도록 IoT 플랫폼, 빅데이터 처리 플랫폼, 데이터 레이크 등과도 연동해야 한다. 영상 처리 및 분석에는 인공지능 기반의 다양한 기술들과 머신러닝 기술들을 활용한다.

영상 기반 품질 처리 적용 유형의 비즈니스 효과는 품질 관리 결과에 대한 피드백 루프를 최소화해 즉각적이면서도 동적인 품질 관리를 가능하게 하는 것이다. 또한 변화하는 요구 사항에 유연하게 품질 관리 역량을 대응하도록 적절한 알고리즘들을 다양하게 적용할 수 있는 개방형 플랫폼 아키텍처를 마련한 것도 중요하다. 이를 디지털 트윈 기능과 통합하고 자동화된 산업 현장의 기능과 연동할 때 더 큰 시너지를 얻을 수 있다.

자동화된 작업 현장 범주의 첫 번째 사례로 일본의 대표적인 글로벌 제조 기업 중 하나인 토요타 자동차 제조 현장을 살펴본다. 이 프로젝트의 주관사는 TPEC^{Toyota Production Engineering Corporation}로 토요타 자동차 생산 현장의 디지털화와 혁신적인 생산 기술 도입 및 검증을 담당하는 토요타 자동차의 계열사이다. 수작업으로 이뤄지던 업무들을 자동화하고 IoT 장비, 생산 설비 등을 디지털화 및 가시화하는 중장기적인 계획을 시작했다.

후쿠오카에 위치한 센터의 토요타 자동차의 제조 설계 현장에 5G로 업그레이드가 가능한 4.9G 방식으로 사설 LTE 네트워크를 구성했다. 일본은 사설 5G 네트워크를 위한 기업용 주파수뿐만 아니라 사설 LTE 네트워크를 위한 기업용 주파수도 사용할 수 있기 때문에 LTE로 먼저 사설 무선 네트워크를 구성했다. 토요타의 엔지니어링 펠로인 아키히로 오니시^{Akihiro Onishi}는 "TPEC는 최첨단 기술과 시설에 대한 R&D를 담당하며, 생산 방식의 준비, 설비 개발 및 설계, 품질 데이터 관리 등에 대한 책임을 갖고 있다. 사설 무선 네트워크 기반의 새로운 디지털 엔지니어링 기술들을 이용해 토요타 자동차의 제조 현장에 기여할 것이다."라고 언급했다.

제조 현장 설계의 관점에서 대용량의 데이터를 지연 시간이 거의 없이 수집할 수 있으면 센서가 장착된 각각의 생산 설비별로 뿐만 아니라 전체 조립 라인과 모든 제조 설비 단계까지 생산 공정을 디지털 기반으로 시각화할 수 있다. 준실시간^{NRT, Near-Real-Time} 데이터 시각화 및 분석 서비스를 구현하면 예지 보전^{Predictive Maintenance}부터 정밀 로봇 제어, 자율주행체^{AGV, Automated Guided Vehicle} 관련 프로세스의 최적화까지 다양한 적용 사례들에 적용할 수 있다.

향후 사설 5G 네트워크로 업그레이드하면 토요타의 제조 현장을 한층 더 자동화된 곳으로 탈바꿈시킬 수 있다. 데이터 전송 속도는 더 높아지고 네트워크에서의 처리 시간 지연은 10ms 이하로 줄어들게 된다. 5G의 최신 무선 안테나 송수신 기술인 MIMO^Multiple Input, Multiple Output를 적용하면 대량의 데이터를 동시에 여러 개의 안테나를 통해 처리할 수 있다. 이는 제조 현장의 혁신적인 애플리케이션과 서비스 및 작업 절차를 구현하는 기반이 될 것이다.

자동화된 작업 현장 범주의 두 번째 사례로는 미국의 에너지 기업 셈프라 ^Sempra 에너지를 들 수 있다. 셈프라 에너지는 네브래스카에 위치한 풍력 발전 단지에서 터빈 고장으로 문제를 겪었고 이 때문에 2018년 실시간으로 풍력 발전 단지를 모니터링하는 사설 LTE 네트워크를 구축했다. 터빈 타워에 설치된 센서를 통해 터빈 상태를 실시간으로 모니터링할 수 있게 돼 터빈 가동 실패에 따른 비용을 줄일 수 있었다. 3.5GHz 대역에서 지역 면허를 통해 사설 LTE망을 구축했으며, 데이터 서버를 통해 실시간으로 모니터링할 수 있었다. 이 프로젝트는 풍력 발전 터빈의 핵심 부품인 피치 베어링^Pitch Bearing이 고장 나는 경우 수리 비용이 최소 10만 달러 이상 들고 발전 시간의 단절로 기회 손실 비용이 발생하는 데서 시작됐다. PLC에서는 심각한 상황이 발생했을 경우에만 겨우 알람 메시지를 보내주는 실정이었다. 피치 드라이브 모터에 대한 정교한 데이터가 부족했다.

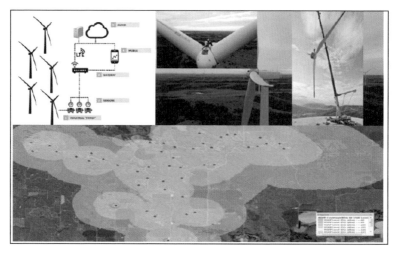

그림 2-9 셈프라 에너지의 사설 LTE망 기반 풍력 발전 단지 관제 예

이에 따라 산업용 IoT 키트를 설치하고 LTE 게이트웨이를 연동해 고수준 보안으로 연결을 완료했다. 이를 사설 LTE 솔루션, 클라우드 및 셈프라 에너지의 본사와 연결했다. 이를 통해 예지 보전Predictive Maintenance이 가능한 체계를 구성했다. 예지 보전에 필요한 비용은 1회당 4,000달러에 불과했다. 사설 무선망을 구축한 대상은 40제곱마일에 걸친 43기의 풍력 발전 터빈이다. 이의 연동을 위해 9개의 무선망 셀을 설계해 적용했다.

자동화된 작업 현장 범주의 세 번째 사례로 독일에 위치한 산업용 로봇 및 자동화 솔루션 제조사인 쿠카KUKA를 살펴본다. 쿠카는 독일 아우크스부르크Augsburg에 본사를 두고 있다. 제조 자동화 솔루션 분야의 세계적인 선도 회사로 매출 규모가 26조 유로가량 되며 14,000여 명에 이르는 임직원이 근무하고 있다. 고객들에게 지능적인 자동화 솔루션의 단일 창구 역할을 하며 로봇, 셀부터 완전 자동화 시스템들과 그것들 간의 네트워크 연결까지 모든 솔루션을 제공한다.

지금까지 산업용 네트워킹 기술로는 TSN^{Time-Sensitive Networking}, MQTT^{MQ} ^{Telemetry Transport}(IoT를 위한 OASIS의 표준 및 ISO의 권고 프로토콜), 이더넷 APL^{Ethernet Advanced Physical Layer}(프로세스 제조 현장에 필요한 고속 원거리 통신을 위해 정의한 산업용 이더넷의 물리적 규격), SPE^{Single-Pair Ethernet}(이더넷 데이터와 데이터 라인을 통한 연결 단말에 대한 전력 공급을 한쌍의 꼬인 구리선을 통해 제공하는 산업용 이더넷 규격) 등 다양한 방식들이 개발됐고 많은 기업들에서 다양한 방식들을 사용 중이다. 최근에는 사설 5G 기술이 가장 주목받고 있으며 대부분의 시장 조사 리서치사들은 수년 내에 기존의 산업용 네트워킹 기술들이 모두 사설 5G 기술로 대체될 것으로 전망했다.

산업용 자동화 솔루션 제조사인 쿠카는 사설 5G 기술의 도입 및 적용에 가장 적극적인 회사 중 하나이다. 쿠카의 R&D 및 역량 센터 제어 기술 디렉터인 미하엘 바그너^{Michael Wagner}는 "앞으로 쿠카는 빠르고 안정적이며 보안이 담보되는 5G의 잠재력을 활용해 솔루션들을 개발할 것이다. 노키아와 사설 무선 네트워크 부문에서 협력 체계를 갖춤으로써 우리의 자동화 솔루션에 대한 향후 5G 표준에서 새로운 역량을 활용할 수 있는 중장기 로드맵 개발을 수립할 수 있었다."라고 언급했다.

쿠카는 독일의 사설 5G용 주파수 대역인 n78 밴드(3.7~3.8GHz) 스펙트럼을 활용해 5G SA^{Stand-alone} 방식의 네트워크를 구축했다. 쿠카는 사설 5G 무선 네트워크를 구축할 때 곧 출시되는 3GPP 표준의 Release 16과 Release 17의 잠재력을 극대화할 수 있도록 했다. 5G의 기업형 핵심 기능인 uRLLC^{ultra-Reliable and Low-Latency Communication}, mMTC^{massive Machine Type Communication} 등의 기능을 구현할 계획이다. 다년간의 구독 방식의 계약을 통해 쿠카는 네트워크 구축, 운영 지원 서비스 및 교육에 대한 지원을 노키아로부터 받는다. 이는 쿠카의 솔루션 포트폴리오에 대한 새로운 5G 기반의 인터페이스 및 구성 요소들을 포함하는 신규 적용 유형의 연동 및 통합도 가능한 계약 방식이다.

2.4 커넥티드 작업자 범주

커넥티드 작업자 범주는 산업 현장의 근무자들이 상호 작용하고자 하는 대상 및 상호 작용의 종류들에 구애받지 않고 언제든지 유연하게 실시간으로 상호 작용이 가능하도록 디지털화하는 것이다. 이를 통해 근무자들의 시간을 절감해 작업 효율을 향상할 수 있으며 근무자들 상호 간의 협업 및 산업 현장 설비에 대한 실시간적 관리 및 제어가 가능하다. 커넥티드 작업자 범주의 적용 유형으로는 증강 작업자, 무선 HMI[Human Machine Interface], 음성/비디오 커뮤니케이션 등을 포함하며 디지털 트윈, 자동화된 산업 현장 등의 범주와 밀접하게 동작한다.

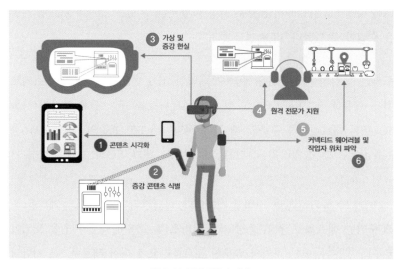

그림 2-10 증강 작업자 개념도

증강 작업자 적용 유형은 디지털화된 디지털 콘텐츠, 증강 콘텐츠 및 가상 콘텐츠를 작업자의 장치로 분배해 원격 전문가 지원 및 커넥티드 웨어러블을 구현한다. 작업 현장이 대규모화되고, 공급망 및 시장 여건에 따라 작업 현상이 여러 대륙에 위치하게 됨에 따라 분야별 전문가나 핵심 인력의 즉각적인 지원이나 연결의 필요성이 갈수록 높아지고 있다. 또한 프로세스 관련 자료, 기술 문서, 매뉴얼 등의 자료를 현장에서 필요로 하는 경우 즉각 이용이 어려운 경우가 종종 발생한다. 산업 현장에서 작업자의 안전은 그 무엇보다도 중요하다. 작업자의 건강 상태 및 작업 환경을 실시간으로 관제하며 비정상 상황에 대한 통보 및 조치를 자동화하는 것은 기업의 안정성과 지속가능성을 높이는 데 필수적이다.

이런 문제점들의 해결 방안으로 산업 현장의 상주 인력은 정규 인력만으로 최소화하고 업무적 필요에 따라 다양한 소스들에서 원격으로 지원하는 체제를 수립할 수 있다. 이를 위해서는 문서, 시각 자료, 영상 자료 등을 포함한 관련 디지털 정보들을 저장소에 저장하고 식별자를 추가해 언제든지 필요한 자료를 선택 및 추출할 수 있도록 자동화해야 한다. 또한 산업 현장의 작업자와 원격의 전문가 간에 실시간으로 음성 또는 영상으로 커뮤니케이션을 용이하게 할 수 있도록 기술 환경적으로 뿐만 아니라 기업의 업무 문화적으로도 활성화해야 한다. 작업자의 건강과 작업 환경을 실시간으로 확인 및 점검해 안전한 산업 현장을 구현하고 작업자의 안전을 보장하는 것도 중요한 과제이다. 이를 위해 다양한 센서들과 개인별 보호 장비, 카메라, 소음 센서, 가스 센서 등을 장착한 웨어러블 장비를 필수적으로 활용해야 한다.

증강 작업자 적용 유형을 구현하기 위한 기술에는 카메라, 증강 현실 플랫폼, 가상 현실 플랫폼, 각종 센서, 실시간 통신 기술 등의 방대한 기술들을 포함한다. 여러 가지 기술들을 복합적으로 연동하고 유기적인 프로세스로 상호 동작하도록 구성해야 한다. 작업자의 웨어러블 장비에 장착된 환경 센서에 작업자 안전에 위해를 가할 수 있는 상황이 탐지된 경우 이 상황이 작업자 본인 및 관련 담당자에게 실시간으로 전달돼야 한다. 또한 현장의 작업자가 해당 상황을 파악하고 대처할 수 있는 매뉴얼이나 가이드 콘텐츠를 즉시 조회할 수 있도록 구성해야 한다. 상황의 긴급 정도에 따라 필요시에는 원격 전문가에게 즉각 연결해 초동 대응할 수 있는 시스템적 체제 및 업무 절차적 방안도 사전에 완비해야 한다.

증강 작업자 적용 유형의 비즈니스 효과로는 정보나 자료 조회 또는 실시간 통신을 위해 별도의 장치를 손에 들고 있지 않으므로 양손을 사용할 수 있어 작업자의 작업 및 이동의 자유도와 작업 효율이 높아진다. 언제, 어디서든 작업 절차나 설비 관련 매뉴얼을 용이하게 조회할 수 있고, 현장에 동행하지 않은 전문가의 지원을 실시간 원격으로 받을 수 있으므로 상주 인력의 필수 기술 전문성을 유연하게 가져갈 수 있다. 기존에는 핵심 기술 인력이 현장에 필수적으로 상주해야만 했지만 증강 작업자 적용 유형을 구현하면 초중급 수준의 기술 인력으로도 동일 또는 그 이상의 작업 수준 및 효율을 구현할 수 있다. 이는 운영 인력 대체로 인한 비용 절감을 가져온다. 필요한 정보와 전문가를 실시간적으로 연결하게 돼 작업에 대한 대응, 처리 시간이 절감되므로 운영의 효율성이 높아지게 된다. 작업 상황에 대한 인지를 작업자의 오감을 대신해 센서 및 다양한 장치들이 수행하고, 작업자뿐만 아니라 관련 업무 담당자들에게도 동시에 전달되므로 작업자의 안전을 훨씬 더 높게 보장할 수 있다.

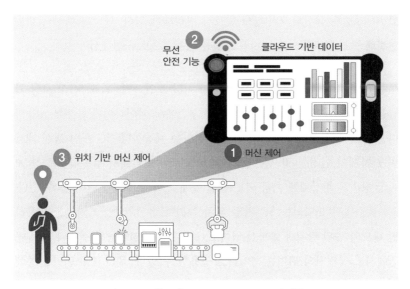

그림 2-11 **무선 HMI(Human Machine Interface) 개념도**

무선 HMI[Human Machine Interface] 적용 유형은 기존의 유선 기반으로 장비 및 설비들을 관제, 제어하는 방식에 따른 제약 사항과 문제점들을 극복하기 위한 것이다. 유선 기반 연결의 경우 특정 작업을 위해 해당 작업자가 해당 위치로 이동해야만 가능하다. 복잡 다단한 절차로 구성되는 산업 현장에서 이렇게 경직된 운영 방식으로는 운영 효율성 및 생산성 증대에 한계가 있을 수밖에 없다.

이의 해결을 위해 무선 기반의 단말을 활용해 고정된 특정 위치가 아니라 권한이 허용된 적정 구역 내에서 적절한 권한을 가진 작업자에게 특정 장비 또는 설비에 대한 관제, 제어 권한을 부여하도록 구현할 수 있다. 이 경우 무선 연결의 아주 높은 안정성을 보장할 수 있어야 하며, 관제 외에 제어하는 권한의 경우 단말과 제어할 설비 간에 일대일의 확정적 연결 관계를 명확하게 보장할 수 있도록 시스템을 설계한다. 송수신 데이터에 대한 보안을 보장할 수 있도록 통신의 기밀성도 반드시 반영해야 한다. 단말과 대상 설비를 연결해 주는 플랫폼으로 디지털 트윈을 선제적으로 구현해서야 한다.

무선 HMI의 사용자 인증, 권한 부여, 데이터 보안 등을 위해 5G의 보안 기능을 활용할 수 있다. 5G는 무선 통신 구간에서 와이파이나 블루투스 등의 다른 무선 통신 기술 대비 더 높은 안정성을 보장한다. 5G 무선 통신 네트워크 자체의 안정성 및 생존성을 높이려면 5G 단말에서 접속이 가능한 기지국 장비를 항상 2개 이상 되도록 셀 설계를 하는 것도 고려해 볼 수 있다. 5G 표준에서 도입되는 5G 정밀 위치 측위5G Precise Positioning 기술을 활용하면 별도의 측위 장치나 솔루션 없이도 GPS 활용이 불가능한 실내나 지하 공간에서도 작업자의 위치를 파악하고 활용할 수 있다. 무선 HMI 단말을 통해 서비스를 제공하기 위해서는 서비스 플랫폼으로서 디지털 트윈이 필수적이다. 산업용 장비 및 설비를 디지털로 연동하고 가동 현황 및 제어를 위한 기능들을 디지털 플랫폼으로 구현해야 무선 HMI를 제대로 활용할 수 있다.

무선 HMI 적용 유형의 비즈니스 효과로는 특정 작업 수행에 대한 유연성을 극대화할 수 있는 것이 가장 첫 번째이다. 대상 설비를 중심으로 특정 반경 이내 또는 원격지의 특정 구역 내 등으로 중요한 작업에 대한 작업 위치를 확대할 수 있으므로 작업의 유연성을 높일 수 있다. 작업자는 단일 HMI 단말을 이용해 보안 수준을 훼손하지 않고 복수의 설비를 운영할 수 있다. 또한 설비 운용에 필요한 매뉴얼, 작업 절차 등과 같은 추가적인 정보도 실시간으로 연동해 참조할 수 있다. 클라우드 기반의 디지털 트윈을 기반으로 콘텐츠 및 무선 HMI 운영 플랫폼을 구현해 무선 HMI에 대한 기능의 고도화 및 버전 관리가 용이해 운영 효율성도 높일 수 있다.

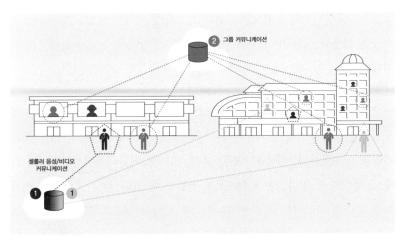

그림 2-12 음성/비디오 커뮤니케이션 개념도

음성/비디오 커뮤니케이션 적용 유형은 내부/외부 전화, 우선순위 관리 기능, 방송 기능, 그룹 간 통화 기능 등을 포함한 음성 및 비디오 커뮤니케이션 서비스를 구현하는 것이다. 기존의 산업 현장에서는 음성 통신, 영상 통화, 다자간 통신, 긴급 사항 및 공지 사항 전달을 위한 방송 등을 위해 개별 전용 솔루션들을 구축해 사용했다. 작업자 입장에서는 복수의 단말들을 사용해야 하는 불편함이 있고, 기업 입장에서는 커뮤니케이션을 위한 이종의 다양한 솔루션 투자 및 관리에 따른 비용 증가가 있다. 또한 개별 솔루션들의 기능 진화에 따라 음성 통신 솔루션에서 영상 통화 지원, 다자간 통신에서 방송 및 공지 기능 지원 등을 하게 돼 기능적인 중복 투자가 발생하는 부분도 문제점으로 대두됐다.

이에 대한 해결 방안으로 5G 기반 커뮤니케이션 솔루션을 활용할 수 있다. 사용자는 5G 단말을 통해 기존의 모든 통신 기능을 활용할 수 있다. 일대일의 음성 또는 비디오 통신을 할 수 있고, 필요에 따라서는 PTT^{Push-To-Talk} 기능을 지원하는 그룹 커뮤니케이션도 사용할 수 있다. 방송 및 공지 사항도 동일한 5G 단말상에서 앱으로 구현이 가능하다. 다양한 통신 기능과 사용이 가능한 사용자 그룹 및 권한에 대한 관리도 중앙에서 일원화해 관리할 수 있다.

이 경우 가능한 솔루션으로 기업용 IMS^{IP Multi-media Subsystem}가 있는데 5G 네트워크상에서 동작하는 커뮤니케이션 도구로 기업에서 필요로 하는 모든 기능들을 지원한다. 기업용 IMS는 음성, 비디오 커뮤니케이션뿐만 아니라 영상, 텍스트 등의 다양한 콘텐츠들도 전달할 수 있다. 각 기업의 산업 현장 요구 사항에 따라서는 전용 커뮤니케이션 도구를 별도의 앱과 플랫폼으로 도입해 통합된 5G 단말에서 활용할 수도 있다. 사용자의 커뮤니케이션 단말과 커뮤니케이션 플랫폼이 통합되므로 사용자 및 권한을 유연하게 관리하는 기능은 필수이다.

음성/비디오 커뮤니케이션 적용 유형의 비즈니스 효과의 대표적인 예는 데이터, 음성 및 비디오 모두를 지원하는 단일 커뮤니케이션 시스템을 구축함에 따른 투자 최적화이다. 추가적으로 데이터와 음성 연결이 동시에 필요한 적용 유형의 경우 통합 단말과 통합된 커뮤니케이션으로 인한 시너지가 발생한다. 커뮤니케이션 시스템이 단일 플랫폼으로 통합됨에 따라 업무적으로 연결된 작업자들 간의 그룹 커뮤니케이션의 필요를 시스템적으로 파악할 수 있고 지원할 수 있다.

시간과 장소에 구애받지 않고 산업 현장의 작업자가 다른 작업자나 산업 현장의 장비와 소통할 수 있는 유형인 커넥티드 작업자 범주의 사례로는 루프트한자의 항공기 정비 서비스 부문인 루프트한자 테크닉^{Lufthansa Technik}이다. 루프트한자 테크닉은 기존에 와이파이-5^{Wi-Fi 5}를 구축해 사용하고 있었으나 현장의 작업자들 간의 커뮤니케이션 용도로 사용하는 데는 어려움이 많았다. 특히 항공기 동체의 내부 수리를 하는 현장에서는 비행기의 알루미늄 동체, 기체 내부의 탄소 섬유, 다양한 조명 등이 모두 와이파이 전파를 방해하는 요소였다. 와이파이로 대용량의 동영상이나 이미지를 송수신할 때 전파의 간섭으로 기껏해야 전송 데이터 손실률을 32%까지 개선한 것이 최선일 정도였다.

무선 기반의 유연한 작업 현장 구현을 위해 독일의 사설 5G 주파수인 n79 밴드(3.7~3.8GHz)를 활용해 사설 5G 네트워크를 시험했다. 다양한 제조사들의 솔루션과 통신사들의 서비스로 1년 이상을 검증했다. 최종적으로 제조사 솔루션 기반의 사설 5G 무선 네트워크와 통신사 서비스 기반의 사설 5G 무선 네트워크의 2가지를 각각 운영하는 것으로 확정했다. 2가지 사설 5G 네트워크를 독일 함부르크에 있는 엔진 유지보수 정비 현장과 기체 내부 인테리어 시공/정비 현장에 각각 별도로 구성했다.

엔진 유지보수 정비 현장의 사례는 산업용 애플리케이션인 VTI^{Virtual Table Inspection}를 이용해 엔진 정비 시 원격의 고객이나 전문가와 실시간으로 커뮤니케이션하는 것이다. 이곳에는 제조사의 사설 5G 솔루션을 도입해 5G SA^{StandAlone} 방식을 적용해 직접 구축했다. 고해상도의 화상 통신 기능을 포함한 VTI의 도입으로 엔진 정비 시 교체할 부품의 의사 결정 및 수급, 엔진 정비에 대한 고객의 확인 및 승인 등에 소요되는 시간을 획기적으로 단축할 수 있었다. VTI 도입 직후 코로나 사태가 발생하면서 엔진 정비 관련 고객의 업무적 이동이 불가능해졌지만 도입한 VTI로 엔진 정비 업무를 원활하게 수행할 수 있었다. 이제 VTI는 루프트한자 테크닉의 디지털 AVIATAR 항공기 정비 관리 플랫폼에 통합됐다.

루프트한자 테크닉의 CIO인 슈테판 드레베스^{Stephan Drewes}는 "지난 한 해 동안 제조사 솔루션 기반의 사설 5G 무선 네트워크를 활용해 항공기 엔진 서비스 고객사들에게 끊김 없고 안정적인 가상의 검사 서비스를 제공할 수 있었다. 단 1분이라도 예기치 않은 장애는 발생한 적이 없었다. 이 월등한 사용자 산업 현장의 경험을 바탕으로 최초 테스트로 적용한 사례를 AVIATAR 서비스 제품 목록에 정식으로 추가하기로 했다."라고 언급했다.

통신사 서비스 기반의 사설 5G 무선 네트워크는 기체 내부의 인테리어 시공/정비 현장에 구성했다. 이 현장에서는 기체 정비를 위해 AR 기반의 솔루션을 사용하고 시공 진행 상황을 이미지로 내부 시스템에 업로드하는 것이 필요했다. 기존의 와이파이는 다양한 전파 방해 요소들로 인해 데이터 전송 성능이 나오지 않았고 넓은 격납고 내부에 와이파이를 구성하는 경우에 수십 개의 와이파이 AP^{Access Point}가 필요했다. 이를 사설 5G 무선 네트워크로 테스트해 작업 현장에서 적용이 가능한 것으로 결론 지었다. 기체 정비를 위한 격납고 내부에 단 1개의 매크로 RRH^{Remote Radio Head}(5G 전파를 처리하는 무선 기지국 장비)를 구성해 700~900Mbps의 다운로드 속도가 나오는 것을 확인했다. 격납고 외부에서도 600Mbps 이상의 다운로드 성능이 나오고 5% 미만의 전송 데이터 손실률이 나왔다. 기존의 와이파이 기반에서 최상의 경우 32% 전송 데이터 손실률이 나오던 것에 비해 작업 현장에서 사용할 수 있는 안정적인 무선 네트워크 해법을 찾은 셈이다. 한 가지 참고할 부분은 5G RRH의 출력을 100%로 설정할 경우 사설 5G 무선 네트워크의 서비스 반경은 커지지만 데이터 전송 성능은 최대가 아니라는 것이다. 루프트한자 테크닉에서 테스트한 결과 5G RRH의 출력을 56%로 했을 때 데이터 전송 속도가 최대를 기록했다. 다만, 이는 항공기 기내 정비를 위한 격납고라는 특수한 환경에서 측정한 결과이므로 특수 조건들을 감안해야 한다.

2.5 스마트 자산 범주

스마트 자산 범주의 사례는 AMR^{Autonomous Mobile Robot} 사례와 자산 관리 사례 등으로 구분할 수 있다. 제조 공정 및 산업 현장에서 자율주행 기반의 로봇, 이송 차량, 작업 차량 등을 도입해 작업 효율과 생산성을 높이면서 작업자의 안전을 강화하고 있다. 자율주행 기반의 이동체는 무선 통신 방식이 절대적으로 필요하며 자율주행에 필요한 영상 또는 위치 데이터에 대한 실시간 송수신이 필요해 안정적인 통신 인프라가 필수적이다. 산업 현장 내에서 사용하는 중요한 작업 도구, 계측 장비 등에 대한 가용성, 위치, 유지보수 필요성 등을 실시간으로 자동화된 방식으로 파악하는 것도 산업 현장 업무의 효율과 생산성 증대에 지대한 역할을 한다.

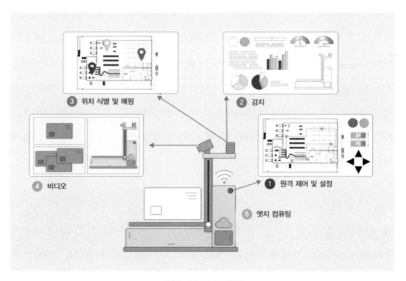

그림 2-13 AMR 개념도

AMR^Autonomous Mobile Robot 적용 유형은 기존의 AGV^Automated Guided Vehicle가 레일이나 레이저 등의 진로 가이드를 기반으로 사전 지정된 경로로 주행하는 것을 개선해 발전시킨 것이다. AGV의 경우 기존의 와이파이 등과 같은 무선 통신 기술을 기반으로 구성할 때 특정 구역에서 통신이 끊어지거나 불안정해 동작이 멈추는 상황이 종종 발생한다. 동일한 와이파이 AP^Access Point에 다수의 AGV가 연결되는 경우에도 와이파이 연결이 느려지거나 접속이 안 되는 경우도 발생한다. 산업 현장에서 신뢰성과 성능을 보장하면서 사용하기에는 한계가 뚜렷하다.

이런 문제점의 해결 방안으로 5G 네트워크 기반의 AMR를 적용한다. 안정적이고 신뢰성을 보장하는 5G 무선 통신을 기반으로 AGV 대비 더 다양하고 고성능의 기능을 제공하는 AMR를 활용한다. 중앙 클라우드에서 AMR에 대한 원격 제어 및 설정이 가능하고 주변 환경 및 설비 가동 현황을 실시간적으로 수집, 분석할 수 있고 AMR의 현재 위치를 5G 측위 기능을 연동해 실시간으로 파악할 수 있으며 설비 가동, 작업자의 상태 등에 대한 영상을 실시간으로 수집, 처리할 수 있다. AMR에 엣지 컴퓨팅 기능을 탑재해 구성해, 산업 현장의 IoT나 데이터 스트림 처리를 위한 포그 컴퓨팅 플랫폼으로 활용할 수도 있다. AMR를 활용해 제조 공정이나 물류 처리시 특정 물품의 이동 및 처리를 자동화할 수 있다.

이를 위한 솔루션에서는 카메라 및 다양한 센서들을 장착한 AMR가 핵심이다. AMR가 영상 및 IoT 데이터들에 대한 AI 및 빅데이터 기반 처리 기능의 일부를 담당한다. 사전에 지정된 경로가 아니라 AI 기반의 분석을 통해 도출된 최적의 경로로 이동하며 현장에서 필요한 기능들을 처리한다. AMR를 제어하고 관제하는 클라우드 기반의 중앙 제어 플랫폼은 AMR 도입에 빠질 수 없다. AMR와 중앙 클라우드 간의 안정적이고 신뢰성 있는 통신을 위해서는 사설 5G 네트워크가 최적의 방안이다.

AMR 적용 유형의 비즈니스 효과로는 기존의 AGV 대비 활용 유연성이 높아지는 것이 첫 번째이다. 설비 가동 현황의 육안 확인, 작업장 내 작업자 분포 및 정상 작업 현황 확인 등과 같이 기존에 작업자가 직접 수행하던 단순 반복 작업들을 사용화할 수 있다. AMR를 5G 기반으로 구축하는 경우 이동 중에 연결 및 제어가 끊어지는 무선 기반 통신의 문제점들을 해소할 수 있고, 현장 데이터를 동적으로 수집하고 고수준의 애널리틱스를 구현할 수 있다. 또한 AMR를 기반으로 산업 현장을 유연하게 구성하고 운용할 수 있다.

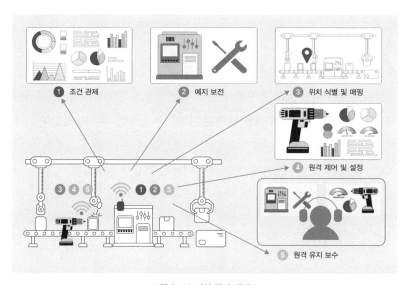

그림 2-14 자산 관리 개념도

자산 관리 적용 유형은 산업용 자산의 제어, 위치 파악, 상황 관제, 유지의 예측 및 실행 등의 작업을 디지털 플랜트의 어디서나 언제든지 수행할 수 있도록 하는 것이다. 산업 현장에서는 고가의 자산에 대한 사용량을 최적화하고 도난을 방지하는 것이 필수이다. 자산들의 정확한 상태 및 위치 파악

또한 필수적이며 이들 때문에 비즈니스에 중대한 영향을 주는 경우도 종종 발생한다. 산업용 장비, 설비 등에 대한 정비도 기존의 현장 중심으로 계획된 정비에서 원격 기반의 예지 보전Predictive Maintenance으로 바뀌는 추세이다. 핵심적인 센서 및 액추에이터들의 기능을 중심으로 자산을 관리하는 것이 필요하다.

이런 현장의 필요성과 요구 사항들의 해결을 위해 무선 기반으로 전체 작업 현장을 지원하는 것이 효율적이다. 특히 사설 5G 무선 네트워크는 높은 보안성을 제공하면서 안정성과 신뢰성도 높으므로 가장 적합한 통신 네트워크 솔루션이다. 이를 기반으로 각종 센서 및 액추에이터 등을 연결해 데이터 가시성, 제어 및 원격 유지보수 체계를 수립할 수 있다. 단말 관리, 데이터 수집 및 처리를 위한 IoT 플랫폼도 구축할 수 있다. 중요한 자산들의 위치를 파악하고 추적하는 기능도 구현해 중앙 플랫폼으로 활용한다. 중요 자산뿐만 아니라 현장 설비들에 대한 원격 유지보수가 필요한 때 가능하고 원격에서의 제어 및 설정이 용이해진다. 다양한 조건들에 따른 관제 자동화, 빅데이터, AI 기반의 예지 보전이 가능하다. 이동이 가능한 자산들의 태깅 및 정보 매핑 기능을 통해 자산 식별, 위치 파악 등이 가능하다.

이의 구현을 위해 필요한 기술적인 솔루션에는 사설 5G 네트워크 솔루션, 고정밀 측위 기술, IoT/빅데이터 플랫폼, AI 기반 예지 보전 솔루션 등이 있다. AMR 적용 유형에서는 고정밀 측위 기술이 중요한 핵심 기술이다. 산업 현장에서의 측위를 위해 블루투스 비컨Bluetooth Beacon, 와이파이, UWBUltra-Wide Band 기반 측위, GPS, 5G/LTE 등을 포함한 다양한 기술들을 사용하고 있다. 수십 센티미터 이하의 정확도, 넓은 커버리지, 유연한 활용성 등을 고려한다면 GPS 기반 측위, 5G 정밀 측위 기술5G Precise Positioning, 이미지 기반 AI 측위 기술 등을 고려할 수 있다. GPS 기반 측위의 경우 GPS 위성 신호가 도달하지 않는 실내에서는 활용에 한계가 있다. 이미지 기반 AI 측위 기술은 AMR와 결합해 유연하게 활용할 수 있는 측위 기술이나 일반적으로 실내용으로 적합하다. 5G 정밀 측위 기술은 사설 5G 네트워크를 구성하는 경우 5G 신호가 도달하는 곳이라면 실내 및 옥외 모두에서 활용이 가능한 기술이다.

AMR 적용 유형의 비즈니스적 효과로는 자산의 상태를 정밀하게 관리해 한층 더 유연하게 예지적인 정비를 수행할 수 있고 자산의 활용률을 높일 수 있다. 중요한 장비나 설비의 계획되지 않은 다운타임을 줄일 수 있고, 설비 가동률도 높일 수 있다. 이에 따라 유지보수 비용과 예비 부품 비용을 절감할 수 있다. 측위 기술에 기반한 위치 식별 기능을 기반으로 보안 기능, 자산 사용량, 허용 구역 출입, 스마트 인벤토리 기능 등을 구현할 수 있다. 자산 활용률, 설비 가동률 증대에 따라 전반적인 비용 절감 효과도 기대할 수 있다.

스마트 자산 범주의 실제 사례로는 튀르키예 아르첼릭Arcelik의 세탁기 제조 공장, 중국 알리바바의 물류 계열사인 차이냐오 네트워크Cainiao Network의 물류 창고, 일본 옴론OMRON의 산업용 로봇 제조 공장 등을 들 수 있다.

튀르키예에 본사를 둔 아르첼릭Arcelik은 전 세계에 22개의 생산 기지와 28군데의 R&D 센터를 운영하는 다국적 가전 제조사이다. 튀르키예 카이로바Çayirova의 하이테크 세탁기 제조 공정을 AGV를 기반으로 자동화하려고 무선 통신 인프라로 와이파이를 도입했다가 시행착오 끝에 사설 5G 네트워크를 도입한 사례이다. 이를 위해 아르첼릭, 노키아, 튀르키예 텔레콤이 공동으로 튀르키예 최초로 4.9G/LTE 사설 네트워크를 구축했다. 미래 지향적이고 5G를 지원하는 이 사설 네트워크를 통해 비디오 기반 생산 공정 분석, 실내 측위 및 AGV 고도화 등을 구현해 아르첼릭의 디지털 전환을 가속화하고 인더스트리 4.0 적용을 위한 플랫폼으로 활용할 계획이다.

아르첼릭 카이로바의 하이테크 세탁기 제조 공정에는 인더스트리 4.0 구현의 초기에 와이파이를 기반으로 AGV를 도입했다. 파일럿 단계에서 적은 수량의 AGV를 기반으로 세탁기 제조 공정을 자동화하는 것은 큰 문제 없이 마무리됐다. 파일럿 단계를 마무리하고 AGV를 본격적으로 제조 공정에 투입하면서 여러 가지 문제들이 발생했다. 단일 와이파이 셀에 복수 개의 AGV가 연결되는 경우 지연 시간이 길어지고 통신이 불안정해 끊어지는 상황이 발생했다. 여러 AGV들이 동시에 이동하면서 와이파이 AP들을 지날 때 셀 간에 핸드오버가 실패하는 경우도 종종 발생했으며, 제조 공정 자동화가 부분적 중단으로 이어졌다. AGV의 위치에 대한 실시간 관제도 정확도가 떨어졌다. 현장의 적재물이나 이동 차량, 구조 변경 등에 따라 최초 설계한 와이파이 커버리지에 음영 지역이 발생하는 것도 추가적인 관리 문제로 부상했다.

카이로바 공장 전체에 대한 커버리지와 AGV 성능 안정화를 1차적인 목표로 사설 4.9G/LTE 네트워크를 기반으로 검증을 진행했다. 와이파이 대비 월등하게 안정적인 성능과 품질을 확인하고 전격적으로 무선 네트워크를 사설 4.9G/LTE 네트워크로 전환했다. 카이로바 공장 전 구역에서 AGV를 사용할 수 있게 됐고, AGV 속도 개선, 제어 및 운영 효율성을 높일 수 있었다. AGV의 위치를 실시간으로 높은 정확도로 파악하고 관제할 수 있게 돼 실시간 자산 위치 추적 시스템을 구현했다. 또한 비디오 분석을 기반으로 한 새로운 응용 프로그램을 통해 공장 내의 안전을 높였다. 향후 추가적으로 증강 및 가상 현실, 디지털 트윈, 재고 관리 안전 및 진단 관리, 품질 관리, 원격 제어를 위한 고화질 비디오, 공장 전체의 음성 및 비디오 통신 등의 시나리오도 단계적으로 적용할 계획이다.

중국의 가장 큰 전자 상거래 업체인 알리바바의 물류 계열사인 차이냐오 네트워크Cainiao Network는 물류 창고에 사설 5G 네트워크를 구성해 이를 기반으로 100개가 넘는 AGV를 운용하고 있다. 이를 기반으로 물류의 이동뿐만 아니라 IoT, 빅데이터, 엣지 컴퓨팅, AI 응용 프로그램 등의 적용 사례들과도 연계해 활용하고 있다. 차이냐오 물류 창고는 초기에 와이파이를 기반으로 AGV를 사용하고 있었으나 불안정한 통신과 잦은 연결 끊어짐, 통신 지연 등으로 문제가 있었다. 와이파이를 사설 5G 네트워크로 교체한 이후 무선 통신의 안정성이 개선됐고, 연결의 끊어짐이 사라졌다. 통신 지연 또한 50ms 이하로 균일하게 관리돼 안정적인 AGV 운용이 가능하게 됐다. 이를 통해 공급망 체계의 고도화인 공급망 4.0의 안정적인 기반을 갖추게 됐다.

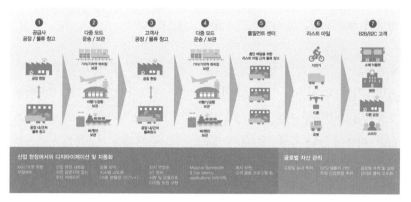

그림 2-15 공급망 4.0 개념도

세계적인 산업용 로봇 제조사인 옴론OMRON은 쿠사츠에 위치한 옴론 자동화 센터에 5G 사설 네트워크를 도입해 운용하기로 했다. 이를 기반으로 옴론 로봇을 사용하는 고객사들은 이 자동화 센터의 시뮬레이션 환경에서 생산성과 효율성에 영향을 주는 제조 현장의 다양한 문제들의 해결을 위해 여러 가지 테스트를 수행할 수 있게 됐다. 일본의 사설 5G 네트워크를 위한 주파수 스펙트럼인 4.8GHz 대역을 이용해 옴론은 전 세계 자동화 센터 중 최초로 사설 5G 네트워크를 적용했다.

2.6 한국의 5G 특화망 사례

한국도 2021년 11월에 "5G 특화망 주파수 공급 방안"의 발표에 따라 네이버클라우드, LG-CNS, 카카오엔터프라이즈, CJ올리브네트웍스 등 다수의 기업들이 5G 특화망 사업자 면허를 취득하며 기업들의 5G 자가망 활용을 도울 준비를 하고 있다.

정부에서는 5G 특화망의 성공적인 모범 사례를 만들어 초기 시장 창출 및 기업들의 선도적인 도입을 유도하려고 대규모 예산을 투입해 실증 사업을 추진하고 있다. 의료, 물류, 안전, 제조 등을 포함한 공공 분야 7개, 민간 분야 4개로 총 11개 사업이다. 제안서 입찰 및 평가를 통해 수행 사업자를 선정한 후 5G 특화망 및 서비스를 구축하고 있다.

공공의료 분야는 분당서울대병원으로 자율주행 전동 휠체어 및 무인 이송 서비스가 주요 서비스 시나리오이다. 환자나 보호자가 원격으로 휠체어를 호출하면 자율주행 전동 휠체어가 자동 주행으로 환자가 있는 위치로 대기하고, 이용이 끝난 휠체어는 대기 장소로 자율 주행하여 이동하는 서비스이다. 또한 병원 내 감염 예방을 위해 병실에서 필요한 린넨, 수액 등을 비대면으로 이송하는 로봇 시나리오도 포함한다.

물류 분야는 한국식품산업클러스터진흥원과 경남 로봇랜드재단이 수요처로 선정됐다. AI 비전 기반의 자동 물류 적재 로봇과 통합 제어가 주요 서비스 시나리오이다. 공공물류 단지 내에서 AI 무인 로봇을 활용해 비정형적인 물품을 관리, 보관, 적재해 물류 처리의 효율성 및 운영의 안전성을 증대하는 것이 목적이다.

에너지 분야는 한국전력공사가 선정됐으며, 자율주행 로봇과 IoT를 활용해 변전소 점검을 무인으로 실행하는 시나리오이다. 4족 무인 로봇과 IoT를 활용해 설비 진단, 출입, 침투 감지, 현장 상황 실시간 감지 등의 결과를 실시간으로 관제 센터에 전송해 위험 요소를 차단한다.

안전 분야는 경기도 반월에 위치한 한국산업단지공단이 선정됐으며, 대규모 IoT 기술을 활용해 전기, 설비, 환경, 유해가스 등에 대한 감시가 주요 시나리오이다. 또한 CCTV 및 센서를 활용해 안전 장치 착용 상태를 분석하고 작업장 안전을 준수하는 시나리오도 포함한다.

항공 및 국방 분야는 해군본부가 수요처로 선정됐으며, 자율주행차량 및 AI 영상 분석을 활용한 활주로 안전 관리 및 조류 탐지 시나리오를 구현한다. 활주로에 AI 기반의 영상 분석 설비를 구축해 조류 감지, 화재 감지, 보안 시설 접근 금지 등의 시나리오를 구현한다. 다목적 로봇 차량을 통해 안전과 보안 절차에도 활용할 계획이다.

민간 부분의 경우 민간 의료 분야는 이화여자대학교 산학협력단인 이대목동병원이 선정됐다. CT 데이터를 활용한 3D 기반 가슴 수술 AR 가이드가 주요 시나리오이다. 환자의 상태를 증강 현실로 투영해 정확한 수술 위치를 시각화하고 의사에게 제공할 예정이다.

민간 5G B2B 서비스 활성화 부문의 제조 분야는 한국항공우주산업이 선정됐으며, KF-21 제조, 설계, 시험 데이터의 페이퍼리스 환경 구축이 주요 시나리오이다. 제조 공정 자료의 디지털화를 통해 방위산업 분야의 업무 환경의 편의성 및 효율성을 높이고 무선 보안을 강화하는 것이 주요 목적이다.

28GHz 산업 융합 확산 목적의 교육 및 의료 분야의 수요처로는 삼성서울병원이 선정됐다. 주요 시나리오는 28GHz 기반 3D 홀로렌즈를 활용한 의료 교육 훈련이다. 삼성서울병원 내 의료진과 의대생을 대상으로 수술 응급 기술 지도, 인공호흡기 실습 등의 교육 훈련 서비스를 포함한다.

28GHz 산업 융합 확산 목적의 문화 분야의 수요처로는 호텔롯데의 롯데월드가 선정됐다. 28GHz 기반의 몰입, 실감형 가상 체험 어트랙션이 주요 시나리오이다. 롯데월드 내 아틀란티스 이용 고객을 대상으로 모션 센싱 기반 평행 현실 체험 서비스를 구현 완료하였다.

상기 외에도 케이워터, K-Water에서 물관리 분야에 선정되어 수질 정수 시스템 관리 및 보안 관리 사례로 구현하였으며, 한국수력원자력이 에너지 분야에 선정되어 재난대응 무선 네트워크를 5G 자가망으로 구축하였다.

정부 주도의 실증 사업 외에도 다양한 기업들과 지자체, 정부부처 등이 5G 자가망의 도입을 검토하고 있으며, 이미 정식 발주 사업으로 5G 특화망을 구축 중인 곳도 있다.

5G 이해하기

5G 이해하기

3.1 5G와 미래 산업사회

3.1.1 5G의 목표

5G는 5세대 모바일 네트워크로 이전 기술의 네트워크에서 불가능했던 서비스를 지원하도록 대역폭 및 대기 시간이 대폭적으로 개선됐다. 기존의 4G/LTE 셀룰러 네트워크는 Mission Critical 적용 사례에 사용하기에는 기술적인 제약이 많아 다양한 산업 환경에서 기반 네트워크로 사용하는 데 한계가 있었다. 따라서 주로 B2C에 중점적으로 사용됐다.

5G는 미래 산업사회의 기본 공통 네트워크로서 활용될 수 있도록 다양한 Vertical Industry의 요구 사항 충족을 위해 높은 속도^{enhanced Mobile Broadband}, 매우 짧은 대기 시간^{Low Latency}, 높은 신뢰성^{Ultra-Reliability} 그리고 대규모의 디바이스^{UE, User Equipment}를 연결하고 관리할 수 있는 기술적 특징을 제공한다. 이를 기반으로 5G는 각각의 유스 케이스들의 특성, 즉 UL 또는 DL 성능 중심 특성의 유스 케이스, 지연에 민감해 낮은 Latency가 중요한 유스 케이스 그리고 자동 제어와 같이 Reliability가 중요시되는 Mission Critical 유스 케이스 등의 특성에 맞게 각각 네트워크 슬라이스를 구성해 맞춤형 네트워크를 제공할 수 있는 기술이다. 따라서 이전 네트워크 기술 대비 현저히 진

화 발전된 5세대 모바일 네트워크이다. 여기에는 이를 구현하기 위한 새로운 네트워크 아키텍처 적용 모델과 신속하게 네트워크 서비스를 구현 및 제공하기 위한 클라우드 기술 및 SDN 기술이 바탕이 되고 있다. 따라서 5G는 빠르게 변화하는 산업사회의 비즈니스 환경 속에서 4G 등 기존 네트워크가 사용되고 있는 적용 사례에서 기존 네트워크를 보강하거나 5G로 완전히 교체해 미래 산업사회의 기본 공통 네트워크로 사용되기 위한 목적으로 설계 및 개발되고 있다고 할 수 있다.

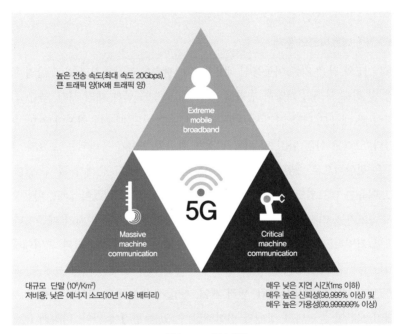

그림 3-1 5G 요구 사항

5G를 5세대 네트워크로 정의하는 것과 같이 각 세대(2G, 3G, 4G, 5G)를 정의하는 기준은 사용된 기술, 신호 송신 후 수신까지 걸리는 시간(대기 시간),

네트워크를 통해 연결된 기기로 데이터를 전송하는 속도 등 여러 가지 요소가 있다. 이런 측면에서 그림 3-1과 같이 5G 네트워크의 데이터 전송 속도는 기가비트급 또는 최대 10Gbps를 목표로 하고 있고, 5G 서비스는 대기 시간(1ms 이하, 3GPP TS 22.104)이 대폭 단축될 뿐만 아니라 아주 높은 신뢰성(99.999% 이상, 3GPP TS 22.104)과 가용성(99.999999% 이상, 3GPP TS 22.104) 그리고 많은 수의 단말Device을 수용하고 커버리지를 더 확장할 수 있는 특징과 기술적 요구 사항을 목표로 하고 있다.

3.1.2 미래 산업사회에서 5G가 중요한 이유

■ 기존 네트워크의 문제

4G LTE와 같은 기존 이동통신 네트워크는 갈수록 혼잡해지고 있고 산업 환경 및 적용 사례의 다양한 변화에 따라 빠른 속도, 낮은 대기 시간, 높은 신뢰성 및 대규모 단말 연결에 대한 필요성은 그 어느 때보다 커졌다고 할 수 있다. 그리고 산업 환경 및 서비스 적용 환경의 변화가 동반되는 수요의 급증은 필연적으로 개인 사용자뿐만 아니라 기업 등에도 문제가 될 수 있다. 그 이유는 네트워크 사용에 대한 수요의 급증은 대기 시간이 늘고, 다운로드 속도가 느려지며, 네트워크의 전반적인 성능에 영향을 미치기 때문이다. 또한 커넥티드 디바이스가 점점 널리 사용되면서 개인 사용자와 기업에서 겪는 불편함도 분명해졌다. 즉, 모바일 데이터에 의존해 동작하는 금융, 교통, 비상 대응, 데이터, 보안, 원격 제어, 기업 서비스 등은 데이터 송수신 시 대기 시간이 늘어나고 장애가 빈번해질 수 있는 환경에 있다. 따라서 B2C 시장에서 주요한 이동통신 기술로 사용 중인 현재의 LTE 4G는 MBBMobile BroadBand 서비스를 위한 이동통신 기술로서 빠른 속도, 저지연, 높은 신뢰성 및 대규모 디바이스UE 연결을 요구하는 다양한 동종 산업 및 시장에서 기본 인프라로 사용하기에는 적합하지 않다고 할 수 있다.

유스케이스 유형	LTE 가능 여부	LTE 제약 요소
Mobile Broadband	o	DL 속도에 제약 있음
Fixed Wireless Access	o	DL 속도, 신뢰성, 비용측면 제약 있음
Event Experience	–	지연 시간, UL 속도 제약 있음
In-Vehicle Entertainment	o	DL 속도 및 높은 이동 속도 제약 있음
Critical Automation	■	지연 시간 신뢰성 제약 있음
Tele-Operation	o	지연 시간, 신뢰성 제약 있음
Highly Interactive AR	–	지연 시간, UL 속도 제약 있음
Mass Sensor Arrays	o	비용 제약 있음

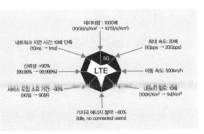

그림 3-2 기존 네트워크(LTE)의 문제와 5G 비교

그림 3-2와 같이 현재의 LTE 기술은 Vertical Industry 내의 유스 케이스에 활용이 가능한 부분이 있다. 하지만 여전히 제약 사항이 있어 시장에서의 요구 사항을 충분히 만족시킬 수 없다. 예를 들어 원격 운영Tele-Operation 적용 사례의 경우 현재의 LTE 기술로 원격에 위치하는 객체(예: 원격 제어 Vehicle)를 제어 및 운용할 수 있지만, 속도가 낮거나 안전사고의 위험이 존재하지 않는 무인 작업장 환경 등에서는 극히 제한적으로 운용될 수 있다. 이는 LTE망에서의 지연 시간이 제약 사항인 것이다. 따라서 LTE에서 발생하는 지연 시간의 범위에서 할 수 있는 유스 케이스에 한정해 적용할 수 있다. 이와 다르게 5G에서는 LTE망에서 발생하는 지연 시간을 10배 이상 단축하는 것을 기술적 목표로 하고 있기 때문에 지연 요소가 문제가 되는 적용 사례, 즉 원격 제어, 커넥티드 CAR 등과 같이 지연에 민감한 유스 케이스에 보다 더 광범위하게 사용할 수 있다. 또 다른 측면에서는 Critical Automation과 같이 LTE 기술로는 적용이 불가한 영역들이 존재한다. 이런 이유로 LTE는 기존 B2C 시장에서 일반 사용자들의 통신 수단으로 사용되는 것이 주요한 유스 케이스이고 다양한 Vertical Industry에서의 통신 수단으로는 적합하지 않다.

■ 5G의 특징과 영향

5G는 기존 이동통신 네트워크인 4G/LTE와 다르게 그림 3-3에서 나타낸 것과 같이 상호 연동되는 몇 가지 기술, 즉 NR^{New Radio}(이전 이동통신 기술에서 사용했던 스펙트럼보다 높은 대역의 new Spectrum)와 NR의 기술적 특징인 Multiple-numerology 그리고 빔포밍, 네트워크 슬라이싱 및 네트워크 기능^{Network Function}의 중앙 집중 또는 분산 배치 등을 활용해 Vertical Industry 내의 다양한 요구 사항을 만족시킬 수 있다. 네트워크의 구조적인 특징과 다운로드 속도를 4G보다 최대 20배 빠른 수준으로 높이는 한편, 대기 시간을 최하 1ms까지 줄이고 연결 단말을 $10^6/Km^2$까지 수용할 수 있는 기술적 목표로 개발되고 진화 발전되고 있는 것이다. 따라서 5G를 통해 기존 네트워크가 갖고 있는 적용 사례 및 기술 문제를 해결할 수 있다. 그리고 5G의 핵심 기능인 네트워크 슬라이싱은 미래 산업사회에서 사용되고 요구되는 유스 케이스의 특성을 만족시키는 맞춤형 전용 네트워크의 구성과 함께 서비스의 안정성을 높일 수 있는 기술적 특징을 제공한다. 이는 5G가 미래 산업사회의 기본 공통 인프라로 활용될 수 있는 기술적 사상을 목표로 해 개발됐으며, 그 기술적 특징을 제공함을 의미한다. 이런 5G 기반의 인프라 환경에서 기업은 생산 공정에 필요한 절차를 자동화해 생산성을 증대할 수 있으며, 네트워크 운용자 및 서비스 공급자(예: 통신 사업자, 특화망)는 산업 현장에서 요구하는 다양한 기술적 특성에 따른 맞춤형 이동통신망을 제공할 수 있으므로 기존 B2C에 집중됐던 시장이 모든 Vertical Industry로 확대돼 이전보다 훨씬 크고 다양한 시장에서 사업을 할 수 있게 됐다.

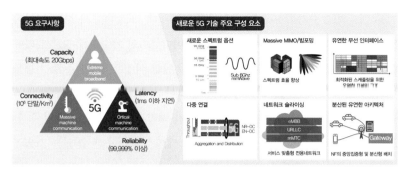

그림 3-3 5G 요구 사항 및 5G 기술 주요 구성 요소

- ## 5G가 기업의 비즈니스에 중요한 이유

디지털 전환을 통해 기업은 비즈니스 프로세스, 고객 경험과 가치를 급격하게 변화시키고자 시도하고 있다. 비즈니스 프로세스 혁신 측면에서 생산 공정의 자동화는 중요한 부분이 될 수 있다. 이를 위해 생산 공정에 필요한 로봇 팔, AGV, AMR, 모바일 디스플레이 장치 등과 같은 산업용 디바이스와 이들을 제어하고 정보를 제공하는 관련 애플리케이션은 통신 네트워크를 통해 연결되며 일반적으로 사업자의 이동통신망에 의존하고 있다.

물론, 사설 무선망 제도와 정책을 갖고 있는 국가에서는 개별 기업이 사업자망에 의존하지 않고 완전한 자체망을 사용하는 경우도 있다. 우리나라도 2021년말에 e-Um 5G라는 특화망 정책을 도입했다. 그러나 보안이 중요시되는 기업의 업무 환경과 저지연의 대기 시간을 요구하는 기업 애플케이션의 동작 특성을 만족하기에는 기존 이동통신 네트워크에는 한계가 있다.

Vertical Industry의 다양한 요구 사항을 모두 만족시킬 수 있는 5G는 특히 네트워크 슬라이싱과 같은 망의 기술적 능력으로 대부분의 기업에 전용 네트워크를 제공할 수 있는 큰 이점이 있다. 이는 산업용 디바이스 제어, 비전 Vision 기반 품질 관리, 커뮤니케이션 등에 사용되는 중요 데이터에 각기 다른 전용 네트워크 슬라이스를 할당해 서비스 특성에 맞는 QoS와 함께 보안이 강화된 네트워크를 구성할 수 있다는 의미이다. 5G의 기술적 특징으로 다양하게 구성할 수 있는 네트워크 아키텍처 측면의 이점은 5G의 주요 기능을 엣지 및 고객사 내로 이동해 구성할 수 있다는 것이다. 또한 NR의 진보된 기술적 특징으로 애플리케이션의 E2E 종단 간 대기 시간을 현저히 줄일 수 있도록 해 기존 4G 대비 더욱 광범위한 유스 케이스를 적용할 수 있는 기술적인 역량이 있다는 것이다. 따라서 기존의 LTE와 다르게 5G 기반의 기업 통신 네트워크는 높은 수준의 디지털 전환DX을 가능하게 하고, 그 속도를 가속화해 기업의 경쟁 능력을 향상시키는 중요한 기반이 될 것이다.

3.1.3 5G로 실현될 새로운 세상

5G 시대에는 모든 기기가 네트워크에 연결될 것이고, 자율주행차, 스마트 팩토리, 스마트시티 등과 같이 모바일 무선 네트워크, 센서 기술, AI/ML, AR/VR, Video Analytics 등의 첨단 기술을 기반으로 하는 응용 사례가 보편화될 것이다. 5G를 사용하면 속도, 응답 대기 시간, 대규모 연결 측면에서 명백한 이점을 누릴 수 있다. 개인 사용자는 다운로드 속도 향상, 소셜 미디어의 버퍼링 감소, 4K 모바일 게임 플레이뿐만 아니라 훨씬 더 개선된 가상 현실 및 증강 현실 기술을 이용한 고차원의 디지털 세계를 경험하게 될 것이다. 또한 5G는 기업 생산 설비의 무선 기반 자동화, 제조 공정의 원격 제어 및 디지털 트윈 기반의 환경/설비 유지보수 등의 스마트 제조 환경을 통해 생산성을 향상시킬 수 있을 뿐만 아니라 공공안전 서비스를 위한 정부 기관 등의 활용 사례로까지 확장할 수 있다. 즉, 미래 산업사회가 요구하는 막대한 양의 데이터를 즉각적으로 원활하게 전송할 수 있고, 아주 짧은 응답 대기 시간과 모든 기기가 상호 연결되는 초연결을 가능하게 하는 5G 기술은 그림 3-4와 같이 제조, 의료, 에너지, 공공서비스, 교통, 항만, 물류, 농업, 축산, 임업, 항공 등 모든 분야에서 디지털 세계와 현실 세계를 거의 완벽하

게 연결해 주는 미래 산업사회의 기본 공통 인프라가 될 것이다. 이것이 바로 5G 네트워크가 여는 미래의 모습이다.

그림 3-4 5G는 미래 산업사회의 기반 인프라

5G 네트워크가 미래 산업사회의 기반 인프라로 사용되면서 각 산업 분야가 어떻게 변화를 맞게 되는지 대표적인 산업 분야를 살펴보면 다음과 같다.

■ 제조

제조 산업 현장은 모듈화된 제조 라인과 함께 AGV 및 AMR 등이 제조 공정에 활용됨으로써 제조 시설이 점차 무선으로 연결된 환경에서 운용될 것이다. 특히 강화된 보안과 5G의 기술적 특징인 매우 빠른 속도, 매우 낮은 응답 시간, 높은 신뢰성, 강화된 보안, 대규모 IoT 디바이스 연결 및 산업 전용 인터페이스 지원 등을 고려할 때 5G 기반의 프라이빗 무선 네트워크는 그 안에서 실질적인 통신 인프라가 될 수 있다. 이와 같이 5G망이 기반이 되는 스마트 팩토리는 점점 더 일반화될 것이며, 시설 전체에 로봇이 사용되고 운영 모니터링을 위한 다양한 유형의 센서가 사용될 것이다.

감시 카메라는 그 자체로 고품질의 시각 센서로서 기존의 안전 및 보안 모니터링을 넘어 비디오 분석Video Analytics 애플리케이션과 함께 다양한 방식으로 사용될 수 있고, 다른 센서와 연결되면 응용 분야가 더욱 확대될 수 있다. 최신 감시 카메라(특히 딥러닝 성능을 갖춘 카메라)에 내장된 분석 기능과 비디오 분석 애플리케이션은 스마트 팩토리 내 운영을 모니터링해 작업자가 안전 준수 사항을 지키지 않거나 로봇이 오작동해 정의된 경계^{Geofence}를 넘어 이동할 경우 경보를 생성할 수 있으며, 필요한 경우는 안전규칙을 위반한 작업자에게 경보 메시지를 전송할 수 있도록 응용될 수 있다. 그리고 제조 시설의 중요한 기계 장치의 열, 진동 및 배기 가스를 탐지할 수 있도록 센서에 연결하면 카메라를 통해 육안으로 확인하고 신속한 수리 작업을 수행할 수 있다. 이와 같이 제조 시설뿐만 아니라 이를 감시하는 시설이 모두 5G로 연결돼 생산성은 높이고 안전이 강화된 스마트한 제조 환경을 실현할 수 있다.

■ **교통, 항만, 물류**

교통, 항만, 물류 산업 현장에서는 응답 시간이 짧은 5G의 실시간 연결성으로 접근하는 차량을 감지함으로써 교통 신호등을 이용한 교통 트래픽 제어 및 관리의 효율성이 높아질 수 있다. 외부의 고성능 인공지능이 5G와 센서 기술을 활용해 도시의 모든 정보를 수집하고 분석해 자율주행차들의 전체 경로를 정하고 차량에 탑재된 인공지능이 이 경로를 바탕으로 목적지를 향해 실제로 운전해 가거나 외부와 연결 없이 단독으로 주행하는 자율주행차의 경우도 도시의 교통정보 등 외부의 데이터를 전달받을 수 있도록 궁극적으로 5G에 연결돼 커넥티드 자율주행이 가능하게 된다.

자율주행차량 내의 센서는 교통신호, 버스 정류장, 응급 서비스 차량의 센서와 같은 차량 외부의 센서와 많은 통신이 필요하게 된다. 이런 경우 센서 간의 통신이 높은 신뢰성을 가져야 할 뿐만 아니라 실시간으로 이뤄지는 것이 필수적인데 5G는 이런 연결을 제공하는 이상적인 기술이 될 수 있다. 마찬

가지로 센서 기술, AR(증강 현실) 기술, 비디오 분석^{Video Analytics} 및 원격 제어
Remote Control 기술을 5G망과 결합해 스마트 항만 및 물류를 실현할 수 있다.
즉, 원격이나 자동화된 방식으로 크레인 제어 및 지능화된 센서, 비디오 분
석, AR 기술을 통해 선석 및 하역 대상의 목적물을 식별하고 적절히 분류할
수 있다. 이와 같이 5G 네트워크와 관련 필요 기술을 결합해 지능화된 컨테
이너 선적 및 하역 시스템과 물류 시스템에 적용해 비용 절감과 함께 생산
성을 높일 수 있다.

■ 의료

의료 분야에서 5G가 광범위하게 활용돼 현재의 의료 시스템 및 방식에 획
기적인 변화가 예상된다. 의사는 5G 기반의 가상 현실 및 센서 기술 등을 이
용해 원격지의 다른 장소에 있는 환자를 진료할 수 있게 된다. 즉, 진료 행위
에 있어 환자의 위치 및 거리 등 물리적인 공간의 제약을 뛰어넘어 의료 서
비스를 제공할 수 있기 때문에 의료 서비스 격차 해소에 도움이 될 것이다.
물론, 원격 의료 허용에 대한 법률적인 부분은 별도의 논의가 필요해 보인
다. 게다가 정보 분석 측면 및 활용 측면에서 의료진은 방대하고 광범위한
의료 데이터에 즉각적으로 액세스하고 분석할 수 있는 AI/ML을 이용해 더
빠르고 정확하게 진단하고 치료 방안을 수립할 수 있게 된다. 또한 응급 진
료 역시 5G 기반 센서 기술을 활용해 의사가 환자의 상태를 정확히 파악할
수 있게 된다. 즉, 응급 차량, 응급 헬기 등에 5G와 센서를 활용한 간이 검사
시스템을 탑재함으로써 환자가 응급실에 도착하기 전에 환자의 상태를 미
리 파악해 치료 준비를 할 수 있으므로 골든타임의 낭비를 막을 수 있는 신
속한 응급 의료 시스템 구축이 가능하게 된다.

■ 농업, 축산, 임업

농업, 축산, 임업과 같은 1차 산업 분야에서도 5G는 자동화에 큰 영향을 주고, 특히 수확량 및 생산량을 늘리는 데 이점이 된다. 유엔식량농업기구[FAO]와 국제식량정책연구소[IFPRI]에 따르면 미래에는 세계 인구 증가로 필요한 식량이 현저하게 늘어야 한다고 한다(2009년도 FAO 분석에 따르면 식품, 사료 및 섬유 수요가 2050년까지 70% 증가할 것이고, 2010년도 유엔 인구 전망에 따르면 세계 인구가 2010년 69억 명에서 2050년 93억 명으로 35% 늘어날 것으로 전망). 이 때문에 수확량 및 생산량의 증가는 필수 과제가 됐다.

5G는 농업 시스템을 모니터링, 추적 및 자동화하기 위한 실시간 데이터를 제공해 수익성과 효율성, 안전성을 높일 수 있다. 또한 농지 정보를 보다 빠르고 정확하게 수집해 농작물이나 야생생물의 질병을 예방하기 쉽게 해 증산에 직접적인 영향을 줄 수 있다. 즉, 5G는 트랙터, 수확기와 같은 자율형 농기구에 명령을 내려 효율성을 높이고, 드론을 조작해 작물 상태, 토질 및 수분의 변화를 감지하고, 살충제, 물 또는 비료를 필요한 양만 정확하게 투입할 수 있게 한다. 또한 카메라를 장착한 트랙터가 5G에 연결돼 비디오 분석[Video Analytics]과 AI 기술을 이용해 작물과 잡초를 식별하고 필요한 곳에만 제초제를 살포할 수 있도록 적용할 수 있다. 이와 비슷한 원리로 축산 및 임업 분야에도 5G를 활용해 관리 과정을 자동화함으로써 효율성에 기반한 생산량을 증대할 수 있다.

■ 공공서비스

공공안전을 위한 공공서비스는 국가적인 의제로 재난 및 사고 발생 시 국가기관 및 응급 서비스 기관의 신속하고 효과적인 대응은 매우 중요하다. 과거 대규모 사건 및 재난 사례들을 볼 때 급증한 트래픽으로 통신 네트워크가 불안정해지면서 공공서비스를 위한 관련 기관의 빠르고 효과적인 대응 능력을 저해했던 것을 볼 수 있었다. 5G 네트워크는 전용 네트워크를 구성할 수 있는 "Network Slice"라는 중요한 기술적 특징이 있다. 그래서 5G는 이 Network Slice를 통해 특정 응용 분야를 위한 네트워크를 완전히 분리해 구성할 수 있는 이점을 제공할 수 있다. 이는 공공서비스를 위해 5G 네트워크 용량의 일부를 공공안전 서비스에 할당해 비디오와 오디오를 포함한 원활하고 중단 없는 통신을 가능하게 한다. 또한 보다 정밀해진 5G의 측위 기술은 재난 및 사고 시 대상에 대한 한층 더 정확한 위치 정보로 목적지를 정확히 식별해 기관 간에 간소화된 조율과 긴밀한 협력을 가능하게 하는 5G 네트워크를 통해 재난 및 대형 사고에 보다 빠르고 효과적으로 대응할 수 있고, 더 포괄적으로 지원할 수 있는 환경을 실현할 수 있다.

■ 스마트시티

스마트시티는 첨단 ICT 기술을 생활에 접목시켜서 정보를 수집하고, 이를 컴퓨터 네트워크를 이용해 도시 내 교통 문제, 환경 문제, 주거 문제, 시설 비효율 등 여러 문제를 해결하고 시민들의 삶의 질 증진을 목적으로 하고 있다. 스마트시티는 IoT 디바이스, 연결성, 컴퓨팅 및 분석/제어 등의 기술적 기반에서 구현될 수 있다. IoT 디바이스는 네트워크에 정보를 제공하는 모든 연결된 장치를 대표하고, 연결성은 고정 또는 무선 네트워크에 의해 제공되며, 컴퓨팅 및 분석/제어는 실시간 및 과거 데이터의 저장, 분석, 표출 및 서비스를 위한 수단이 된다. 이런 스마트시티의 주요 기반은 도시 내에서 다양한 유스 케이스에 존재하는 수많은 IoT 디바이스를 네트워크에 연결하고, 다양한 유형의 디바이스에 생산되는 대량의 데이터를 전송하고, 그 서비스 특성에 맞는 네트워크 구현이 요구된다. 이런 요구는 $10^6/Km^2$개의 밀집도를 갖는 IoT 디바이스를 수용할 수 있고, 1ms 이하의 응답대기 시간 그리고 20Gbps 데이터 속도 및 종단 간 네트워크 슬라이스를 제공하는 5G 기술을 통해 실현할 수 있다. 결국 스마트시티는 5G 환경에서 운영될 때 스마트시티가 목적으로 하는 시민들의 삶의 질을 증진하기 위한 서비스가 구현될 수 있음을 의미한다.

3.2 5G의 진화

3.2.1 이동통신 시스템의 진화

무선 통신의 세대 또는 "G"는 성숙하는 데 약 7~8년이 걸린다. 한 세대에서 다음 세대로의 전환은 주로 새로운 사용이 가능한 스펙트럼을 지정 사용하거나 제한된 양의 사용이 가능한 스펙트럼을 재사용하거나 용도 변경해야 하는 통신 사업자의 요구에 의해 주도된다. 새로운 세대마다 스펙트럼 효율성이 높아 네트워크를 통해 데이터를 더 빠르고 효과적으로 전송할 수 있다.

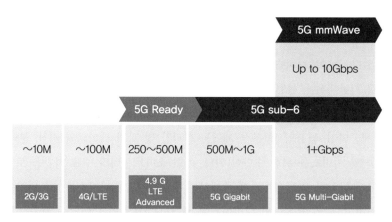

그림 3-5 이동통신 시스템의 진화

이동통신의 기술 발전을 세대를 통해 구분하고자 할 때 그림 3-5와 같이 아날로그 방식인 1세대와 디지털 시분할 다중접속[TDMA] 및 코드분할 다중접속

^{CDMA} 방식인 2세대로 구분하고 있으며, 2세대로부터 진화한 기술이지만 3세대의 요구 조건을 만족시키지 못하는 GPRS 및 IS-95B 방식을 2.5세대로 구분한다. 그리고 EVDO, WCDMA 등의 IMT-2000 서비스를 3세대로 분류하고, 환선 IP 기반에서 서비스를 제공하는 LTE 및 WiMAX를 4세대로 분류했다. 현재 본격적으로 서비스를 시작하고 있는 NR는 5세대로 분류돼 발전해오고 있다.

■ 제1세대: 아날로그 시스템

제1세대^{1G, 1st Generation}는 아날로그 전송 방식에 의해 음성 전송을 실현하는 시스템으로 대표적인 방식은 1983년에 AT&T사와 모토롤라가 개발해 북미 표준이 된 AMPS^{Advanced Mobile Phone System} 방식이다. 이후 AMPS를 바탕으로 개발된 TACS^{Total Access Communication System} 방식 및 일본의 NTT가 개발한 HICAP^{High Capability} 방식 등이 있다. 제1세대 통신 시스템의 접속 방식으로는 FDMA가 사용됐고, 작은 셀, 저출력 및 협대역에서의 구현으로 단순 음성 서비스를 지원했다.

■ 제2세대: 디지털 시스템

제2세대^{2G, 2nd Generation}는 아날로그 음성을 디지털 신호로 변환 후 전파로 전송하는 디지털 기술에 의해 실현된 시스템으로 1990년대에 등장했다. 비록 목표 서비스는 여전히 음성이었지만 디지털 전송의 사용으로 제한적이지만 일부 데이터 서비스도 제공했다.

2세대 시스템에는 유럽을 중심으로 개발된 GSM^{Global System for Mobile Communication} 방식, 일본 NTT가 개발한 PDC^{Personal Digital Cellular} 방식, 북미에서 개발돼 사용된 IS-136 방식 등이 있으며, 접속 방식으로는 TDMA 다중 전송 방식이 사용됐다. 그 후 퀄컴사에서 정의한 CDMA 기술은 그 우월성이 입증돼 미국의 표준규격(IS-95)이 됐으며, 이 CDMA 기술과 우리나라의 교환기 시스템 기술이 결합돼 IS-95에 의한 cdmaOne 서비스의 실현으로 2.5세대 시스템의 보급이 시작됐다.

■ 제3세대: 멀티미디어 시스템

제3세대3G, 3rd Generation는 멀티미디어 서비스 실현 및 통일된 국제 규격화를 실현했으며, 초기에는 FPLMTSFuture Public Land Mobile Telecommunication Systems로 명명됐다가 1997년에 IMT-2000International Mobile Telecommunications-2000으로 그 명칭이 변경됐다. 3G라고 하는 3세대 이동통신은 실질적으로 2000년대 초반에 도입돼 고품질 모바일 브로드밴드Mobile Broadband에 대한 진정한 발걸음을 떼게 했고 고속 인터넷 액세스가 가능해졌다. 이 고속 인터넷 액세스는 특히 HSDPAHigh Speed Downlink Packet Access로 알려진 3G 진화에 의해 가능했다. 또한 당시 및 그 이전의 이동통신 기술은 모두 FDDFrequency Division Duplex를 기반으로 쌍paired으로 된 스펙트럼에서 동작하도록 설계됐는데 중국에서 TDDTime Division Duplex 기반으로 개발한 TD-SCDMA 기술을 바탕으로 한 Unpaired 스펙트럼에서의 이동통신이 최초로 도입됐다.

■ 제4세대: 고품질의 멀티미디어 시스템

제4세대4G, 4th Generation는 전송 속도 측면에서 이동 중에 100Mbps, 보행 중에 1Gbps의 서비스를 제공하고, 유무선 및 다양한 무선 접속 기술 간에 컨버전스가 가능할 뿐만 아니라 코어망에서 3G 등 기존 네트워크에 연동이 가능하면서 완전 IP 기반의 패킷망 구조로 정의됐다. 이전 세대의 이동통신과의 가장 큰 차이점은 보다 높은 전송 속도의 지원, 광대역화, 첨단 안테나 및 요소 기술 등의 사용에 있다.

4세대 이동통신으로 대표되는 LTE는 오랜 시간 동안 서비스가 유지돼 왔으며, HSDPA 등과 같이 발전 단계에 따라 더 높은 효율성과 높은 엔드유저 데이터의 전송 속도 측면에서 향상된 모바일 광대역 경험을 제공했다. 이는 보다 넓어신 선송 대역폭과 한층 진보된 다중 안테나 기술을 통해 가능했다. 3세대 이동통신인 3G가 특정 무선 액세스 기술(TD-SCDMA)을 통해 Unpaired 스펙트럼에서 통신을 허용하는 것과 다르게 LTE는 하나의 공통 무선 액세스 기술 안에서 Paired 및 Unpaired 스펙트럼 모두에서 동작이 지원돼 모든 이동통신 네트워크 사업자들에 의해 사용되고, 궁극적으로 단일 글로벌 이동통신 기술로 전 세계가 연결될 수 있었다.

■ 제5세대: 5G/NR 미래 이동통신 및 서비스

5G는 5세대 모바일 네트워크를 의미하는데 기존의 4G/LTE 셀룰러 네트워크를 보강하거나 완전히 교체해 모든 Vertical Industry에서 공통 인프라망으로 사용될 수 있었다. 5G는 더 높은 데이터 속도, 더 짧은 지연 시간 및 더 많은 사용자, 디바이스, 서비스를 지원하는 동시에 네트워크 효율성 향상 등을 목표로 설계됐으며, 이들의 기술적 특성은 3가지 카테고리의 유스 케이스의 실현을 가능하게 한다.

- eMBB(enhanced Mobile Broadband): 무선 연결을 위한 고대역폭 서비스

- uRLLC(ultra-Reliable and Low-Latency Communication): 중요한 요구 사항을 위한 매우 신뢰 할 수 있는 저지연 통신

- mMTC(massive Machine Type Communication): 수십억 개의 센서 및 모니터링 디바이스 를 위한 안정적인 통신

이와 같은 이동통신 시스템의 진화 발전의 바탕에는 UN 산하 국제표준통신 단체인 국제무선통신연합이 전파 부문ITU-R에서 1999년에 3세대 IMT-2000 제정을 시작으로 2010년에 4세대 이동통신인 IMT-Advanced 그리고

2020년에 5세대 이동통신인 IMT-2020 표준규격을 표준화 단체인 3GPP 등과 협력해 국제 표준으로 승인함에 있다.

ITU-R의 5G 이동통신 표준인 IMT-2020International Mobile Telecommunications-2020 은 그림 3-6과 같은 비전을 달성하는 것을 목표로 설계됐다. 4G 통신에서 주로 광대역 통신에 대한 비전이 설정됐다면, 5G 통신은 전통적인 모바일 광대역 서비스eMBB, enhanced Mobile Broadband뿐만 아니라 LTE의 사물 통신 기술의 확장을 위해 센서 네트워크, 모니터링 등의 대규모 사물 통신mMTC, massive Machine Type Communication과 산업 자동화, 차량 간 통신 등 저지연과 신뢰도가 엄격히 요구되는 고신뢰 및 저지연 통신uRLLC, ultra-Reliable and Low-Latency Communication 등의 응용 사례들을 지원하는 것을 목표로 설계됐다. 이를 위해 4G 대비 20배의 전송 속도, 1ms 이내의 전송 지연, 높은 네트워크 용량 및 에너지 효율 등을 지원하도록 규정됐다.

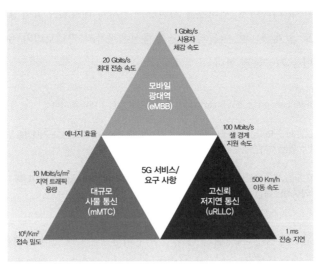

그림 3-6 ITU-R에서의 5세대 IMT-2020 비전

이런 5G의 진화된 성능 제공을 위해 밀리미터파와 같은 고주파 대역을 도입해 광대역 전송을 지원하게 됐으며, 고주파 대역의 열악한 전파 환경을 극복하도록 대규모 안테나를 활용한 빔포밍 기술 등이 도입됐다.

5세대 기술인 5G는 실질적으로는 3GPP에서 개발된 5G 표준이 국제적으로 승인돼 있으며, 표 3-1에서와 같은 성능 지표를 만족하도록 표준화돼 최종 승인됐다.

표 3-1 IMT-2020(5G) 무선 네트워크 성능 요구 사항

성능 지표	요구 사항	성능 지표	요구 사항
최대 전송 속도	DL: 20Gbps UL: 10Gbps	에너지 효율	네트워크/단말의 에너지 효율 증대 기술 적용
최대 주파수 효율	DL: 30bps/Hz UL: 15bps/Hz	주파수 효율	4세대 대비 3배
대역폭	최소 100MHz 최대 1GHz 지원	면적당 트래픽 수용	10Mbps/m^2
제어 평면 지연	10ms	사용자 경험 데이터 속도	하향: 100Mbps, 상향: 50Mbps
사용자 평면 지연	uRLLC: 0.5ms eMBB: 4ms	연결 밀도	Km^{2}당 10^{6}개 연결 지원
간헐적 저속 데이터 지연	20Byte당 10초	커버리지 확장	MCL 164dB
셀 간 이동 단절 시간	0ms	신뢰성	1ms 내 3-10^{-5} 전송률
사물 통신 단말 배터리 성능	10~15년	이동 속도	500Km/h 지원

표 3-1에서와 같이 5세대 기술인 5G의 다운링크 피크 데이터 속도는 최대 20Gbps에 달하며, 4G/LTE의 피크 속도인 1Gbps보다 약 20배 더 빠르다. 이와 유사하게 5G는 사용자 체감 데이터 전송 속도를 10배로 높이고, 4G가 지원하는 연결 디바이스 수의 10배까지 지원하며, 1밀리초[ms]의 초저지연의 기술적 특징을 갖는다. 이런 기술적 특징을 기반으로 5G는 향상된 네트워크 성능과 속도를 넘어 사용자에게 혁신적인 새롭고 향상된 연결 환경을 제공할 수 있다. 즉, 5G는 증강 현실[AR], 가상 현실[VR], 혼합 현실[MR] 애플리케이션, 화상 회의, 산업 자동화, 자율주행차, 커넥티드 의료기기 등의 분야에서 새로운 사용자 경험과 서비스를 가능하게 하는 동시에 비즈니스 애플리케이션 성능을 향상시킬 수 있다.

3.2.2 5G의 진화

5G 시스템은 기존 이동통신 시스템 대비 무선 액세스 네트워크[RAN]와 코어 네트워크[Core Network] 분야에 걸쳐 구조적 및 기능의 진화와 발전이 혁신적으로 됐다. 5G 코어 네트워크는 서비스 기반 구조 및 인터페이스를 정의해 기존 코어 시스템에 비해 구조적인 측면에서 혁신적인 진화를 했다. 이는 기존 통신 시스템이 IT 환경에 빠르게 통합될 수 있는 능력을 갖게 됨을 의미한다. 그리고 5G 시스템은 단일 코어 네트워크가 5G NR 기지국과 LTE 기지국뿐만 아니라 Wi-Fi 등의 다양한 Non-3GPP 액세스들을 연결할 수 있도록 인터페이스 구조를 정의하고 통합 인증 프레임워크에 기반한 다양한 Access Technology를 지원하는 통합 코어 네트워크를 목표로 진화됐다. RAN 측면에서 두드러진 진화 발전은 Multiple Numerologies를 지원해 다양한 유스 케이스 및 사용하는 스펙트럼에 따라 SCS[Sub-Carrier Spacing]를 다양하게 사용할 수 있다는 것이다.

■ 유연한 코어 구조

5G에서는 SBA^{Service-Based Architecture}의 적용과 새로운 NF^{Network Function} 도입 및 오픈 API 지원으로 코어 구조가 유연해졌으며 네트워크 플랫폼으로서 역할도 할 수 있게 됐다. 5G 코어가 SBA 기반에서 NF 간 SBI^{Service-Based Interface}로 연결되면서 클라우드 기반 환경에서 NF의 배포 및 NS^{Network Slice} 구현이 용이하게 됐고, 외부 응용 프로그램이 5G망 자원을 활용하고 제어할 수 있도록 API를 제공함으로써 5G가 기존의 이동통신망을 뛰어넘어 하나의 플랫폼으로 동작되도록 기반 구조가 진화됐다. 즉, UP 및 CP 기능의 분리, AMF 및 SMF 기능의 분리, NEF^{Network Exposure Function} 및 NF의 모듈화에 의한 다양한 옵션의 인프라, 즉 엣지 클라우드 및 중앙집중된 클라우드 등과 같은 환경에서 5G 코어의 배포가 용이할 뿐만 아니라 ETSI MEC와 통합, IT 애플리케이션과 결합 그리고 네트워크 슬라이싱의 구현이 가능하도록 코어 구조가 혁신적으로 진화됐다.

■ 공통 코어 구조

3GPP 액세스뿐만 아니라 Wi-Fi 등 Non-3GPP 액세스망에서도 3GPP 액세스망과 동일한 N1/N2 인터페이스로 코어 네트워크 기능(AMF, SMF, PCF 등)과 연결이 가능하고, 인증 및 접속 권한 부여를 위한 통합 인증 프레임워크를 사용해 다양한 유무선 액세스 기술의 통합 서비스 제공이 가능하도록 액세스 기술 및 망에 구애받지 않는 공통 코어 구조로 설계됐다.

이런 5G 네트워크의 혁신적인 구조적 특징은 다가오는 미래 산업사회의 다양한 Vertical Industry에서 공통 인프라로 활용되기 위한 클라우드 기반의 가상화 기술을 비롯해 네트워크 슬라이싱, MEC 등의 지원을 용이하게 한다. 그리고 다양한 API를 제공해 인더스트리 애플리케이션들이 5G망과 상호 작용할 수 있고, 서비스 확장에 따른 자동화된 네트워크의 스케일링이 가능하도록 한다. 또한 다양한 유무선 액세스 기술의 통합으로 Wi-Fi, 유무선 통합 등 Non-3GPP 액세스 기반 서비스들도 5G 내에서 함께 수용하고 동일한 관리가 가능하므로 유무선 융합 서비스를 통한 새로운 비즈니스들에 적용할 수 있게 한다.

■ 네트워크 슬라이싱

5G는 이전 세대의 모바일 기술과 다르게 각각의 응용 서비스에서 필요로 하는 용량, 지연 시간, 안정성 및 동기화 요구 사항을 가진 다양한 유스 케이스에 활용되는 것을 가능하게 하는 모바일 네트워크 기술이다. 현재까지 eMBB[enhanced Mobile Broadband], mMTC[massive Machine Type Communication], uRLLC[ultra-Reliable and Low-Latency Communication]의 3가지 주요 유스 케이스가 정의됐으며, 이런 5G 유스 케이스 범주는 커넥티드홈, 자율주행차량, 스마트시티, 원격 의료, 경기장 경험, 농촌 광대역, 공장 자동화 및 스마트 기업을 포함한 다양한 소비자 및 Vertical Industry의 유스 케이스에 적용될 수 있다. 이와 같은 각각의 적용 사례들은 낮은 대기 시간, 높은 처리량, 높은 안정성, 높은 가용성 등과 같은 각각의 적용 사례에 맞는 까다로운 성능 요구 사항과 높은 성공률의 이동성, 높은 보안 강도, 전용 네트워크 등의 기술적 특성을 요구한다.

이런 요구 사항을 동시에 만족할 수 있는 네트워크를 설계할 경우 각 사례의 성능을 최적화하려면 5G의 고유한 기술적 특성을 바탕으로 네트워크에 유연성이 내재돼야 한다. 따라서 이를 위해 "네트워크 슬라이싱"이라는 기술 개념이 도입됐다. 네트워크 슬라이싱의 가장 간단한 정의는 종단 장치에서 응용 프로그램 서버로 확장되고 모든 중간 기능과 도메인을 포함하는 E2E 종단 간 하나의 물리적인 네트워크[Physical Network]를 다수의 논리적인 네트워크[Logical Network]로 분할하고, 서비스 그룹에 따라 '가상의 전용 네트워크'를 제공하는 기술로서의 "가상 사설 서비스" 개념이다. 이런 네트워크 슬라이싱은 데이터 속도, 용량, 대기 시간, 안정성, 가용성, 적용 범위 및 보안과 같은 특정 유스 케이스 속성을 충족하는 유스 케이스별 논리 네트워크를 동일한 물리적 네트워크에서 형성해 그 유스 케이스가 요구하는 서비스 및 기술적 특성을 만족하는 맞춤형 네트워크 구현을 가능하게 한다. 5G의 기술적 사상과 목표는 5G가 미래 산업사회의 기본 네트워크 인프라로 사용될 수 있는 요인이 될 수 있다.

■ **Multiple Numerologies**

Multiple Numerologies는 Multiple Sub-Carrier Spacing을 가능하게 하며, 유스 케이스 및 사용하는 스펙트럼에 따라 SCS^{Sub-Carrier Spacing}를 다양하게 사용할 수 있다. 즉, SCS를 크게 해 무선 접속^{Radio Access}에서 심볼 지속 시간^{Symbol Duration}을 줄여 Latency를 감소시킴으로써 Latency Critical 유스 케이스에 적용할 수 있음을 의미한다. 또한 이는 같은 시간 동안 대량의 데이터를 전송할 수 있기 때문에 광대역의 데이터를 요구하는 유스 케이스에 적용될 수 있다.

3.3 5G 유스 케이스

5G는 5세대 이동통신 기술을 폭넓게 아우르는 말이다. 5G는 eMBB, uRLLC, mMTC라고 불리는 3가지 유스 케이스의 지원을 목표로 3GPP Release 15에서부터 개발됐으며 새로운 Release 단계에서 지속적인 발전을 거듭하고 있다. 각각의 유스 케이스는 고유한 기술적 조건을 요구하는 서비스 특성을 내포하고 있으며, 이런 특성을 바탕으로 하는 유스 케이스를 실현할 수 있는 5G의 기술적 특징은 이전 세대 이동통신 기술과 다르게 개인 서비스 환경을 넘어 5G가 다양한 산업 환경의 기본 인프라 네트워크로의

사용을 견인하는 하나의 핵심 요인이 되고 있다. 이를 위해 5G가 목표로 하는 3가지 유스 케이스 시나리오는 그림 3-7과 같다.

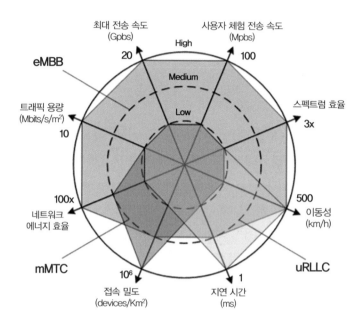

그림 3-7 ITU-R의 주요 기능과 eMBB, uRLLC, mMTC 시나리오(ITU-R M.2083[1])

■ 강화된 모바일 광대역(eMBB)

eMBBenhanced Mobile Broadband는 이전 세대의 이동통신 기술이 목표로 해오던 모바일 광대역 서비스의 발전된 형태로 5G의 가장 중요한 시나리오로서의 지속적인 역할에 초점을 두고 있다. 즉, 이전 세대 이동통신보다 더 향상된 속도와 이동성을 지원해 사용자의 체감 속도 향상 및 끊김 없는 사용자

---

1   Recommendation ITU-R M.2083-0 (09/2015), IMT Vision - Framework and overall objectives of the future development of IMT of r2020 and beyond

의 이동성 경험을 강조한다. Gbps급 전송이 가능해 OTT 기반의 멀티미디어 서비스 및 CCTV와 같은 고화질 비디오스트림이 포함되며 주로 인간 중심의 유스 케이스 시나리오에 중점을 두고 있다고 할 수 있다. 주요 목표 성능은 다운링크 기준 20Gbps 전송 속도이다.

■ **대규모 머신 타입 통신(mMTC)**

mMTC^massive Machine Type Communication는 eMBB와 다르게 순수한 기계 중심의 유스 케이스인데 보통 지연에 민감하지 않은 작은 크기의 데이터를 매우 드물게 전송하는 네트워크에 연결된 많은 수의 단말이라는 것이 주요 특성이다. 이전 세대 이동통신에서 단말은 대부분 인간 중심의 스마트폰이었지만, IoT의 도입으로 센서와 같은 Machine 유형 단말과의 통신이 중요해졌다. 이런 UE들은 지연에 민감하지 않은 작은 데이터를 전송하지만 네트워크에 접속하고 있는 UE수가 많기 때문에 mMTC에서는 전송 속도, 지연 시간보다는 연결의 밀도(초연결성)를 높이는 것이 중요해진다. 스마트홈, 스마트시티와 같은 IoT 서비스들이 포함되며, 이 많은 수의 UE들은 지역적으로 연결 밀도가 매우 높은 환경을 구성하게 된다. 이는 비용 측면이나 시스템이 UE를 관리, 제어하는 기술적인 측면에서 도전이 될 수 있다. 그래서 저비용의 필요성을 강조하는 것은 바로 하나의 시스템에 액세스되는 UE의 총 수량이다. ITU-R에서 정의한 5G의 접속 UE수의 주요 목표 성능은 10^6/Km^{2}의 접속 UE수이다.

■ **초안정성 및 저지연 시간 통신(uRLLC)**

uRLLC^ultral Reliable and Low-Latency Communication는 매우 낮은 지연 시간과 극도로 높은 신뢰성을 특징으로 하며, 인간과 기계 중심의 통신 시나리오를 모두 포함한다. 여기서 기계 중심의 의사 소통은 중요한 기계 유형 통신^C-MTC, Critical Machine Type Communication이라고도 한다. 높은 전송 속도를 요구하지는 않지만 엄격한 지연 시간과 신뢰성을 요구하는 주로 Mission-critical한 서비스들의 제어 데이터를 전송한다. 예를 들어 안정성을 갖춘 차량 대 차량(V2V) 통신, 산업 장비의 무선 제어, 원격 의료 수술 그리고 스마트그리드에서의 분배 자동화 등을 들 수 있다. 인간 중심의 유스 케이스의 예로는 3D 게임과 "촉각적인 인터넷" 등을 들 수 있는데 저지연 요구 사항뿐만 아니라 높은 데이터 전송 속도와 결합한 케이스이다. 주요 목표 성능은 1ms 지연 시간이다.

이와 같이 3가지 5G의 유스 케이스 시나리오로 구분해 기술규격의 요구 사항을 정의함으로써 5G의 기술 개발 목표를 명확히 해줄 수 있다는 점에서 중요하다. 현재 5G 기술은 eMBB, uRLLC, mMTC 순으로 중요도를 갖고 새로운 3GPP Release에서 진화, 발전되고 있다.

3.4 3GPP NR 표준

■ ITU&3GPP

ITU^{International Telecommunication Union}는 UN 산하의 국제기구로 이동통신 표준에 있어 규제 기관의 역할을 수행하며, 이동통신 시스템을 운영하는 것에 대한 규제와 법적 요구 사항을 제정한다. 특히 이동통신 사업자가 사용하는 무선 주파수 스펙트럼에 대한 규제를 설정하고 이동통신 시스템 표준에 대한 요구 사항을 설정하는 데 관여하고 있다. ITU에서 무선 통신 부문을 담당하는 ITU-R는 5세대 국제 이동통신 시스템 IMT-2020의 비전과 요구 사항을 2015년에 제시했다.

3GPP^{3rd Generation Partnership Project}는 이름에서 알 수 있듯이 3세대 이동통신 표준 개발을 위해 설립된 단체로 전 세계의 이동통신 사업자, 단말과 장비 및 칩 제조사, 세계 각지(북미, 유럽, 중국, 한국, 일본, 인도 등)의 표준화 단체 등이 참여하는 국제 이동통신 표준화 기구이다. 3GPP에서 완료된 표준이 각지에 위치한 표준개발기구^{SDO, Standards Development Organization}들을 통해 공식적으로 발표된다. 5G/NR 및 LTE를 비롯해 GSM, WCDMA/HSDPA와 같은 이전 세대 통신규격이 모두 3GPP에서 개발된 표준이다.

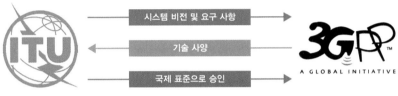

그림 3-8 표준 제정 관련 ITU와 3GPP의 관계

이동통신 시스템의 국제 표준화는 ITU와 ITU-R에서 국제 이동통신 시스템의 비전과 요구 사항을 발표함에 따라 3GPP와 같은 국제 표준 단체가 ITU와 협력해 표준을 개발해 그 결과를 ITU에 제출하고, ITU의 공식 승인을 통해 국제 표준으로 공표된다. 앞에서 기술한 바와 같이 현재 ITU-R는 5G를 위한 IMT-2020 요구 사항을 제시했고, 3GPP는 이를 위해 NR^{New Radio} 표준을 개발했다. 또한 3GPP는 3G, 4G와 같은 과거의 표준들을 계속 발전시키는 일을 하고 있으며, 5G와 같은 새로운 기술과 시스템을 대략 10년마다 개발하고 있다. 그림 3-8은 표준 제정 관련 ITU와 3GPP의 협력 관계를 보여주고 있다.

■ 3GPP 프로세스

이동통신 기술규격을 개발하는 것은 일회성 작업이 아니고 지속적인 프로세스이다. 규격은 끊임없이 진화하며 이를 통해 서비스와 기능에 대한 새로운 요구를 충족시키려고 한다. 이 프로세스는 포럼별로 다르지만 일반적으로 그림 3-9에 나와 있는 4단계를 포함한다.

- 요구 사항(Stage1): 사용자 관점에서 서비스 설명을 나타낸다. 즉, 규격에서 달성돼야 할 내용을 결정한다.

- 아키텍처(Stage2): 기능적 요소의 추상 아키텍처를 고안하고, 기능적 객체 사이의 참조점에서 정보의 흐름를 정의한다. 즉, 주요 빌딩 블록과 인터페이스를 결정한다.

- 상세규격(Stage3): 기능 요소가 매핑된 물리적 요소 사이의 물리적 인터페이스에 나타나는 기능 및 프로토콜을 구체적으로 구현한다. 즉, 모든 인터페이스가 상세하게 명시된다.

- 테스트 및 검증: 정의된 인터페이스 규격이 실제 장비에서 동작하는지 입증한다.

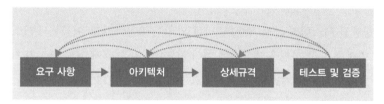

그림 3-9 표준화 단계와 프로세스

규격은 요구 사항 단계부터 시작되는데 주로 사용자 관점에서 서비스를 설명하고 정의한다. 이 단계에서는 해당 규격으로 무엇이 달성돼야 하는지가 결정된다. 아키텍처 단계에서는 해당 아키텍처가 결정되는데 이는 해당 아키텍처가 요구 사항을 어떻게 충족시킬지에 대한 방법을 의미한다. 아키텍처 단계에는 표준화돼야 할 레퍼런스 포인트 및 인터페이스에 대한 결정이 포함된다. 아키텍처 단계 후에는 상세 규격화 단계가 시작된다. 이 단계에서는 각각의 아키텍처 단계에서 설정된 인터페이스의 세부 사항이 규정된다. 이 인터페이스의 세부규격을 논의하는 동안 표준화 기구는 아키텍처상이나 심지어 요구 사항 단계에서의 이전 결정을 다시 논의할 필요가 있는지 찾고, 때로는 요구 사항이 변경되기도 한다.

마지막으로 테스트 및 검증 단계가 시작된다. 일반적으로 이것이 실제 규격의 한 부분은 아니지만 제조사에 의한 테스트와 제조사 간 상호 운용성 Interoperability 테스트를 병행해 진행하는데 이 단계는 규격의 최종 증명 단계이다. 테스트 및 검증 단계에서 여전히 규격상의 오류가 발견될 수 있으며, 이런 오류 등은 상세규격에서 의사 결정된 사항들을 바꿀 수 있다. 일반적인 경우는 아니지만 아키텍처 또는 요구 사항에 대한 변경이 필요할 수도 있다. 규격을 검증하려면 제품이 필요하다. 따라서 제품 구현은 세부규격 단계 이후 시작된다. 장비가 기술규격을 충족하는지 확인하는 데 사용될 수 있는 테스트 규격이 안정될 때 테스트 및 검증 단계가 끝나게 된다.

3GPP는 2G GSM, 3G UTRA, LTE/LTE-Advanced뿐만 아니라 5G/NR 등 3GPP 표준화 작업을 수행하는 기구로 ETSI, ARIB/TTC, TTA, CCA, ATIS, TSDSI와 같은 지역 표준화 기구들과 협력에 기반을 두고 있으며, 3GPP에서는 이를 OP^{Organizational Partner}라고 부른다. 그림 3-10은 3GPP를 구성하는 6개의 OP와 ITU, 3GPP 마켓 대표 파트너 및 다른 표준화 기구들과의 협력 관계를 보여주고 있다.

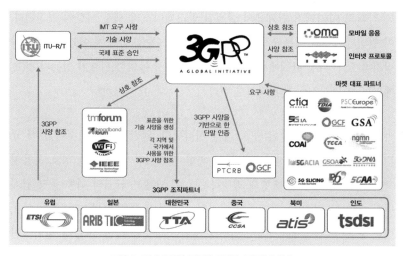

그림 3-10 3GPP와 표준화 기구들과의 협력 관계

3GPP는 통신 시스템의 서로 다른 분야의 표준 개발을 담당하는 서로 다른 기술표준그룹TSG, Technical Specification Groups으로 이뤄져 있다. TSG RANRadio Access Network 그룹은 무선 접속 분야, 즉 물리 계층 및 무선 프로토콜을 담당한다. TSG SASystem Architecture 및 TSG CTCore/Terminal 그룹은 패킷 핵심망 및 관리 시스템 등 무선 접속을 제외한 모든 네트워크 분야에 대한 규격화를 담당한다. 각 기술표준그룹은 실질적인 표준 기술 개발을 위해 여러 개의 작업 그룹Working Group으로 나뉘며, 각각 서로 다른 분야를 담당하고 있다. 예를 들어 RAN WG1은 물리 계층 표준화를 담당하고, RAN WG2는 프로토콜 표준화를 담당한다. SA WG2는 시스템 구조를 표준화하고, CT WG1과 CT WG4는 SA WG2에서 정의한 기능의 실제 구현을 위한 인터페이스를 표준화한다. 각 작업 그룹에서 합의된 결과는 기술표준그룹인 TSG에서 최종 승인돼 표준규격으로 확정된다. 그림 3-11은 3GPP의 기술표준그룹과 작업 그룹들의 구성을 보여주고 있다.

그림 3-11 3GPP 조직도(https://www.3gpp.org/3gpp-groups)

3GPP의 작업은 관련 ITU-R 권고 사항에 따라 수행되고, 그 작업 결과는 IMT-2000, IMT-2000 Advanced 일부로서 제출된다. 뿐만 아니라 이제는 NR의 형태로 IMT-2020의 후보로서 제출된다.

1년에 4번 열리는 TSG의 각 분과 미팅 후에는 모든 Release의 규격을 업데이트할 수 있다. 3GPP는 Release라는 구분을 통해 표준을 보완해 나간다. 즉, 각 Release마다 합의를 통해 다수의 연구 과제Study Item와 작업 과제Work Item를 수행한다. 연구 과제의 결과는 연구 보고서Technical Report로 발간되며, 작업 과제의 결과는 기술 명세서Technical Specification에 반영돼 실제 표준규격으로 발간되며, 신규 기술 명세서의 작성 또는 기존 기술 명세서의 개정이 이뤄진다. 기술 명세서, 즉 TS 문서는 칩셋^{Chipset}, 단말^{Device}, 네트워크 장비 제조사들이 구현 시 따라야 하는 표준 절차와 요구 사항들을 담고 있다. 한편, 3GPP는 오직 기능과 프로토콜만을 정의하며, 실제로 이런 기능들이 어떻게 네트워크 노드에서 구현되는지, 일부 기능들이 동일한 노드에서 구현되는지의 여부 등을 다루지는 않으며, 이는 실제 구현을 하는 네트워크 제조사에 달려 있다.

3GPP 표준은 그 기술 분야에 따라 번호가 매겨진다. 예들 들어 LTE가 Release 8을 통해 개발된 이래 진화 발전되고 있으며, 5G/NR의 첫 번째 Release는 3GPP Release 15에 있다. 각 Release에 포함된 3GPP 기술규격^{TS}은 여러 시리즈로 구성되며, 그 번호는 TS XX.YYY이다. 여기서 XX는 규격 시리즈 번호를 나타내고, YYY는 해당 시리즈 내 규격 번호를 나타낸다. 표 3-2는 3GPP 표준규격 분야에 따른 규격 번호를 보여준다.

표 3-2 3GPP 표준규격 분야에 따른 규격 번호

규격 번호(XX.YYY)	내용	비고
21.YYY	요구 사항 규격	
22.YYY	서비스 특성	서비스, 서비스 특성, 구성 요소 또는 서비스 플랫폼 (서비스 관련 Stage1 규격)
23.YYY	아키텍처/프로시저/ 기술 실현	Stage2 규격(또는 상호 운용 등 유사한 성격의 규격)
24.YYY	시그널링 프로토콜 (UE to CN)	단말과 핵심망 간 상세 Stage3 규격
25.YYY	UTRA(N)	3G 규격(WCDMA, HSDPA)
26.YYY	코덱	오디오/비디오 코덱 등
27.YYY	데이터	데이터 응용 서비스 지원을 위한 기능

규격 번호(XX.YYY)	내용	비고
28.YYY	시그널링 프로토콜 (RSS to CN)	무선 시스템(RSS) 및 핵심망(MSC) 간 상세 Stage3 규격
29.YYY	핵심망 시그널링 프로토콜	핵심망 내 프로코톨에 대한 상세 Stage3 규격
30.YYY	프로그램 관리	3세대 모바일 시스템 프로젝트 플랜/작업 프로그램 및 주요 WI를 위한 단독 문서
31.YYY	SIM/UIM	Subscriber/User Identity Module
32.YYY	요금/OAM&P	3GPP 통신 관리 네트워크(운용, 관리, 유지, 공급)
33.YYY	보안	
34.YYY	시험규격	
35.YYY	알고리즘	암호 알고리즘 규격
36.YYY	E-UTRA(N)	LTE 무선 기술규격
37.YYY	Common Radio	NR/LTE 공동, 비면허 대역 동작 등
38.YYY	5G NR	38.1YY: NR 무선 성능(RF Requirement) 38.2YY: NR 물리 계층 38.3YY: NR 시그널링 프로토콜 38.4YY: NG-RAN 인터페이스 38.5YY: 단말 상호 운용성 테스트 38.7YY~9YY: 기술 보고서

■ **3GPP NR TimeLine**

3GPP 문서는 Release별로 분리되며, 각 Release에는 이전 Release와 비교해 추가된 기능 세트들이 포함되는 방식으로 Release 구분을 통해 계속 표

준을 보완 발전시킨다. 예를 들어 Release 8에서는 LTE가 처음 개발됐으며, Release 10에서는 LTE-Advanced(ITU-R에서 IMT-Advanced 기술로 승인한 최초의 버전) Release 13에서는 LTE-Advanced Pro가 공개됐다. 그리고 Release 15에서 최초 5G 무선 액세스 표준인 NR가 처음 개발됐으며, 이후 Release를 통해 업그레이드 중이다. 다음 세대 표준이 나오더라도 이전 세대 표준도 계속 보완하기 때문에 Release 15는 NR뿐만 아니라 LTE 표준도 포함하고 있다.

- Release 15: 2018년 6월 완료
- Release 16: 2020년 6월 완료
- Release 17: 2022년 6월 완료
- Release 18: 2023년 12월 예정

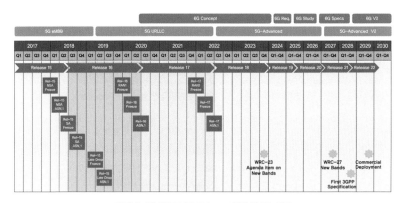

그림 3-12 3GPP NR Release 일정 및 6G 전망

Release 15의 표준을 "5G Phase1" 표준이라고 부르며, Release 16의 표준을 "5G Phase2" 표준이라고 부른다. 5G Phase2 표준은 Phase1 표준과 함께 2020년말 IMT-2020 국제 표준 인준을 위해 제출됐다. 그림 3-12

의 표준화 일정을 보면 Freeze와 ASN.1 용어가 표시됐는데 Freeze는 더이상 논의를 통해 기능을 추가하지 않는 확정된 상세 기능규격을 의미하며, ASN.1은 Freeze된 내용을 바탕으로 세부 구현을 위한 내용이 포함된 구현규격이다.

Release 15는 NR의 최초 Release 초기 상용 서비스에 초점이 맞춰져 있으며 사업자의 상용화 우선순위를 반영해 세 번에 나눠서 표준화를 진행했다. Early Drop을 통해 NSA^{Non-Standalone} 구조를 위한 표준을 먼저 제정하고, Normal Drop을 통해 SA^{Standalone} 구조를 위한 표준화를 진행해 2018년 6월에 완료됐다. 이후 Late Drop을 통해 사업자의 구축 확장성을 높이기 위한 추가 옵션을 지원했다. 기술적인 측면에서 Release 15는 eMBB 분야에 집중돼 있고 일부 uRLLC 기술들을 포함하고 있다.

Release 16은 5G의 기술 적용 범위가 여러 가지 버티컬 산업들로 확장될 것을 고려하며 진행했다. 기술적인 측면에서 Release 16은 uRLLC와 eMBB 성능 향상에 중점을 두고 있다(예: 5G V2X, enhanced Mobility, IIOT, IAB, NR-U). Release 16은 2020년 6월에 완료됐다. 이후 Release 17은 uRLLC와 mMTC 서비스 지원을 위한 기능 고도화에 초점을 맞춰서 진행돼 2022년 6월 완료됐고, Release 18부터는 "5G-Advanced"를 위한 표준화 작업이 진행된다.

■ 5G NR Band

이동통신 역사를 보면 1세대 및 2세대 이동통신 서비스의 대역은 주로 800~900MHz의 주파수에 할당됐고 좀 더 낮거나 좀 더 높은 주파수 대역들에도 할당됐다. 3G 도입 시에는 2GHz 대역에 초점이 맞춰 있었으며, 4G를 통한 이동통신 서비스의 지속적인 확장으로 새로운 주파수 대역이 저주파수와 고주파수 모두에 추가돼 250MHz~6GHz 정도까지 확장됐다. 그림

3-13에서 나타낸 것과 같이 5G NR는 이전 세대에서 통신을 위해 사용하던 주파수 대역뿐만 아니라 mmWave 대역의 스펙트럼을 추가적으로 고려했다. 주파수 특성을 보면 서로 다른 주파수 대역들은 각각 다른 전파^{Propagation} 특성을 갖고 있다. 각기 다른 전파 특성으로 낮은 주파수 대역은 도시, 교외 및 시골 환경 모두에서 넓은 범위의 커버리지로 설치하는 데 적합하다. 그러나 높은 주파수의 경우 기존 대역보다 고용량 전송이 가능하지만 해당 전파 특성(직진성 강함, 회절 특성 안좋음, FSPL이 큼 등) 때문에 넓은 범위의 커버리지에 적용하는 것은 어렵다. 따라서 높은 주파수 대역은 밀집 지역 배치에서 주로 용량을 증대하는 데 사용된다.

이런 대역 특성의 차이로 NR에서는 FR^{Frequency Range}를 나눠 기존 sub-6GHz 대역을 FR1, mmWave 대역을 FR2로 정의했다.

- FR1: 410MHz~7.125GHz

- FR2: 24.25GHz~71.0GHz

  - FR2-1: 24.25GHz~52.6GHz

  - FR2-2: 52.6GHz~71.0GHz

현재 FR1 대역은 위와 같이 7.125GHz까지 확장됐으며 한국은 FR1 대역으로 3.5GHz, FR2 대역으로 28GHz 주파수를 사용하고 있다.

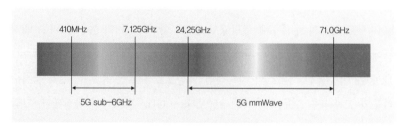

그림 3-13 NR 주파수 대역

3.5 5G NR Frequency Bands

5G 모바일 네트워크의 무선 인터페이스 또는 무선 액세스 기술인 5G NR[5G New Radio]의 주파수 대역은 2개의 다른 주파수 범위로 분리된다. 먼저 FR1[Frequency Range 1]에는 6GHz 이하 주파수 대역이 포함돼 있으며, 그중 일부는 이전 표준에서 전통적으로 사용됐지만 410MHz에서 7.125MHz까지 잠재적인 새로운 스펙트럼 제공을 포함하도록 확장됐다. 다른 하나는 24.25~71.0GHz의 주파수 대역을 포함하는 주파수 범위 FR2이다.

각 3GPP 기술 표준(TS 38.101)의 최신 공개 버전(Release 17) 기준으로 표 3-3 및 표 3-4에는 5G NR 표준의 지정된 주파수 대역 및 채널 대역폭이 나열돼 있다. NR 대역은 접두사 "n"으로 정의되며, NR 대역이 4G/LTE 대역과 겹칠 경우 동일한 대역 번호를 공유하는 것을 원칙으로 한다.

표 3-3 3GPP NR FR1 Band(3GPP TS 38.101-1, version 17.6.0)

Band	Duplex Mode	Frequency (MHz)	Uplink(MHz)	Downlink(MHz)	Notes
n1	FDD	2100	1920~1980	2110~2170	
n2	FDD	1900	1850~1910	1930~1990	
n3	FDD	1800	1710~1785	1805~1880	
n5	FDD	850	824~849	869~894	
n7	FDD	2600	2500~2570	2620~2690	
n8	FDD	900	880~915	925~960	
n12	FDD	700	699~716	729~746	
n13	FDD	700	777~787	746~756	
n14	FDD	700	788~798	758~768	
n18	FDD	850	815~830	860~875	
n20	FDD	800	832~862	791~821	
n24	FDD	1600	1626.5~1660.5	1525~1559	
n25	FDD	1900	1850~1915	1930~1995	

Band	Duplex Mode	Frequency (MHz)	Uplink(MHz)	Downlink(MHz)	Notes
n26	FDD	850	814~849	859~894	
n28	FDD	700	703~748	758~803	
n29	SDL	700	—	717~728	
n30	FDD	2300	2305~2315	2350~2360	
n34	TDD	2100	2010~2025		
n38	TDD	2600	2570~2620		
n39	TDD	1900	1880~1920		
n40	TDD	2300	2300~2400		
n41	TDD	2500	2496~2690		
n46	TDD	5200	5150~5925		NR–U
n47	TDD	5900	5855~5925		V2X
n48	TDD	3500	3550~3700		
n50	TDD	1500	1432~1517		
n51	TDD	1500	1427~1432		
n53	TDD	2400	2483.5~2495		
n65	FDD	2100	1920~2010	2110~2200	
n66	FDD	1700, 2100	1710~1780	2110~2200	
n67	SDL	700	—	738~758	
n70	FDD	2000	1695~1710	1995~2020	
n71	FDD	600	663~698	617~652	
n74	FDD	1500	1427~1470	1475~1518	
n75	SDL	1500	—	1432~1517	
n76	SDL	1500	—	1427~1432	
n77	TDD	3700	3300~4200		
n78	TDD	3500	3300~3800		
n79	TDD	4700	4400~5000		
n80	SUL	1800	1710~1785	—	
n81	SUL	900	880~915	—	
n82	SUL	800	832~862	—	
n83	SUL	700	703~748	—	

Band	Duplex Mode	Frequency (MHz)	Uplink(MHz)	Downlink(MHz)	Notes
n84	SUL	2100	1920~1980	—	
n85	FDD	700	698~716	728~746	
n86	SUL	1700	1710~1780	—	
n89	SUL	850	824~849	—	
n90	TDD	2500	2496~2690		
n91	FDD	800, 1500	832~862	1427~1432	
n92	FDD	800, 1500	832~862	1432~1517	
n93	FDD	900, 1500	880~915	1427~1432	
n94	FDD	900, 1500	880~915	1432~1517	
n95	SUL	2100	2010~2025	—	
n96	TDD	6000	5925~7125		NR-U
n97	SUL	2300	2300~2400	—	
n98	SUL	1900	1880~1920	—	
n99	SUL	1600	1626.5~1660.5	—	
n100	FDD	900	874.4~880	919.4~925	
n101	TDD	1900	1900~1910		
n102	TDD	6200	5925~6425		NR-U
n104	TDD	6700	6425~7125		NR-U

표 3-4 3GPP NR FR1 Band(3GPP TS 38.101-2, version 17.6.0)

Band	Frequency(GHz)	Common name	Uplink/Downlink (GHz)	Notes
n257	28	LMDS	26.50~29.50	TDD
n258	26	K-band	24.25~27.50	TDD
n259	41	V-band	39.50~43.50	TDD
n260	39	Ka-band	37.00~40.00	TDD
n261	28	Ka-band	27.50~28.35	TDD
n262	47	V-band	47.20~48.20	TDD
n263	60	V-band	57.00~71.00	TDD/NR-U

3.6 5G의 주요 기술

3.6.1 개요

■ 5G의 방향

3GPP 표준화 측면에서 지금까지의 이동통신 기술은 주로 무선 접속 기술의 향상에 초점을 두고 발전됐고, 서비스 유스 케이스 측면에서는 광대역 모바일 데이터 통신(Voice도 일련의 모바일 데이터 통신을 사용하는 유형의 서비스)이 주요한 적용 사례로 발전돼 왔다. 반면에, 5G 기술은 모든 Vertical Industry의 기본 인프라로 5G망이 활용될 수 있도록 무선 접속 기술뿐만 아니라 5GC 코어 및 관리 측면에서 각 Vertical Industry에서 요구되는 서비스 특성을 만족할 수 있는 망 능력을 갖기 위한 기술적 사상 구현의 표준화를 목표로 발전하고 있다.

이런 접근은 현존하는 서비스, 미래 산업사회의 예측이 가능한 서비스, 예측이 가능하지 않은 새로운 서비스까지 수용할 수 있는 망의 능력과 함께 AI/ML에 기반한 Closed Loop 방식의 장애 처리 및 서비스 관리, 자동화된 오케스트레이션에 의한 네트워크 운영의 편의성 제공를 기반으로 CAPEX/OPEX 절감을 비롯해 미래 산업사회의 공통 인프라로 5G가 활용될 수 있도록 혁신적인 네트워크 기술들의 개발이 5G의 주요 기술적 목표가 되고 있다. 이를 위해 네트워크 기능^{Network Function}의 가상화와 SDN^{Soft-Defined Network} 개방형 인터페이스 기술은 하드웨어 종속적인 네트워크 장비 시장을 소프트웨어 중심으로 개편할 수 있도록 했다. 이는 또한 Cloud-Native 솔루션으로 발전돼 서비스 배포의 신속성과 유연성에 큰 발전을 가져오고 있다.

■ 5G 시스템의 구조적 특징

5G 무선 접속 기술의 혁신적인 진화와 더불어 5GC의 구조적 특징을 살펴보면 종래의 LTE 코어인 EPC^{Evolved Packet Core}와 비교할 때 현재 설계된 5G 코어 기술은 서비스 기반 구조^{Service-Based Architecture}, CP/UP^{Control Plane/User Plane} 기능의 분리 및 NF^{Network Function} 모듈화, Non-3GPP 액세스에도 3GPP 액세스와 동일한 N1/N2 인터페이스 사용 등 새로운 5G를 위한 구조적 특징을 갖고 설계됐다. 즉, 클라우드 기반의 가상화 기술 적용이 용이하고, 신규 NF 및 외부 서비스(예: 3rd party 응용) 수용 및 확장이 쉽도록 서비스 기반 간 구조에서 동작하며, 비상태^{Stateless} 네트워크 기능과 데이터 스토리지 구조, 네트워크 기능 개방^{Network Capabilities Exposure}이 가능한 소프트웨어 기반 코어 구조를 갖는 구조적 특징이 있다. 그리고 네트워크 슬라이싱을 구현할 수 있고 ETSI MEC 등과 결합이 가능하며 서비스 확장에 따른 코어 네트워크의 스케일링이 용이하도록 UP와 CP 기능의 분리, 네트워크 기능의 모듈화, AMF와 SMF 기능의 분리 및 UPF 기능의 분산과 효율적인 재배치가 가능한 유연한 코어 구조이다. 또한 Wi-Fi 등 Non-3GPP 액세스 기술도 3GPP 액세스 기술과 동일한 NF(AMF, SMF, PCF 등)와 N1/N2 인터페이스를 통해 접속할 수 있고, 통합 인증 프레임워크를 사용함으로써 다양한 유무선 액세스 기술의 통합 서비스가 가능한 공통 코어 구조로서의 구조적 특징을 갖고 있다.

이런 5G 네트워크의 구조적 특징은 향후 클라우드 기반의 가상화 기술을 비롯해 네트워크 슬라이싱, MEC 등의 지원을 용이하게 하며, 서비스 확장에 따른 네트워크의 스케일링을 가능하도록 한다. 또한 다양한 유무선 액세스 기술의 통합으로 Wi-Fi, 유무선 통합 등 Non-3GPP 액세스 기반의 새로운 비즈니스들도 5G 내에서 함께 수용되고 동일한 관리가 가능하게 한다.

3.6.2 5G의 주요 기술

5G 네트워크가 다가오는 산업사회의 기본 공통 인프라로 활용될 수 있는 기술적인 요인은 5G 시스템이 상호 연동되는 여러 신기술, 즉 NR와 NR의 기술적 특징인 Multiple Numerology뿐만 아니라 Massive MIMO/빔포밍, 네트워크 슬라이싱, NF^Network Function, 네트워크 기능의 중앙 집중 및 분산 배치 등을 활용해 Vertical Industry의 다양한 요구 사항을 만족시킬 수 있는 네트워크의 구조적인 특징과 관련이 있다. 무엇보다도 다운로드 속도를 4G보다 최대 20배 빠른 수준으로 높이고 대기 시간을 최하 1ms까지 줄이고 연결 UE(Device)를 $10^6/Km^2$까지 수용할 수 있는 기술적 목표로 개발돼 진화 발전하는 5G를 통해 다양한 문제를 해결할 수 있다. 그리고 5G의 핵심 기능인 네트워크 슬라이싱은 미래 산업사회에서 사용되고 요구되는 유스 케이스의 특성을 만족하는 맞춤형 전용 네트워크의 구성과 함께 서비스의 안정성도 높일 수 있는 기술적 특징을 제공한다.

이처럼 미래 산업사회가 요구하는 기술적 특징을 제공할 수 있는 5G의 이점을 활용할 수 있는 주요 기술 구성 요소는 그림 3-14와 같다.

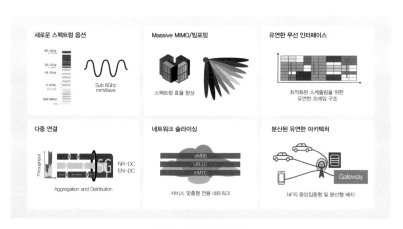

그림 3-14 5G의 주요 기술

■ 새로운 스펙트럼 옵션

5G를 위한 새로운 스펙트럼이 정의됐다. 5G는 최대 20Gbps의 데이터 속도를 목표로 하고 있기 때문에 이 같은 높은 데이터 속도를 위해서는 최대 1~2GHz의 대역폭이 필요하며 이는 높은 주파수 대역에서 사용할 수 있음을 의미한다. 즉, 5G는 20GHz 이상의 밀리미터파 스펙트럼을 사용해야 하며 실제로 400MHz에서 90GHz 사이의 모든 주파수 대역에서 동작하도록 설계된 최초의 무선 기술이라고 할 수 있다. 전파의 전파 특성(간섭, 회절, 투과 등)상 낮은 대역은 커버리지 확보에 유리하고, 높은 대역은 넓은 주파수 대역폭을 사용할 수 있어 높은 데이터 속도와 용량 구현에 유리하다. 참고로 30GHz 이상의 주파수는 1센티미터(10밀리미터) 미만의 파장을 가지며 일반적으로 밀리미터파(mmWave)로 알려져 있다. 그리고 30GHz보다 낮은 24~28GHz의 낮은 주파수도 때때로 밀리미터파에 포함되며, LTE 기술은 6GHz 미만의 주파수에 대해서만 정의됐다.

■ Massive MIMO/빔포밍 기술

Massive MIMO/빔포밍 기술이 5G에 도입돼 적용됐다. Massive MIMO/빔포밍은 스펙트럼 효율성과 네트워크 커버리지를 상당히 증가시킬 수 있는 기술적 특징을 갖고 있다. 빔포밍은 안테나 크기가 파장에 비례하기 때문에 더 높은 주파수에서 단위 면적당 더 많은 안테나를 구현할 수 있다. 그래서 빔포밍 기술은 많은 수의 안테나에 실리는 신호를 각각 정밀하게 제어해 특정 방향으로 에너지를 집중시켜 주파수 효율을 높일 수 있으므로 전파의 전파 특성이 불리한 고주파수에서 더 실용적으로 적용될 수 있다. 즉, 안테나를 많이 사용할수록 빔의 모양이 예리해져서 에너지를 더 집중시킬 수 있다. 다만, 이 경우 단말이 빠르게 이동할 때 예리한 빔을 계속 정확하게 추적하는 능력이 라디오 시스템의 성능을 좌우할 수 있다. 따라서 사용 환경을 고려하면 Massive MIMO는 기지국에서 2GHz 이상의 주파수에서 사용될 수 있고 기기에서도 밀리미터파에서 사용할 수 있다. 참고로 사용자별 빔 포밍은 3GPP Release 8 시스템에서 지원되지 않았으며, 8개의 송신 안테나 MIMO는 Release 9, 10에만 포함됐고, Release 13, 14에서 발전됐다. 이와 같은 Massive MIMO는 공통 및 제어 채널을 포함해 처음부터 5G의 일부가 됐다.

■ 유연한 무선 인터페이스

LTE에서는 고정된 단일 Numerology를 가졌지만, NR에서는 다양한 주파 수 대역의 특성을 반영하고 다양한 유스 케이스의 요구 사항을 만족시키려 고 Flexible Numerology를 도입해 적용하는 것이 큰 기술적인 진보라고 할 수 있다. 이 때문에 NR에서는 넓은 커버리지를 갖는 FR1 대역 전송, 빔포 밍을 통한 FR2 대역 전송 그리고 uRLLC를 위한 저지연 전송 등 상황에 맞 는 전송 기법을 선택할 수 있다. 따라서 NR의 다양한 기술적 특징을 가능하 게 하는 바탕에는 NR의 Multiple Numerology가 있다.

Numerology는 NR에서 처음 도입된 개념으로 수비학數秘學 또는 수점술數占 術로 표현된다. 즉, 숫자를 통해 어떤 정해진 특성을 예측할 수 있다는 것이 다. 이를 NR의 기술적인 측면에서 Numerology를 적용하면 Numerology 란 Numerology Number μ에 의해 어떤 정해진 전송 특성을 예측 또는 선 택할 수 있음을 의미한다. 더 구체적으로 표현하면 OFDM 파형을 구성하는 SCS Sub-Carrier Spacing, OFDM 심볼 지속 시간, Cyclic Prefix의 형태가 미리 테 이블로 정해져 있고, Numerology Number μ를 선택함으로써 이런 OFDM 파형 구조를 유연하게 가져갈 수 있음을 의미한다.

■ 네트워크 슬라이싱

5G는 핵심 기능으로 네트워크 슬라이싱을 도입했다. 네트워크 슬라이싱의 가장 간단한 정의는 종단 장치에서 응용 프로그램 서버로 확장되고 모든 중간 기능과 도메인을 포함하는 E2E 종단 간의 하나의 물리적인 네트워크를 다수의 논리적인 네트워크로 분할해 서비스 그룹(QoS/KPI)에 따라 '가상의 전용 네트워크'를 제공하는 기술로 "가상 사설 서비스" 개념이다. 이런 네트워크 슬라이싱은 데이터 속도, 용량, 대기 시간, 안정성, 가용성, 적용 범위 및 보안과 같은 특정 유스 케이스 속성을 충족하는 유스 케이스별 논리 네트워크를 동일한 물리적 네트워크에서 형성하도록 오케스트레이션된다.

가상 네트워크 소유자는 네트워크 슬라이싱을 통해 주어진 가상 네트워크에 대한 가상 리소스 및 인프라의 컴퓨팅, 스토리지 및 네트워킹 기능에 대해 자체 요구 사항을 충족하도록 지정할 수 있다. 이는 동일 5G 네트워크 내에서 다양한 사용 사례에 대한 가상 네트워크 세그먼트를 네트워크 슬라이싱 기술을 통해 구현할 수 있음을 의미한다.

■ 다중 연결

5G는 다중 연결Dual Connectivity을 지원한다. 5G 네트워크는 기본적으로 독립형Standalone 시스템으로 배포할 수 있지만 4G/LTE와 함께 5G로 자연스런 진화를 할 수 있는 여러 가지 배포 옵션을 제공하며, 사업자망의 경우 초기 단계에서는 일반적으로 LTE와 함께 배포할 수 있다. 5G 기기는 5G와 LTE를 동시에 연결할 수 있어 더 높은 사용자 데이터 속도와 더 안정적인 연결을 제공한다. 또한 독립형Standalone 시스템 배포에서 5G NR(FR1+FR1, FR1+FR2) 간을 동시에 연결할 수 있어 더 높은 사용자 데이터 속도와 더 안정적인 연결을 제공한다.

■ 클라우드 및 엣지 컴퓨팅(분산된 유연한 아키텍처)

5G는 클라우드 구현 및 엣지 컴퓨팅을 위한 기술을 지원한다. LTE 네트워크 아키텍처의 경우 무선 네트워크는 분산돼 있고, 코어 네트워크는 완전히 중앙집중화돼 있다. 따라서 낮은 지연 시간을 요구하는 유스 케이스에 대한 구현이 용이하지 않다. 반면에 5G에서는 낮은 지연 시간을 요구하는 유스 케이스의 콘텐츠를 라디오에 더 가깝게 가져올 수 있도록 UPF를 전진 배치해 Break out을 할 수 있고, 아키텍처 측면에서 엣지 클라우드와 중앙집중형 클라우드 아키텍처를 사용해 다중 액세스 엣지 컴퓨팅이 5G 시스템과 밀접하게 구현될 수 있도록 했다.

3.6.3 5G RAN 네트워크

기존 LTE 무선 액세스 기술 대비 5G의 가장 혁신적인 진화 부분은 Multiple Numerologies를 통해 무선 인터페이스를 지원하는 것이다.

■ Multiple Numerologies

Multiple Numerologies는 Multiple Sub-Carrier Spacing을 가능하게 하며, 유스 케이스 및 사용하는 스펙트럼에 따라 SCS[Sub-Carrier Spacing]를 다양하게 사용할 수 있다. 즉, SCS를 크게 해 무선 접속에서 심볼 지속 시간[Symbol Duration]을 줄여서 Latency를 감소시킴으로써 Latency Critical 유스 케이스에 적용할 수 있음을 의미한다. 또한 이는 같은 시간 동안 대량의 데이터를 전송할 수 있기 때문에 광대역의 데이터를 요구하는 유스 케이스에 적용될 수 있다. 표 3-5는 Numerology에 따른 SCS와 심볼 지속 시간[Symbol Duration] 등의 상관 관계를 보여주고 있다.

표 3-5 NR Numerology

Numerology (μ)	SCS (15 x 2$^\mu$ [KHz])	Symbol Duration(μs)	Cyclic Prefix	Frequency Range
0	15	66.7	Normal	FR1
1	30	33.3	Normal	FR1
2	60	16.7	Normal, Extended	FR1, FR2
3	120	8.33	Normal	FR2
4	240	4.17	Normal	FR2

■ NR의 SCS(Sub-Carrier Spacing)

표 3-6과 같이 5G 라디오는 Flexible Numerology를 채택해 다양한 스펙트럼 옵션을 모두 지원할 수 있는 유연성을 지원하며, 대역폭 및 대기 시간의 요구 사항에 따라 여러 부반송파 간격 및 일정 간격을 지원하도록 설계됐다. 15~120kHz의 부반송파 간격은 Release 15에서 정의됐으며 부반송파 간격이 높을수록 서브프레임에 더 많은 슬롯Slot을 수용할 수 있으므로 처리 시간이 단축되는 결과를 낳는다. 좁은 부반송파 간격SCS은 좁은 5G 대역폭과 함께 사용되며 넓은 커버리지를 제공하는 데 더 유리하다고 할 수 있다.

스케줄링 간격 측면에서 LTE와 5G 비교 시 3.5GHz 대역에서 일반적인 5G 배치를 고려하면 대역폭은 40~100MHz, 부반송파 간격은 30~60kHz, 최소 스케줄링 기간은 0.125ms가 될 수 있다. 반면에 LTE에서 해당 숫자는 20MHz 대역폭, 15kHz 부반송파 간격 및 1ms 스케줄링 기간에 해당된다. 5G 부반송파 간격은 15kHz의 2^N 배수로 설계됐다.

표 3-6 SCS 특징

Sub-Carrier Spacing[kHz]	15	30	60	120
Spectrum	〈6GHz	〈6GHz	〈6, 〉20GHz	〉20GHz
Max Bandwidth [MHz]	50	100	200	400
Symbol Duration [μs]	66.7	33.3	16.7	8.33
Normal Cyclic Prefix [μs]	4.69	2.34	1.17	0.57
Number of Slot per Subframe	1	2	4	8
Number of Slot per Frame	10	20	40	80
Scheduling Interval [ms]	0.5	0.25	0.125	0.0625

■ 고성능 채널 코딩 기술

NR의 요구 사항인 초고속, 저지연 및 고신뢰 통신 지원을 위해 3G부터 사용되던 터보 코드가 LDPC^{Low Density Parity Check} 코드와 폴라^{Polar} 코드로 대체됐다. 대용량 데이터 전송을 위해 데이터 채널은 LDPC가 적용되며, 제어 채널 및 PBCH에는 폴라 코드가 사용돼 높은 오류 정정 기능을 제공한다. 특히 LDPC는 분산형 복호가 가능해 대규모 데이터 전송에 효율적이며, 폴라 코드는 작은 크기의 데이터에 대해 매우 높은 수준의 오류 복구 성능을 지원한다.

3.6.4 5G 코어 네트워크

서비스 기반 구조 및 인터페이스를 통해 5G 코어 네트워크를 정의한 것은 5G 네트워크 구조에서 가장 혁신적인 진화 부분이라고 할 수 있다. 5G 코어 네트워크는 다양한 액세스 기술을 지원하는 통합 코어 네트워크를 목표로 한다. 5G 시스템에서는 단일 코어 네트워크가 5G NR 기지국과 LTE 기지국뿐만 아니라 Wi-Fi 등의 다양한 Non-3GPP 액세스들을 연결할 수 있도록 인터페이스 구조를 정의하고 통합 인증 프레임워크를 지향한다.

■ 유연한 코어 구조(Flexible Core Architecture)

5G에서는 SBA^{Service Based Architecture}의 적용, 새로운 NF 도입, 오픈 API 지원으로 코어 구조가 유연해지고, 네트워크 플랫폼으로서 역할을 할 수 있게 됐다. 서비스 기반 구조(SBA)에서 NF 간 SBI^{Service Based Interface}로 연결되고, 클라우드 기반 환경에서 NF 배포 및 NS 구현이 용이하고, 외부 IT 응용 프로그램에서 5G망 자원을 활용할 수 있도록 API를 제공하므로써 5G가 기존의 이동통신망을 뛰어넘어 하나의 플랫폼으로 동작될 수 있도록 기반 구조가 진화됐다. 즉, UP 및 CP 기능의 분리, AMF 및 SMF 기능의 분리, NEF 및 네트워크 기능의 모듈화 등으로 다양한 옵션의 인프라, 즉 엣지 클라우드, 중앙집중형 클라우드 등에 배치가 용이해 ETSI MEC와 5G의 통합, IT 애플리케이션과 결합 및 네트워크 슬라이싱의 구현이 가능하도록 코어 구조가 혁신적으로 진화됐다.

■ 공통 코어 구조(Common Core Architecture)

3GPP 액세스뿐만 아니라 Wi-Fi 등 Non-3GPP 액세스망에서도 3GPP 액세스망과 동일한 N1/N2 인터페이스로 코어 NF(AMF, SMF, PCF 등) 연결이 가능하고, 인증 및 접속 권한 부여를 위한 통합 인증 프레임워크를 사용해 다양한 유무선 액세스 기술의 통합 서비스가 제공될 수 있도록 액세스 기술 및 망에 구애받지 않는 공통 코어 구조로 설계됐다.

이런 5G 네트워크의 혁신적인 구조적 특징은 다가오는 미래 산업사회의 다양한 Vertical Industry에서 공통 인프라로 활용되기 위한 클라우드 기반의 가상화 기술을 비롯해 네트워크 슬라이싱, MEC 등의 지원을 용이하게 한다. 그리고 다양한 API를 제공해 산업용 애플리케이션들이 5G 망과 상호 작용을 하고, 서비스 확장에 따른 네트워크의 스케일링을 가능하도록 한다. 또한 다양한 유무선 액세스 기술의 통합으로 Wi-Fi, 유무선 통합 등 Non-3GPP 액세스 기반 서비스들도 5G 내에서 함께 수용되고 동일한 관리가 가능함으로써 유무선 융합 서비스를 통한 새로운 비즈니스들의 적용이 가능하게 됐다.

■ 네트워크 기능의 모듈화를 통한 재사용

각각의 네트워크 기능이 중간에 연결되는 네트워크 노드 없이 직접적으로 상호 작용이 가능하게 설계됐으며, 이런 기술들은 네트워크 자원 활용을 높이고 새로운 네트워크 기능의 도입 및 구성을 용이하게 한다. 특히 네트워크 기능의 재사용 효율을 높일 수 있도록 단말의 접속 및 이동성 관리 기능과 세션 관리 기능을 각각 AMF, SMF로 분리했다. 또한 데이터 저장 기능과 컴퓨팅 기능을 분리해 네트워크 기능 활용의 유연성을 더욱 높이고, 네트워크 오류 발생 시 회복력을 높여줄 수 있는 장점이 있다.

3.7 네트워크 아키텍처

3.7.1 네트워크 아키텍처 배포 옵션

■ 3GPP 네트워크 아키텍처 배포 옵션

3GPP는 그림 3-15와 같이 LTE, NR 배포를 위한 6가지 아키텍처 옵션을 도입했다. 이런 아키텍처 옵션은 SA^{Standalone} 및 NSA$^{Non-Standalone}$의 2가지 배포 시나리오로 구분된다. SA는 단일 RAT$^{Radio Access Technology}$를 사용해 NR 서비스를 제공하는 반면에 NSA는 기존 LTE 시스템을 활용해 NR 구축을 가능하게 한다. Option 1, 2, 5는 SA 범주에 속하고, Option 3, 4, 7은 NSA 범주에 속한다. 그러나 Option 1은 eNB가 4G 코어 네트워크라고도 하는 EPC$^{Evolved Packet Core}$에 연결되는 기존 LTE 시스템이므로 NR를 다룰 때는 고려하지 않는다.

NSA 배포에서 MR-DC^{Multi-Radio Dual Connectivity}는 UE에 2개의 다른 세대 RAN 노드, 즉 gNB 및 eNB에 대한 동시 연결을 제공한다. 두 노드 중 하나는 MN^{Master Node} 역할을 하고, 다른 하나는 SN^{Secondary Node} 역할을 한다.

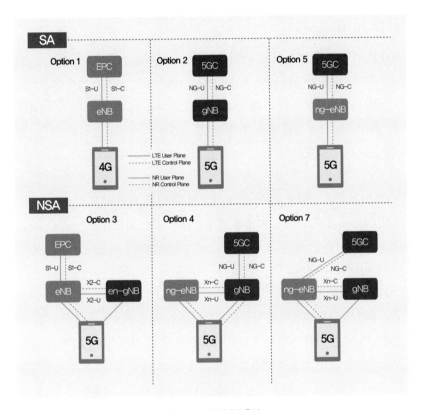

그림 3-15 아키텍처 옵션

SN은 옵션에 따라 코어 네트워크와 연결할 수 있다. 일반적으로 MR-DC는 표 3-8과 같이 분류된다. MR-DC에서 UE는 MN/CN과 연결되고 제어 평면을 위해 MN을 통해 SN과 통신할 수 있다. 사용자 평면의 경우 UE는 MN/SN에 직접 연결되거나 MN을 통해 SN에 연결할 수 있다.

- **SA Architecture**

3GPP 이동통신 네트워크 아키텍처 배포 모델은 NSA^{Non-Standalone} 및 SA^{Standalone} 배포 옵션이 있다. SA는 각각의 eNB 또는 gNB가 제어평면^{Control Plane} 및 사용자평면^{User Plane}를 eNB는 EPC로 직접 연결돼 서비스를 제공받고, gNB는 5GC에 직접 연결돼 서비스를 제공받은 네트워크 아키텍처를 의미한다.

5G는 LTE 없이 독립형 솔루션으로 배포할 수 있다. 이런 배포 방식을 3GPP에서 Option 2라고 한다. 이것과 별개로 LTE/EPC 네트워크를 SA Option 1이라고 하지만, 그림 3-16에서는 5G에 한정해서 SA Option 2와 Option 5만 나타냈다.

SA2 옵션은 LTE 네트워크 환경을 포함하는 NSA 옵션에서의 이중 연결 솔루션보다 낮은 지연 시간을 포함한 새로운 종단 간 서비스를 가능하게 하고 지연 시간을 줄이고 설정 시간을 단축할 수 있다. 또한 5G가 목적으로 하는 5G 유스 케이스를 실현할 수 있는 기술적 특징을 최대한 제공할 수 있다. 그림 3-16에서와 같이 SA Option 5도 있지만 이를 현실적으로 적용하는 사례는 매우 드물다.

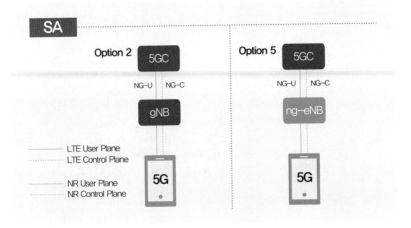

그림 3-16 5G SA Option 2, Option 5

■ NSA Architecture

5G는 NSA 아키텍처 배포 옵션을 지원한다. SA와 다르게 NSA는 오직 1개의 Node, 즉 eNB 또는 gNB만이 제어 평면(Control Plane) 및 사용자 평면(User Plane)을 코어 네트워크에 연결하며 이 기지국을 Master Node라고 부른다. Secondary Node라 불리는 다른 Node는 Master Node에 X2 또는 Xn 인터페이스로 연결돼 제어 평면(Control Plane)을 처리하면서 오직 사용자 평면(User Plane)만 코어 네트워크에 연결해 서비스되는 네트워크 아키텍처를 의미한다.

5G 네트워크의 초기에는 기존 LTE를 활용하면서 5G 서비스 네트워크를 빠르게 도입해 제공하는 측면에서 NSA3 옵션 방식이 SA2 옵션보다 먼저 사용됐다. NSA 기반에서 이중 연결은 LTE와 5G 데이터 속도를 함께 결합할 수 있을 뿐만 아니라 기존 EPC를 재사용할 수 있다는 이점도 있다. 이후 3GPP Release는 Option 7 및 4를 사용해 LTE eNB를 5G 코어 네트워크에 연결하는 옵션을 제공하고 있고, NSA Option 3, 4, 7은 다양한 기존 LTE 네트워크와의 다양한 마이그레이션 경로를 위해 변형된 옵션도 제공한다. NSA 변형 옵션은 표 3-7과 같다.

표 3-7 NSA 변형 옵션

구분	NSA 3/7	NSA 3a/7a	NSA 3x/7x
베어러 분리 Point	Master Split	Core Split	Secondary Split
Master Node	eNB(LTE)	eNB(LTE)	eNB(LTE)
Secondary Node	gNB(NR)	gNB(NR)	gNB(NR)
동작	코어는 eNB로 제어 및 베어러 보냄. eNB에서 NR 베어러 분할	코어에서 베어러를 우선적으로 5NR로 구성. 나머지 베어러는 eNB(Master)로 처리	코어에서 베어러를 우선적으로 5NR로 구성하고 5NR에서 eNB로 베어러 분할함. 나머지 베어러는 eNB로 보내고 제어는 eNB로 보냄
Throughput	LTE + NR	LTE 또는 NR	LTE + NR

NSA Option 3 배포 모델은 그림 3-17과 같이 Option 3, Option 3a 및 Option 3x가 있다. 사업자는 UE 등 에코시스템과 5G로 마이그레이션 전략에 따라 적절한 모델을 선택해 적용할 수 있다. 국내 통신 사업자는 Option 3x 모델로 조기에 5G 서비스를 제공했다.

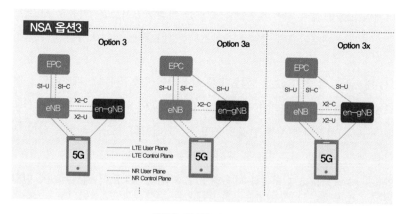

그림 3-17 NSA Option 3

NSA Option 4 배포 모델은 그림 3-18과 같이 Option 4와 Option 4a가 있다. 사업자는 UE 등 에코시스템과 5G로 마이그레이션 전략에 따라 적절한 모델을 선택해 적용할 수 있다.

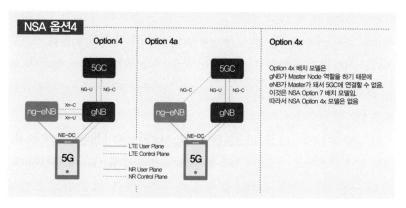

그림 3-18 NSA Option 4

NSA Option 7 배포 모델은 그림 3-19와 같이 Option 7, Option 7a 및 Option 7x가 있다. 사업자는 UE 등 에코시스템과 5G로 마이그레이션 전략에 따라 적절한 모델을 선택해 적용할 수 있다.

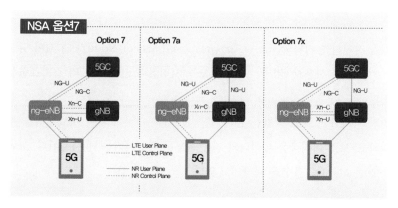

그림 3-19 NSA Option 7

3.7.2 MR-DC(Multi-Radio Dual Connectivity)

UE 및 코어가 두 기지국을 연결하는 이중 연결^{Dual Connectivity} 기술은 이동통
신망에서 하나의 단말이 LTE와 5G 기지국 또는 2개의 5G 기지국에 동시에
연결돼 각각의 기지국과 데이터를 동시에 송수신하며 어느 하나의 기지국이
Master Node가 돼 제어 평면^{Control Plane} 처리 및 사용자 평면^{User Plane} 처리
를 하고, 다른 하나의 기지국은 Secondary Node가 돼 사용자 평면^{User Plane}
처리를 처리해 UE의 데이터의 속도 성능을 향상시키는 기술을 말한다. 예
를 들어 LTE 기지국이 Master Node, 5G 기지국이 Secondary Node로서
코어망을 EPC(Option 3 환경)나 5GC(Option 7 환경)에 연결하거나 5G 기지
국이 Master Node, eLTE 기지국이나 다른 5G 기지국이 Secondary Node
로서 코어 네트워크(Option 4 환경 또는 Option 2 환경)를 5GC에 연결해 UE
에 더 높은 성능 데이터를 제공할 수 있다. 따라서 E-UTRA/NR 이중 연결
EN-DC에서는 코어 네트워크가 EPC이지만, E-UTRA(eLTE)/NR 이중 연결
NGEN-DC에서는 코어 네트워크가 5GC이다.

일반적으로 이중 연결은 Early 5G인 NSA3 옵션의 LTE 환경에서 NR를 사
용해 기존 LTE 네트워크를 재활용해 5G를 조기에 도입하고자 하는 경우나
LTE를 5G로 마이그레이션하는 옵션인 NSA4, 7 옵션 환경과 같이 5G 도
입 및 마이그레이션 과정에서 사용될 수 있다. 5G Standalone인 SA2 옵션
에서는 이중 연결은 일반적으로 스펙트럼 밴드에 따라 낮은 밴드의 스펙트
럼을 지원하는 기지국(sub-6GHz, cmWave)이 Master Node가 돼 제어 평면
^{Control Plane}과 사용자 평면^{User Plane}을 모두 처리한다. 높은 밴드의 스펙트럼을
처리하는 다른 기지국(mmWave)은 Secondary Node로 불리며 사용자 평
면만 처리하는 보조 역할을 한다. 즉, 마스터 기지국이 제어 시그널링을 처
리하고, 보조 기지국은 데이터의 전송 속도를 향상시키는 데 사용된다. 그림
3-20은 MR-DC 옵션을 나타내고 있다.

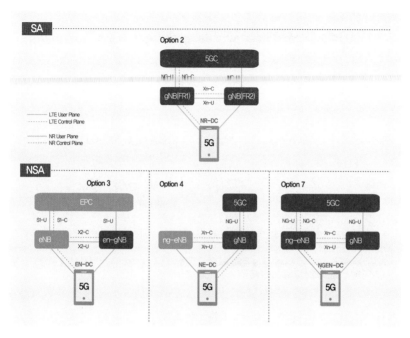

그림 3-20 MR-DC

이와 같이 5G의 무선 접속 기술인 NR와 LTE의 무선 접속 기술인 E-UTRA
를 같이 사용하면서 2개의 서로 다른 무선 자원을 기반으로 하거나 2개의
NR를 같이 사용하면서 하는 이중 연결MR-DC, Multi-Radio Dual Connectivity 기술은
5G 배포 옵션 측면(5G 도입 초기는 NSA3, 이후 마이그레이션은 NSA 4, 7)이나
5G SA 환경에서 성능을 향상시키는 측면에서 매우 중요한 기술이다.

표 3-8 MR-DC

MR-DC Type	5G Option	코어	비고
EN-DC	Option 3	EPC	Master Node: eNB Secondary Node: en-gNB[주1]
NE-DC	Option 4	5GC	Master Node: gNB Secondary Node: ng-eNB[주2]
NGEN-DC	Option 7	5GC	Master Node: ng-eNB[주2] Secondary Node: gNB
NR-DC	Option 2	5GC	Master Node: gNB Secondary Node: gNB

- 주1): en-gNB는 EPC 및 eNB와 연결할 수 있는 gNB로서 UE에 대한 NR 제어 및 사용자 평면 프로토콜 종단을 제공
- 주2): ng-eNB는 5GC(5G Core) 및 gNB와 통신할 수 있는 eLTE(enhanced LTE)로서 UE에 대한 LTE 제어 및 사용자 평면 프로토콜 종단을 제공

NSA 배포에서 MR-DC^{Multi-Radio Dual Connectivity}는 UE에 2개의 다른 세대 RAN 노드(gNB 및 eNB)에 대한 동시 연결을 제공한다. 두 노드 중 하나는 Master Node 역할을 하고, 다른 하나는 Secondary Node 역할을 한다. Master Node는 Secondary Node 및 4G/5G CN과 연결된다.

Secondary Node는 옵션에 따라 코어와 연결할 수 있다. 일반적으로 MR-DC는 표 3-8과 같이 분류된다. MR-DC에서 UE는 Master Node 및 코어 네트워크와 연결되고 제어 평면을 위해 Master Node를 통해 Secondary Node와 통신할 수 있다. 사용자 평면의 경우 UE는 Master Node 및 Secondary Node에 직접 연결되거나 Master Node를 통해 Secondary Node에 연결될 수 있다.

5G 네트워크 구성

5G 네트워크 구성

4.1 5G 네트워크 아키텍처 개론

4.1.1 5G 시스템 아키텍처

그림 4-1은 5G 시스템 구조이다. 그림에서와 같이 5G 서비스 네트워크의 구성은 UE, NG-RAN 및 서비스 연결/제어 및 UE 인증을 하는 코어 네트워크로 구성된다. UE는 사용자 장비를 의미하며, 무선 인터페이스를 통해 RAN에 연결되고 5G 코어의 제어를 받아 네트워크 사용의 허용과 함께 PDU 연결을 제공받는다. RAN은 UE에게 무선 인터페이스 제공, 무선 자원 할당 및 UE의 이동성 제어를 한다. 코어 네트워크는 많은 NF들로 구성돼 있는데 RAN처럼 자원 할당이나 물리적 채널 상태 확인과 같은 역할을 직접 수행하지는 않지만 UE와 제어 평면Control Plane을 연결해 UE에 대한 인증, 이동성 제어 및 세션 관리 등의 주요한 기능을 담당하고, 사용자 평면User Plane 을 처리하는 UPF를 통해 UE가 통신하는 서비스 애플리케이션이 있는 네트워크와 연결한다.

5G 시스템 구조에서 각 기능들은 NFNetwork Function라고 하며, 각 NF들은 서로 데이터를 주고받는 상호 작용을 하기 때문에 각 NF 간에는 정의된 역할을 하기 위한 인터페이스 이름이 정의됐다.

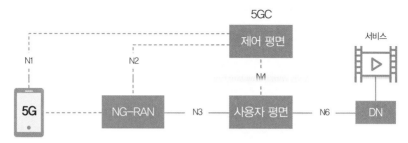

그림 4-1 5G 시스템 아키텍처

3GPP Release 15에서 기본적인 많은 NF가 정의됐고, Release 16에서 SCP 및 NSSAAF, Release 17에서 EASDF, NSACF 등 추가적인 NF가 정의됐지만 Release 15 기반의 핵심 NF를 중심으로 5G 서비스의 동작 시나리오를 간단히 설명하면 다음과 같다.

- 5G 스마트폰, 5G CPE(Customer Premise Equipment) 또는 5G Dongle과 같은 UE(사용자 장비)는 5G 무선 액세스 네트워크를 통해 5G 코어에 연결되고 인터넷과 같은 DN(데이터 네트워크) 연결을 위한 접속을 요청한다.

- AMF(Access and Mobility Management Function)는 UE의 인증, 세션 및 이동성 제어를 5GC의 NF로서 UDM/AUSF(인증 서버 기능) 통해 UE를 인증하고 UE가 5G 코어의 서비스에 액세스할 수 있게 한다.

- AMF는 UE가 요청한 서비스를 기반으로 SMF를 선택해 사용자 세션을 관리한다.

- SMF(Session Management Function)는 PCF로부터 해당 UE에 대한 PCC Rule를 내려받고, UPF를 선택해 QoS 제어를 위한 SDP Template을 UPF 전송하고 세션을 제어 및 관리한다. 또한 QoS 관련 정보를 AMF 전송해 AMF가 QoS Profile 및 QoS Rule을 gNB 및 UE에 전달한다.

- SMF, PCF(Policy Control Function), AF(Application Function) 및 UDM(Unified Data Management) 기능과 같은 기타 NF들은 User Subscribed Profile에 액세스해 Policy Control Framework를 제공하고 정책 결정을 적용한다.

- UPF(User Plane Function)는 UE와 외부 네트워크 간에 IP 데이터 트래픽(User Plane)을 전송한다.

5G 네트워크를 구성하는 NG-RAN와 5GC는 각각 다음과 같은 역할을 수행한다.

■ NG-RAN의 역할

NG-RAN은 5GC의 제어를 받아 UE를 망에 연결해 서비스를 받을 수 있도록 한다. UE가 망에 연결될 수 있도록 무선 인터페이스를 제공하고, UE에 대한 이동성 제어, 무선 자원 관리 등을 하며 주요한 역할은 다음과 같다.

- 다른 셀과의 무선 리소스 관리
- 리소스 블록(Resource Block) 관리
- 이동성 연결(Handover) 관리
- 채널 상태 파악과 정보 제공
- 스케줄러를 통한 동적 리소스 제어(Dynamic Resource Control)
- HARQ, 채널 코딩 등 다양한 기술들을 통한 통신 성능 향상

■ 5GC의 역할

5GC[5G Core]는 사용자의 인증[Authentication] 및 권한[Authorization] 부여 절차 수행 및 이동성 처리를 담당하는 AMF와 UDM/AUSF, 네트워크 슬라이싱 정보를 관리 및 처리하는 NSSF/NRF, 사용자의 IP와 세션(서비스 연결)을 관리하는 SMF 등으로 이뤄진 제어 평면부와 사용자 데이터 교환을 담당하는 UPF 등으로 이뤄진 사용자 평면부로 구성돼 있다. 이런 5GC는 미래 산업사회의 비즈니스 환경에 적합하도록 다양한 구조적 특징을 갖는다. 기존 4G EPC와 다른 5G 코어의 특징들을 살펴본다.

소프트웨어 기반 코어 구조 및 서비스 기반 구조(Service-Based Architecture)

SDN/NFV라는 개념이 도입되면서 코어 네트워크의 다양한 NF들이 SW화돼 가상화된 환경에서 동작할 수 있게 됐다. LTE, 3G 등 기존 이동통신 시스템에서는 새로운 NF/엔터티가 추가되면 NF/엔터티 간에 서비스 제공을 위해 필요한 모든 NF/엔터티 간에 별도의 P2P 인터페이스를 정의했다. 이런 구조는 신규 기능의 빠른 도입을 저해하고 효율성을 떨어뜨리는 원인이 됐다.

5G 시스템에서는 제어 평면을 다루는 NF 연결 시 SBA^{Service-Based Architecture}라는 새로운 구조를 도입했다. SBA 구조에서는 각 NF들이 서비스 제공자^{Service Provider}로서 단순히 특정 서비스들을 단일 SBI^{Service-Based Interface}를 통해 제공하고, 어떤 NF든지 서비스 사용자^{Service Consumer}로서 허가받은 NF들은 해당 서비스 제공자의 제공 서비스를 이용할 수 있다. 서비스 기반 인터페이스는 CT 워킹 그룹에서 HTTP/2 프로토콜 및 RESTfull 방식을 통해 구현했다.

이는 새로운 NF가 추가되더라도 서비스 제공자^{Service Provider} 또는 서비스 사용자^{Service Consumer}로서 허가를 받았으면 서비스 제공자로서 서비스를 제공할 수 있고, 서비스 소비자^{Service Consumer}로서 쉽게 다른 NF 기능을 제공받을 수 있는 이점을 제공한다. 즉, 가상화/클라우드 환경을 통해 새로운 NF를 배포해 새로운 네트워크에 대한 슬라이싱을 구성하거나 기존 네트워크에 대한 성능 및 용량 확장을 하는 경우 각각에 요구되는 NF의 배포 후 NF 간 연결이 매우 용이해 서비스 확장을 빠르게 할 수 있는 기반 구조가 될 수 있음을 의미한다.

공통 코어 네트워크

공통 코어 네트워크^{Common Core Network}는 코어 네트워크(AMF, UPF 등)가 Non-3GPP의 액세스 포인트(예: Wi-Fi의 AP)도 바로 수용할 수 있는 것처럼 액세스 기술에 상관없이 동일한 인터페이스를 제공함을 의미한다. 이전의 LTE 네트워크에서는 Wi-Fi와 같은 Non-3GPP의 액세스 네트워크를 코어 네트워크에 연결 시 ePDG라는 Non-3GPP 액세스 기술을 위한 연동 게이트웨이를 통해 연결할 수 있었다. 하지만 5G 코어 네트워크에서는 이와 같은 별도의 게이트웨이 없이 Non-3GPP 액세스들도 모두 동일한 인터페이스 구조를 가질 수 있도록 정의했다. 이를 통해 Non-3GPP 액세스를 이용하는 단말들에도 3GPP 액세스를 사용하는 경우와 동일한 접속, 인증, QoS, 과금 등이 제공되도록 했다. 이는 Non-3GPP와 3GPP 통신을 통합적으로 관리 및 구성해 융합 비즈니스 모델을 구축할 수 있음을 의미한다.

유연한 코어 네트워크

3GPP는 제어 평면과 사용자 평면을 분리해 서비스 제공 및 운용이 가능하도록 새롭게 구조를 정의했다. 이는 CP와 UP를 필요에 따라 유연하게 배치해 사용함으로써 적용 사례 및 서비스 환경에 따라 서비스를 효율적으로 제공할 수 있는 기술적 특징이 내재돼 있음을 의미한다.

3GPP에서 이렇게 새롭게 정의한 5G 사용자 평면 구조의 핵심은 UPF 기능의 유연성 및 분산화에 있다. 이전의 LTE EPS 구조는 단말의 이동성 지원을 위한 망 내 분산된 S-GW와 IP 연결을 위한 중앙집중화된 P-GW로 구성돼 사용자 평면 구조가 고정되고 이원화돼 있는 반면에 5G 코어 구조는 S-GW와 P-GW를 합친 일원화된 UPF를 통해 사용자의 이동성 및 IP 연결이 지원된다. 또한 5G에서는 UPF의 망 내 분산 배치를 허용함으로써 기존 EPC보다 유현한 사용자 평면 구조를 지원하고 있다. 즉, 5G에서 코어 네트워크

와 외부 데이터 네트워크를 연결하는 UPF가 지역적으로 분산됨에 따라 단말의 이동성이나 UPF의 부하 등을 고려해 세션의 UPF를 변경시키는 사용자 평면의 최적화가 이뤄질 수 있다. 이와 같이 5G 네트워크에서는 UPF가 지역적으로 다양하게 분산될 수 있는 기술적 특징이 있으므로 단말이 액세스하는 RAN에 가까운 UPF를 선택해 단말을 엣지 서버가 있는 로컬 데이터 네트워크로 연결시킬 수 있다. 이를 통해 5G 네트워크에서는 엣지 컴퓨팅을 구현할 수 있다. 이는 단말이 직접 엣지 컴퓨팅 서버와의 연결을 요청하는 LADN^{Local Access Data Network} 적용 방식과 응용 기능^{AF, Application Function}이 5G 코어 네트워크에 해당 서비스를 위한 엣지 컴퓨팅 정책을 내리는 응용 기반 라우팅^{AF Influence Routing}으로 실현할 수 있다.

4.1.2 5G 서비스 기반 아키텍처

SDN, NFV, Cloud 개념이 도입되면서 코어 네트워크의 다양한 NF들이 SW화돼서 배포됐다. 이전까지는 새로운 NF가 추가되면 NF 간의 서비스 제공을 위해 별도의 인터페이스가 정의돼야 했다. 하지만 앞서 살펴본 바와 같이 SBA^{Service-Based Architecture}는 각 SW화된 NF들이 하나의 서비스 제공자^{Service Provider}와 서비스 사용자^{Service Consumer}로서 동작하면서 정보들을 제공하고 사용하는 하나의 독립된 객체로서 역할을 한다는 개념이다. 이렇게 함으로써 얻는 이익은 새로운 NF가 추가되더라도 코어 네트워크의 허가를 받았으면 서비스 소비자^{Service Consumer}로서 쉽게 다른 NF 기능을 제공받을 수 있다는 점이다. 즉, 기존에 전통적으로 사용됐던 Point-to-Point 인터페이스는 이미 사용 중인 NF들에 대한 유연한 확장과 새로운 NF의 추가 또는 기존 사용 중인 NF에 대한 새로운 유스 케이스 적용에 적합하지 않으며, 클라우드 환경에서 동작하는 코어 네트워크에서 Point-to-Point 인터페이스는 다음과 같은 몇 가지 제약 사항을 동반한다.

- 인터페이스를 사용할 수 있는 엔터티는 정해져 있으며, 관련 없는 다른 엔터티에는 해당 인터페이스를 사용할 수 없다.

- 정적인 구성 특성으로 특정 사용 사례(특정 Entity)에 Point-to-Point로만 구성되고, 일반적인 재사용 구성이 허용되지 않는다.

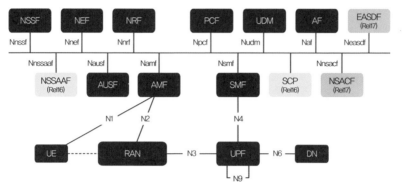

그림 4-2 5G SBA 기반 시스템 아키텍처(Release 17 기준)

앞서의 Point-to-Point 인터페이스 문제는 다음과 같은 SBA[Service-Based Architecture]로 해결될 수 있다.

- 각 NF들은 여러 클라이언트 기능들이 사용할 수 있는 API를 통해 서비스를 제공한다.
- 서비스 제공 기능은 누가 서비스를 사용하는지 알지 못하며 서비스를 일반적이고 재사용이 가능한 것으로 구현한다.

그림 4-2와 같이 5G 아키텍처는 서비스 기반(3GPP TS 23.501)으로 정의되며, 여기서 제어 평면 내의 네트워크 기능 중 하나인 AMF를 통해 다른 승인된 네트워크 기능이 해당 서비스에 액세스할 수 있다. 다만, Point-to-Point 참조점은 사용자 평면이 있는 인터페이스에서 사용된다.

그림 4-3은 Point-to-Point 참조점 표시 5G 시스템의 구조를 나타내고 있다.

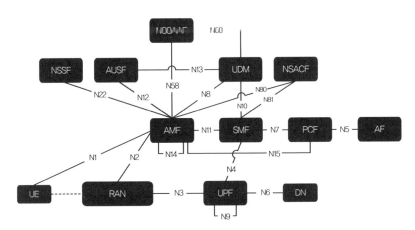

그림 4-3 5G Point-to-Point 참조점 표시 구조(Release 17 기준)

SBA 기반 5G 시스템 아키텍처에는 표 4-1에서와 같이 서비스 기반 인터페이스(3GPP TS 23.501)가 포함된다.

표 4-1 SBI(Release 17 기준)

SBI	세부 내용
Namf	AMF의 서비스 기반 인터페이스
Nsmf	SMF의 서비스 기반 인터페이스
Npcf	PCF의 서비스 기반 인터페이스
Nausf	AUSF의 서비스 기반 인터페이스
Nudm	UDM의 서비스 기반 인터페이스
Nnrf	NRF의 서비스 기반 인터페이스
Nnssf	NSSF의 서비스 기반 인터페이스
Nnef	NEF의 서비스 기반 인터페이스

SBI	세부 내용
Neasdf	EASDF의 서비스 기반 인터페이스
Nssaaf	NSSAAF의 서비스 기반 인터페이스
Nnsacf	NSACF의 서비스 기반 인터페이스
Naf	AF의 서비스 기반 인터페이스

또한 5G 시스템 아키텍처에는 표 4-2에서와 같이 참조점^{Reference Point}들이
포함돼 있다.

표 4-2 Reference Point(Release 17 기준)

Reference Point	세부 내용
N1	UE와 AMF 사이의 Reference Point
N2	RAN과 AMF 사이의 Reference Point
N3	RAN과 UPF 사이의 Reference Point
N4	SMF와 UPF 사이의 Reference Point
N6	UPF와 데이터 네트워크 사이의 Reference Point
N9	두 UPF 사이의 Reference Point

서비스 기반 인터페이스는 애플리케이션 계층 직렬화 프로토콜로 JSON과
함께 HTTP/2 프로토콜을 사용한다. 전송 계층의 보안 보호를 위해 모든
3GPP NF는 TLS로 보안 채널을 구성해 통신한다. 그림 4-4는 SBI 프로토콜
스택을 보여주고 있다.

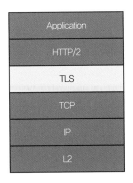

그림 4-4 SBI 프로토콜 스택(TS 29.500)

NF(네트워크 기능)는 NF 각각의 역할에 요구되는 서로 다른 기능을 제공함으로써 NF의 개별 소비자[Service Consumer]에게 각각 서로 다른 NF 서비스를 제공할 수 있다. NF에서 제공하는 각 NF 서비스는 동일한 네트워크 기능에서 제공하는 다른 NF 서비스(예: 확장, 치유 등)와 독립적으로 자체 포함되고 재사용이 가능하다. 따라서 각 NF SBI를 통해 액세스할 수 있고 각각의 인터페이스는 그림 4-5와 같이 하나 또는 여러 작업으로 구성된다.

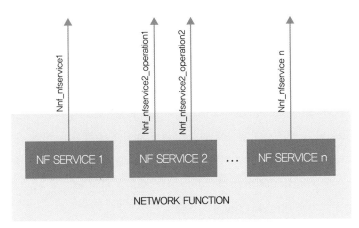

그림 4-5 Network Function, NF Service 및 NF Service Operation

NF 서비스 프레임워크는 다음과 같이 "NF 서비스 등록 및 등록 해제", "NF 서비스 검색", "NF 서비스 권한 부여" 메커니즘을 포함하고 있다(세부 사항은 TS 29.500을 참조한다).

- **NF 서비스 등록 및 등록 해제**: NRF의 사용이 가능한 NF 인스턴스 및 지원되는 서비스를 인식하도록 한다.

- **NF 서비스 검색**: NF 서비스 소비자가 예상 NF 서비스를 제공하는 NF 서비스 생산자 인스턴스를 검색할 수 있도록 한다.

- **NF 서비스 권한 부여**: NF 서비스 소비자가 NF 서비스 생산자가 제공하는 NF 서비스에 액세스할 수 있는 권한이 있는지 확인한다.

4.2 코어 네트워크 구성

5G 코어 네트워크는 5GC라고도 하는 5G 시스템의 3가지 주요 구성 요소 중 하나이다. 5G 코어는 SBA(서비스 기반 아키텍처)를 사용해 연결을 요청하는 UE의 인증, 보안, 세션 관리 및 트래픽 처리를 지원하며, 이 모든 오퍼레이션을 위해서는 그림 4-6에 표시된 것처럼 네트워크 기능의 복잡한 상호 연결이 필요하다. 그림은 이런 구성 요소가 연결되는 방식을 보여주고 있다.

5G 코어가 NG-RAN처럼 자원 할당이나 물리적 채널 상태 확인과 같은 역할을 직접 수행하지는 않지만 제어 평면에서 UE의 이동성, 인증 처리 같은 기능을 하고, 사용자 평면인 UPF를 통해 UE가 통신하고자 하는 서비스 애플리케이션이 있는 네트워크에 연결을 위한 절차를 수행한다. 이런 각 기능들을 네트워크 기능NF, Network Function이라고 하는데 각 NF들은 서로 제어 메시지 또는 사용자 데이터를 주고받는 상호 작용을 하기 때문에 인터페이스에 대한 각각의 인터페이스명이 정의돼 있다.

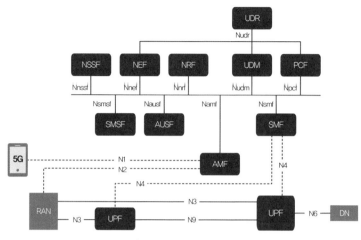

그림 4-6 5G 네트워크 아키텍처

5G 코어 아키텍처는 다음의 주요 NF 및 DN^{Data Network}으로 구성돼 있다. (일부 NF는 명시되지 않았다.)

- AMF(Access and Mobility Management Function): 액세스 및 이동성 관리 기능

- UPF(User Plane Function): 사용자 평면 기능

- AUSF(Authentication Server Function): 인증 서버 기능

- SMF(Session Management Function): 세션 관리 기능

- NSSF(Network Slice Selection Function): 네트워크 슬라이스 선택 기능

- NEF(Network Exposure Function): 네트워크 공개 기능

- NRF(Network Repository Function): NF 저장소 기능

- PCF(Policy Control Function): 정책 제어 기능

- UDM(Unified Data Management): 통합 데이터 관리

- AF(Application Function): 응용 기능

- DN(Data Network): 데이터 네트워크(예: 운영자 서비스, 인터넷 액세스 또는 타사 서비스)

4.2.1 AMF

AMF^Access and Mobility Management Function^는 5G 네트워크 레퍼런스 아키텍처에서 SUDM/AUSF와 통신하면서 UE에 대한 인증 절차를 수행하고, UE와는 NAS N1 인터페이스를 통해 UE의 이동성 및 세션 관리 기능 등의 주요 기능을 담당한다. 또한 RAN 제어 평면과 N2 인터페이스로 통신하며, RAN에 대한 제어 메시지 등을 처리하는 핵심 5G NF^Network Function^이다. 다음은 AMF의 주요한 기능들이다.

- **NAS 메시지 처리**

UE와 5G 코어 네트워크 간에 필요한 데이터를 주고받는 NAS 메시지의 보안 기능 및 코어 네트워크로 연결돼 제어, 인증 및 관리들을 위한 관문 역할을 한다. NAS 시그널링의 보안 기능에는 Ciphering과 Integrity Protection이 있다. Ciphering은 데이터가 있는 그대로 보여지지 않도록 '암호화'하는 과정이고, Integrity Protection은 이 데이터가 중간에 위조 및 변조되지 않도록 하는 무결성 보호 보안 시스템으로 UE와 코어 네트워크 간에 흐르는 메시지가 '변조되지 않았음'을 확인해 주는 과정이다.

- **UE 인증(Authentication)**

UE는 네트워크에 접속하기 위한 인증 절차를 진행한다. 5G망에서 UE는 망에 접속해 유효하게 서비스를 받을 수 있도록 등록 절차를 진행하며, 등록 절차 수행 시 망에서 UE에 대한 인증을 수행할 수 있도록 망에 UE 정보(예: IMSI, UE가 지원하는 보안 알고리즘 등)를 제공한다. AMF는 UE로부터 수신된 인증에 필요한 정보를 갖고 UDM/AUSF 등과 인증 절차를 수행하면서 UE와 5G망 간에 인증에 필요한 Key 정보 등을 공유한다. 이 인증 정보를 공유하는 과정에서 UE는 망에 대한 인증을, 망은 UE에 대한 상호 인증을 함으로써 망은 UE가 망에 접속해 서비스를 제공받을 수 있는 유효한 UE임을 확인하고, UE는 서비스를 제공받기 위한 유효한 망임을 상호 확인한다.

- **이동성 관리(Mobility Management)**

AMF는 움직이는 UE의 이동성을 관리한다. 즉, UE가 AMF의 이동성 관리 범위인 TA^{Tracking Area}를 벗어나는 경우에 UE로부터 수신되는 TA 정보를 바탕으로 이동하는 UE가 어느 이동성 관리 범위^{Tracking Area}에 있는지를 관리함으로써 UE로 착신호 발생 시 UE가 속해 있는 셀(UE가 속한 TA List에 포함된 셀)에 페이징을 요청할 수 있다. 이 페이징 신호에 UE가 응답함으로써 이동하는 UE에 대한 연결을 할 수 있고, 이동하는 UE가 핸드오버 수행 시 적절하게 SMF를 선택해 UPF와 연결해 끊김 없는 이동성을 제공할 수 있다.

AMF에는 주요 기능들이 포함돼 있어 5G 코어 네트워크에서 UE에 대한 인증 및 권한 부여, 이동성 관리 및 세션 관리 등에서 주요한 역할을 하는 시스템이다. 표준에 정의된 관련 주요 세부 기능은 다음과 같다.

- RAN 제어 평면 N2 인터페이스 연동

- UE와 NAS N1 인터페이스 연동, NAS 암호화 및 무결성 보호

- 등록 관리(Registration Management)

- 연결 관리(Connection Management)

- 접근성 관리(Reachability Management)

- 이동성 관리(Mobility Management)

- LI(Lawful Intercept)

- UE와 SMF 간의 SM 메시지 전송

- 액세스 인증(Access Authentication)

- 접근 권한 부여(Access Authorization)

- UE와 SMSF 간의 SMS 메시지 전송

- 규제 서비스(Regulatory Services)에 대한 위치 서비스 관리

- UE와 LMF 사이뿐만 아니라 RAN과 LMF 사이에서 위치 서비스 메시지 전송

- UE 이동성 이벤트 알림

- 네트워크 슬라이스별 인증 및 권한 부여

앞에서 기술한 AMF의 주요 기능 외에도 AMF는 Non-3GPP 액세스 네트워크를 지원하는 다음의 기능을 포함하고 있다.

- N3IWF/TNGF와 N2 인터페이스를 지원한다. 단, 이 인터페이스를 통해 3GPP 액세스로 정의된 일부 정보(예: 3GPP 셀 식별) 및 절차(예: 핸드오버 관련)가 적용되지 않을 수 있으며, 3GPP 액세스에는 적용되지 않는 Non-3GPP 액세스 특정 정보가 적용될 수 있다.

- N3IWF/TNGF를 통한 UE와의 NAS 시그널링을 지원한다. 단, 3GPP 액세스를 통한 NAS 시그널링이 지원하는 일부 절차는 신뢰할 수 없는 Non-3GPP(예: 페이징) 액세스에 적용되지 않을 수 있다.

- N3IWF/TNGF를 통해 연결된 UE의 인증을 지원한다.

- Non-3GPP 액세스를 통해 연결되거나 3GPP 액세스와 Non-3GPP 액세스를 통해 동시에 연결된 UE의 이동성, 인증 및 별도의 보안 컨텍스트 상태를 관리한다.

위에서 설명한 기능 외에도 AMF는 TS 23.503의 6.2.8절에 설명된 정책 관련 기능을 포함하고 있다. 또한 AMF는 AMF 재할당 및 AMF 간 UE 이동성 발생 시 AMF에서 AMF로의 정보 전송을 위해 N14 인터페이스를 사용하며, 이 인터페이스는 PLMN 내 또는 PLMN 간에 해당될 수 있다.

4.2.2 SMF

SMF^{Session Management Function}는 UPF와 RAN 노드 간의 터널 유지 관리를 포함해 세션 설정, 수정 및 해제, UE IP 주소 할당 및 관리 기능을 제공한다. 그리

고 UPF를 선택 및 제어하고 트래픽을 적절한 목적지로 라우팅하도록 UPF 에서 트래픽 스티어링을 구성하는 핵심 역할을 한다. 또한 정책 제어를 위해 PCF와 통신하고 과금 데이터를 수집 및 제공하며, 세션 관리^{Session Management} 이벤트 데이터를 LI 시스템에 전달해 저리한나. 4G에서는 5G의 AMF와 SMF 일부의 2가지 기능을 MME라는 하나의 NF에서 담당했지만 5G로 넘어오면서 두개의 NF로 분리하게 됐다. SMF에는 다음과 같은 기능들이 정의 됐으며, SMF 기능의 일부 또는 전체는 SMF의 단일 인스턴스에서 제공된다.

- 세션 관리(예: UPF와 RAN 노드 간의 터널 유지 관리를 포함해 세션 설정, 변경 및 해제)

- UE IP 주소 할당 및 관리(선택적 권한 부여 포함)

- DHCPv4 서버 및 클라이언트 및 DHCPv6 서버 및 클라이언트 기능

- 이더넷 PDU에 대한 로컬 캐시 정보를 기반으로 ARP(Address Resolution Protocol) 요청 또는 IPv6 Neighbor Solicitation 요청에 응답하는 기능, 즉 SMF는 ARP 또는 IPv6 Neighbor Solicitation Request에 전송된 IP 주소에 해당하는 MAC 주소를 제공해 응답한다.

- 이더넷 PDU 세션에 대해 Proxy ARP/IPv6 Neighbor Discovery 또는 모든 ARP/IPv6 Neighbor Solicitation 트래픽을 SMF로 전달하기 위한 UPF 제어를 포함한 UP 기능의 선택 및 제어

- 트래픽을 적절한 목적지로 라우팅하도록 트래픽 스티어링 구성

- PCF에 인터페이스 제공

- 과금 데이터 수집 및 과금 인터페이스 지원

- 과금 데이터 수집의 제어 및 조정

- NAS 메시지의 SM 메시지 처리

- 다운링크 데이터 알림(Downlink Data Notification)

- 세션의 SSC 모드 결정

- IMS 서비스에 대한 P-CSCF 검색 기능(P-CSCF Discovery)

앞에서 설명한 기능 외에도 SMF는 TS 23.503의 6.2.2절에 설명된 정책 관련 기능들을 포함하고 있다.

4.2.3 UPF

UPF^{User Plane Function}는 Intra/Inter-RAT 이동성을 위한 앵커 포인트로 외부 데이터 네트워크와 5G 네트워크를 상호 연결하는 PDU 세션 연결 포인트 역할을 한다. UPF의 주요 역할에는 패킷 라우팅 및 전달, 패킷 검사 및 정책 규칙^{Policy Rule}을 시행하며, 과금규칙^{Charging Rule}에 기반한 게이팅^{Gating}, 사용자 트래픽의 리다이렉션 및 조정과 QoS 처리, LI 및 트래픽 사용 보고를 위한 사용자 평면 트래픽 수집이 포함된다. UPF에는 다음과 같은 기능들이 정의됐으며, UPF 기능의 일부 또는 전체는 UPF의 단일 인스턴스에서 지원된다.

- Intra/Inter-RAT 이동성을 위한 앵커 포인트

- SMF 요청에 대한 응답으로 UE IP 주소/프리픽스 할당

- DN(데이터 네트워크)에 대한 상호 연결의 외부 PDU 세션 포인트

- 패킷 라우팅 및 포워딩

- 패킷 검사, 즉 서비스 데이터 흐름 템플릿 및 SMF에서 수신한 Optional PFD를 기반으로 하는 애플리케이션 감지

- User Plane에 Policy Rule 시행(예: Gating, Redirection, Traffic Steering)

- LI(Lawful Interception)

- 트래픽 사용 보고

- 사용자 평면에 대한 QoS 처리(예: UL/DL Rate Enforcement, DL에서 Reflective QoS 마킹)

- 업링크 트래픽 검증(SDF 대 QoS Flow 매핑)

- 업링크 및 다운링크에서 전송 레벨(Transport Level) 패킷 마킹

- 다운링크 패킷 버퍼링 및 다운링크 데이터 알림 트리거링

- 이더넷 PDU에 대한 로컬 캐시 정보를 기반으로 ARP(Address Resolution Protocol) 요청 또는 IPv6 Neighbor Solicitation 요청에 응답하는 기능, 즉 UPF는 ARP 또는 IPv6 Neighbor Solicitation Request에 전송된 IP 주소에 해당하는 MAC 주소를 제공해 응답한다.

4.2.4 NRF

NRF^{Network Repository Function}는 서비스 검색^{Service Discovery} 기능을 하는 NF로서 서로 다른 NF 인스턴스로부터 NF Discovery Request를 수신하고, 검색된 NF 인스턴스의 정보를 요청자에게 제공하는 역할을 한다. NRF는 사용이 가능한 NF 인스턴스 및 지원되는 서비스의 NF Profile을 유지 관리할 수 있도록 다음 기능들이 정의됐다.

- 서비스 검색(Service Discovery): NF 인스턴스 또는 SCP로부터 NF Discovery Request를 수신하고, 검색된 NF 인스턴스의 정보를 요청한 NF 인스턴스 또는 SCP에 제공

- P-CSCF Discovery: SMF가 AF Discovery하는 특수한 경우에 사용

- NF Profile 유지 관리: NF 인스턴스 및 NF 인스턴스가 지원하는 서비스 관리

- SCP 인스턴스의 SCP Profile 유지 관리

- SCP 인스턴스에 의한 SCP 검색(SCP Discovery)

- 신규 등록된 NF, 업데이트된 NF, 등록 취소된 NF 및 SCP 인스턴스와 NF 서비스를 NF 서비스 사용자 또는 SCP에 알림

네트워크 슬라이싱 맥락에서 NRF는 네트워크 구현 환경에 따라 PLMN 레벨 (NRF는 전체 PLMN에 대한 정보로 구성됨), 공유 슬라이스 레벨(NRF는 네트워크 슬라이스 세트에 속하는 정보로 구성됨) 및 슬라이스 특정 레벨(NRF는 S-NSSAI에 속하는 정보로 구성됨)과 같이 다양한 레벨에서 배포될 수 있다.

4.2.5 NSSF

NSSF^{Network Slice Selection Function}의 주요 기능은 UE에 서비스를 제공하기 위한 네트워크 슬라이스 인스턴스 세트를 선택하고, Allowed-NSSAI/ Configured-NSSAI를 결정한다. 필요한 경우 Subscribed S-NSSAI에 매핑한다. 또한 NSSF는 UE에 서비스를 제공하는 데 사용할 AMF 세트를 결정하며 다음의 기능을 제공한다.

- UE에 서비스를 제공하는 네트워크 슬라이스 인스턴스(Network Slice Instances) 세트 선택

- 필요시 Allowed-NSSAI와 Subscribed S-NSSAI에 대한 매핑 결정

- 필요시 Configured-NSSAI와 Subscribed S-NSSAI에 대한 매핑 결정

- UE를 서비스하는 데 사용할 AMF 세트를 결정하거나 구성에 따라 후보 AMF의 목록을 NRF에 질의해 결정

- NWDAF 분석을 기반으로 네트워크 슬라이스 제한 및 네트워크 슬라이스 인스턴스 제한에 대한 지원

4.2.6 UDM

UDM^{Unified Data Management}은 가입자의 가입 데이터와 인증 데이터를 저장 및 관리하는 NF로서 UE에 대한 서빙 AMF 및 SMF에 대한 정보를 저장해 서비스 및 세션의 연속성을 가능하게 한다. UDM에 정의된 주요한 기능은 다음과 같다.

- 3GPP AKA 인증 데이터 생성(3GPP AKA Authentication Credentials 생성)

- 사용자 식별 처리(예: 5G 시스템에서 각 가입자에 대한 SUPI 저장 및 관리)

- SUCI의 은폐 해제(de-concealment)

- 가입 데이터를 기반으로 한 접근 권한 부여(예: 로밍 제한)

- UE의 서빙 NF 등록 관리(예: UE에 대한 서빙 AMF 저장, UE의 PDU 세션에 대한 서빙 SMF 저장)

- 서비스 및 세션의 연속성 지원(예: 진행 중인 세션의 SMF/DNN 할당 유지)

- MT-SMS Delivery

- 가입 관리(Subscription Management)

4.2.7 AUSF

AUSF^{Authentication Server Function}는 3GPP Access 및 Non-3GPP Access를 위한 인증 절차를 수행하는 NF로서 UDM, AMF, SBI로 연동하고, UDM 및 AMF에게 AUSF Service를 제공한다. AUSF의 주요 기능은 다음과 같다.

- 3GPP Access 및 신뢰할 수 없는 Non-3GPP Access에 대한 인증 수행(TS 23.501)

- Disaster Roaming Service를 위한 UE 인증 수행(TS 23.501)

4.2.8 PCF

PCF^{Policy Control Function}는 네트워크 동작을 제어하기 위한 통합 정책 프레임워크를 지원하고, 이의 시행을 위해 제어 평면 기능에 정책규칙^{Policy Rule}을 제공하며, UDR에 연동돼 정책 결정과 관련된 가입 정보에 액세스한다. 또한 PCF는 IMS 세션에 QoS를 활성화할 수 있도록 IMS와 상호 작용하며, 다음과 같은 세션 관리 관련 기능을 정의한다(TS 23.503의 6.2.1절).

- 서비스 데이터 흐름에 대한 정책 및 과금 제어

- PDU 세션 관련 정책 제어

- AF에 보고하는 PDU 세션 이벤트

- 통합 데이터 저장소의 징책 결징과 관견된 가입 정보에 액세스

PCF는 SMF, AMF, AF 등으로부터 수신된 PCC 의사 결정을 위한 입력을 수락하거나 자체 사전 정의된 정보를 사용해 서비스 데이터 흐름에 대해 승인된 QoS를 제공한다. 이를 위해 이런 서로 다른 노드는 PCF에 가능한 한 많은 정보를 제공할 수 있어야 한다. 표 4-3은 PCF에 제공된 정보의 예를 보여주고 있다. 관련된 정보는 특정 시나리오에 따라 모든 정보를 사용할 수 없거나 이미 PCF에 제공돼 사용될 수 있다.

PCF에 연동돼 서비스될 수 있는 NF에는 NWDAF(N23), CHF(N28), NEF(N30), UDR(N36) 등이 있다. 세부 사항은 TS 23.503에 상세히 기술돼 있다.

표 4-3 N5, N7, N15 인터페이스상에 전송되는 정보

AF(N5)	SMF(N7)	AMF(N15)
Subscriber Identifier	SUPI	SUPI
IP Address of the UE	UE PEI	UE PEI
Media Type	IPv4 Address of the UE	Location of the Subscriber
Media Format	IPv6 Network Prefix Assigned to the UE	Service Area Restrictions
Bandwidth	Default 5QI and Default ARP	RFSP Index
Sponsored Data Connectivity Information	Request Type(initial, modification, etc.)	RAT Type
Flow description	Type of PDU Session (IPv4, IPv6, IPv4v6, Ethernet, Unstructured)	GPSI
AF Application Identifier	Access Type	Access Type
AF-Service-Identifier	RAT Type	Serving PLMN identifier
AF Communication Service Identifier	GPSI	
AF Application Event Identifier	Internal-Group Identifier	
AF Record Information	Location of the Subscriber	

AF(N5)	SMF(N7)	AMF(N15)
Flow Status (for Gating Decision)	DNN	
Priority Indicator	PLMN Id	
Emergency indicator	Application Identifier	
DNAI	Allocated application instance identifier	
Information about the N6 Traffic Routing Requirements	Detected Service Data Flow Descriptions	
GPSI	UE Support of Reflective QoS	
Internal–Group Identifier	3GPP PS Data Off Status	
Temporal Validity Condition		
Spatial Validity Condition		
AF Subscription for Early and/or Late Lotifications about UP management Events		
AF Transaction Identifier		

4.2.9 UDR

UDR은 다음의 기능을 제공한다.

- UDM에 의한 구독 데이터의 저장 및 검색

- PCF에 의한 정책 데이터의 저장 및 검색

- 데이터 노출/개방(exposure)을 위한 구조화된 데이터의 저장 및 검색

- 애플리케이션 데이터 저장 및 관리(애플리게이션 감지를 위한 ΠΓD, 다중 UE에 대한 ΛF 요청 정보, 5G-VN 관리를 위한 5G-VN 그룹 정보 포함)

- 가입자 식별자(예: IMPI, IMPU, SUPI)에 해당하는 NF 그룹 ID의 저장 및 검색

UDR은 Nudr를 사용해 데이터를 저장하고 검색하는 NF 서비스 소비자와 동일한 PLMN에 위치하고, Nudr는 PLMN 내부 인터페이스이다. UDR는 UDSF와 함께 배치하도록 선택할 수 있다.

4.2.10 NEF

3GPP NF는 NEF^{Network Exposure Function}를 통해 다른 NF의 기능과 이벤트를 외부 AF^{Application Function}에 안전하게 제공할 수 있는 역할을 하며, 다음과 같은 동작과 기능을 정의하고 있다.

- 기능 및 이벤트 개방

  - NF 기능 및 망에서 발생한 이벤트는 NEF에 의해 안전하게 외부로 제공될 수 있다. 예를 들어 3rd Party Application이나 MEC에서 5G망의 기능 및 이벤트를 NEF를 통해 사용할 수 있다.

  - NEF는 UDR에 대한 표준화된 인터페이스(Nudr)를 사용해 구조화된 데이터로 정보를 저장 및 검색한다.

- 외부 애플리케이션에서 3GPP 네트워크로의 안전한 정보 제공

  - 애플리케이션 기능이 3GPP 네트워크에 정보를 안전하게 제공하는 수단을 제공한다. 즉, UE 행동, 5G-VN 그룹 정보 및 서비스 특정 정보 등을 안전하게 제공한다. 이 경우 NEF는 인증 및 권한 부여 절차를 한다.

- 내부-외부 정보 변환

  - AF와 교환되는 정보와 내부 NF(네트워크 기능)로 교환되는 정보를 변환한다. 예를 들어 AF-Service-Identifier와 DNN, S-NSSAI와 같은 내부 5G 코어망의 중요 정보를 그대로 노출시키지 않고, 3GPP TS 33.501의 5.6.7절에 기술된 대로 변환 처리한다. 즉, NEF는 네트워크 정책에 따라 외부 AF에 대한 네트워크 및 사용자에 민감한 정보의 마스킹을 처리한다.

  - NEF 기능은 5G의 다른 NF로부터 정보를 수신한다(다른 NF의 노출된 기능을 기반으로 함). NEF는 UDR에 대한 표준화된 인터페이스를 사용해 수신된 정보를 구조화된 데이터로 저장하며, 저장된 정보는 NEF가 액세스해 다른 네트워크 기능 및 애플리케이션 기능에 "재노출" 할 수 있으며 분석과 같은 다른 목적으로 사용할 수 있다.

  - NEF는 PFD 기능도 지원할 수 있다. NEF의 PFD 기능은 UDR에 PFD를 저장 및 검색할 수 있으며 SMF(풀 모드)의 요청 또는 요청 시 SMF에 PFD를 제공한다.

- NEF는 5G-VN 그룹 관리 기능을 지원할 수 있다. NEF의 5G-VN 그룹 관리 기능은 TS 23.502에 설명된 대로 UDM을 통해 UDR에 5G-VN 그룹 정보를 저장할 수 있다.

- NWDAF에 의한 외부 당사자의 데이터 검색

  - 외부 당사자가 제공한 데이터는 분석 생성 목적으로 NEF를 통해 NWDAF에 의해 수집될 수 있다. NEF는 TS 23.288에 지정된 대로 NWDAF와 AF 간의 요청 및 알림을 처리하고 전달한다.

- 비 IP 데이터 전달 지원

  - NEF는 N33/Nnef 참조점에 대한 TS 23.502에 설명된 NIDD API를 노출해 MO/MT 비정형 데이터의 NIDD 구성 및 전달 관리 수단을 제공한다.

4.2.11 기타 NF

■ N3IWF, TNGF

5G 시스템은 액세스 의존성을 최소화하는 공통 코어 네트워크를 지향하며, 다양한 종류의 액세스 네트워크를 단일 인터페이스로 수용한다. 3GPP 액세스와 Non-3GPP 액세스가 동일한 N1(UE와 AMF 간의 참조점), N2(RAN과 AMF 간의 참조점), N3(RAN과 UPF 간의 참조점) 인터페이스로 코어 네트워크로 연결된다. 따라서 하나의 UE는 액세스 종류에 상관없이 3GPP 코어 네트워크 시스템에 N1, N2 인터페이스로 시그널링을 수행하고, N3 인터페이스로 서로 다른 액세스 네트워크와 코어 네트워크 간에 데이터 전송이 이뤄진다. 3GPP 5G 시스템 Phase1에서는 Untrusted Non-3GPP 액세스를 수용하기 위한 N3IWF^{Non-3GPP Interworking Function}가 정의됐으며, Trusted Non-3GPP 액세스를 수용하기 위한 TNGF^{Trusted Non-3GPP Gateway Function}가 정의됐다.

N3IWF는 NWu(UE-N3IWF 간 인터페이스)를 통해 UE와 IKEv2/IPsec 프로토콜을 처리하고, N2를 통해 UE의 인증 및 5G 코어 네트워크에 대한 액세

스 권한을 부여하는 데 필요한 정보를 전달한다. 그리고 각각 제어 평면 및 사용자 평면에 대한 5G 코어 네트워크에 대한 N2 및 N3 인터페이스를 처리한다.

TNGF는 5GC와 N2 및 N3 인터페이스를 처리하고, UE가 TNAN을 통해 5GC에 등록을 시도할 때 EAP-5G 시그널링을 처리하고 인증자 역할을 한다. 즉, AMF 선택을 하고, NWt(UE – TNGF 간 인터페이스)를 통해 UE와 AMF 간에 NAS 메시지를 투명하게 중계하며, PDU 세션 및 QoS의 지원을 위해 SMF(AMF에 의해 중계됨)로 N2 신호를 처리한다.

■ SMSF

SMSF^{Short Message Service Function}는 NAS를 통한 SMS 지원을 위해 다음의 기능을 제공한다.

- SMS 관리 가입 데이터를 확인하고 그에 따른 SMS 전달
- UE에서 수신된 SM을 SMS-GMSC/IWMSC/SMS-Router로 릴레이
- SMS-GMSC/IWMSC/SMS-Router에서 수신된 SM을 UE로 릴레이
- SMS 관련 CDR 생성
- LI 처리
- UE가 SMS 전송에 사용할 수 없다는 통지 절차를 위한 AMF 및 SMS-GMSC와의 상호 작용, 즉 UE가 SMS에 대해 사용할 수 없을 때 UDM에 알리도록 SMS-GMSC에 통지

■ NSSAAF

NSSAAF^{Network Slice-specific and SNPN Authentication and Authorization Function}는 AAA 서버를 사용해 네트워크 슬라이스 특정과 SNPN에 대한 인증 및 권한을 제공한다. NSSAAF가 PLMN, 즉 Public 이동 사업자망에서 구축돼 사용되는 경

우는 네트워크 슬라이스 특정 인증 및 권한 부여를 지원하고, NSSAAF가 SNPN 사설 이동망에 구축돼 사용되는 경우는 네트워크 슬라이스 특정 인증 및 권한 부여를 지원하거나 인증 정보를 사용해 SNPN에 액세스하는 것을 지원한다.

■ **NSACF**

NSACF^Network Slice Admission Control Function는 네트워크 슬라이스당 등록된 UE의 수 및 NSAC^Network Slice Admission Control의 적용을 받는 네트워크 슬라이스에 대한 네트워크 슬라이스당 PDU 세션 수를 모니터링하고 제어한다. 그리고 이벤트 기반으로 네트워크 슬라이스의 상태를 NSACF의 서비스를 사용하는 각각의 Consumer NF에게 알리고 보고한다. NSACF 기능의 세부 사항은 TS 23.501의 5.15.11절에 정의돼 있다.

■ **EASDF**

엣지 컴퓨팅을 사용하면 UE의 접속 지점 가까이에서 운영자 및 제3자 서비스를 호스팅할 수 있으므로 전송 네트워크의 E2E 종단 간 대기 시간과 부하를 줄여 효율적인 서비스를 제공할 수 있다.

5G 네트워크는 PSA^PDU Session Anchor UPF를 넘어 DN^Data Network에 배포된 EHE^Edge Hosting Environment를 지원한다. EHE는 네트워크 운영자나 서비스 공급자 또는 제3자의 통제하에 있을 수 있다. 그리고 EHE가 구축된 DN의 로컬 부분은 동일한 DN의 중앙에 배치된 PSA 및 로컬에 배치된 PSA 모두와 사용자 평면 연결을 가질 수 있다. (TS 23.501의 5.13절에 설명된 Edge Computing Enablers, 즉 Local Routing and Traffic Steering, Session and Service Continuity, AF Influenced Traffic Routing 등에 의해 가능하다.)

EASDF^{Edge Application Server Discovery Function}는 5G 네트워크에서 엣지 컴퓨팅이 가능하도록 EHS에서 동작되고 있는 EAS^{Edge Application Server} 정보를 EASDF 서비스를 사용하는 각 Consumer NF에게 제공할 수 있도록 다음의 기능을 제공한다. EASDF에 대한 세부 사항은 TS 23.548에 정의돼 있다.

- EASDF 검색(Discovery) 및 선택을 위해 NRF에 등록
- SMF의 지시에 따라 DNS 메시지 처리

■ SCP

3GPP는 5G 네트워크를 위한 SBA(서비스 기반 아키텍처)를 정의했으며, 5G 코어는 클라우드 네이티브 원칙을 사용해 SBA 기반으로 설계됐다. SBA를 사용하면 5G 코어의 네트워크 요소 또는 NF가 서비스 기반 인터페이스를 통해 서로 통신할 수 있다. 하지만 SBA 환경에서는 망이 복잡해질수록 NF 의 관리 및 트래픽 제어의 어려움이 발생한다. 따라서 3GPP는 Release 16 에서 SCP(서비스 통신 프록시)를 정의해 이런 문제를 해결하고자 했다.

SCP^{Service Communication Proxy}는 서비스 프록시 컨트롤러와 서비스 프록시 작업 자로 구성되며 다른 5G 네트워크 기능과 함께 배포돼 코어 네트워크에 라우팅 제어, 탄력성, 보안 및 감시와 같이 SBA 기반의 5G 코어 네트워크를 효율적으로 보호하고 관리하는 5G 코어 신호 라우터 역할을 한다. SCP의 주요 기능은 다음과 같다.

- 각 NF를 대신해 NF 검색 및 선택
- 각 NF가 SCP를 통한 간접 통신
- 목적지 NF 또는 NF 서비스로 메시지 전달 및 라우팅
- Next Hop SCP로 메시지 전달 및 라우팅

- 통신 보안(예: NF 서비스 사용자에게 NF 서비스 제공자의 API를 사용할 수 있는 권한 부여 등)

- Load Balancing, Monitoring, Overload Control 등

■ UDSF

UDSF[Unstructured Data Storage Function]는 제조사 및 사업자가 정의한 비표준 데이터들을 저장하는 저장소의 NF이며 모든 NF에 의한 비정형 데이터(3GPP 사양에서 구조가 정의되지 않은 데이터)로 정보의 저장 및 검색을 가능하게 한다. NF 배포 측면에서는 UDR와 함께 배치될 수 있다.

4.3 RAN 네트워크 구성

4.3.1 5G RAN 특성

5G는 최대 20Gbps의 데이터 속도와 기존 LTE 대비 1,000배 증가한 트래픽 용량의 처리를 목표로 개발됐다. 또한 이 기술은 대기 시간이 짧고 신뢰성이 매우 높은 대규모 사물 인터넷[IoT] 및 Mission Critical Machine 통신과 같은 새로운 서비스 수용을 위한 유연한 플랫폼 환경을 구현한다.

5G 대상은 그림 4-7에서와 같이 더 높은 데이터 속도, 더 짧은 지연 시간 및 더 많은 사용자, 디바이스, 서비스를 지원하는 동시에 네트워크 효율성을 향상시키도록 설계됐으며, 다음의 3가지 카테고리의 유스 케이스를 목표로 지원한다.

- eMBB(enhanced Mobile Broadband): 무선 연결을 위한 고대역폭 서비스

- uRLLC(ultra-Reliable and Low-Latency Communication): 중요한 요구 사항을 위한 매우 신뢰할 수 있는 저지연 통신

- mMTC(massive Machine Type Communication): 수십억 개의 센서 및 모니터링 디바이스를 위한 안정적인 통신

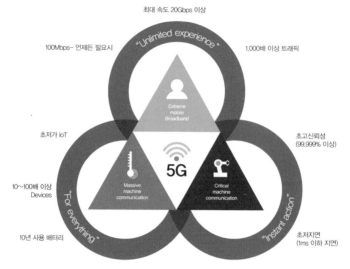

그림 4-7 5G의 역량

이런 모든 목표를 달성하는 데 필요한 새로운 기술에는 NR, Massive MIMO로 알려진 새로운 안테나 기술, 네트워크 슬라이싱 및 새로운 네트워크 아키텍처가 포함될 수 있다. 5G 표준규격의 첫 번째 버전은 2017년 12월에 3GPP Release 15에서 완료돼 LTE와 함께 5G의 상용 서비스를 가능하게 했으며, 2022년에는 Release 17을 완료하고, Release 18을 시작하고 있다. Release 18을 시작으로 하는 5G-Advanced는 Release 20까지의 완료를 목표로 하고 있다.

전 세계적으로 5G 서비스를 위한 주요 스펙트럼은 3.3~4.9GHz이며, 이는 이동통신용으로 가장 널리 허가된 스펙트럼이라고 할 수 있다. 국내 이음 특화망의 경우 n79밴드에서 100MHz(4.72~4.82GHz) 그리고 n257 밴드에서 600MHz(28.9~29.5GHz)를 할당해 특정 건물이나 장소를 한정해 서비스가 가능 하도록 제도화했다.

전파의 전파 특성을 고려할 때 1GHz 미만의 낮은 대역은 넓은 커버리지 확보가 중요시되는 경우 및 실외로부터 실내로 신호가 제공돼 In-door 서비스를 제공하는 경우에 유리하게 사용될 수 있고, 높은 주파수(24~28GHz 및 39GHz)대의 밀리미터파는 실외 및 실내 배포 모두를 위한 로컬 핫스팟에서 지연에 민감하거나 높은 네트워크 성능을 요하는 유스 케이스에 유리하게 사용될 수 있다.

5G NR는 다양한 스펙트럼 옵션과 함께 Multiple Numerologies에 의해 무선 인터페이스가 유연하게 설계돼 사용할 수 있는 본질적인 특징을 갖고 있다. 기존 LTE 대비 높은 주파수에서 서비스되는 5G는 능동 안테나 어레이를 사용한 Massive MIMO/빔포밍 기술의 적용이 용이해 5G 기지국에 일반적으로 사용되고 있다. 이 빔포밍이 가진 장점은 LTE의 1.8GHz 대역에서의 셀 범위와 거의 비슷한 커버리지를 제공할 수 있는 기술적인 특징(빔포빙에 의한 커버리지 게인) 때문에 중대역(예: 3.5GHz)의 5G는 기존 LTE 기지국 사이트에 구축돼 대규모 용량 향상을 가져오는 동시에 거의 비슷한 커버리지를 제공할 수 있는 효과가 있다.

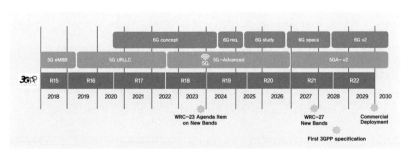

그림 4-8 3GPP 5G 예상 일정

5G는 높은 신뢰성과 결합된 낮은 지연 시간을 제공할 수 있다는 기존 이동통신 기술 대비 고도화된 기술적 특징이 있다. 5G의 목표 지연 시간은 1밀리초이며, 이를 위해서는 새로운 무선 프레임 설계, 새로운 장치 및 기지국 하드웨어 그리고 실제로는 로컬 콘텐츠가 필요하거나 MEC[Multi-access Edge Computing] 및 로컬 클라우드가 필요하게 된다. 이를 바탕으로 낮은 지연 시간은 일반적으로 로봇 제어와 같은 새로운 적용 사례에 적용될 수 있도록 초고신뢰성과 결합돼 함께 사용될 수 있다.

이와 같이 새로운 분야에 활용될 수 있는 5G 기술은 새로운 무선, 새로운 아키텍처, 새로운 코어뿐만 아니라 수많은 새로운 적용 사례에 관한 것이라고 할 수 있다. 이는 5G가 우리 사회 전반에 근본적인 영향을 미치고 효율성, 생산성, 안전성을 획기적으로 향상시킬 수 있도록 다가오는 미래 산업사회에서 공통 인프라로 사용될 수 있음을 의미한다. 그리고 이를 위한 지속적인 표준 기술 개발이 그림 4-8에서와 같이 5G를 넘어 6G로 향해 준비되고 있다. 따라서 기존 3G/4G 네트워크가 주로 개인 중심의 데이터 통신 및 음성 서비스를 위해 통신 사업자 및 장비 공급 업체에 의해 주도적으로 설계/개발 및 구축된 것과 대조적으로 미래의 모든 것을 연결하는 5G는 스마트시티[Smart City]를 포함한 다양한 Vertical Industry 내에서 다양한 이해 당사자들이 5G 기능을 이해하고 5G를 산업에 적용 및 활용할 수 있도록 5G 네트워크뿐만 아니라 생태계 구축/개발에 훨씬 더 많은 관심이 필요하다고 할 수 있다.

■ 스펙트럼

5G는 400MHz에서 90GHz 사이의 모든 스펙트럼Spectrum을 지원하도록 설계된 최초의 무선 시스템이다. 고용량, 높은 데이터 속도, 유비쿼터스 적용 범위 및 초고신뢰성의 조합을 제공하려면 이런 광범위한 스펙트럼 옵션이 필요하다. 그리고 6GHz 미만의 낮은 대역은 넓은 커버리지와 최대 몇 Gbps의 데이터 속도에 유리하게 적용될 수 있다. 이와 같이 안정적인 통신 커버리지는 IoT 장치와 원격 제어 또는 자동차 통신과 같은 중요한 통신에 대한 연결을 제공하는 데 중요한 요소가 된다.

5G 초기 단계에서는 TDDTime Division Duplex 기술을 사용하는 3.3~4.9GHz 및 밀리미터파(24~28GHz 및 39GHz)가 5G의 주요 글로벌 스펙트럼 옵션이었다. 또한 5G는 기존 2G/3G/LTE 스펙트럼을 5G로 재배치해 Sub-1GHz FDDFrequency Division Duplex와 같은 낮은 대역을 사용해 실내 침투 모델을 포함해 넓은 지역 범위를 제공할 수 있다. 이와 같이 보다 더 광범위한 커버리지를 위해 5G도 낮은 대역의 주파수 밴드가 필요하며, 특히 지연 시간이 덜 민감한 중요 애플리케이션 및 안정적인 IoT 통신을 위해서는 1GHz 미만이 유리할 수 있다. 밀리미터파는 지연에 민감한 애플리케이션 및 로컬 핫스팟 또는 고정 무선 연결을 위한 매우 높은 데이터 속도에 최적화돼 있다. 이는 기존 2G/3G/LTE의 낮은 대역의 스펙트럼을 5G로 재배치해 Sub-1GHz에서 밀리미터파까지 다양한 스펙트럼 대역을 통합하면 적용 커버리지, 용량 및 사용자 데이터 속도의 최적 조합이 가능하다는 것을 인지시켜 주고 있다.

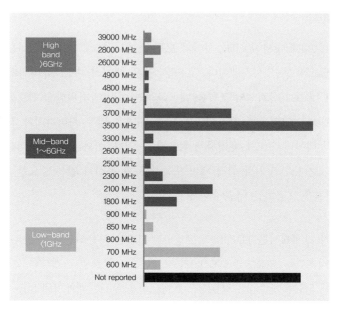

그림 4-9 글로벌 시장에서의 주파수별 5G 서비스 현황(2022, GSMA Intelligence August)

5G는 미국의 3.5GHz 대역과 같은 공유 스펙트럼[CBRS]과 5GHz와 같은 비면허 스펙트럼에도 배포할 수 있다. 이 접근 방식은 기업과 산업이 라이선스 스펙트럼 없이 5G 기술의 이점을 누릴 수 있는 새로운 가능성을 열어준다.

그림 4-9는 글로벌 시장에서의 주파수별 5G 서비스 현황을 보여주고 있다. 우선 넓은 커버리지와 최대 수 Gbps의 데이터 속도에 유리하게 적용될 수 있는 3.5~3.7GHz에서 많은 서비스가 제공되고 있음을 볼 수 있다. 하지만 5G를 사용하는 다양한 Vertical Industry에서 그에 따른 생태계의 활성화, 유스 케이스의 개발과 적용 및 기존 LTE 밴드 5G로의 재배치를 통해 Low 밴드뿐만 아니라 High 밴드까지 확장돼 많은 서비스가 될 것으로 보인다. 3GPP에서 정의한 세부 NR Band(밴드)는 3장의 표 3-3, 표 3-4에 기술돼 있다.

■ 5G RAN 적용 범위

5G 무선은 라이선스, 공유 액세스 및 비인가 라이선스, FDD 및 TDD 대역, 협대역 및 광대역 할당을 포함해 400MHz~90GHz에서 사용이 가능한 모든 스펙트럼 옵션을 활용할 수 있는 가장 유연한 방법이다. 그림 4-10은 3가지 주요 스펙트럼 옵션을 보여주고 있다.

- 20GHz 이상의 밀리미터파 스펙트럼은 최대 1~2GHz의 대역폭을 제공할 수 있으며 최대 20Gbps의 매우 높은 데이터 속도와 같은 모바일 광대역 용량을 제공할 수 있어 대규모 행사, 실외 및 실내 핫스팟 및 고정 무선 네트워크와 같은 로컬 사용에 가장 적합하다.

- 3.5GHz 및 4.5GHz의 스펙트럼은 LTE를 사용 중인 이동 사업자인 경우 기존 기지국 사이트를 재사용해 도시 지역의 5G 커버리지 및 용량에 사용될 수 있는 장점이 있기 때문에 3.5GHz 대역 주변의 스펙트럼은 그림 4-9에서 나타낸 바와 같이 전 세계적으로 많이 사용되고 있고 이동통신 사업자가 5G에서 가장 선호하는 스펙트럼이다. 해당 주파수에서 대역폭은 운영자당 최대 100MHz가 될 수 있으며 기존 대역 중 일부를 다시 구성하는 경우 최대 200MHz가 될 수도 있다.

- 1GHz 미만의 낮은 대역은 넓은 지역의 시골 지역, 초고신뢰도 및 깊은 실내 침투를 통한 실내 서비스 제공 등에 유리하게 사용될 수 있다. 또한 IoT 및 Mission-Critical 통신과 같은 새로운 유스케이스에는 넓은 커버리지 제공이 매우 중요하기 때문에 이를 위해 낮은 대역 700MHz가 사용되는 것으로 이는 5G와 함께 많은 국가에서 사용하고 있는 옵션이 되고 있다. 또 다른 옵션은 오늘날 2G 및 3G에서 주로 사용되고 있는 900MHz로 사업자 및 개별 국가의 주파수 정책에 따라 이를 5G로 재배치해 사용할 수 있는 부분이다.

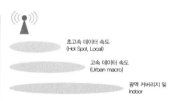

스펙트럼	5G 스펙트럼/사업자	데이터 속도
20~90GHz	2000MHz	20Gbps
6GHz 이하	200MHz	2Gbps
1GHz 이하	20MHz	0.2Gbps

초고속 데이터 속도
(Hot Spot, Local)

고속 데이터 속도
(Urban macro)

광역 커버리지 및
Indoor

그림 4-10 5G RAN 적용 스펙트럼 옵션

■ 유연한 무선 인터페이스(Flexible Numerology)

LTE에서는 고정된 단일 뉴머롤로지^{Numerology}를 가졌지만, NR에서는 다양한 주파수 대역의 특성을 반영하고 다양한 유수케이스의 요구 사항을 만족시킬 수 있는 Flexible Numerology를 도입해 적용하는 것이 큰 기술적인 진보라고 할 수 있다. 때문에 NR에서는 넓은 커버리지를 갖는 FR1 대역 전송, 빔포밍을 통한 FR2 대역 전송 그리고 uRLLC를 위한 저지연 전송 등 상황에 맞는 전송 기법을 선택할 수 있다. 따라서 NR의 다양한 기술적 특징을 가능하게 하는 바탕에는 NR의 Multiple Numerologies가 있다.

Numerology는 NR에서 처음 도입된 개념으로 수비학^{數祕學} 또는 수점술^{數占術}로 표현된다. 수비학은 "숫자와 사람, 장소, 사물의 본성 사이에 숨겨진 의미와 연관성을 연구하는 학문이며, 숫자를 통해 사물의 본성, 사람의 성격, 미래 등을 예측하는 점술"을 의미한다. 즉, 숫자를 통해 어떤 정해진 특성을 예측할 있다는 것이다. 이를 NR의 기술적인 측면에서 Numerology를 적용하면 Numerology란 Numerology Number μ에 의해 어떤 정해진 전송 특성을 예측 또는 선택할 수 있음을 의미한다. 더 구체적으로 표현하면 OFDM 파형을 구성하는 SCS$^{Sub-Carrier\ Spacing}$, OFDM 심볼 지속 시간$^{Symbol\ Duration}$, Cyclic Prefix의 형태가 미리 테이블로 정해져 있고, Numerology Number μ를 선택함으로써 이런 OFDM 파형 구조를 유연하게 가져갈 수 있음을 의미한다. 따라서 Numerology라는 용어 안에 유연성^{Flexibility}을 이미 내포하고 있고, LTE는 고정된 단일 OFDM 파형 형태를 갖고 있어 Numerology라고 부를 수 없으나 LTE와 NR의 전송 구조상의 차이를 강조할 경우 LTE는 Statics Numerology, NR는 Flexible Numerology라고 할 수 있다.

표 4-4 NR Numerology

Numerology (μ)	SCS (15 x 2$^\mu$ [kHz])	Symbol Duration (μs)	Cyclic Prefix	Frequency Range
0	15	66.7	Normal	FR1
1	30	33.3	Normal	FR1
2	60	16.7	Normal, Extended	FR1, FR2
3	120	8.33	Normal	FR2
4	240	4.17	Normal	FR2

1) SCS^{Sub-Carrier Spacing}: SCS는 OFDMA 구조에서 주파수 영역으로 하나의 Sub-Carrier가 갖는 대역폭을 의미한다. LTE에서는 15kHz의 단일 SCS를 가졌지만, NR에서는 다양한 전송 구조를 갖고 2배씩 확장된 15, 30, 60, 120, 240kHz의 SCS를 제공한다. 15, 30, 60kHz의 SCS는 FR1 대역에서 사용되며, 60, 120, 240kHz의 SCS는 FR2 대역에서 주로 사용된다.

2) OFDM 심볼 지속 시간^{Symbol Duration}: 심볼 지속 시간은 OFDMA 구조에서 시간 영역으로 하나의 OFDM 심볼이 갖는 길이를 의미한다. OFDMA에서 SCS와 심볼 지속 시간은 반비례 관계에 있으므로 SCS가 2배씩 증가할 때마다 심볼 지속 시간은 2배씩 감소된다. 따라서 NR에서는 높은 SCS를 갖는 Numerology를 선택함으로써 저지연에 유리한 전송 구조를 선택할 수 있다.

3) CP^{Cyclic Prefix}: CP는 OFDM에서 Multipath Fading으로 인한 Delay Spread 성분을 상쇄하는 데 사용된다. CP의 길이는 심볼 지속 시간에 비례하므로 심볼 지속 시간이 2배씩 줄어들수록 CP의 길이도 2배씩 줄어든다. 따라서 SCS가 높아질수록 CP의 길이는 점점 짧아져 Delay Spread로 인한 ISI^{Inter Symbol Interference}를 상쇄하기 어렵게 된다.

따라서 FR1 대역에서 커버리지를 넓게 가져가면서(ISI 심함) 짧은 심볼 지속 시간을 가지려고 Numerology 2에서는 Normal CP보다 더 긴 Extended CP를 정의했다. FR2 대역은 신호의 직진성 때문에 상대적으로 ISI를 적게 발생하므로 Numerology 3, 4에서는 Extended CP를 정의하지 않았다.

- **NR의 SCS**

5G 라디오는 Flexible Numerology를 채택해 다양한 스펙트럼 옵션을 모두 지원할 수 있는 유연성을 지원하며, 대역폭 및 대기 시간 요구 사항에 따라 여러 부반송파 간격 및 일정 간격을 지원하도록 설계됐다. 15~120kHz의 부반송파 간격은 Release 15에서 정의됐으며 부반송파 간격이 높을수록 서브프레임에 더 많은 슬롯Slot을 수용할 수 있으므로 처리 시간이 단축되는 결과를 낳는다. 좁은 부반송파 간격SCS, Sub-Carrier Spacing은 좁은 5G 대역폭과 함께 사용되며 넓은 커버리지를 제공하는 데 더 유리하다고 할 수 있다.

스케줄링 간격 측면에서 LTE와 5G 비교 시 3.5GHz 대역에서 일반적인 5G 배치를 고려하면 대역폭은 40~100MHz, 부반송파 간격은 30~60kHz, 최소 스케줄링 기간은 0.125ms가 될 수 있다. 반면에 LTE에서 해당 숫자는 20MHz 대역폭, 15kHz 부반송파 간격 및 1ms 스케줄링 기간에 해당된다. 5G 부반송파 간격은 15kHz의 2^N 배수로 설계됐다.

협대역의 경우 슬롯 길이가 0.125ms 이상이고 짧은 대기 시간이 필요한 경우 전송 시간이 한 슬롯보다 짧은 이른바 '미니 슬롯'을 사용할 수 있고, 여러 슬롯을 함께 결합하는 것도 가능하다.

표 4-5 SCS 특징

Sub-Carrier Spacing [kHz]	15	30	60	120
Spectrum	〈6GHz	〈6GHz	〈6, 〉20Ghz	〉20GHz
Max Bandwidth [MHz]	50	100	200	400
Symbol Duration [μs]	66.7	33.3	16.7	8.33
Normal Cyclic Prefix [μs]	4.7	2.3	1.2	0.59
Number of Slot per Subframe	1	2	4	8
Number of Slot per Frame	10	20	40	80
Scheduling Interval [ms]	0.5	0.25	0.125	0.0625

■ NR 전송 및 프레임 구조

NR의 시간 도메인 구조는 그림 4-11과 같다. 10ms 무선 프레임이 10개의 1ms 서브프레임으로 나눠진다. 하나의 서브프레임은 14개의 OFDM 심볼로 각각 구성된 슬롯들로 나눠지는데 1ms 안에 있는 각 슬롯의 기간은 뉴머롤로지Numerology에 따라 다르다. 상위 레벨에서의 각 프레임은 SFNSystem Frame Number으로 구분된다.

SFN은 페이징 슬립 모드 주기와 같이 하나의 프레임보다 긴 주기를 갖는 다른 전송 주기들을 정의하는 데 사용된다. SFN의 주기는 1024이다. 이는 SFN이 1024프레임 후에 또는 10.24초마다 반복된다는 것을 의미한다. 15kHz SCS의 경우 NR 슬롯은 Normal Prefix를 갖는 LTE 서브프레임과 동일한 구조를 갖는다. 이는 LTE와 상호공존할 수 있음을 의미하며, 뉴머롤로지와 무관한 시간 구조로서 NR의 서브프레임이 쓰일 수 있다. 반면에 슬롯은 전형적인 다이내믹 스케줄링 단위이다.

슬롯Slot은 14개의 OFDM 심볼로 구성돼 있기 때문에 15kHz Sub-Carrier Spacing의 경우는 1ms에 하나의 슬롯를 전송하며 이때 14개의 OFDM 심볼이 전송된다. 그리고 30kHz Sub-Carrier Spacing 구조에서는 1ms에 2개의 슬롯으로 28개의 OFDM 심볼이 전송된다. 같은 원리로 $15\text{kHz} \times 2^{\mu}$ 뉴머롤로지에 따라 1ms 전송되는 SCS의 슬롯 수는 2^{μ}개가 되며, OFDM 심볼 수 또한 $14 \times 2^{\mu}$가 되면 시간 도메인에서 심볼 지속 시간이 줄어듦을 알 수 있다.

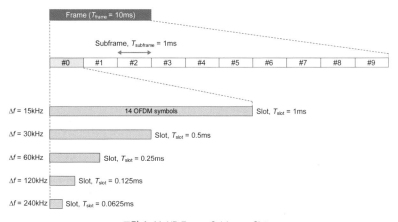

그림 4-11 NR Frame, Subframe, Slot

15kHz 부반송파 간격일 경우 NR 슬롯은 기존 LTE 서브프레임 구조와 동일해 LTE와 공존하는 측면에서 이점이 있다. 슬롯은 고정된 OFDM 심볼 수로 정의되기 때문에 높은 부반송파 간격으로 갈수록 간격이 짧아진다. 이론상으로 이는 낮은 지연 시간 전송을 지원하는 데 사용될 수 있다. 하지만 부반송파의 간격이 증가할 때 사이클릭 프리픽스 또한 줄어들기 때문에 이런 접근법으로 모든 네트워크에 적용하는 것은 불가하다. 따라서 NR는 "mini-slot transmission(미니슬롯 전송)"이라고 해 슬롯의 일부분을 사용해 전송하

는 것을 허용함으로써 낮은 지연 시간을 더욱 효율적으로 지원하는 방법을 지원할 수 있다. 이런 전송은 다른 단말이 이미 진행 중인 슬롯 기반의 전송을 미리 선취Pre-emption해 매우 낮은 지연 시간을 필요로 하는 데이터를 즉각적으로 전송할 수 있다.

그림 4-12는 시간 도메인과 주파수 도메인상에서 뉴머롤로지Numerology에 따른 PRB 특성을 보여주고 있다. 기본적으로 PRB 구조는 12개의 부반송파와 14개의 OFDM 심볼로 구성된다. 뉴머롤로지에 따라 심볼 및 슬롯 지속 시간에 차이가 있다. 이는 수신되는 신호의 Multipath Propagation에 의한 ISI 영향 정도에 차이가 있어 커버리지 설정에 영향을 미칠 수 있다. 그리고 슬롯 단위로 스케줄링이 되기 때문에 기본 스케줄링 간격이 달라져 Latency 및 전송 속도에 영향을 줄 수 있다. 따라서 SCS에 따라 다음과 같은 유스 케이스로 사용될 수 있다.

- 15kHz 간격: 넓은 영역 범위에 적합
- 30/60kHz 간격: 밀집된 도시 배치, 짧은 대기 시간, 넓은 반송파 대역폭이 필요
- 60kHz 이상: 짧은 대기 시간, 10GHz 이상의 대역에 적용 가능

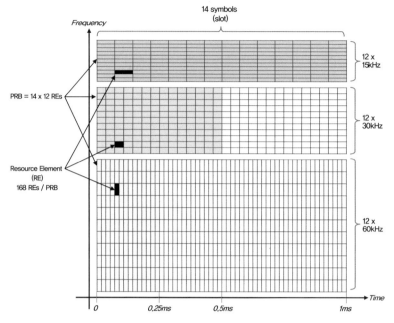

그림 4-12 주파수 및 시간 도메인에서 뉴머롤로지(Numerology)

리소스 엘리먼트는 하나의 OFDM 심볼 지속 시간에 하나의 부반송파로 구성된 것인데 NR에서 가장 작은 물리 리소스이다. 더욱이 그림 4-13에서와 같이 주파수 영역에서 12개의 연속적인 부반송파들은 리소스 블록으로 불린다. NR에서의 리소스 블록의 정의는 LTE에서의 리소스 블록의 정의와 차이가 있다. 즉, NR의 리소스 블록은 주파수 영역만을 포괄하는 1차원적인 물리적인 단위이다. 하지만 LTE의 경우는 주파수 영역에서 12개의 부반송파 및 시간 영역에서 1개의 슬롯으로 구성된 2차원적인 리소스 블록을 사용한다.

NR에서 주파수 영역에서만 리소스 블록을 정의하는 이유는 다른 전송들에 대한 시간의 유연성 때문이다. 반면에 LTE는 초기 Release에서 하나의 전체 슬롯으로 전송했다. 그림 4-12에서와 같이 NR는 동일 캐리어에 여러 뉴머롤로지를 지원한다. 그리고 그 결과로 리소스 그리드에 여러 가지 리소스 세트가 있게 되는데 뉴머롤로지마다 하나씩 있게 된다.

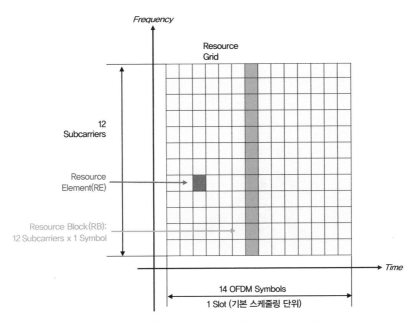

그림 4-13 RB(Resource Block)와 RE(Resource Element)

■ 대규모 다중 안테나(Massive MIMO)/빔포밍(Beamforming) 기술

NR에서는 32TRX/64TRX 등 매우 큰 다중 안테나를 지원하는 전송 기술이 개발됐다. 특히 24GHz 이상 고주파 대역에서 적용될 하이브리드 빔포밍 기술을 적용하기 위한 다양한 기술들이 개발됐다. 기존의 LTE에서 존재했던 많은 전송 모드가 단말 전용 참조 신호RS, Reference Signal 기반의 전송으로 단일화됐으며, 스펙트럼 효율을 높이도록 최대 32개의 안테나 포트를 이용한 전송 모드를 지원한다. LTE가 주로 FDDFrequency Division Duplexing 주파수 대역 중심으로 구축됐던 것에 비해 5G는 3.5GHz 등 TDDTime Division Duplexing 주파수

대역에서 구축되기 때문에 TDD의 특징인 채널 가역성^{Channel Reciprocity}을 적용하는 데 효율적인 SRS^{Sounding Reference Signal}를 활용하는 기술들이 도입됐다. 또한 낮은 간섭과 높은 빔포밍 이득을 지원할 수 있도록 빔 기반 통신이 도입됐으며, 이를 위해 다양한 빔 관리 절차가 정의됐다. LTE의 CRS와 같은 셀 기반의 주기적 신호를 제거해 전송 속도를 높이고 간섭을 최소화했다. 특히 대부분의 셀 기반 신호를 단말 전용 신호로 변경해 해당 단말에 최적화된 통신을 할 수 있도록 지원했다.

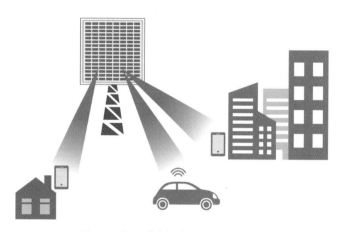

그림 4-14 대규모 안테나를 활용한 빔포밍 기반 통신

4.3.2 RAN 프로토콜 아키텍처

■ RAN 프로토콜 스택

5G의 전반적인 네트워크 아키텍처를 기반으로 해 RAN 프로토콜 아키텍처가 그림 4-15, 4-16과 같이 명시돼 있다. 5G 코어는 RAN의 일부가 아니지만 E2E 종단 간 관점에서 전체의 이해를 위해 포함했으며 사용자 평면^{User Plane}과 제어 평면^{Control Plane}으로 나타냈다.

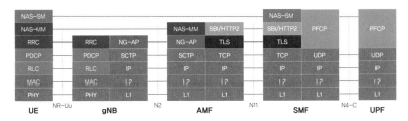

그림 4-15 제어 평면 프로토콜 스택

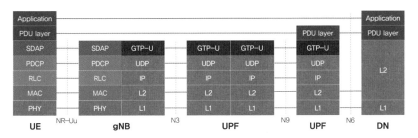

그림 4-16 사용자 평면 프로토콜 스택

NAS

제어 평면$^{Control Plane}$ 프로토콜은 연결 설정, 이동성 및 보안 등과 관련된 프로토콜이다. NAS 제어 평면 기능은 gNB와 상관없이 코어 네트워크의 AMF와 UE 사이에서 동작한다. AMF에 의해 다뤄지는 NAS 메시지는 인증, 보안 그리고 페이징과 같은 여러 가지 Idle 모드 절차 등을 포함하며, UE에게 IP 주소를 할당하는 것도 담당한다. NAS는 이동성 관련 제어 및 관리를 위한 NAS-MM과 PDU 세션 제어 및 관리를 위한 NAS-SM으로 구분될 수 있다.

RRC

RRC$^{Radio Resource Control}$ 제어 평면 기능은 gNB와 UE 간에 동작한다. RAN이 관련된 제어 평면 과정을 처리하며 다음과 같은 기능들을 포함한다.

1) UE가 셀과 통신하는 데 필요한 시스템 정보의 브로드캐스트

2) UE에게 들어오는 연결 요청에 대해 AMF가 UE에게 알려주기 위한 페이징 메시지의 전송(페이징은 UE가 셀에 연결돼 있지 않은 RRC-IDLE 상태에서 사용된다.)

3) 베어러 셋업과 이동성을 포함하는 연결 관리는 RRC Context를 설정하는 것을 포함한다. 즉, UE와 무선 액세스 네트워크 간의 통신을 위해 필요한 파라미터들을 설정하는 것이다.

4) 셀 선택과 같은 이동성 기능

5) Measurement 설정과 리포트

6) UE Capability 처리, 즉 연결이 맺어질 때 UE는 자신의 Capability를 알려주게 된다. 모든 UE가 표준규격에 기술된 모든 기능을 지원하는 것이 아니기 때문이다.

RRC 메시지는 프로토콜 레이어들(PDCP, RRL, MAC, PHY)의 동일한 세트를 사용해 SRB^{Signaling Radio Bearer}를 사용하는 UE에 전송한다. SRB는 연결이 설정되는 동안 CCCH^{Common Control Channel}로 전송된다. 일단 연결이 설정되면 DCCH^{Dedicated Control Channel}로 전송된다. Control Plane 데이터와 User Plane 데이터는 MAC 계층에서 Multiplexing될 수 있고, 같은 TTI에 UE로 전송된다.

[RRC State Machine]

이동통신 시스템에서 UE는 사용자의 트래픽 사용 활동에 따라 서로 다른 상태에 있을 수 있다. 5G NR UE는 그림 4-17과 같이 RRC-IDLE, RRC-INACTIVE, RRC-CONNECTED의 3가지 상태가 있다(기존 LTE에서 UE는 RRC-IDLE, RRC-CONNECTED의 2가지 상태가 있다).

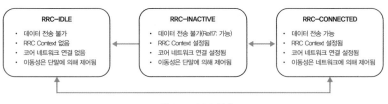

RRC–IDLE	RRC–INACTIVE	RRC–CONNECTED
• 데이터 전송 불가 • RRC Context 없음 • 코어 네트워크 연결 없음 • 이동성은 단말에 의해 제어됨	• 데이터 전송 불가(Rel17: 가능) • RRC Context 설정됨 • 코어 네트워크 연결 설정됨 • 이동성은 단말에 의해 제어됨	• 데이터 전송 가능 • RRC Context 설정됨 • 코어 네트워크 연결 설정됨 • 이동성은 네트워크에 의해 제어됨

그림 4-17 RRC 상태

RRC-IDLE 및 RRC-CONNECTED 상태는 LTE에서의 RRC-IDLE 및 RRC-CONNECTED 상태와 유사하다. 하지만 RRC-INACTIVE 상태는 IDLE와 CONNECTED 상태의 중간 상태로 데이터 전송을 하지 않은 휴면 상태로 두지만 NAS 계층은 연결돼 상태를 유지하고 RRC가 완전히 해제되지 않은 상태이다. RRC-INACTIVE 상태는 작은 데이터를 빈번하게 보내는 경우 빠르게 RRC-CONNECRED 상태로 전환되면서 연결 시간을 줄임과 동시에 연결에 소요되는 에너지 소비를 줄일 수 있는 장점이 있다. Release 15, 16에 사용하는 경우 소량의 데이터를 전송하더라도 RRC-CONNECTED 상태로 전환을 해야 하지만, Release 17에서는 RRC- INACTIVE 상태에서도 소량의 데이터를 전송할 수 있다. 따라서 데이터의 양이 매우 적기 때문에 상태 전환 없이 RRC-INACTIVE 상태에서 직접 데이터를 전송할 수 있다.

RRC-IDLE의 경우 무선 네트워크에서 RRC Context, 즉 UE와 네트워크 간의 통신에 필요한 파라미터는 없고, UE는 특정 셀에 속하지 않으며, 코어 네트워크 측면에서 UE는 CN-IDLE 상태가 돼 이 경우 아무런 데이터 전송이 발생하지 않는다. 따라서 이는 UE가 대부분 시간 동안을 IDLE 상태로 들어가 배터리 소모를 줄일 수 있다. 하향 링크에서 IDLE 상태의 UE들은 주기적으로 깨어나 네트워크로부터 페이징 메시지가 있을 경우 이를 수신한다. 이동성은 UE가 셀 재선택^{Re-selection} 절차를 진행해 처리한다. 상향 링크 동기화는 유지되지 않고 있기 때문에 이로 인해 발생하는 상향 링크 전송 활동은

CONNECTED 상태로 전환하기 위한 랜덤 액세스뿐이다.

RRC-CONNECTED 상태에서 RRC Context가 설정되고, UE와 무선 네트워크 간의 통신에 필요한 모든 파라미터들은 UE와 무선 액세스 네트워크 모두에게 알려지게 된다. 코어 네트워크 측면에서 UE는 CN-CONNECTED 상태에 있다. UE가 속해 있는 셀이 알려지고 UE와 네트워크 간의 시그널링 목적으로 이용되는 UE ID인 C-RNTI^{Cell Radio-Network Temporary Identifier}가 설정된다. CONNECTED 상태에서 이동성은 무선 액세스 네트워크에서 관리한다. 즉, UE는 자신에게 핸드오버를 수행하라고 명령을 내리는 네트워크에게 인접 셀에 대한 Measurement 정보를 제공한다.

SDAP

SDAP^{Service Data Application Protocol}는 해당 QoS 요구 조건에 따라 상향 링크 및 하향 링크 패킷에서 QFI를 마킹하는 것뿐만 아니라 5G 코어 네트워크로부터 QoS Flow와 무선 베어러 간의 매핑을 담당한다. 이 프로토콜 레이어는 LTE에는 없었으며, 5G 코어 네트워크에 연결될 때 새로운 QoS 처리 때문에 NR에서 새로 도입됐다. 따라서 gNB가 eNB에 접속되는 NSA의 경우는 연결되는 코어 네트워크가 EPC이기 때문에 기존 LTE QoS 처리를 하므로 SDAP는 사용되지 않는다.

PDCP

PDCP^{Packet Data Convergence Protocol}는 무선 인터페이스에서 전송할 데이터의 비트 수를 줄이려고 IP 헤더 압축을 수행한다. 헤더 압축 메커니즘은 RoHC^{Robust Header Compression} 프레임워크에 기반을 두고 있다. 이는 다른 이동통신 기술에서도 사용되는 표준화된 헤더 압축 알고리즘이다. PDCP는

User Plane 데이터와 Control Plane 데이터를 암호화해 무선 네트워크의 높은 기밀성^{Confidentiality}을 제공한다. 그리고 제어 평면에 대해서는 무선 구간의 제어 데이터가 위변조되는 것을 방지할 목적으로 추가적으로 무결성^{Integrity} 보호를 수행한다. 또한 PDCP는 재선송, 순차 선달, 핸드오버 시 중복 데이터 제거 처리 등을 수행하며, 이중 연결^{Dual Connectivity}의 분할^{Split} 베어러에 대해 라우팅과 복제를 지원한다.

RLC

RLC^{Radio Link Control} 프로토콜은 세그먼테이션과 재전송을 담당한다. 즉, PDCP를 적절한 크기의 RLC PDU들로 만들 수 있도록 RLC PDU들을 세그먼트 처리한다. 또한 중복된 PDU를 삭제할 뿐만 아니라 잘못 수신된 PDU의 재전송도 처리한다. RLC는 각 서비스 유형에 따라 Transport Mode, Unacknowledged Mode, Acknowledged Mode로 나뉘는데 3가지 중 하나로 설정할 수 있다. Transport Mode는 의미 그대로 헤더가 붙지 않고 투명하게 통과시키고, Unacknowledged Mode는 분할 및 복제 감지를 지원하며, Acknowledged Mode는 여기에 부가적으로 전송 오류 패킷에 대한 재전송까지도 지원한다.

MAC

[논리 채널, 전송 채널]

MAC^{Medium-Access Control}는 논리 채널의 멀티플렉싱, HARQ, 스케줄링 및 이와 관련된 기능을 처리하고 다양한 뉴머롤로지도 처리한다. 스케줄링 기능은 상향 링크 및 하향 링크 모두에 대해 gNB에 탑재돼 있고, MAC 계층은 논리 채널의 형태로 RLC에 서비스를 제공하고, 전송 채널^{Transport Channel}의 형태로 물리 계층으로부터의 서비스를 사용한다. 논리 채널은 실어 나르는 정도의 형태에 의해 정의되며, 일반적으로 제어 채널과 트래픽 채널로 나뉘는데 실제 제어 채널은 NR 시스템이 동작하는 데 필요한 제어 및 설정 정보를 전송하는 데 쓰이고, 트래픽 채널은 사용자 데이터를 위한 것이다. NR에 정의된 논리 채널의 유형들은 다음과 같다.

- Broadcast Control Channel(BCCH): 셀 안에 있는 모든 UE들에게 시스템 정보를 전송하는 데 사용된다. UE들은 시스템에 접속하기 전에 시스템 정보(System Information)를 망으로부터 획득해 시스템이 어떻게 설정돼 있고, 셀 안에서 어떻게 하면 UE 입장에서 적절하게 동작할 수 있는지에 대한 시스템 정보를 획득해야 한다.

- Paging Control Channel(PCCH): 셀 단위의 위치가 망에 알려지지 않은 UE를 페이징하는 데 사용된다. 따라서 페이징 수는 복수 개의 셀에서 TA(Tracking Area) 단위로 전송되며, TA는 복수 개의 셀로 구성될 수 있다.

- Common Control Channel(CCH): 랜덤 액세스에 관련된 정보의 전송을 위해 사용된다.

- Dedicated Control Channel(DCCH): 망에서 UE로 또는 UE로부터 망으로 제어 정보의 전송을 위해 사용된다. 이 채널은 서로 다른 핸드오버 메시지와 같이 단말들의 개별적인 설정을 위해 사용된다.

- Dedicated Traffic Channel(DTCH): 망에서 UE로 또는 UE로부터 망에서의 사용자 데이터의 전송을 위해 사용된다. 이 채널은 모든 상향 링크 사용자 데이터 및 MBSFN이 아닌 모든 하향 링크 사용자 데이터의 전송을 위해 사용된다.

MAC 계층은 전송 채널의 형태로 물리 계층으로부터의 서비스를 사용한다. 전송 채널은 어떻게, 어떤 특징을 갖고 정보가 무선 인터페이스로 전달되는지에 따라 정의된다. 전송 채널에서의 데이터는 전송 블록으로 구성된다. 각 전송 시간 간격TTI, Transmit Time Interval 내에서 대부분 유동적인 크기의 하나의 전송 블록은 UE로 또는 UE로부터 무선 인터페이스를 통해 전송된다.

각 전송 블록은 전송 블록이 무선 인터페이스상으로 어떻게 전송되는지를 지정하는 전송 포맷Transport Format과 관련돼 있다. 전송 포맷은 전송 블록의 크기, 변조 및 코딩 방식 그리고 안테나 매핑에 관한 정보를 포함한다. 전송 포맷을 제어함으로써 MAC 계층은 다양한 데이터 전송 속도를 구현할 수 있다. 따라서 전송 속도 제어[Rate Control]는 전송 포맷 선택으로 불리기도 한다.

NR에는 다음과 같은 전송 채널들이 정의돼 있다.

- Broadcast Channel(BCH): 표준에 의해 확립된 정해진 전송 포맷을 가진다. MIB(Master Information Block)라고 불리는 BCCH 시스템 정보 중 일부를 전송하는 데 사용된다.

- Paging Channel(PCH): PCCH 논리 채널로부터의 페이징 정보 전송을 위해 사용된다. PCH는 미리 정해진 시간 동안에만 UE가 PCH를 받도록 Wake-up해 UE의 배터리 전력을 절약해 주는 DRX(Discontinuous Reception) 기능을 지원한다.

- Downlink Shared Channel(DL-SCH): NR의 하향 링크 데이터 전송에 사용되는 주 전송 채널이다. 이 채널은 동적인 데이터 속도 적응, 시간 및 주파수 도메인에서의 채널 의존의 스케줄링, HARQ 소프트컴바이닝, 공간 멀티플렉싱과 같은 NR의 주요 기능을 지원한다. 또한 항상 always-on처럼 느끼도록 하면서도 전력 소모를 줄여주는 DRX를 지원하며 BCH에 매핑되지 않은 일부분의 BCCH 시스템 정보를 전송하는 데 사용되기도 한다. BCCH 정보 전송을 위해 각 UE들은 접속된 셀마다 정해진 DL-SCH를 갖게 된다. 이렇게 시스템 정보가 수신되는 슬롯들에는 UE 입장에서 보면 부가적인 DL-SCH가 하나 더 있는 것이다.

- Uplink Shared Channel(UL-SCH): 상향 링크 데이터의 전송을 위한 상향 링크 전송 채널로서 DL-SCH에 대응되는 채널이라고 할 수 있다.

추가로 비록 전송 블록을 전달하지는 않지만 Random Access Channel[RACH] 역시 전송 채널로 정의됐다.

MAC 기능 중 하나는 서로 다른 논리 채널의 멀티플렉싱 및 논리 채널들과 적절한 전송 채널 간의 매핑이다. 논리 채널과 전송 채널 사이에 지원되는 매핑은 그림 4-18과 같다. 그림을 보면 DL-SCH와 UL-SCH가 각각 하향 링크 및 상향 링크에서 주 전송 채널인지 명확히 알 수 있고, 각각에 대응하는 물리 채널들과의 매핑도 볼 수 있다.

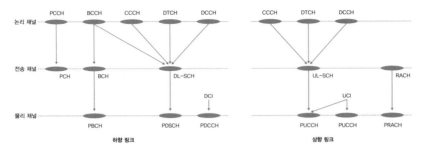

그림 4-18 논리 채널, 전송 채널 및 물리 채널 간 매핑

[스케줄링]

NR 무선 접속의 기본 원리 중 하나는 시간-주파수 자원이 사용자들 사이에서 동적으로 공유되는 공용 채널Shared-channel 전송이다. 스케줄러는 MAC 계층의 한 부분이고 주파수 도메인에서는 리소스 블록을 할당하고 시간도메인에서는 OFDM 심볼과 슬롯에 대해 상향 및 하향 자원들의 할당을 제어한다. LTE에서 리소스 블록이 시간 도메인(1ms 기준)과 주파수 도메인 (180kHz=12×15kHz subcarrier) 폭으로 정의되는 시간-주파수 2차원 개념이었다면, NR에서는 주파수 도메인만 정의하는 1차원 개념이다.

스케줄러의 기본적인 동작은 동적 스케줄링이다. 이는 보통 gNB가 슬롯당 한 번씩 스케줄링 결정을 내리고 선택한 UE들에게 스케줄링 정보를 보내는 것이다. 비록 슬롯 단위 스케줄링이 일반적인 경우이지만, 스케줄링 결정이나 실제 데이터 전송은 슬롯 경계에서 시작되거나 끝나는 것에 제약을 받지 않는다(예: Mini 슬롯 처리).

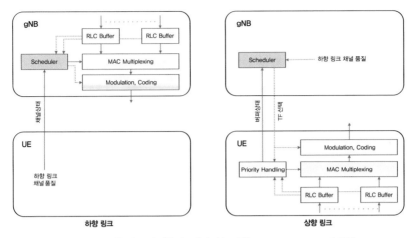

그림 4-19 하향 링크 및 상향 링크에서 전송 포맷(TF, Transport Format) 선택

상향 링크 및 하향 링크 스케줄링은 NR에서 분리돼 있고, 상향 링크 및 하향 링크 스케줄링 결정은 서로 독립적으로 이뤄진다.

그림 4-19에서와 같이 하향 링크 스케줄러는 어떤 단말에게 데이터를 전송할 것인가와 이런 단말들에 대해 각 단말의 DL-SCH에 사용될 리소스 블록들을 동적으로 제어하는 것을 담당한다. 전송 포맷 선택(전송 블록 크기, 변조 방식, 안테나 매핑 선택)과 하향 링크에 대한 논리 채널 멀티 플렉싱은 gNB에 의해 제어된다. 하향 링크 채널 의존 스케줄링은 CSI^{Channel-State Information}를 통해 지원되는데 UE가 시간-주파수 도메인에서의 즉각적인 하향 링크 품질을 반영해 CSI를 gNB에 보고한다. CSI는 Spatial Multiplexing의 경우 적절한 안테나를 선택하는 데 필요한 정보이다.

상향 링크 스케줄러 역시 전송해야 할 UE들을 결정하고 상향 링크 시간-주파수 자원에 단말들의 UL-SCH를 전송하는 것을 동적으로 결정한다. gNB 스케줄러가 UE에 대한 전송 포맷을 결정한다는 사실에도 불구하고 상향 링크 스케줄링 결정은 어떤 논리 채널을 전송할 것인지를 지정하지 않고, 단지 UE를 결정한다. 상향 링크에서는 상향 링크 의존 스케줄링에 필요한 CSI 정보가 각 UE로부터 전송된 SRS^{Sound Reference Signal}에 기반을 둘 수도 있다. SRS는 gNB가 특정 UE의 상향 링크 채널 품질을 알고 싶을 때 단말에게 전송을 명령해 측정하는 채널이다. 상향 링크 스케줄러가 이런 결정을 하는 데 도움이 되도록 UE는 MAC 제어 엘리먼트를 사용해 gNB에 버퍼 상태^{Buffer State}와 전력 헤드룸^{Power Headroom} 정보를 전송할 수 있다. 단, 이 정보는 UE가 유효한 스케줄링 승인을 받았을 경우에만 전송될 수 있다.

스케줄링 자체는 구현에 관련된 것으로 3GPP에 의해 표준화되는 것은 아니지만 대부분의 스케줄러들의 전반적인 목표는 채널 의존 스케줄링, 즉 UE들 사이의 채널 변화를 이용해 가급적 시간과 주파수 영역 모두에 유리한 채널 조건을 가진 리소스들을 UE에게 스케줄링해 주는 것이다.

[HARQ]

소프트 컨바이닝^{Soft Conbining}을 수반한 HARQ는 전송 에러에 대한 강인성을 제공한다. HARQ에서는 재전송이 빠르게 이뤄지기 때문에 많은 서비스들에 대해 한 번 또는 여러 번의 재전송이 가능하므로 이를 통해 내재적으로 전송 속도 메커니즘을 형성하게 된다. HARQ 프로토콜은 MAC 계층의 한 부분이지만 실질적으로 소프트 컨바이닝은 물리 계측에서 처리한다. HARQ는 모든 유형의 트래픽에 적용되는 것은 아니다. 예를 들어 동일한 정보가 여러 명의 사용자에게 전송되는 브로드캐스트 전송은 일반적으로 HARQ에 의존하지 않는다. 따라서 HARQ는 그 용도가 gNB 구현에 따라 다르긴 하지만 DL-SCH, UL-SCH만을 위해 지원된다.

■ PHY

PHY^{Physical Layer}는 코딩/디코딩, 물리 계층에서의 HARQ 프로세싱, 변복조, 다중 안테나 매핑, 신호와 적절한 물리 시간/주파수 자원들의 매핑 및 그 외의 전형적인 물리 계층 기능을 수행한다. 물리 계층은 전송 채널의 형태로 MAC 계층에 서비스를 제공한다.

물리 채널은 특정 전송 채널의 송신에 쓰이는 시간 및 주파수 자원의 집합에 상응한다. 그림 4-18에서와 같이 각 전송 채널은 이에 상응하는 물리 채널에 매핑된다. 자신과 짝을 이루는 전송 채널을 갖는 물리 채널과 그렇지 않은 물리 채널도 있다. 이런 채널들을 L1/L2 제어 채널이라고 하는데 이 채널들은 DCI^{Downlink Control Information}에 사용되고, 하향 링크 데이터 전송의 적절한 수신과 디코딩을 위해 필요한 정보를 UE에게 제공한다. UCI^{Uplink Control Information}는 UE의 상황에 대한 정보를 스케줄러와 HARQ 프로토콜에게 제공하는 데 사용된다. NR에 정의된 유형의 물리 채널은 다음과 같다.

- Physical Downlink Shared Channel(PDSCH): 유니캐스트 전송을 위한 주 물리 채널로서 데이터의 전송뿐만 아니라 페이징 정보, 랜덤 액세스 응답 메시지 및 부분적인 시스템 정보(System Information) 등을 전송하는 데 사용된다.

- Physical Broadcast Channel(PBCH): UE가 망에 접속하는 데 필요한 시스템 정보의 일부를 전송한다.

- Physical Downlink Control Channel(PDCCH): PDSCH의 수신에 필요한 스케줄링 등의 하향 링크 제어 정보 및 PUSCH에서의 전송을 위한 스케줄링 승인(Scheduling Grant)을 전송하는 데 사용된다.

- Physical Uplink Control Channel(PUCCH): UE가 HARQ Acknowledgement를 보내는 데 사용돼 gNB에게 하향 링크 전송 블록이 성공적으로 수신됐는지의 여부를 알려주게 된다. 또한 채널 상태 리포트(Channel State Report)를 보내 하향 링크 채널 의존 스케줄링을 높고, 하향 링크 데이터를 전송할 자원들을 요청하는 데 사용된다.

- Physical Random Access Channel(PRACH): 랜덤 액세스에 사용된다.

4.3.3 RAN 아키텍처

■ 3GPP 5G RAN 아키텍처 모델

다양한 Vertical Industry 환경에서 5G의 다양한 유스 케이스를 네트워크 아키텍처 측면에서 효율적으로 지원할 수 있도록 코어 네트워크의 유연한 배포 환경, 즉 Edge DC, Central DC 등과 같이 3GPP는 Release 15에서 5G RAN을 위한 새롭고 유연한 아키텍처를 정의해 RAN 네트워크를 3개의 논리 노드인 CU$^{Control\ Unit}$, DU$^{Digital\ Unit}$ 그리고 RU$^{Radio\ Unit}$로 구성해 네트워크 운영자의 환경(Cloud 환경, 분산 환경 등)에 맞게 RAN 네트워크가 도입될 수 있도록 했다. 이를 위해 3GPP SA2는 5G NR 스택의 서로 다른 기능을 각각의 분리된 Unit에서 호스팅할 수 있도록 8개의 기능으로 분리하고, 인터페이스를 정의했다. 세부 기능적 분할^{Split} 형상은 그림 4-22와 같다.

5G Option 2 구성 모델에서 RAN 시스템은 5G 코어 AMF 기능에 대한 N2 인터페이스와 UPF 기능에 대한 N3 인터페이스를 제공해 gNB에 대한 PDU 세션 종료를 가능하게 한다. 5G 내 핸드오버의 경우 gNB-CU 기능은 Xn(제어 및 사용자 평면) 인터페이스와 연결된다.

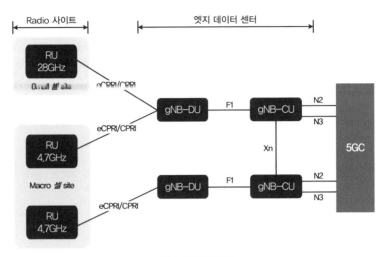

그림 4-20 RAN 구성

그림 4-20에서와 같이 RAN은 Radio 사이트 및 엣지 데이터 센터 부분으로 구성될 수 있다. Radio 사이트는 Radio Head 및 타워 하단의 기능을 포함하며 매크로 사이트와 스몰 셀 사이트를 모두 포함할 수 있다. 5G gNB는 CU^{Control Unit}와 DU^{Digital Unit} 부분으로 구성된다. 5G RAN 솔루션의 형태는 기존 5G gNB와 클라우드 기반 5G gNB 형태가 있다. gNB-DU 및 gNB-CU 기능은 F1 인터페이스를 통해 연결된다. 그림 4-21은 기존 RAN과 클라우드 기반 RAN을 모두 가능하게 하는 RAN 구성에 대한 논리적 구성을 보여주고 있다.

네트워크의 구성 형태를 표현하는 CU^{Centralized Unit} 및 DU^{Distributed Unit} 용어와 gNB에서 기능적인 형상을 표현하는 CU^{Control Unit} 및 DU^{Digital Unit}는 다음과 같이 구분할 필요가 있다.

- CU(Centralized Unit): 사용자 데이터 전송, 이동성 제어, 무선 액세스 네트워크 공유, 포지셔닝, 세션 관리 등과 같은 gNB 기능을 포함하는 논리 노드이다. 단, DU(Distributed Unit)에만 할당된 기능은 제외된다. CU는 FH(Front-haul) 인터페이스를 통해 DU의 동작을 제어한다. 또한 CU는 BBU/DU(Digital Unit)/CU(Control Unit)/vRAN/Cloud-RAN 등으로 표현돼 사용되기도 한다.

- DU(Distributed Unit): 이 논리 노드는 기능 분할 옵션에 따라 gNB 기능의 하위 집합을 포함하며, 동작은 CU(Centralized Unit, 예: BBU/Digital Unit, Control Unit)에 의해 제어된다. DU(Distributed Unit)는 RRH, RRU, RU 등으로 사용돼 표현되기도 한다.

- 그림 4-21은 기능적인 분리의 구분으로서 CU는 Control Unit, DU는 Digital Unit을 의미하며, 구성상 2개 모두 CU(Centralized Unit)에 해당된다. RU는 Radio Unit으로 구성상 DU(Distributed Unit)에 해당된다.

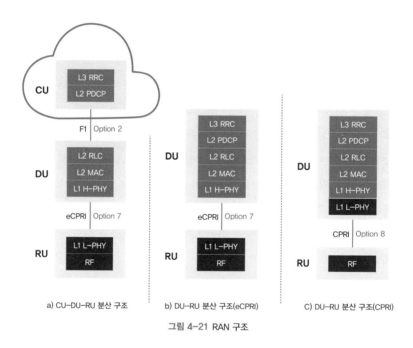

a) CU-DU-RU 분산 구조   b) DU-RU 분산 구조(eCPRI)   C) DU-RU 분산 구조(CPRI)

그림 4-21 RAN 구조

그림 4-21은 RAN 분산 구조에 대한 예로 3가지 모델을 나타내고 있다. "a) CU-DU-RU 분산 구조"는 CU와 DU가 F1 인터페이스 Mid-haul을 구성해

CU는 Cloud 환경에 구성하고 복수 개의 많은 DU 또한 분산해 구성할 수 있다. 이 구성의 장점은 RAN의 L2 High와 L3에 대한 셀 간의 코디네이션이 용이하고, 클라우드의 특성을 활용할 수 있으며, 대규모 셀 구축 환경에 활용할 수 있다. 경우에 따라서는 DU로 클라우드 환경으로 이동해 구성될 수 있으나 DU의 L1 데이터 처리에 따른 컴퓨팅Computing 요구 사항을 클라우드 환경에서 소프트웨어적으로 처리하기에는 부담이 되는 부분이 있다. 따라서 한동안은 DU를 기존의 전용 하드웨어 환경에서 사용할 수 있다. "b) DU-RU 분산 구조(eCPRI)"는 L1 Low와 L1 High를 분리한 eCPRI 인터페이스를 구성해 DU-RU 간 Front-haul을 구성하는 특징이 있다. "c) DU-RU 분산 구조(CPRI)"는 CPRI 인터페이스를 구성해 DU-RU 간 Front-haul을 구성하는 특징을 제공하고 있다. DU-RU 구조는 전용 하드웨어에서 사용되는 일반적인 Classical RAN 구조로 현재 대부분의 LTE/5G 네트워크에서 사용되고 있다.

Front-haul 네트워크는 유연한 RAN 배포의 핵심이다. eCPRIenhanced CPRI 표준은 원래 C-RANCentralized RAN 구성에 대해 정의된 CPRI의 후속으로 등장했다. eCPRI 포럼에서 개발한 이 프로토콜은 CPRI 프로토콜보다 대역폭을 더 효율적으로 사용하고 패킷 기반으로 프레임될 수 있다. 이는 기능 분할에 따라 대규모 네트워크의 Front-haul 네트워크 환경에 많은 이점을 제공할 수 있다.

■ 5G 무선 아키텍처 분할

3GPP는 유연한 RAN 배포 구조를 위해 중앙 장치와 분산 장치 간의 다양한 기능 분할을 그림 4-22와 같이 약 8개의 가능한 옵션을 제안했다. 기능 분할 옵션을 말할 때 망 운영자Network Operator 관점에서는 일반적으로 이 분할이 Front-haul 네트워크에 적용되기 때문에 그림 4-21에서와 같이 CU와

DU를 단일 논리 단위로 간주한다. CU-DU는 Mid-haul(F1 인터페이스) 네트워크를 통해 CU와 DU 사이에 스택의 상위 수준 기능을 배포할 수 있다. CU-DU를 분리함으로써 상위 계층 스택 기능 간의 비트 전송률 및 대기 시간 요구 사항은 Mid-haul 네트워크 구성에 많은 유연성을 제공한다. 또한 베이스밴드 기능의 중앙집중화는 소프트웨어가 COTS 서버에서 호스팅되는 많은 네트워크 기능의 가상화를 가능하게 한다. 그 결과 원격 사이트에 RF 기능만 남아 있기 때문에 RU가 간소화되고, 네트워크 운영자는 CU에서 대부분의 네트워크 업그레이드를 수행할 수 있는 환경이 돼 효율적인 운영 관리가 가능할 수 있다.

5G RAN 스택의 기능을 완전히 중앙집중화하는 Option 8은 높은 비트 전송률과 엄격한 대기 시간 요구 사항과 함께 Front-haul 네트워크에 대한 가장 높은 요구 사항을 동반한다. 즉, 스택의 상위 레벨에 있는 정보 흐름은 가장 낮은 PHY 계층의 정보 흐름보다 데이터 집약도가 낮다. 예를 들어 CRC, 변조, 매핑 및 인코딩과 같은 PHY 계층의 기능은 상위 MAC 계층에서 수신한 데이터 블록에 정보를 추가한다. 따라서 정보가 RF 기능으로 흐를수록 점점 더 높은 비트율이 발생한다. 또한 PHY 기능과 HARQ^{Hybrid ARQ}와 같은 특정 상위 수준 프로세스 간의 통신 시간에 민감한 특성 때문에 5ms의 낮은 왕복 지연이 필요하다.

3GPP가 정의하는 8개의 주요 기능 분할 옵션 내에서 Option 7은 추가적으로 하위 옵션 7.1, 7.2, 7.3으로 더 나뉜다. 이 하위 옵션(7.1, 7.2, 7.3) 모두는 Carrier Aggregation, MIMO 및 CoMP를 포함한 주요 중앙집중화 이점을 지원하며, 이들 간의 주요 차이점은 Front-haul 네트워크의 데이터 속도에 있다. 3가지 옵션 모두 FFT 기능을 RU에서 처리하게 함으로써 Front-haul 비트 전송률을 크게 줄일 수 있다. 옵션 7.2는 RU에 약간 더 많은 기능(사전 코딩 및 리소스 요소 매핑)을 할당함으로써 옵션 7.1과 비교할 때 Front-haul

비트 전송률을 추가로 줄일 수 있는 특징이 있다. 옵션 7.3은 다운링크 전용 옵션으로 RU에 훨씬 더 많은 기능을 할당해 Front-haul 비트 전송률을 더욱 낮출 수 있다.

그림 4-22는 중앙집중화 이점과 Front-haul 네트워크 요구 사항 간에 서로 다른 균형을 제공하는 8개의 주요 분할을 보여주고 있다. Option 7 및 8에서는 대부분의 스택 기능을 갖는 DU가 중앙집중되고 RRH가 분산됨으로써 중앙집중식 기저대역 처리의 이점을 최대화해 로드 밸런싱을 가능하게 하고 RU 간에 처리 기능을 공유할 수 있다. 이 분할은 C-RAN^{Centralized RAN} 구성에 해당된다.

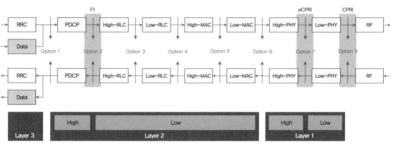

그림 4-22 5G 무선 아키텍처 분할

5G 무선 네트워크에는 무선 네트워크 구성 및 배포에 더 많은 유연성을 제공하려고 무선 장치^{RRH, Remote Radio Head}와 베이스밴드 장치^{BBU} 또는 엣지 클라우드 장치 사이에 새로운 인터페이스가 정의됐으며, 이 기능 분할 옵션은 그림 4-22, 표 4-6과 같다.

LTE에서 가장 일반적인 Radio 솔루션은 모든 무선 네트워크 처리가 안테나가 위치하는 근처에서 수행되는 분산 구성 방식과 모든 기저대역 처리가 RF

에 대한 CPRI^{Common Public Radio Interface} 연결을 통해 중앙에 위치해 집중돼 수행되는 기저대역 호텔링 구성 방식이다. 분산 구성 방식은 5G에서도 사용할 수 있지만 제공되는 서비스 환경에 따라, 즉 광대역 무선 및 다중 안테나 RF를 사용하면 필요한 CPRI 데이터 속도가 최대 1Tbps까지 매우 높아지기 때문에 5G에서 기저대역 호텔링이 어려운 부분이 있다. 따라서 5G에는 기능을 분할하기 위한 다양한 옵션(하위 계층 분할 및 상위 계층 분할)이 포함된다. 해결책은 RF 장치에 하위 레이어의 지연이 중요한 기능을 구성하고, 엣지 클라우드 장치에는 지연이 덜 중요한 기능을 포함하는 것이다. 이런 방법은 전송 시스템의 요구 사항을 최소화할 수 있는 장점이 있다. Layer 1 하위 계층 분할은 RF 사이트에 레이어의 일부를 포함하는 반면, Layer 2 상위 계층 분할에는 RF 사이트에 있는 Layer 1 전체와 Layer 2의 일부가 있다.

표 4-6 RAN 구조 분할 옵션 유형

분할 옵션	내용
Option 1	• RRC는 중앙 장치(CU)에 있고 PDCP, RLC, MAC, 물리 계층 및 RF는 분산 장치(DU/RU)에 위치한다. 따라서 전체 사용자 평면이 분산 장치에 구성된다.
Option 2	• RRC, PDCP는 중앙 장치(CU)에 있고, RLC, MAC, 물리 계층 및 RF는 분산 장치(DU/RU)에 구성된다.
Option 3	• Real-time/Non-real time 기능 분할을 위해 RLC 부계층이 High-RLC와 Low-RLC 부계층 분할 기능으로 구성된다.
Option 4	• RRC, PDCP 및 RLC가 중앙 장치(CU/DU)에 있고, MAC, 물리 계층, RF는 분산 장치(RU)에 구성된다.
Option 5	• MAC 부계층을 분할하는 옵션으로 MAC 계층의 상위 부분(High-MAC), RLC 및 PDCP는 중앙 장치(CU/DU)에 있고, RF, 물리 계층 및 MAC 계층의 하위 부분(Low-MAC)은 분산 장치(RU)에 구성된다.

분할 옵션	내용
Option 6	• MAC 및 상위 계층이 중앙 장치(CU/DU)에 있고, PHY 계층과 RF는 분산 장치(RU)에 있다. • 중앙 장치(CU/DU)와 분산 장치(RU) 간의 인터페이스는 데이터 구성 및 스케줄링 관련 정보(예: MCS, 레이어 매핑, 빔포밍, 안테나 구성, 리소스 블록 할당 등) 및 측정을 전달한다.
Option 7	• UL 및 DL에 대해 서로 다른 하위 옵션(7.1, 7.2, 7.3)의 이점을 독립적으로 얻을 수 있는 비대칭 옵션을 포함해 이 옵션들의 다중 구현이 가능하다. • DU와 CU 간의 전송 대역폭 요구 사항을 줄이려면 일종의 압축 기술이 필요하다.
Option 8	• RF와 PHY 계층을 분리할 수 있다. • 모든 프로토콜 계층 수준에서 프로세스를 중앙집중화할 수 있으므로 CoMP, MIMO, 로드 밸런싱, 이동성과 같은 기능을 효율적으로 지원할 수 있다.

4.4 네트워크 호 처리 절차

4.4.1 UE 등록

■ UE 등록의 개념

기존 4G/LTE는 UE 등록과 Default PDN 연결이 UE를 네트워크에 연결 시 동시에 발생한다. 하지만 5G에서는 UE가 5G 코어 네트워크에 연결을 시도 하면 네트워크에 액세스하려고 먼저 등록 절차를 진행한다. 이는 5G가 사용자 평면과 제어 평면의 분리로 UE 등록 절차와 PDU 세션의 연결 설정 절차가 분리돼 동작함을 의미한다. 따라서 다음과 같이 5G UE의 등록 절차와 PDU 세션 설정 절차를 간단히 살펴본다.

UE가 등록^{Registration}하는 것은 다음의 상황에서 발생한다.

- 초기 등록(UE의 전원이 켜지면 초기 등록 절차를 수행한다.)
- UE의 현재 등록 영역 밖의 새로운 TA(Tracking Area)가 있는 경우
- UE가 이전 등록 동안 협상된 Capability 또는 프로토콜 매개변수를 업데이트해야 할 때
- 주기적인 등록 업데이트
- 긴급 등록(Emergency Registration)

UE가 등록을 하면서 초기 등록 동안 UE의 위치를 5G 코어 네트워크에 업데이트하고, 망 접속을 위한 인증(Ciphering Algorithm 결정, 인증 정보 교환 등) 및 ID(5G GUTI, Allowed NSSAI 등)를 할당받는다. UE는 초기 접속 시에는 SUPI를 사용하고, 그 이후 UE Context가 있는 상황에서 등록(예: 주기적인 UE Registration) 시에는 초기 접속 때 할당받은 5G GUTI 등을 UE ID로 사용해 등록 절차를 수행한다. UE는 필요한 경우 PEI(IMEI, IMEIsv)를 AMF에 제공할 수도 있다. 그림 4-23은 UE가 등록^{Registration} 수행 시 필요한 신호 메시지 절차를 RRC, NAS 및 N2(NGAP) 및 SBI 메시지 레벨에서 최소한의 정보만을 표시해 보여주고 있다.

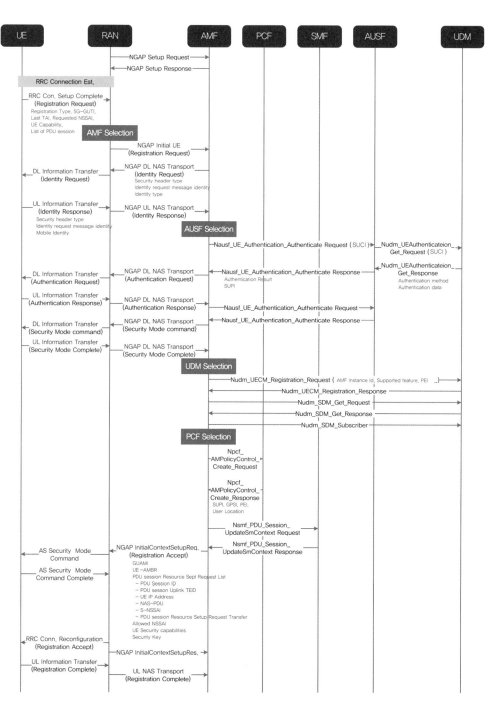

그림 4-23 등록 절차

■ UE 등록 절차

① RAN(gNB)은 UE의 랜덤 액세스 요청을 처리하고 RRC 연결을 시작하기 위한 리소스를 할당한다.

② RAN(gNB)은 UE와 RRC 연결을 설정(SRB1 설정)하며 UE가 제어 신호를 전송할 채널을 제공한다. 이 단계에서 gNB는 PDCCH를 통해 UE에게 하향 링크 및 상향 링크 자원을 할당하기 시작한다.

③ gNB는 UE에 대한 5G-GUTI(SUCI) 또는 기존 N2 연결을 기반으로 AMF를 선택한다. NSSAI를 기반으로 선호하는 AMF를 선택할 수도 있다.

④ AMF 선택 후 NG-RAN(gNB)은 NGAP Initial UE Message를 사용해 UE로 수신된 Registration Request 메시지를 AMF로 전달한다.

⑤ AMF는 수신된 Registration Request 메시지에 SUCI가 제공되지 않거나 이전 AMF에서 정보를 받지 못한 경우(AMF 간 UE가 이동성 발생 경우에 AMF 간 정보 요청/응답이 필요하다.) AMF는 UE로부터 SUCI를 가져올 수 있도록 Identity 요청 메시지를 보낸다.

⑥ AMF는 AUSF와 UDM으로 UE 정보를 전송해 인증 절차를 시작하며, NAS 레벨의 암호화된 링크가 설정된다. PEI^Permanent Equipment Identifier 확인이 수행되는 경우 이전 AMF에서 PEI를 얻지 못한 경우에 AMF는 Identity Request를 UE에 보내 PEI(IMEI, IMEIsv)를 수신할 수 있다.

⑦ AMF가 변경됐거나 SUPI가 ID로 제공되면 AMF는 적절한 UDM을 선택하고 UE 세션에 대한 UDM Registration을 설정한다.

⑧ AMF는 Nudm_SDM_Get을 사용해 SMF 데이터에서 Mobility Subscription 데이터, SMF Selection 데이터, UE Context를 가져온다.

⑨ AMF는 PCF를 선택하고 UE에 대한 정책 관련 데이터를 위해 PCF와 통신한다.

⑩ Emergency Registration 및 등록 유형이 Mobility Registration인 경우 AMF는 SMF와 통신해 "List of PDU session need to activate" IE에서 요청한 PDU 세션을 활성화 또는 재활성화한다.

⑪ AMF는 UE에 대한 등록이 완료되면 UE에게 Registration Accept 메시지를 전송한다. 이 단계에서 UE와 RAN(gNB) 간에 AS 레벨의 보안이 활성화된다.

⑫ UE는 Registration Accept 메시지에 대한 응답으로 AMF에게 Registration Complete 메시지를 전송한다.

4.4.2 PDU 세션 설정 절차

■ PDU 세션 설정 개념

PDU Session 설정 절차는 UE의 요청에 의한 절차와 망으로부터 요청된 절차가 있다. 그림 4-24는 UE가 Registration 절차 직후에 바로 PDU Session 설정 절차를 진행하는 것을 보여주고 있다.

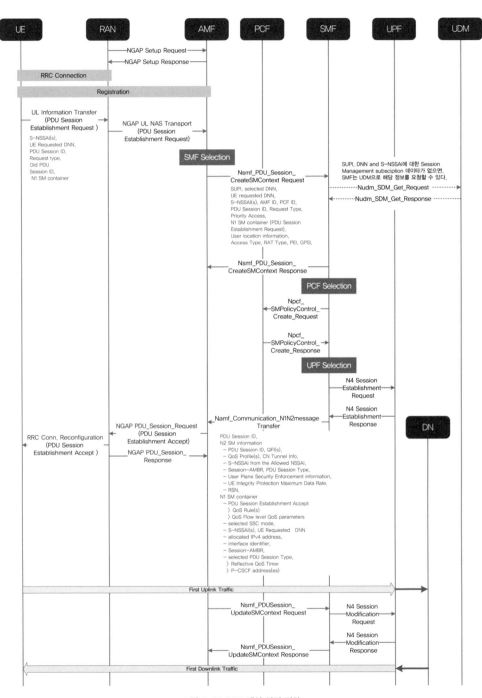

그림 4-24 PDU 세션 설정 절차

■ PDU 세션 설정 절차

① UE는 PDU Session Establishment Request를 RRC UL Information Transfer 메시지를 통해 RAN(gNB)으로 전송하며, 다음 정보를 포함한다.

1. Serving NSSAI: UE가 이전에 등록한 UE 선호 네트워크 슬라이스 또는 NSSAI이다.

2. DNN(Data Network Name): EPS의 APN과 같은 의미이며, UE가 액세스하려는 데이터 서비스 이름이다.

3. PDU Session ID: UE에 의해 생성된 고유 식별자로 기존 PDU 세션과 같지 않다.

4. Request Type: "Initial Request", "Existing Session" 또는 "PDU Session Handover" 중의 하나가 된다.

5. 5GSM Capability: UE의 세션 관리 능력이다.

6. PCO(Protocol Configuration Option): EPS와 동일하며 다양한 NW 파라미터를 요청하는 데 사용된다.

7. SM PDU DN Request Container: DN에 접근할 수 있는 Authorization 정보를 포함한다.

② gNB는 NAS UL Transport N2 메시지를 사용해 AMF를 전송한다.

③ AMF는 요청된 메시지를 기반으로 신규 PDU 세션인지, 기존 PDU 세션과 관련된 세션인지를 결정한다.

④ NAS 메시지에 S-NSSAI가 없으면 AMF는 Default NSSAI를 선택해 처리한다. NAS 메시지가 S-NSSAI를 포함하지만 DNN을 포함하지 않는 경우 AMF는 해당 NSSAI에 대한 Default DNN을 선택하고, UE가 해당 DNN에 가입돼 있으면 로컬 DNN을 선택한다.

⑤ PDU Session Request Type이 Initial Request, EPS, Non-3GPP로부터 Handover인 경우 AMF는 S-NSSAI, DNN, PDU-Session ID, SMF-ID, Access Type의 매핑을 저장한다.

⑥ UE가 제공한 PDU Session ID에 대해 SMF와 관련성을 갖지 않는 경우 AMF는 Nsmf_PDUSession_CreateSMContextRequest를 전송한다. 그렇지 않으면 AMF는 Nsmf_PDUSession_UpdateSMContextRequest 를 SMF로 전송한다.

⑦ UE가 제공한 데이터를 기반으로 SMF는 UDM 및 PCF와 통신해 PDU 세션 생성을 위한 관련 정보를 얻는다.

⑧ Request Type이 Initial Request이면 SMF는 선택한 UPF로 N4 Session Establishment Request를 시작하고, 그렇지 않으면 N4 Session Modification Request를 보낸다.

⑨ UPF는 N4 Session Establishment/Modification Response를 승인한다.

⑩ SMF는 N4 Session Establishment를 사용해 UPF에서 GTP 터널 정보를 가져온다.

⑪ Tunnel End Point가 생성되면 SMF는 N1 Container에 있는 N2 메시지 및 PDU Session 세부 정보에 대한 터널 세부 정보와 함께 Namf_Communication_N1N2MessageTransfer를 AMF로 전송한다.

⑫ Namf_Communication_N1N2MessageTransfer 메시지와 N1/N2 세부 정보 수신 시 AMF는 PDU Session ID, QFI, QoS Profile, CN 터널 정보, PDU Session Type, Session AMBR 파라미터들과 함께 NGAP PDU Session Request의 N2 메시지를 gNB로 보낸다.

⑬ N2 메시지 내부에서는 QoS 규칙, UE IP 주소와 같은 Session 파라미터가 있는 NAS 헤더와 함께 N1 PDU Session Establishment Accept가 gNB로 piggyback 전송된다.

⑭ RAN(gNB)은 AMF로부터 수신한 N2 정보를 기반으로 GTP Tunnel을 설정하고 Tunnel End Point를 설정한다.

⑮ gNB는 PDU 세션 설정을 위해 N1 메시지(PDU Session Establishment Accept)를 UE에 전달한다.

⑯ gNB는 터널을 설정한 후 AMF에 N2 PDU Session Response를 응답으로 보낸다.

⑰ AMF는 Nsmf_PDUSession_UpdateSMContext_Request를 전송해 성공적인 터널 설정에 대해 SMF를 업데이트하고 SMF로부터 응답을 받는다.

네트워크 슬라이싱

네트워크 슬라이싱

5.1 네트워크 슬라이싱 개론

5.1.1 5G와 네트워크 슬라이싱

5G 네트워크는 이전 세대의 모바일 기술에서는 불가능했던 방식으로 모바일 네트워크의 효율성을 높이면서 소비자, 기업 및 사물 인터넷^{IoT}을 연결하는 디지털 통신의 새로운 시대를 열고 있다. 이를 통해 다양한 응용 프로그램 및 적용 사례를 지원해 모든 산업 분야에서 새로운 비즈니스 모델을 만들 수 있다. 5G는 이전 세대의 모바일 기술과 다르게 각각의 응용 서비스에서 필요로 하는 용량, 지연 시간, 안정성 및 동기화 요구 사항을 가진 다양한 유스 케이스에 활용되는 것을 가능하게 하는 모바일 네트워크 기술이다.

현재까지 eMBB$^{enhanced\ Mobile\ Broadband}$, mMTC$^{massive\ Machine\ Type\ Communication}$, uRLLC$^{ultra-Reliable\ and\ Low-Latency\ Communication}$의 3가지(Release 16에서 V2X가 추가됨) 주요 유스 케이스가 정의됐으며, 각각 고유한 요구 사항이 있다. 다양한 적용 사례와 까다로운 성능 요구 사항을 동시에 지원할 수 있는 네트워크를 설계하려면 네트워크에 각 사례의 성능을 최적화할 수 있는 유연성이 내재돼야 한다. 따라서 이를 위해 "네트워크 슬라이싱"이라는 기술 개념이 필요하다. 5G는 "네트워크 슬라이싱"을 5G의 핵심 서비스로 정의하고 있다. 이와 같은 네트워크 슬라이싱은 그림 5-1과 같이 공통 물리적 인프라 위에 각각의 응용 서비스에서 필요로 하는 네트워크 특성에 대한 요구 사항을 만족하는 개별 논리 네트워크를 생성해 제공하는 기술이다.

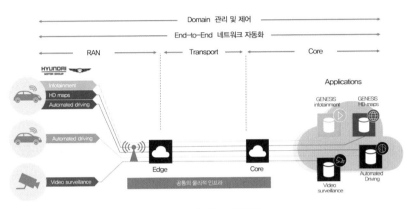

그림 5-1 네트워크 슬라이싱

네트워크 슬라이싱을 통해 5G 네트워크는 초저지연Low Latency의 특성을 제공하는 슬라이스, 높은 신뢰성High Reliability의 특성을 제공하는 슬라이스, 높은 성능 속도High Bandwidth의 특성을 제공하는 슬라이스 그리고 수많은 IoT Device(mMTC) 수용 특성을 제공하는 슬라이스를 동일한 물리적 네트워크 내에서 별도의 인스턴스를 사용해 유스 케이스 각각의 특성을 만족하는 슬라이스를 제공할 수 있다. 그 결과 네트워크 활용도가 향상돼 비용 절감에 도움이 되는 동시에 네트워크 슬라이싱을 제공하는 5G 네트워크의 고도화된 유연성과 확장성에 의해 빠르게 증가하는 수요를 즉시 만족시킬 수 있다. 즉, 5G는 기존 전통적인 네트워크 기능을 넘어 다양한 고객 세그먼트의 특정 요구 사항에 대응해 민첩한 네트워크 서비스를 제공할 수 있는 생성 플랫폼으로서 역할을 할 수 있음을 의미한다.

5.1.2 네트워크 슬라이싱의 정의

네트워크 슬라이싱은 종단 장치에서 응용 프로그램 서버로 확장되고 모든 중간 기능과 도메인을 포함하는 종단 간의 하나의 물리적인 네트워크를 다수의 논리적인 네트워크들로 분할해 서비스 그룹(QoS/KPI)에 따라 '가상의 전용 네트워크'를 제공하는 기술로 "가상 사설 서비스" 개념이다. 처음에는 3GPP Release 15 내에서 5G의 맥락으로 정의됐지만 여기서는 특정 서비스에 대한 네트워크 기능을 조정하는 모든 E2E 기능을 포함하도록 개념을 확장하고 있다. 그림 5-2는 네트워크 슬라이싱의 정의에 대한 개념을 표현하고 있다.

네트워크 슬라이싱은 진화해 이제 가상 및 물리적 네트워크 기능, 클라우드 인프라, 전송/연결, 증강 서비스(예: 네트워크 분석 및 보안 서비스) 및 애플리케이션 기능을 포함한다.

그리고 데이터 속도, 용량, 대기 시간, 안정성, 가용성, 적용 범위 및 보안과 같은 특정 서비스 속성을 충족하는 서비스별 논리 네트워크를 동일한 물리적 네트워크에서 실행해 형성되도록 오케스트레이션된다. 이는 네트워크 슬라이싱을 통해 가상 네트워크 소유자가 주어진 가상 네트워크에 대한 가상 리소스를 구성하는 인프라의 컴퓨팅, 스토리지 및 네트워킹 기능을 자체적으로 충족하도록 사용자 지정할 수 있음을 의미한다.

그림 5-2 네트워크 슬라이싱의 정의

5G 표준에서는 네트워크 슬라이스 기능과 품질^{QoS, Quality-of-Service} 보장 기능을 통해 서비스별 차별화를 제공한다. 4G에서는 Voice와 Data 서비스로 구분해 Voice에 대해서만 별도의 QoS를 제공했고, Data 서비스 내에서는 모든 서비스들이 하나의 자원을 공유하므로 개별 서비스 간의 품질(QoS) 차별화가 불가능했다. 그러나 5G에서는 네트워크 슬라이싱을 통해 각각의 데이터 서비스들도 독립적인 네트워크 자원 할당이 가능하고 각 서비스별로 다른 서비스의 영향을 받지 않으면서 품질을 보장할 수 있다. 특히 이런 독립적인 네트워크 자원 할당을 통해 시간 지연에 민감한 서비스들의 품질을 보장할 수 있게 돼 이동통신 사업자는 특화 서비스에 대한 별도의 과금 체계도 도입할 수 있다.

5.2 E2E 네트워크 슬라이싱

5G 네트워크는 지연 시간, 처리량, 용량 및 가용성에 대한 다양하고 극단적인 요구 사항을 지원하도록 설계됐다. 그리고 5G의 핵심 Feature인 네트워크 슬라이싱은 공통 네트워크 인프라에서 다양한 모든 유스 케이스의 요구 사항을 충족하는 네트워크 서비스를 제공한다. 예를 들어 스마트폰, 태블릿, 가상 현실 연결, 개인 건강 장치, 중요한 원격 제어 또는 자동차 연결과 같이 유스 케이스별로 요구되는 특성을 만족하는 개별 네트워크를 공통의 동일한 네트워크 인프라 환경에서 지원할 수 있다. 따라서 5G 네트워크 슬라이싱을 사용해 E2E 종단 간 성능이 고객의 기대와 서비스 및 애플리케이션 요구 사항을 충족하는 네트워크를 구성할 수 있다.

네트워크 슬라이싱^{Network Slicing}을 제대로 활용하려면 기존에 별도로 취급됐던 Radio, Transport, Core, Edge Cloud, Central Cloud 등의 각각의 Segment/Domain에서 E2E 종단 간 관점에서 Network Slicing을 위한 기

술적 기능이 그림 5-3과 같이 제공돼야 한다. 뿐만 아니라 성능 최적화, 과금 및 E2E 전체 네트워크 측면에서 네트워크 슬라이싱을 조정할 수 있는 망의 능력이 필요하다.

5G는 E2E 종단 간 네트워크 슬라이스싱 자동화 및 서비스 보장을 위한 프레임워크를 제공한다. 자동화 및 오케스트레이션은 초기에 네트워크 슬라이스가 한 두 개만 필요한 경우에는 필요하지 않지만 네트워크 슬라이스의 수가 증가하고 새로운 서비스 도입에 예상되는 시간이 감소함에 따라 자동화 및 오케스트레이션이 필수가 됐다. 이는 네트워크 운영자 및 서비스 공급자 측면에서 수익성 있는 SaaS^{Slicing as a Service} 비즈니스의 핵심이 되고 있다.

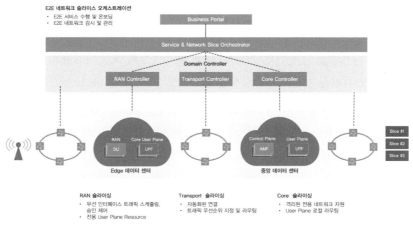

그림 5-3 E2E 네트워크 슬라이싱

■ 코어 네트워크 슬라이싱(Core Network Slicing)

코어 도메인에서 네트워크 슬라이싱의 주요 목표 중 하나는 특정 고객 또는 애플리케이션의 독점적 사용을 위해 코어 네트워크 리소스를 격리하는 것이다. 이런 격리된 리소스는 고객 또는 애플리케이션에 특정한 SLA를 충족하도록 독립적으로 운영, 유지 관리, 확장, 업그레이드 및 보호돼야 한다. 예를 들어 공공안전 고객은 보안상의 이유로 전용 코어 네트워크가 필요하다. uRLLC^{Ultra-Reliable and Low-Latency Communication}가 필요한 애플리케이션에는 예약된 용량의 전용 리소스 제공과 과부하 보호가 중요하게 적용될 수 있다. 이는 중요한 머신 유형 통신(mMTC) 서비스에 필요하다. 그 예로 채굴 장비 및 트럭 등이 무인으로 운영되는 광산 회사와 같은 일부 엔터프라이즈 고객은 비즈니스 크리티컬 작업을 위해 더 높은 수준의 이중화 안정성을 필요로 할 수 있다. 이런 적용 사례를 위해 사설 네트워크의 대안으로 동일한 물리적 네트워크에서 코어 네트워크 슬라이스를 클라우드 환경에서 빠르게 인스턴스화할 수 있다.

■ RAN 네트워크 슬라이싱(RAN Network Slicing)

RAN에서 네트워크 슬라이싱의 주요 목표는 S-NSSAI(슬라이스)를 인식해 이 슬라이스 ID에 매핑돼 있는 QoS Profile에 맞게 무선 자원을 할당, 관리 및 제어하고 전송 구간(예: eCPRI FH, BH)의 Transport 슬라이스에 적절히 매핑해 도메인 간 슬라이스 연결이 가능하도록 하는 것이다.

예를 들어 각 네트워크 슬라이스는 gNB의 데이터 구성을 통해 무선 네트워크의 특정 지역(Cell, TA)만 사용이 가능하도록 구성한다. 이는 TAI를 S-NSSAI와 매핑해 그 관계를 정의할 수 있고, gNB 특정 네트워크 슬라이스에 정의된(매핑된) TA^{Tracking Area}에서 시작된 서비스 요청을 허용하거나 거부하는 승인 제어를 담당한다. 승인 제어는 네트워크 슬라이스 지원, 네트워크 리소스 가용성 및 요청된 서비스 지원과 같은 여러 요인에 따라 달라질 수 있다.

- **전송 네트워크 슬라이싱(Transport Network Slicing)**

Transport Network Slicing은 전송 네트워크를 구성하는 관련 네트워크 엔터티들 간의 독특한 연결 집합이다. 이런 Transport Slicing은 5G를 통해 구현되는 완전한 E2E 종단 간 네트워크 슬라이스에 대한 E2E SLA를 달성하는데 요구되는 QoS, 대기 시간, 가용성 등 기준 매개변수를 해당 네트워크 슬라이스가 요구하는 전송 특성에 맞게 처리한다.

- **Service & Network Slice Orchestration**

E2E Network Slicing은 Cloud RAN, 5G 코어의 NFV(네트워크 기능 가상화) 및 클라우드 네이티브 네트워크 기능CNF, 전송 네트워크의 세그먼트 라우팅 및 소프트웨어 정의 네트워킹SDN과 같은 네트워킹 기술 혁신과 인에이블러의 조합에 의해 도메인 수준 슬라이싱 및 E2E 종단 간 네트워크 슬라이싱을 가능하게 한다. 네트워크 운영자 또는 서비스 공급자는 네트워크 슬라이싱을 통해 유스 케이스별로 차별화된 슬라이스 기반 서비스를 제공할 수 있으며, 엔터프라이즈 고객이 이 네트워크 서비스(네트워크 슬라이스)를 직접 구성할 수 있도록 자체 프로비저닝하는 데 필요한 메커니즘과 슬라이스 레벨 제어를 제공할 수 있다. 따라서 네트워크 슬라이싱을 위해 네트워크 운영자 및 서비스 공급자(CSP, Local 5G 사업자)는 다음을 고려할 필요가 있다.

종단 간 네트워크 슬라이싱 오케스트레이션 구현

네트워크 슬라이싱은 RAN, 엣지, Transport 및 코어 등 각 도메인 내와 도메인 간에 걸쳐 E2E 종단 간 슬라이스로 구성돼야 한다. 그리고 도메인 및 교차 도메인 수준에서 필요한 추상화를 제공하도록 개방형 API를 사용하는 모델 기반 다계층 아키텍처가 종단 간 네트워크 슬라이싱 오케스트레이션의 중심 아키텍처가 돼야 한다.

도메인 수준의 네트워크 슬라이싱 기술은 네트워크 도메인에 따라 크게 달라질 수 있다. 코어 네트워크 슬라이싱은 슬라이스 요구 사항에 따라, VNF(가상 네트워크 기능) 또는 CNF(컨테이너화된 네트워크 기능)를 구성하는 기능에 따라 달라지는데 사용사의 요구에 기반한 슬라이스 정책에 따라 공유 또는 전용 네트워크 기능으로 생성될 수 있다. 즉, 사용자의 유스 케이스 중 유스 케이스#1은 공유 Slice를 통해 서비스를 제공하고, 유스 케이스#2는 전용 Slice를 할당해 서비스를 제공할 수 있다.

코어 또는 RAN 도메인 오케스트레이터는 각 네트워크 슬라이스에 대한 CNF 수준 리소스 구성을 위해 Kubernetes 컨테이너 오케스트레이터와 긴밀한 상호 작용이 필요하다. 마찬가지로 VNF 수준 리소스 구성을 위해 VNF Resource 오케스트레이터와 상호 작용이 필요하다. 반대로 Transport 도메인의 슬라이싱은 세그먼트 라우팅 및 SDN 컨트롤러 기술과 같은 IP 라우팅 혁신의 조합과 필요에 따라 슬라이스 포워딩 구성을 적용해 슬라이싱을 가능하게 할 수 있다.

네트워크 슬라이싱 오케스트레이션 자동화

다양한 산업에서 많은 기업이 새로운 유스 케이스 지원을 위해 네트워크 슬라이스 형태의 네트워크 연결 사용이 증가하는 것은 네트워크 운영자 또는 서비스 공급자(CSP, Local 5G 사업자)가 슬라이스를 생성하고 관리 및 제어하는 비용 증가를 초래할 수 있다. 따라서 네트워크 슬라이싱 오케스트레이션 자동화를 통한 비용의 제어는 매우 중요하다. 오케스트레이션 자동화는 주요한 유스 케이스에 대한 슬라이스 템플릿 카탈로그를 유지 관리해 도메인 및 교차 도메인 레벨 모두에서 네트워크 슬라이스^{Network Slice}를 매우 빠르게 인스턴스화 및 프로비저닝할 수 있도록 함으로써 달성할 수 있다.

5.2.1 코어 네트워크 슬라이싱

코어 도메인에서 네트워크 슬라이싱은 특정 사용자 또는 애플리케이션의 독점적 사용을 위해 코어 네트워크 리소스를 격리하는 것이다. 이런 격리된 리소스는 사용자 또는 애플리케이션에 특정한 SLA를 충족시키려면 독립적으로 운영, 유지 관리, 확장, 업그레이드 및 보호돼야 한다. 코어 네트워크 슬라이싱의 개념은 3GPP Release 13(DÉCOR), Release 14(eDÉCOR)와 같이 Release 15(5G SA) 이전에도 기술적인 개념이 있었으며, 5G 코어 네트워크 슬라이싱은 이것으로부터 발전돼 왔다.

■ **5G 이전 코어 네트워크 슬라이싱**

코어 네트워크 슬라이싱은 3GPP Release 15 및 5G에서 등장된 개념은 아니다. 수년간 많은 코어 네트워크 슬라이싱 개념이 표준화돼 사용됐다. 즉, MOCN, APN 기반 GW 선택, UE 기능 기반 GW 선택 및 QoS와 같은 메커니즘은 이미 LTE에서 사용됐다. 3GPP Release 13에서 RAT 유형 선택[RAT Type Selection] 기능에 의한 코어를 분리 구성 및 선택할 수 있었고 NB-IoT에 사용됐다. 또한 UE 사용 유형[UE Usage Type]을 HSS에 프로비저닝해 가입자별로 코어를 선택할 수 있는 DÉCOR 기술이 도입됐다. 사실상 DÉCOR는 3GPP Release 15에서 네트워크 슬라이싱의 기초가 됐다.

DÉCOR 기능은 기존 UE의 기능에 영향 없이 도입할 수 있는 장점이 있다. 하지만 망의 주요 요소인 eNB, MME 및 HSS에서 DÉCOR를 위한 기능 지원이 필요하다. UE가 망에 초기 접속 시 연결되는 동안 MME는 HSS에 프로비저닝된 정보를 기반으로 UE가 접속해야 할 전용 코어 네트워크[DCN]에 연결되고 있는지 확인하고, 그렇지 않은 경우에는 실제 연결돼야 할 DCN으로 eNB를 통해 리다이렉션을 수행하게 한다.

그림 5-4는 4G에서 DÉCOR 및 eDÉCOR로 구현되는 4G 코어 네트워크 슬라이스를 보여주고 있다.

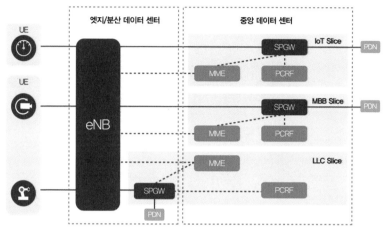

그림 5-4 DÉCOR 및 eDÉCOR를 사용한 4G 코어 네트워크 슬라이싱

DÉCOR 기능은 3GPP Release 14에서 eDÉCOR로 진화됐다. eDÉCOR 기능은 UE가 DCN ID를 미리 프로비저닝할 수 있도록 해 UE 리다이렉션을 최소화하는 데 중점을 뒀다. UE에 프로비저닝된 DCN ID는 UE가 망에 접속하는 초기 Attach부터 eNB에서 올바른 MME를 선택할 수 있도록 하는 기능이다. UE가 사전 프로비저닝되지 않은 경우에도 초기 Attach 동안 수신한 DCN ID를 향후 사용을 위해 저장해 사용할 수 있다. eDÉCOR가 DÉCOR 대비 제어 메시지 트래픽을 줄이는 효과가 있다. 하지만 Attach 절차는 전체 트래픽 프로파일에서 작은 부분을 차지하므로 DÉCOR에 비해 트래픽을 줄이는 효과가 크지 않을 수 있다. 또한 eDÉCOR는 DÉCOR와 다르게 UE에서의 지원이 필요하다. 5G 네트워크 슬라이싱에서 UE가 최대 8개의 슬라이스를 연결할 수 있는 반면, DÉCOR 및 eDÉCOR는 UE가 단일 슬

라이스에만 연결되도록 허용한다. 표 5-1은 DÉCOR와 eDÉCOR의 차이를 보여준다.

표 5-1 DÉCOR, eDÉCOR 비교

구분	DÉCOR	eDÉCOR
3GPP Release	Release 13	Release 14
기본 동작	HSS에 프로비저닝된 UE Usage Type 정보를 기준으로 MME에서 연결 코어망 판단	UE에 설정돼 전송한 DCN ID를 eNB가 식별해 제어할 코어(MME)를 선택함
UE 영향 여부	UE 영향 없음	UE에서 기능 지원 필요
코어망 영향	eNB, HSS, MME 기능 지원 필요	eNB 기능 지원 필요
UE 연결 슬라이드 수	1	1

■ 5G 코어 네트워크 슬라이싱

3GPP Release 15에서 5G 네트워크 슬라이싱은 5G SA 코어 네트워크 기반에서 동작하도록 규정하고 있다. 코어 네트워크 슬라이싱 개념의 주요 메커니즘은 DÉCOR 및 eDÉCOR와 유사하다. 단, 5G 네트워크 슬라이싱과 주요 차이점은 다음과 같다.

- 하나의 UE는 최대 8개의 네트워크 슬라이스에 연결할 수 있다.
- NSI(Network Slice Instance)를 선택하는 역할을 분리해 새로운 NF(NSSF)에서 할당한다.

5G에서 새롭게 정의된 NF인 NSSF[NF Slice Selection Function, 슬라이스 선택 기능]를 통해 NSI를 선택함으로써 5G에서는 코어 네트워크 자원, 즉 슬라이스 특정 NF 및 슬라이스 공통 NF의 할당이 매우 유연하다.

그림 5-5는 서로 다른 네트워크 슬라이스에 NF가 할당되는 방법을 보여준
다. 그림에서와 같이 특정 유스 케이스가 요구하는 서비스 특성을 만족하는
전용 네트워크를 네트워크 슬라이싱으로 구성해 제공하지만 필요한 경우에
는 슬라이싱된 특정 전용 네트워크를 나누의 사용사 그룹이 공유해 사용할
수도 있다.

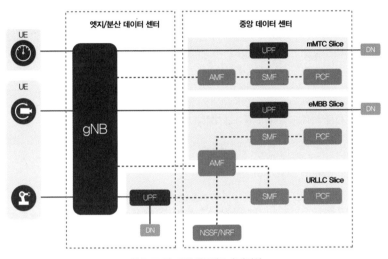

그림 5-5 5G 코어 네트워크 슬라이싱

5G 코어 NF들은 NF의 유형 및 SLA에 따라 NSI 세트(슬라이스 공통)에 포함
돼 공용으로 구성되거나 하나의 NSI(슬라이스 특정)에 전용으로 구성될 수
있다. 가장 일반적인 구성은 각 SST(슬라이스/서비스 유형)에 대해 전용 SMF
및 UPF를 할당해 사용하는 경우이다. 예를 들어 eMBB용 중앙집중식 SMF
및 UPF 세트와 uRLLC용 중앙 SMF 및 분산 UPF 세트가 있을 수 있다. UE
가 다른 세트 AMF에 할당돼 서비스를 받는 것도 가능하다.

5.2.2 RAN 네트워크 슬라이싱

5G를 도입한 3GPP Release 15에서는 코어 네트워크 슬라이스에 초점을 뒀다. 그래서 5G gNB에서 필요한 첫 번째 기능은 단순히 S-NSSAI를 기반으로 하는 AMF 선택을 지원한다. 그러나 많은 관련 유스 케이스에서 처리량, 대기 시간 및 안정성과 관련해 End-User 경험에 가장 큰 영향을 미치는 것은 무선 네트워크에서 발생한다. 따라서 5G가 목표로 하는 유스 케이스들을 네트워크 슬라이스 환경에서 제공하려면 실제 네트워크 슬라이싱을 코어 도메인에서 라디오 도메인으로 확장해야 한다. 3GPP Release 15는 네트워크 슬라이싱을 지원하는 gNB에 대해 다음의 내용을 규정하고 있다.

- UE가 제공한 NSSAI 또는 Temp ID를 이용한 AMF 선택

- 서로 다른 네트워크 슬라이스에 대한 차별화된 트래픽 처리

- SLA(서비스 수준 계약)에 따라 네트워크 슬라이스 간의 RRM 정책 시행

- 네트워크 슬라이스 내 QoS 차별화

- 네트워크 슬라이스 간의 리소스 격리, 즉 특정 네트워크 슬라이스의 공유 리소스 부족이 다른 네트워크 슬라이스의 SLA에 영향을 주는 상황을 방지해 네트워크 슬라이스에 gNB 리소스를 전용으로 사용할 수 있도록 함

그러나 개별 네트워크 슬라이스의 특정 기능을 위한 무선 리소스를 할당하는 스케줄링 및 승인 제어^{Admission Control}와 gNB User Plane에서의 Transport 도메인으로의 슬라이싱 매핑 방법(vLAN 매핑 등)은 3GPP 범위에 포함되지 않으며 제조사 구현 사항이 될 수 있다. 그림 5-6은 RAN 슬라이싱의 개념을 나타낸다.

네트워크 슬라이스 구성	무선 자원 스케줄링 및 승인 제어	Transport 슬라이싱	전용 CU-UP 사용
네트워크 슬라이스는 TA(Tracking Area)별로 구성 네트워크 슬라이스 ID는 이동성 트리거에 사용될 수 있음	네트워크 슬라이스 ID는 무선 인터페이스 리소스 스케줄링 및 무선 리소스 승인 제어에 사용될 수 있음	네트워크 슬라이스 ID는 특정 Transport 슬라이스에 연결될 수 있음 (S-NSSAI에 IP/VNAN ID매핑)	네트워크 슬라이스 ID는 전용 사용자 평면 리소스(CU-UP) 할당에 사용될 수 있음

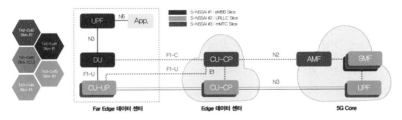

그림 5-6 RAN 슬라이싱 개념

■ 슬라이스 구성

각 네트워크 슬라이스는 gNB의 데이터 구성을 통해 무선 네트워크의 특정 지역^Cell, TA만 사용이 가능하도록 구성할 수 있다. 이는 TAI를 S-NSSAI와 매핑해 그 관계를 정의할 수 있다. gNB 및 5GC는 특정 네트워크 슬라이스에 정의된 TA^Tracking Area에서 시작된 서비스 요청을 허용하거나 거부하는 승인 제어를 담당한다. 승인 제어는 네트워크 슬라이스 지원, 네트워크 리소스 가용성 및 요청된 서비스 지원과 같은 여러 요인에 따라 달라질 수 있다.

3GPP Release 15에서는 Active PDU 세션의 슬라이스 간 핸드오버가 지원되지 않는다. 따라서 특정 네트워크 슬라이스 내에서 UE의 서비스 연속성을 유지하려면 서비스 영역으로 정의된 모든 TA^Tracking Area에서 네트워크 슬라이스가 구성돼야 한다.

소스 gNB는 핸드오버 수행 시 UE가 서비스를 받고 있는 네트워크 슬라이스를 지원하는 셀을 타깃 셀로 핸드오버 절차를 수행한다. 이는 Xn을 통해 교환하는 "지원 네트워크 슬라이스 구성" 정보 및 AMF로부터 수신된 해당 UE에 대한 "Allowed-NSSAI" 정보를 기반으로 해 결정할 수 있다. 소스와 타깃 gNB 사이에 공통으로 지원되는 네트워크 슬라이스가 없는 경우 소스 gNB는 Xn HO를 트리거하지 않고 "슬라이스가 지원되지 않음"이라는 특정 원인을 포함하는 HO 시도를 거부한다.

그림 5-7의 구성과 같이 실제 서비스 환경에서는 동일한 또는 다른 gNB와 다른 Cell 간에 다른 네트워크 슬라이스 세트들이 구성될 수 있다. 소스 셀에서 서비스받고 있는 UE의 네트워크 슬라이스를 핸드오버 대상 셀에서 모두 지원하지 않는 경우 gNB는 부분 승인 제어 기능Partial Admission Control Functionality을 사용해 제한적인 이동성을 제공할 수 있다.

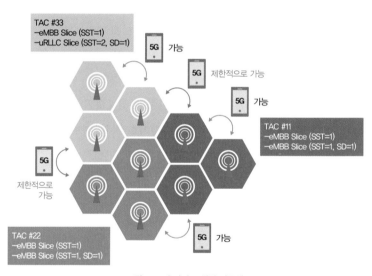

그림 5-7 슬라이스 인식 이동성

■ QoS Flow 및 슬라이스 기반 서비스 차별화

5G는 무선 자원 스케줄링 및 서비스 우선순위 처리를 통해 DRB 선택 시 기존 LTE 대비 QoS Flow에 대한 5QI뿐만 아니라 PLMN ID 내에서 S-NSSAI 등 추가된 정보를 사용한다. 그리고 네트워크 슬라이스(S-NSSAI) ID 기준

으로 더욱 세밀하게 RRM 정책 및 SLA를 기반으로 하는 공유 또는 전용 무선 리소스가 할당될 수 있다. 즉, GBR Flow에 DRB의 일대일 QoS 흐름을 적용하는 것과 같이 gNB는 주어진 SLA에 가장 적합한 RRM 정책을 적용해 QoS Flow를 DRB에 매핑하는 무선 자원 스케줄링 처리를 한다. QoS Flow와 S-NSSAI의 처리는 E2E 종단 간 네트워크 관점에서 지원이 필요하기 때문에 5G 무선 네트워크뿐만 아니라 코어 네트워크에서도 관련 정보의 처리 지원이 필요하다.

표 5-2 Slice ID별 QoS Profile 매핑

QoS Flow				DRB	
PLMN	NSSAI	5QI		Profile #	Scheduling Weight
Non GBR	S-NSSAI 1	6		1	1
	S-NSSAI 1	8		2	5
PLMN1	S-NSSAI 2	8	DRB	3	2
	S-NSSAI 1	9	Profile	4	3
	S-NSSAI 1	5	선택	5	20
PLMN2	S-NSSAI 2	8		6	2
	S-NSSAI 1	9		10	10

gNB가 5QI/S-NSSAI/PLMN ID값을 사용해 알맞은 DRB Profile을 선택함으로써 다대일 표준화된 Non-GBR Flow(5QI 5..9)에 대한 DRB Profile 매핑을 한다. 표 5-2와 같이 DRB Profile은 다른 RRM 스케줄링 가중치로 사전에 프로비저닝될 수 있다. 그리고 동작 관점에서 살펴보면 표 5-2에서 프로비저닝 정보를 기반으로 해 PLMN1의 S-NSSAI 1의 5QI=6은 프로파일1에서 스케줄링 비중(weight)값이 1이고, S-NSSAI 1의 5QI=8은 프로파일2에서 스케줄링 비중값이 5, S-NSSAI 2의 5QI=8은 프로파일3에서 스케줄링 비중값이 2, PLMN 2의 S-NSAI 2의 5QI=8은 프로파일6에서 스케줄링 비중값이 2로 설정돼 있다.

그림 5-8은 표 5-2에서 설정한 Slice ID별 QoS 프로파일 매핑 값이 5G RAN에서 DRB를 어떻게 할당하는지를 보여주고 있다. 즉, 각 PLMN 내 슬라이스 ID별로 선택된 DRB 프로파일에 설정된 비중에 따라 차별화해 QoS 처리를 한다.

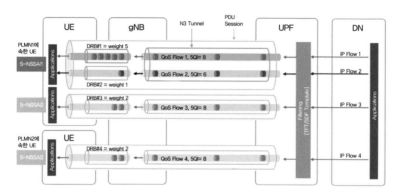

그림 5-8 QoS Flow와 슬라이스 기반 서비스 차별화

■ 슬라이스 인식 스케줄링

Slice Aware Scheduling(슬라이스 인식 스케줄링)의 목적은 UE/PDU 세션 레벨에서 무선 자원의 제어를 넘어 네트워크 슬라이스 레벨, 즉 그림 5-8에서와 같이 S-NSSAI 1 및 S-NSSAI 2의 각각 동일한 슬라이스에 속하는 모든 UE 데이터 세션/베어러는 슬라이스 레벨에서 인식된 스케줄링 우선순위 위에서 각각의 UE/PDU 세션의 QoS Flow의 DRB 매핑에 따른 우선순위가 적용돼 무선 자원을 제어하는 것이다. 이는 gNB가 네트워크 슬라이스 레벨에서 무선 자원(물리적 자원 Block)을 제어 및 할당한다는 것을 의미한다. 슬라이스의 경우 특정 최소 '보장' 용량 레벨과 특정 최대 용량 레벨을 할당할 수 있다. 최소 수준은 특정 슬라이스를 위해 반드시 요구되는 전용 리소스

할당량을 의미하고, 최대 수준은 우선순위화된 슬라이스의 리소스 할당량을 의미한다. 이는 리소스를 해당 슬라이스에서 사용하지 않는 경우 다른 슬라이스에서 사용할 수 있음을 의미한다.

■ 슬라이드 인식 승인 제어 및 선점

슬라이스 인식 승인 제어 및 선점Slice Aware Admission Control & Pre-emption의 목적은 슬라이스 간의 상위 계층 무선 리소스를 격리하고, 해당 특정 슬라이스 내 리소스 부족이 다른 슬라이스의 SLA에 영향을 미치지 않도록 리소스를 선점해 해당 슬라이스의 리소스 부족을 방지하는 것이다. 승인 제어의 일부로 참조되는 무선 리소스는 다음의 요소들이 될 수 있다.

- 셀당 S-NSSAI당 RRC 연결 UE의 수(최소/최대 할당량)
- 셀당 S-NSSAI당 설정된 Non-GBR 베어러 수(최소/최대 할당량)

슬라이스 인식 승인 제어Slice Aware Admission Control는 승인 제어를 통해 각 네트워크 슬라이스에 대해 사용이 가능한 리소스를 할당할 수 있다. RAN 리소스를 슬라이스에 할당할 때 그림 5-9와 같이 공통 풀, 우선순위 지정 및 전용 풀과 같은 다양한 분할 모델을 적용할 수 있다.

- 공통 풀(Common Pool): 모든 슬라이스에 대해 완전히 공유된 리소스
  - 모든 슬라이스는 공유된 리소스의 가용 범위 내에서 각 슬라이스의 허용 최대 할당량에 도달할 때까지 리소스를 사용할 수 있음

- 우선순위 지정 풀(Prioritized Pool): 슬라이스별 보장된 최소 및 허용된 최대 리소스
  - 특정 네트워크 슬라이스가 그 슬라이스에 할당된 리소스를 모두 사용하지 않는 경우 다른 네트워크 슬라이스가 남아 있는 용량을 사용할 수 있음
  - 리소스 할당 우선순위가 있는 슬라이스는 최대 할당량까지 공통 풀(Common Pool)에서 더 많은 리소스를 사용할 수 있음

- 전용 풀(Dedicated Pool): 특정 네트워크 슬라이스 전용으로 예약된 최소 리소스

  - 다른 슬라이스는 전혀 사용할 수 없으므로 SLA가 매우 엄격한 네트워크 슬라이스에 적합함

  - 전용 리소스 할당이 있는 슬라이스는 최대 할당량까지 공통 풀에서 더 많은 리소스를 사용할 수 있음

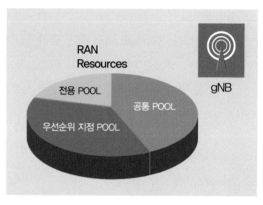

공통 POOL
모든 슬라이스에 완전히 공유된 리소스

우선순위의 지정 POOL
슬라이스별 보장된 최소 및 허용된 최대 리소스

전용 POOL
특정 네트워크 슬라이스에 전용으로 예약된 리소스

그림 5-9 슬라이스 인식 승인 제어

■ CU User Plane Isolation

3GPP Release 15를 사용하면 RAN이 슬라이스를 인식해 다른 네트워크 슬라이스와 차별화된 트래픽 처리를 지원할 수 있다. 하지만 gNB 기능, 즉 각 네트워크 슬라이스를 구성하는 네트워크 기능 세트 측면에서 네트워크 슬라이싱을 지원하는 방법은 RAN 아키텍처 및 장비 제조사의 구현 방식에 따라 다를 수 있다. 중앙집중식 RAN 아키텍처의 경우 네트워크 슬라이싱을 통해 특정 네트워크 기능을 슬라이스할 수 있다. 실제로 이는 CU-UP 리소스가 특정 네트워크 슬라이스 또는 네트워크 슬라이스 그룹에 전용으로 사용됨을 의미한다. 요약하면 그림 5-10과 같이 RAN 슬라이싱 아키텍처를 구성할 수 있다.

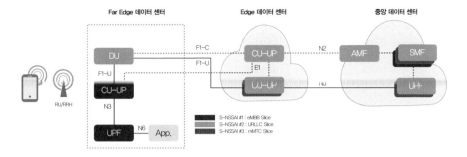

그림 5-10 클라우드 RAN 슬라이싱 구조

- UE는 gNB에 대한 RRC 연결을 설정한다(UE당 단일 RRC).

- gNB는 UE로부터 수신한 요청 및 허용된 NSSAI 및 Temp ID(예: 5G-GUTI)를 기반으로 UE에 대한 RAN 슬라이스 인스턴스 및 AMF를 선택한다. AMF는 UE마다 고유하게 선택되나 특정 UE를 서비스하는 모든 네트워크 슬라이스 인스턴스에 공통이다.

- UE는 동시에 최대 8개의 네트워크 슬라이스를 사용할 수 있고 하나의 네트워크 슬라이스 내에서 여러 PDU 세션을 사용할 수 있다.

- DU에서 슬라이스 인식 및 슬라이스 최적화 스케줄러, DU 인스턴스는 셀의 모든 네트워크 슬라이스(S-NSSAI)에 서비스를 제공하며 슬라이스 종속 QoS 기능을 도입할 수 있다. 이를 통해 주어진 SLA를 기반으로 특정 네트워크 슬라이스에 리소스를 할당하고 한 네트워크 슬라이스에서 다른 네트워크 슬라이스로 리소스를 동적으로 이동할 수 있다.

- CU-UP의 User Plane 리소스는 특정 슬라이스 전용이거나 여러 슬라이스에 공통될 수 있다. 예를 들어 eMBB 슬라이스에 대해 높은 처리량의 CU-UP 인스턴스를 구현할 수 있다.

- 주어진 슬라이스의 요구 사항에 따라 CU 리소스를 유연하게 배포한다. 예를 들어 이는 CU-UP 위치가 uRLLC 슬라이스에 대한 DU에 지리적으로 가깝도록 허용하는 반면(하나의 CU-UP는 여전히 많은 DU를 지원할 수 있다.), CU 제어 평면(CU-CP)은 중앙집중식으로 유지된다.

- VLAN, 기타 가상 사설망 기술 또는 DSCP 표시를 지원해 gNB와 코어 네트워크 간의 백홀 인터페이스에서 네트워크 슬라이스를 분리한다.

- **RAN의 Transport Slice 연결**

uRLLC 서비스의 까다로운 대기 시간 및 안정성 요구 사항을 충족하려면 네트워크 슬라이싱에 Transport 도메인이 포함돼야 한다. gNB에서 Transport 도메인에 네트워크 슬라이스를 확장하려면 그림 5-11과 같이 gNB 측면에서 네트워크 슬라이스(IP 인터페이스/VLAN)당 별도의 논리적 인터페이스를 사용해 전송 계층 트래픽을 분리할 수 있어야 한다.

- 가장 일반적인 방법은 VLAN을 통해 L2VPN을 사용하거나 MPLS 레이블을 통해 L3VPN을 사용하는 것이다.

- 소스 IP 주소와 VLAN ID를 각 S-NSSAI(User Plane)에 연결할 수 있다,

유스 케이스 환경에 따라 로컬 처리 및 로컬 UPF로 라우팅이 필요한 경우 상위 계층 무선 처리도 로컬에서 수행하게 구성할 수 있다.

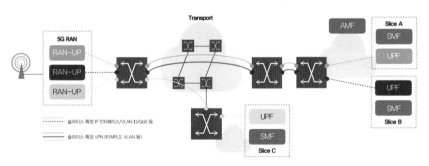

그림 5-11 RAN 네트워크 슬라이싱과 Transport Slice 연결

5.2.3 Transport 슬라이싱

Transport 슬라이싱은 전송 네트워크를 구성하는 관련 네트워크 엔터티들 간의 독특한 연결 집합이다. 이런 Transport 슬라이싱은 그림 5-12와 같이

5G를 통해 구현되는 완전한 E2E 네트워크 슬라이싱에 대한 종단 간 SLA 달성에 요구되는 QoS, 대기 시간, 가용성 등 기준 매개변수를 해당 네트워크 슬라이스가 요구하는 전송 특성에 맞게 처리한다.

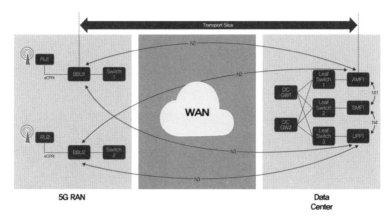

그림 5-12 Transport 슬라이싱

Transport 슬라이싱은 다음을 통해 실현할 수 있다.

- 모든 기술 유형(IP/MPLS, 광학, 마이크로웨이브, PON)

- 모든 터널 유형(파장, ODU, VLAN, IP/MPLS VPN, SR)

- 모든 레이어

Transport 네트워크는 이미 오랜 기간 동안 여러 목적을 위한 전용 SLA와 함께 여러 네트워크 가상화 기술(MPLS, VLN 등)을 제공하는 데 사용돼 왔기 때문에 전송 네트워크의 데이터 플레인을 RAN 및 코어 도메인과 연결하는 것은 매우 용이하다. 그러나 E2E 종단 간 네트워크 슬라이스 구성을 위해 Transport 도메인에서 전송 네트워크 슬라이싱 구성을 위한 제어나 오케스트레이션 평면에서 현재의 전송 네트워크는 많은 개선이 필요할 수 있다. 하지만 5G 네트워크가 지향하는 자동화 기반의 E2E 종단 간 네트워크 슬라이스를 위해서는 Transport 도메인 내의 네트워크 엔터티들은 Transport 도메인 오케스트레이터(Transport Domain Orchestrator 또는 Transport Slice Controller)에 서비스 API 또는 TSCi^{Transport Slice Connectivity interface}를 제공해야 한다.

Transport 슬라이스 컨트롤러는 전체 Transport 도메인과 모든 전송 기술 (광, IP 및 PON 등)에 걸쳐 E2E 종단 간 SLA 요구 사항을 해결할 수 있는 특정 기능과 동적 네트워크 슬라이싱을 가능하게 하는 SDN 플랫폼이 될 수 있다. 전송 네트워크 슬라이싱의 범위는 Front-haul, Mid-haul, Back-haul을 비롯한 모든 도메인에 걸쳐 제공될 수 있다.

■ **RAN과 Transport 간의 인터페이스**

RAN은 Back-haul 또는 eCPRI의 경우 Front-haul 연결을 위해 전송 인터페이스를 갖고 있다.

RAN의 전송 인터페이스에서 슬라이싱에 대한 초기 지원은 주로 Layer 2 VLAN을 기반으로 할 수 있다. 일반적으로 전송 네트워크에서 홉 라우터는 구성된 L2 또는 L3 VPN 전송 서비스에 대해 이런 논리적 VLAN 인터페이스를 수신 인터페이스 및 서비스 액세스 포인트 SAP로 매핑한다. Layer 2 이더넷 스위치의 경우 gNB의 논리적 VLAN 인터페이스는 Metro Ethernet Forum MEF에서 정의한 대로 이더넷 전송 서비스에 연결된다.

전송 네트워크 엔터티에서 RAN으로부터 수신된 패킷의 트래픽 관리 및 QoS 처리는 RAN 자체에서 수행한, 즉 VLAN 태그가 된 패킷의 IEEE

802.1p 마킹 또는 다른 QoS 클래스에 다른 VLAN ID 할당과 같은 적절한 QoS 표시를 재사용해 명시적으로 실현할 수 있다.

논리적 VLAN 인터페이스와 Transport 슬라이스 간의 연결은 S-NSSAI 와 해당 E2E 종단 간 네트워크 슬라이스 간의 상관 관계를 사용해 실현될 수 있다. 즉, gNB에서 S-NSSAI는 VLAN ID와 매핑 관계를 갖고 있으며, S-NSSAI는 E2E 종단 간 네트워크 슬라이스 ID를 의미한다.

■ Front-haul Transport 슬라이스

Front-haul 도메인은 표준 이더넷 전송 계층을 사용하는 eCPRI 인터페이스를 기반으로 하는 경우 Mid-haul 및 Back-haul 도메인과 동일한 방식에 의해 기술적으로 Transport 슬라이스를 구현할 수 있다. 그러나 Front-haul 인터페이스는 RU와 DU 사이의 RAN 도메인 내에 있으며 이 주제는 연구 중에 있다. 예를 들어 IETF는 모든 Any-haul 도메인에서 Transport 슬라이스의 사용을 지정하고 있다. 그리고 3GPP의 다양한 TR는 RAN 및 코어 슬라이스(예: TR-28.530, 28.531, 28.540, 28.541)에 대한 인터페이스를 정의했지만, Transport API를 정의하지는 않았다. Transport 슬라이스 API는 IETF 및 BBF 내에서의 작업 주제이다.

5.2.4 네트워크 슬라이스 오케스트레이션

■ 오케스트레이션 동기

기업은 비즈니스를 수행하는 데 중요한 네트워크 연결을 네트워크 운영자 및 서비스 공급자의 기술과 서비스 정책에 의존해 오고 있다. 역사적으로 볼 때 이 네트워크 운영자 및 서비스 공급자의 망은 제한된 유연성과 제어로 기업에 서비스망을 제공하는 데 상당한 시간과 비용을 동반했고, 이는 빠르게 변화하는 기업의 비즈니스 환경 속에 있는 차세대 디지털 기업의 목적에 적합하지 않음을 의미한다.

5G의 출현 및 Industry 4.0의 패러다임 속에서 다양한 산업 분야의 기업들이 디지털 혁신 이니셔티브를 빠르게 가속화하고 있다. 이를 위해서는 기업들이 비즈니스를 수행하는 데 필요한 네트워크의 고유한 성능 요구 사항(Latency, Network Bandwidth, Reliability 등)에 따라 주문형으로 프로비저닝할 수 있는 매우 유연한 네트워크 연결 서비스가 필요하다. 5G 네트워크 슬라이싱은 이를 가능하게 하며, 5G 네트워크 슬라이스 오케스트레이션은 5G의 핵심 기술인 '네트워크 슬라이싱'을 효율적으로 관리하기 위한 것으로 5G 통신망에서 서비스별로 가상화(하드웨어 기능을 소프트웨어로 구현)된 네트워크와 기존의 유선망을 동시에 관리해 고객의 요구에 맞는 서비스를 제공한다.

5G 네트워크는 프로그래밍이 가능한 전송 네트워크, 클라우드 네이티브 코어, 새로운 무선 및 엣지 클라우드를 포함하는 네트워크로 단순 네트워크를 넘어 차세대 통신을 위한 '서비스 생성 플랫폼'이다. 5G 네트워크는 다양한 산업 분야에서 요구하는 유스 케이스 또는 기업에 서비스를 제공하도록 고유한 네트워크 특성(Latency, Network Bandwidth, Reliability 등)을 갖는 전용 네트워크를 제공함으로써 다가오는 미래 산업사회의 핵심 기반망으로서 역할을 하게 될 것이다.

따라서 5G 기반 환경에서 새로운 수준의 네트워크 서비스 생성 자동화는 네트워크 운영자 및 서비스 공급자뿐만 아니라 다양한 산업 분야 내 기업들이 빠르게 변화하는 비즈니스 환경에 신속하게 반응하고 진화하는 능력, 즉 미래 가치 창출에 필수적인 요인이 되고 있다. 네트워크 운영자 및 서비스 공급자는 가장 혁신적이고 적응력이 뛰어난 완전한 디지털 서비스 제공 업체DSP로 전환할 수 있고, 기업은 디지털 전환DX을 빠르게 할 수 있는 토대를 마련할 수 있다. 또한 이런 디지털 전환 패러다임 속에서 다양한 산업 내 많은 기업이 새로운 유스 케이스 지원을 위해 네트워크 슬라이스 형태의 네트워크 인설 사용의 증가가 예상된다. 이는 서비스 공급사(CSP, Local 5G 사업자)가 슬라이스를 생성하고 관리 및 제어하는 비용의 증가를 초래할 수 있다. 따라서 네트워크 슬라이스 오케스트레이션 자동화를 통한 슬라이스의 생성 및 관리 비용의 제어는 서비스 공급자(CSP, Local 5G 사업자)의 DSP로의 전환에 있어 Key Driver가 될 수 있다. 이런 전환의 핵심에는 비즈니스 및 네트워크 자동화가 모두 포함되며, 여기서 네트워크 슬라이스 오케스트레이션이 핵심적인 역할을 한다.

■ 네트워크 슬라이스 오케스트레이션의 목표

네트워크 슬라이스 오케스트레이션Network Slice Orchestration은 네트워크 슬라이스의 LCMLife Cycle Management과 Quality Assurance 기능의 모든 측면에서 사람의 개입 없이 완벽히 동작하는 것을 목표로 해야 한다.

네트워크 슬라이스의 수명 주기 관리는 네트워크 슬라이스 오케스트레이터의 주요 역할이라고 할 수 있다. 이 슬라이스의 수명 주기 관리는 인스턴스화 및 초기 구성뿐만 아니라 근본적으로 FCAPSFault, Configuration, Accounting, Performance & Security 관리 기능의 모든 측면이 사람의 개입 없이 동작하도록 완전히 자동화돼야 한다. 이를 통해 기업이 비즈니스에 필요한 유스 케이스가 네트워크 슬라이스 형태로 사용이 증가할 때 서비스 공급자의 완전히 자동화된 비즈니스 및 네트워크 서비스 수명 주기 관리를 위한 네트워크 슬라이스 오케스트레이터와 기업의 비즈니스 프로세스의 통합이 가능해진다. 이로써 수많은 슬라이스의 생성, 관리, 제어를 효율적으로 할 수 있고, 빠르게 변화하는 비즈니스 환경의 요구에 대응할 수 있다.

네트워크 슬라이스 오케스트레이션을 통한 궁극적인 자동화 목표는 서비스 공급자(CSP, Local 5G 사업자) 또는 네트워크 슬라이스 사용자(수요 기업)가 정의한 의도 기반 정책 및 규칙에 의해 동작되는 자율적 네트워크를 실현하는 것이다. 즉, 자율적 네트워크는 사전에 정의된 정책 및 규칙에 기반해 네트워크가 필요한 정보를 스스로 구성Self-configure 및 네트워크 상황을 감시Self-monitor하고, 장애 발생 시 스스로 복구Self-heal 및 서비스에 대한 최적화 Self-optimize를 사람의 개입 없이 스스로 수행하는 것을 의미한다.

■ 3GPP 표준화 측면 네트워크 슬라이싱 관리 및 오케스트레이션

3GPP SA5는 3GPP Telecom Management Working Group이다. SA5는 네트워크 슬라이싱(TR 28.801)에 대한 관리 및 오케스트레이션에 대한 연구를 완료하고, 이 연구를 기반으로 다음의 표준 사양 작업을 완료하고 발전시키고 있다.

- 네트워크 슬라이스 개념, 사용 사례 및 요구 사항(TS 28.530)
- 5G 네트워크 및 서비스 TS(TS 28.531)를 위한 네트워크 슬라이싱 제공(TS 28.531)
- 5G 네트워크 및 네트워크 슬라이싱을 위한 보증 데이터 및 성능 관리
- 5G 네트워크 및 네트워크 슬라이싱을 위한 장애 감시

3GPP SA5는 SA2 TS 23.501을 기반으로 네트워크 슬라이스에 대해 다음과 같이 다양한 관리 측면을 정의했다.

- 완전한 NSI(Network Slice Instance)를 관리하는 것은 모든 기능을 관리할 뿐만 아니라 특정 통신 서비스 세트를 지원하는 데 필요한 리소스를 관리하는 것을 포함한다.

- NSI에는 RAN(Radio Access Network) 및 CN(Core Network)에 속하는 NF뿐만 아니라 NF 간의 연결도 포함된다. 즉, NF가 상호 연결돼 있는 경우 3GPP 관리 시스템은 연결 토폴로지, 개별 링크 요구 사항(예: QoS 속성) 능과 같이 NF 간의 연결과 관련된 정보를 포함한다.

- NSI는 물리적 네트워크 기능(PNF)과 가상화된 네트워크 기능(VNF)의 네트워크 슬라이스 서브넷으로 구성될 수 있다.

■ 네트워크 슬라이스 오케스트레이션의 구조

E2E 종단 간 네트워크 슬라이스를 위해 3GPP TR 28.53x 사양은 3계층 모델을 표 5-3과 같이 CSMF, NSMF, NSSMF의 계층 구조를 정의했다.

표 5-3 네트워크 슬라이스 오케스트레이션의 구조

구분	세부 내용
CSMF	• Communication Service Management Function • 유스 케이스 요구 사항을 네트워크 슬라이스 요구 사항으로 변환 • NSMF와 Slice 요청, 사용자와 통신
NSMF	• Network Slice Management Function • 네트워크 슬라이스 요청을 모든 Domain에 걸쳐 네트워크 슬라이스 표현으로 변환(E2E Slice View) • 도메인 간 연결로 End–To–End Slice 구성을 담당 • 도메인 간 슬라이스를 실현하는 NSSMF와 통신
NSSMF	• Network Slice Subnet Management Function • 자체 도메인 내에서 슬라이스를 실현(Domian Slice View) • 해당 도메인 내 슬라이스의 LCM 담당 • 참고: 3GPP는 RAN 도메인과 코어 도메인만 정의함

TR 28.801은 그림 5-13과 같이 3가지 관리 논리 기능을 도입했다.

그림 5-13 Network Slice 관리 기능

3GPP는 그림 5-14와 같이 네트워크 슬라이스 인스턴스와 해당 서브넷을 관리하기 위한 여러 기능으로 구성된 네트워크 슬라이스 관리 아키텍처를 정의했다. 네트워크 슬라이스에 대한 설명에는 서비스 수준 계약의 일부로 정의된 서비스 요구 사항을 지정하는 속성-값 쌍 집합이 포함된다.

허용된 속성은 GSMA[GSMA. (2019). Generic Network Slice Template]에서 지정한 GST에 설명돼 있다. 이런 매개변수는 NEST 파일에 자세히 설명돼 있고, 이 파일은 슬라이스 적용 범위, 격리 수준 또는 트래픽 특성과 같은 네트워크 슬라이스의 서비스 수준 계약과 관련된 값 및 속성이 포함돼 채워진 GST이다.

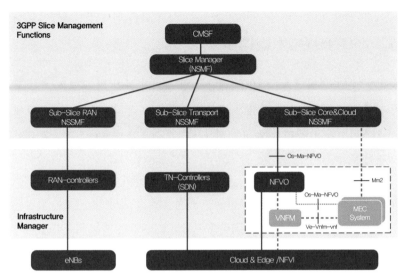

그림 5-14 E2E Network Slice 관리 구조(3GPP mgt 기능과 ETSI-NFV 프레임워크 매핑)

CSMF[Communication Service Management Function]는 고객이 선택한 NEST의 서비스 요구 사항을 서비스 프로필, 즉 네트워크 슬라이스를 인스턴스화하는 데 필요한 특정 토폴로지에 따라 상호 연결된 논리적 네트워크 기능 및 리소스 집합으로 변환하는 역할을 한다. 따라서 CSMF는 고객과 네트워크 운영자 및 서비스 공급자가 제공하는 5G 시스템 관리 플랫폼 간의 접점이 될 수 있다.

NEST 파일 처리 후 서비스 프로파일이 생성되면 CSMF는 이를 REST-API를 통해 NSMF[Network Slice Management Function]로 보낸다.

NSMF는 서비스 프로파일을 사용해 NSI를 생성하고 논리적 토폴로지를 구축하며 필수 네트워크 기능을 배포한다. 먼저 NSMF는 서비스 프로파일 파일을 네트워크 슬라이스를 구성하는 Subnet Descriptor로 분할하고 각각을 해당 네트워크 슬라이스 서브넷 관리 기능[NSSMF]으로 전송한다. 여기서

NSSMF^{Network Slice-Subnet Management Function}는 서로 다른 네트워크 세그먼트(액세스, 전송 및 클라우드)를 관리한다.

NSI가 인스턴스화되면 NSMF는 해당 수명 주기의 관리 및 운영을 계속 책임진다. NSMF로부터 NSSMF가 수신한 정보에는 각 네트워크 세그먼트에서 인스턴스화 및 관리할 NSSI를 생성하는 데 필요한 네트워크 기능에 대한 설명이 포함된다.

RAN 및 전송 네트워크에서 NSSMF는 동적 리소스 할당 및 구성을 담당하는 컨트롤러와 통신해 트래픽 격리를 보장하고 QoS 정책을 적용하며 기지국 및 네트워크 요소의 상태를 제어한다.

예를 들어 무선 액세스 장치를 관리하는 무선 컨트롤러와 광역 네트워크 요소에 중점을 둔 전송 네트워크 컨트롤러는 NSSMF에서 제공하는 리소스 가용성 및 네트워크 슬라이스 요구 사항에 따라 Flow-Rule을 설정한다. 또한 클라우드 도메인을 제어하는 NSSMF는 NSMF에서 보낸 NSD^{Network Service Descriptor}를 사용해 대상 NFVI(NFV 인프라) 도메인에 VNF로 구성된 네트워크 서비스를 배포한다.

NSD는 나중에 인스턴스화할 해당 NFVO^{NFV Orchestrator}에 온보딩된다. NSSMF는 NF의 유형, 즉 VNF, PNF 및 MEC Application을 구별할 수 있어야 한다. MEC Application이 배포되는 방식은 NFV 및 MEC 플랫폼이 인스턴스화되는 방식에 따라 달라질 수 있다. NFV 기반 MEC 시스템이 사용되는 경우 특정 인터페이스를 통해[Mobile Edge Computing (MEC): Deployment of Mobile Edge Computing in an NFV Environment, Document GR MEC 017 v1.1.1, ETSI, 2018] 독립형 MEC 시스템이 사용되는 경우 다른 NSSMF를 통해 배포된다.

Radio, Transport, Cloud 및 5GC 도메인 컨트롤러가 NSSMF 역할과 함께 관리 시스템의 일부 기능을 하는 경우도 있다. 다른 대부분의 경우에는 NSMF와 관리 기능은 Domain Control의 외부 구성 요소가 될 수 있다. NSSMF는 각각의 Domain 컨트롤러와 상호 작용하는 클라이언트 역할을 한다.

■ CSMF와 NSMF

CSMF^{Communication Slice Management Function} 및 NSMF^{Network Slice Management Function}는 3GPP의 종단 간 네트워크 슬라이스 관련 요구 사항에서 네트워크 슬라이스 서브넷 관련 요구 사항을 기능적으로 형상화한 네트워크 엔터티이다.

3GPP, GSM, ONAP와 같은 표준화 및 인더스트리 조직은 5G에서 슬라이스 관리가 어떤 모습 및 형식으로 어떻게 돼야 하는지에 대해 무게를 두고 기술적인 부분을 정의하고 있다. E2E 종단 간 네트워크 슬라이스 관점에서 슬라이스를 관리하는 주체는 기본적으로 CSMF, NSMF, NSSMF의 3가지 주요 네트워크 기능으로 정의하고 있다. 즉, 슬라이스 관리를 위한 사용자 인터페이스 역할을 하면서 새로운 네트워크 슬라이스에 대한 할당 요청을 생성하는 CSMF와 RAN, Transport 및 Core 도메인에 걸쳐 E2E 종단 간 슬라이스를 제어하는 NSMF 그리고 특정 도메인 내에서 NSMF의 수명 주기 관리 명령(예: 인스턴스화, 확장, 종료, 이동)을 적용하는 NSSMF이다.

NSMF의 주요 기능은 네트워크 슬라이스 수명 주기 관리 기능을 지원하는 것이다. NSMF는 서비스 프로파일을 사용해 NSI를 생성하고 논리적 토폴로지를 구축하며 필수 네트워크 기능을 배포한다. 먼저 NSMF는 서비스 프로파일 파일을 네트워크 슬라이스를 구성하는 서브넷 디스크립터로 분할하고 각각을 해당 NSSMF로 전송한다. 여기서 NSSMF는 서로 다른 네트워크 세 그먼트, 즉 액세스, 전송 및 클라우드를 관리한다.

3GPP TR 28.801은 네트워크 슬라이스 인스턴스를 사용하는 네트워크 서 비스 인스턴스와 독립적이라는 점을 고려해 그림 5-15와 같은 네트워크 슬 라이스 인스턴스 수명 주기 관리를 도입했다. 일반적으로 네트워크 슬라이 스 인스턴스가 설계되고(준비 단계), 인스턴스화되고(인스턴스화, 구성 및 활 성화 단계), 운영되고(런타임 단계), 마지막으로 슬라이스가 더 이상 필요하지 않을 때 폐기될 수 있다(해제 단계). 이런 다양한 단계는 그림 5-13에서 언급 한 "네트워크 슬라이스 관리 기능"의 일부이다.

그림 5-15 네트워크 슬라이스의 수명 주기

표 5-4는 네트워크 슬라이스의 수명 주기는 단계별 세부 내용을 보여준다.

표 5-4 네트워크 슬라이스의 수명 주기-단계별 세부 내용

Lifecycle	세부 내용
Design-time	• 서비스 디자인 내에서 카탈로그 항목의 디자인 및 구성 • 3GPP 모델의 준비 단계의 디자인 프로세스 내 하위 프로세스 • 네트워크 슬라이스 템플릿의 생성, 온보딩 및 확인 포함
Run-time	• 주문 관리자가 서비스 요청을 수신할 때 시작된 주문 관리 프로세스 • 카탈로그 항목 요청 및 서비스 카탈로그에서 반환된 카탈로그 항목 구성 을 기반으로 워크플로 구축

Lifecycle	세부 내용
Instance Configuration and Activation	• 새 네트워크 슬라이스 인스턴스의 요청에 대한 인스턴스화, 구성 및 활성화 단계 • 리소스 오케스트레이션을 위해 네트워크 도메인 컨트롤러 및 오케스트레이터와 인터페이스함
Run-time	• 기존 네트워크 슬라이스 인스턴스의 수정 요청에 대한 런타임 단계의 수정 프로세스로 이 단계에서 자동화된 Closed-action(예: Scaling and Healing)이 포함될 수 있음 • 보고 및 네트워크 모니터링을 위한 Assurance 및 폐쇄 루프 작업에 대한 수정 프로세스에 피드백 루프 제공
Decommissioning	• 기존 네트워크 슬라이스 인스턴스를 취소하고 종료하라는 요청에 대한 폐기 단계

네트워크 슬라이스 인스턴스(E2E 네트워크 슬라이스)는 도메인 네트워크 슬라이스 서브넷(예: RAN, 코어 및 전송) 기능을 통해 네트워크 슬라이스 서브넷 인스턴스의 수명 주기를 관리할 수 있으며, 네트워크 슬라이스 인스턴스의 수명 주기와는 독립적이다. 따라서 네트워크 슬라이스 인스턴스의 관리 측면은 다음 4단계로 설명할 수 있다.

- **[1단계] 준비(Preparation)**: 이 단계에는 네트워크 슬라이스 템플릿 설계, 네트워크 슬라이스 용량 계획, 온보딩 및 네트워크 슬라이스 요구 사항 평가, 네트워크 환경 준비 및 네트워크 슬라이스 인스턴스 생성 전에 수행해야 하는 기타 필요한 준비가 포함된다.

- **[2단계] 커미셔닝(Commissioning)**: 이 단계의 프로비저닝에는 네트워크 슬라이스 인스턴스 생성이 포함된다. 네트워크 슬라이스 인스턴스를 생성하는 동안 필요한 모든 리소스가 할당되고 네트워크 슬라이스 요구 사항을 충족하도록 구성된다. 네트워크 슬라이스 인스턴스의 생성은 네트워크 슬라이스 인스턴스 구성 요소의 생성 및 또는 수정을 포함할 수 있다.

- **[3단계] 운영(Operation)**: 이 단계에는 네트워크 슬라이스 인스턴스의 활성화, 감독, 성능 보고, 리소스 용량 계획, 수정 및 비활성화가 포함된다. 운영 단계의 프로비저닝에는 네트워크 슬라이스 인스턴스의 활성화, 수정 및 비활성화가 포함된다.

- **[4단계] 폐기(decommissioning):** 이 단계의 네트워크 슬라이스 인스턴스 프로비저닝에는 필요한 경우 비공유 구성 요소의 폐기와 공유 구성 요소에서 네트워크 슬라이스 인스턴스 특정 구성 요소의 제거가 포함된다. 이 단계가 끝나면 네트워크 슬라이스 인스턴스가 종료된다.

마찬가지로 네트워크 슬라이스 서브넷 인스턴스에 대한 프로비저닝에는 네트워크 슬라이스 서브넷 인스턴스 생성, 활성화, 비활성화, 수정 및 종료 작업이 포함된다.

5.3 네트워크 슬라이스 동작

5.3.1 동작 개요

- **네트워크 슬라이스**

네트워크 슬라이스란 서비스 타입에 따라 해당 KPI, 즉 데이터 속도^{Data Rate}, 대기 시간^{Latency}, QoS, 보안, 가용성^{Availability}, TCO를 만족시킬 수 있는 '필요한 만큼의 네트워크 자원 세트'와 '필요한 종류의 네트워크 기능 세트'를 하나로 묶은 일종의 논리적 네트워크로 여기에 서비스 맞춤형^{Customization} 속성 및 슬라이스 타입 간의 독립성^{Isolation} 보장 등을 함께 만족시킬 수 있도록 하는 기술이다. 그림 5-16은 네트워크 슬라이싱의 개념과 네트워크 슬라이싱을 가능하게 하는 Enabler(Infrastructure, Platform, Application 및 Orchestrator)를 나타내고 있다.

그림 5-16 Network Slicing

3GPP Release 15에서는 eMBB^{enhanced Mobile Broadband}, uRLLC(초고신뢰성 및 저지연 통신) 및 MIoT(대규모 IoT 처리용 슬라이스)의 3가지 표준화된 슬라이스 및 서비스 유형을 정의했다. V2X는 Release 16에서 추가됐다. 표준 관점에서 네트워크 운영자 및 서비스 공급자가 정의할 수 있는 SST값의 범위가 지정돼 있기 때문에 사업자가 네트워크 슬라이스를 구현할 수도 있다. 즉, 표준된 슬라이스(eMBB:1, uRLLC:2, MIoT:3, V2X:4) 외에도 네트워크 운영자 및 서비스 공급자가 SST값을 128~255 범위에서 모바일 엔터프라이즈, IoT, MVNO, Public-Safety, Automated Factory, Events, 자율주행 자동차 및 비디오 감시 비즈니스 사용 사례에 할당해 슬라이스를 구성할 수 있다.

3GPP 표준에 따르면 네트워크는 5G 액세스 네트워크를 통해 동시에 하나 이상 최대 8개의 네트워크 슬라이스 인스턴스로 단일 UE를 서비스할 수 있다.

■ NSSAI

네트워크 슬라이스는 등록 영역^{Registration Area} 내에서 유효하며 가입된 S-NSSAI 정보에 의해 식별된다. 그림 5-17에서와 같이 S-NSSAI는 8비트 SST(슬라이스/서비스 유형)와 24비트 SD(슬라이스 구분자)로 구성되도록 규정

(3GPP TS 23.501의 5.15.2절)돼 있다. SST 필드는 표준화된 값과 표준화되지 않은 값을 가질 수 있다. SD 필드는 필수 항목이 아니라서 네트워크 운영자가 임의대로 할당해 사용할 수 있다.

NSSAI

SST[8Bits]	SD[24Bits]
– 1: eMBB – 2: uRLLC – 3: MIoT – 4: V2X	– 동일한 SST[유스케이스] 내에서 여러 슬라이스 식별 – 네트워크 운영자가 임의로 사용

그림 5-17 네트워크 슬라이싱을 위한 NSSAI

- SST(슬라이스/서비스 유형): 정의된 슬라이스 특성을 참조하는 필수 매개변수이다. 4가지 경우(eMBB(1), uRLLC(2), MIoT(3), V2X(4))가 정의돼 있다. V2X(4)는 Release16에 정의됐다.

- SD(Slice Differentiator): 동일한 SST(유스 케이스) 내에서 여러 슬라이스를 식별한다.

- 3GPP에 따르면 SST는 1에서 255 사이의 값을 가질 수 있다. 그러나 1에서 127까지의 값은 3GPP 표준값이 되고, 128에서 255 사이의 값은 네트워크 운용자가 유스 케이스에 정의해 사용할 수 있다.

- 현재 SST는 1에서 4까지인 eMBB, uRLLC, MIoT 및 V2X의 4가지 표준화된 슬라이스가 있다.

S-NSSAI는 네트워크에 액세스하는 UE 및 망 장비에 의해 사용되며 정보가 구성되는 목적 및 사용 용도에 따라 S-NSSAI의 유형은 표 5-5와 같이 분류된다.

표 5-5 S-NSSAI 유형

구분	세부 내용
Configured S-NSSAI	• Configured S-NSSAI는 PLMN과의 상호 작용이 발생하기 전에 PLMN에서 사용되도록 기본적으로 UE에 설정된 NSSAI이다. • UE가 액세스하는 PLMN의 ID에 대한 어떤 Allowed S-NSSAI 도 수신하지 않은 경우, UE가 해당 PLMN에 대한 Configured S-NSSAI를 제공받은 경우 UE는 RRC 및 NAS에서 Configured S-NSSAI를 제공한다.
Subscribed S-NSSAI	• UE가 PLMN에서 사용하려고 가입한 가입자 정보를 기반으로 하는 NSSAI, UE당 최대 8개의 S-NSSAI가 있을 수 있다. • 각 S-NSSAI에 대한 구독 정보에는 여러 DNN과 하나의 기본 DNN이 포함될 수 있다.
Allowed S-NSSAI	• 하나 이상의 S-NSSAI를 포함할 수 있다. 이런 S-NSSAI는 UE가 등록한 서빙 AMF에 의해 제공되는 현재 등록 영역에 대해 유효하며 UE에 의해 동시에 사용될 수 있다. • UE는 초기 액세스 절차의 일부로 Allowed NSSAI를 수신한다. 각 PLMN에 대해 UE가 Configured S-NSSAI를 저장하고 있다면 Allowed S-NSSAI를 저장해야 한다. UE가 PLMN에 대해 Allowed S-NSSAI를 수신하면 이를 저장하고 PLMN에 대해 이전에 저장된 Allowed-NSSAI를 재정의해야 한다.
Rejected S-NSSAI	• AMF로부터 거부의 원인과 유효성이 있는 하나 이상의 Rejected S-NSSAI를 얻을 수 있다. S-NSSAI는 PLMN 또는 현재 등록 영역에 대해 거부될 수 있다. • PLMN에서 RM-REGISTERED를 유지하는 동안 또는 현재 등록 영역에서 이동할 때까지 거부된 경우 PLMN에서 거부된 S-NSSAI에 등록을 재시도하지 않는다.
Requested S-NSSAI	• Configured S-NSSAI, Allowed S-NSSAI 또는 이들의 조합일 수 있다.
Default S-NSSAI	• S-NSSAI가 Default로 표시되면 UE가 등록 요청에서 네트워크에 S-NSSAI를 보내지 않더라도 네트워크는 Default S-NSSAI와 관련된 네트워크 슬라이스로 UE에 서비스를 제공한다. • 최대 8개의 S-NSSAI를 Default S-NSSAI로 표시할 수 있다.

이 NSSAI 정보는 UE와 네트워크에 저장된다. 그리고 UE가 사용할 네트워크 슬라이스의 올바른 NSI 세트 정의를 위해 UE와 서빙 네트워크 간의 NSSAI 정보를 교환한다.

■ 프로비저닝

그림 5-18은 S-NSSAI 및 네트워크 슬라이스 ID 정보가 네트워크 전체에서 사용돼 E2E 종단 간 네트워크 슬라이스를 생성하는 방법을 보여준다.

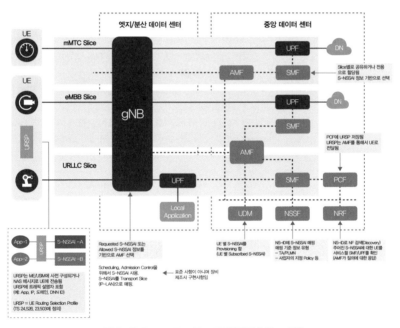

그림 5-18 End-to-End Slice 프로비저닝과 Slice 선택

5G 네트워크의 주요 엔터티에서 동작은 다음과 같다.

- **UDM**: 프로비저닝 절차에 의해 Subscribed S-NSSAI가 UDM의 가입자 프로필에 추가된다.

- **gNB**: 지원되는 S-NSSAI ID 복록과 함께 OAM에 의해 프로비저닝되며, S-NSSAI는 TA(Tracking Area) 수준에서 할당된다.

- **5G UE**: UE는 Configured S-NSSAI로 사전 프로비저닝된다. UE에 Configured S-NSSAI나 등록 시간 동안 전송된 S-NSSAI가 없는 경우 Default S-NSSAI는 AMF에 의해 UE에 표시되고 UE는 해당 정보를 저장한다. Subscribed S-NSSAI가 변경되면 UDM은 가입이 변경됐음을 AMF에 알리고 AMF는 업데이트된 정보를 UE에 통지한다.

- UE는 UE에서 동작하는 애플리케이션을 S-NSSAI에 매핑한다.

5.3.2 네트워크 슬라이스 선택 및 E2E 기능

■ NSSAI와 Slice 선택

네트워크 운영자 및 서비스 공급자는 URSP^{User Equipment Route Selection Policy}를 UE에 제공할 수 있다. 즉, URSP는 UE의 USIM에 사전에 구성되거나 NAS 메시지를 통해 망으로부터 전송받을 수 있다. 여기서 URSP는 애플리케이션을 특정 S-NSSAI와 연관시키는 하나 이상의 URSP 규칙을 포함한다. 또한 모든 애플리케이션을 S-NSSAI와 일치시키는 기본 규칙도 포함된다.

참고로 URSP는 UE의 애플리케이션이 슬라이스를 관리하는 동적 정책 제어 메커니즘으로 UE가 URSP를 사용하면 장치가 사용 중인 응용 프로그램에 따라 서로 다른 네트워크 슬라이스 간에 자동으로 전환될 수 있다.

초기 등록 시 UE는 Configured S-NSSAI를 자신의 Requested S-NSSAI 로 해 NAS Registration Request/RRC Connection Setup Complete 메시지에 실어서 gNB로 전송한다. Request S-NSSAI 정보는 gNB에서 AMF를

선택하는 데 사용되고, gNB는 선택된 AMF로 Registration Request/NGAP Initial UE Message를 전송한다. 그러면 AMF는 Subscribed S-NSSAI를 위해 UDM을 확인한다.

UDM으로부터 Subscribed S-NSSAI를 확인한 AMF는 UE가 접속할 슬라이스 선택을 위해 NSSF로 슬라이스 정보를 요청하고, NSSF는 NSI ID, Allowed S-NSSAI 세트를 AMF로 제공한다. 그다음 AMF는 Registration Accept(Allowed S-NSSAIs, 5G-GUTI, Registration Area. Mobility Policy, 예: Restriction)를 RAN과 UE 모두에게 전송해 UE에게 Registration이 정상적으로 완료됐음을 알린다.

이와 같이 UE가 망에 등록되면 UE는 언제든지 애플리케이션을 시작할 수 있다. UE의 애플리케이션은 Allowed S-NSSAI, DNN은 URSP 구성 기반에 매핑되는데 UE는 DNN 및 S-NSSAI와 함께 PDU 세션 설정 요청을 gNB로 보낸다. 이때 gNB는 PDU 세션 설정 요청을 등록 단계에 선택된 AMF로 전송하고, AMF는 SMF에 접속해 PDU 세션을 설정하도록 요청한다.

마지막으로 PDU 세션에 해당하는 S-NSSAI가 gNB에 제공되면 gNB는 이 슬라이스와 일치하는 리소스와 정책을 선택할 수 있다. 관련된 세부 내용은 "UE Registration 절차" 및 "PDU 세션 설정 절차" 부분에서 보여주고 있다.

앞에서 언급된 UE 애플리케이션 트래픽이 특정 슬라이스에 매핑되는 방법은 3GPP TS 23.503의 6.6.2절(UE URSP 정보) 및 3GPP TS 24.526의 4.2절에서 기술하고 있다. 네트워크는 UE가 애플리케이션 트래픽을 특정 네트워크 슬라이스에 매핑하는 데 사용할 URSP 규칙을 UE 등록 단계에서 보낸다. 이 매핑은 다음을 기반으로 UE에서 수행된다.

1) 애플리케이션 식별자

2) 3GPP TS 23.503에 정의된 IP 3 Tuple

3) Non-IP Descriptor

4) DNN

앞에서 기술했던 네트워크 슬라이스 인스턴스를 통해 데이터 네트워크에 대한 사용자 평면을 위한 PDU 세션 연결 설정은 다음 두 단계로 구성된다.

- 등록 관리 절차를 수행 과정에서 gNB가 필요한 네트워크 슬라이스를 지원하는 AMF를 선택하는 단계: UE에 대한 네트워크 슬라이스 인스턴스 집합의 선택은 일반적으로 NSSF와 상호 작용해 등록 절차에서 첫 번째 접촉된 AMF에 의해 트리거되며 AMF의 변경으로 이어질 수 있다.
- 네트워크 슬라이스 인스턴스를 통해 필요한 데이터 네트워크에 대한 하나 이상의 PDU 세션 설정 단계

■ 등록 절차

그림 5-19는 UE가 망에 등록^{Registration} 중 네트워크 슬라이스를 선택하는 절차를 나타내고 있다.

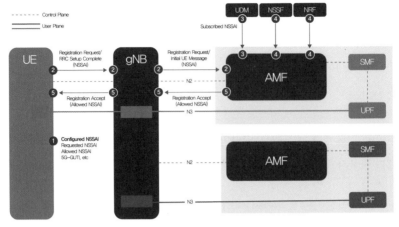

그림 5-19 등록 절차와 슬라이스 선택

등록 단계

① URSP^{User Equipment Route Selection Policy}(애플리케이션에 연결된 S-NSSAI 및 DNN 을 애플리케이션과 연결하는 규칙)를 기반으로 Configured NSSAI가 UE에 프로비저닝된다.

② UE는 Requested NSSAI를 포함하는 Registration Request를 전송, RAN은 Requested NSSAI와 기타 AMF 선택에 필요한 정보 기준에 따라 AMF를 선택한다. 이 단계 처리 중에 UE 및 망에 대한 상호 인증 절차가 진행되고 NAS, RRC Security 절차가 수행된다.

③ AMF는 UDM으로부터 해당 UE의 Subscription 정보(예: Subscribed S-NSSAI 포함)를 가져온다. 즉, UDM은 UE의 Subscription Data와 Subscribed NSSAI 정보를 AMF로 제공한다.

④ AMF는 UE가 접속할 슬라이스 선택을 위해 NSSF로 슬라이스 정보를 요청하고, NSSF는 NSI ID, Allowed S-NSSAI 세트를 AMF로 제공한다. 단,

AMF가 UE에 서비스를 제공할 수 없는 경우 AMF는 슬라이스 선택을 위해 NSSF에 질의하고, 대상 AMF로 등록 재라우팅을 시작할 수 있다. 하지만 그림 5-19에는 재라우팅의 경우는 표시하지 않았다.

⑤ AMF는 Registration Accept/Complete(Allowed S-NSSAIs, 5G-GUTI, Registration Area, Mobility Policy, 예: Restriction)를 RAN과 UE 모두에게 전송한다.

⑥ UE는 망으로 업데이트된 NSSAI(Allowed S-NSSAI)를 사용해 이후 절차, 즉 PDU Session Request 등을 수행한다.

이후 UE는 제공된 NSSAI를 사용해 Allowed S-NSSAI 목록을 갱신한다. 등록 및 네트워크 슬라이스 선택 후 다음 단계는 선택한 네트워크 슬라이스에 대해 하나 이상의 PDU 세션을 설정하는 것이다. PDU 세션 설정 절차를 살펴본다.

■ PDU Session 설정 절차

그림 5-20은 UE가 망에 등록 이후에 업데이트된 NSSAI(Allowed S-NSSAI)를 사용해 선택한 네트워크 슬라이스에 대해 하나 이상의 PDU 세션을 설정하는 절차를 나타내고 있다.

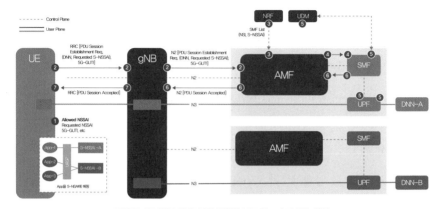

그림 5-20 PDU 세션 설정 절차와 네트워크 슬라이스 선택

PDU 세션 설정 단계

① UE에서 S-NSSAI-A에 매핑된 APP 1이 실행되며, UE는 연결하고자 하는 DNN 및 S-NSSAI에 대해 PDU Session Establishment Request 메시지를 전송한다.

② RAN은 등록 단계에서 선택된 AMF에 PDU Session Establishment Request 메시지를 보낸다.

③ AMF는 해당 슬라이스에 주어진 NSI 및 S-NSSAI에 대한 NF 목록을 NRF로부터 가져온다.

④ AMF는 Nsmf PDU 세션 생성 요청을 SMF로 보낸다.

⑤ SMF는 UE의 Subscription 데이터를 확인하고 UE의 QoS Policy에 대해 PCF를 폴링하고 UPF 및 N4 세션 설정을 선택한다. 그림 5-20에서는 편의상 PCF를 표시하지 않았다.

⑥ SMF는 S-NSSAI를 포함하는 Session Accept 메시지를 AMF 및 RAN으로 보낸다.

⑦ RAN은 수락된 세션을 UE에 보낸다.

PDU 세션은 PLMN 내의 하나의 특정 네트워크 슬라이스 인스턴스에만 속하게 된다. 다른 네트워크 슬라이스 인스턴스는 PDU 세션을 공유하지 않지만 다른 슬라이스는 동일한 DNN을 사용하는 슬라이스별 PDU 세션을 가질 수 있다.

UE에 대한 네트워크 슬라이스 세트^{Network Slice Set}는 UE가 네트워크에 등록돼 있는 동안 "로컬 정책, 가입 변경 또는 UE 이동성 등"을 기반으로 언제든지 변경할 수 있다. UE가 네트워크 슬라이스를 더 이상 사용할 수 없는 영역에 진입하면 5G 코어는 더 이상 사용할 수 없는 슬라이스에 해당하는 S-NSSAI에 대한 PDU 세션을 해제한다. 그리고 AMF 간 핸드오버 발생 시 소스 AMF는 NRF와 상호 작용해 핸드오버 대상 AMF를 선택한다.

MEC

MEC

6.1 MEC 개론

6.1.1 Edge 컴퓨팅

5G 이동통신의 세계적 상용화 이후 5G 융합 산업 확산을 위한 핵심 기술로서 엣지 컴퓨팅 또는 다중 액세스 엣지 컴퓨팅^{MEC, Multi-access Edge Computing} 기술은 기존의 클라우드 엣지 컴퓨팅 기술과 5G망을 밀결합시킴으로써 이동통신망의 자원과 정보를 활용해 5G 융합 서비스의 전송 지연 및 품질을 향상시킬 수 있었다. MEC 기술의 기본 개념은 인터넷에 설치하던 기존 응용 서버를 사용자에 가까운 이동통신망 말단에 전진 배치함으로써 서비스 전송에 따른 지연 시간을 최소화하는 것이다.

그림 6-1은 5G망에서 MEC 기술의 기본 개념을 나타낸 것이다. 그림에 나타난 바와 같이 초저지연 속성을 지원하는 5G망을 이용하더라도 망 외부에 있는 응용 서버와 연결할 때는 인터넷망을 거쳐야 하므로 높은 지연이 발생한다. 지연 시간은 로봇 제어, 커넥티드 CAR, AR/VR/MR 등과 같이 지연에 민감한 5G 융합 서비스에는 치명적인 문제가 된다. 이런 문제 해결을 위해 5G망에서 MEC 기술을 이용해 외부 응용 서버를 5G망 내의 MEC Host에 전진 배치함으로써 지연 시간을 최소화할 수 있다. 나아가 네트워크 트래

픽을 지역화Localization함으로써 사용 대역폭 및 보안 측면에서 보다 효율적이고, 5G망의 네트워크 및 사용자 UE의 제어 정보를 제공함으로써 응용 서비스의 품질을 향상시킬 수 있다.

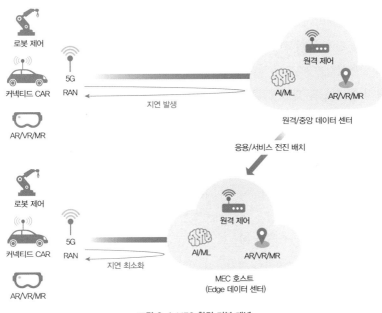

그림 6-1 MEC 환경 기본 개념

6.1.2 MEC의 진화

MEC는 5G 네트워크 아키텍처와 이전 4G 아키텍처를 구별되게 하는 요소이다. MEC는 유럽시장을 중심으로 세계 국제 전기 통신 표준규격을 개발하는 지역표준화기구인 ETSI에서 2014년에 산하 MEC 그룹을 신설해 멀티 액세스 엣지 컴퓨팅 기술 분야에서의 표준 개발 및 관련 표준화 활동을 통해 MEC에 대한 기본 개념을 정립하고, MEC 지원을 위한 기본 요구 사항, 프레임워크와 참조 아키텍처 및 서비스 시나리오 표준을 제정했다. 이후 서비스 분야에서 발굴한 유스 케이스를 기반으로 신규 요구 사항을 도출해 적용하고 MEC 기술을 NFV 가상화 기술과 통합하고, LTE, 5G를 포함하는 멀티 액세스 엣지 컴퓨팅 기술로 확장시키는 표준을 제정했다. 하지만 3GPP Release 15 이전에는 ETSI MEC가 3GPP 코어 네트워크와 결합점이 없어서 독자적으로 표준화가 진행됐다. 따라서 그림 6-2와 같이 LTE 아키텍처에서 MEC는 오버레이^{overlay} 형태로 사용됐고, 3GPP Release 15의 5G 표준화 단계에 이르러 그림 6-4에서와 같이 MEC가 5G 코어 네트워크의 AF^{Application Function}로 동작하면서 5G 네트워크 기능^{NF, Network Function}을 잘 활용할 수 있도록 밀결합하는 방향으로 MEC를 포함하는 5G 아키텍처 및 이를 위한 Enabler들이 정의됐다(TS 23.501의 5.13절 참조). 이후에 추가적으로 서비스 설정^{Service Provisioning}, 등록^{Registration}, 응용 서버 검색^{Service Discovery}, 정보 개방^{Capability Exposure} 및 서비스 지속^{Service Continuity} 등의 응용 계층을 지원하기 위한 EDGEAPP 표준규격이 Release 17에서 정의됐다. 아울러 MEC 응용 서버 검색 및 연결을 위한 네트워크 기능인 EASDF^{EAS Discovery Function}가 Release 17에서 5G 코어 네트워크의 NF로 신규 도입됐다. 이렇듯 MEC는 5G부터 3GPP 아키텍처와 밀결합돼 진화 발전되고 있다.

■ 5G 이전의 MEC 구조 및 환경

그림 6-2는 LTE망 환경에서 MEC가 3GPP망과 네트워크 아키텍처적인 측면에서 결합이 되지 않고, ETSI MEC 아키텍처 측면에서 MEC Host를 배포해 서비스를 제공하는 것을 나타내고 있다. 그림에서와 같이 MEC Host는 데이터 플레인^{Data Plane} 처리부를 포함하고 있다. 따라서 LTE의 모든 S1 트래픽^{S1 Control Plane, S1 User Plane}은 MEC Host의 데이터 플레인 처리부를 통과해서 처리됐다. 이때 데이터 플레인 처리부를 통과하는 S1 User Plane은 MEC Application 요청에 의해 MEC Platform이 제공하는 트래픽 처리 규칙/정

책에 의해 MEC Application으로 전달되도록 조정[Steering]되고, 그렇지 않은 S1 User Plane은 EPC의 SPGW(S-GW, P-GW)로 전달돼 처리된다.

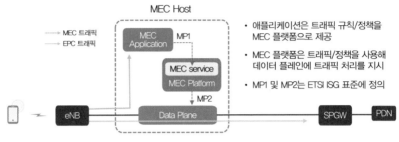

그림 6-2 LTE망에서 MEC Overlay 배포 유형

그림 6-3은 ETSI MEC 아키텍처[MEC Application, MEC Platform, Data Plane]를 따르지 않기 때문에 엄밀하게는 표준 기반 MEC라고는 할 수 없지만 애플리케이션을 무선 액세스 네트워크에 가까운 위치에서 동작시키는 방법 측면에서 MEC 변형 배포 유형이라고 할 수 있다. 여기서는 LTE S1 User Plane 트래픽 조정을 위해 ETSI 표준 MEC Platform을 사용하는 형태가 아닌 소형 EPC를 무선 액세스 네트워크 근처에 두고, APN 제어 등을 통해 S1 User Plane 트래픽을 처리하는 개념이다. 이는 EPC의 구성 형태에 따라 SPGW를 전진 배치해 APN 제어에 의해서만 트래픽을 분류하거나 SPGW+MME를 전진 배치해 PLMN ID를 분리해 트래픽을 조정할 수 있다.

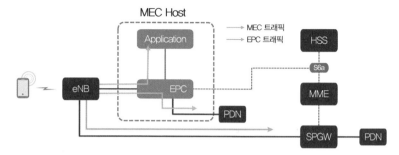

- APN 제어에 의한 트래픽 조정
- 소형 EPC를 전진 배치해 트래픽 처리

그림 6-3 LTE망에서 MEC Overlay 변형 배포 유형

■ 5G에서의 MEC 구조 및 환경

그림 6-4는 5G 환경에서 MEC가 5G 네트워크와 어떻게 결합되는지를 보여주고 있다. 단, 표준화 측면에서 Release 17 및 Release 18을 고려하면 EDGEAPP 및 EASDF 등이 코어 네트워크에 표현될 수 있다. 그림에서와 같이 MEC Host는 5G 코어 네트워크 측면에서 AF로 동작하며 NEF, PCF 등과 연동돼 5G 코어 네트워크가 제공하는 망의 능력/기능 및 자원을 제어하고 이를 활용해 MEC Application에 적용할 수 있다. 여기서 4G 환경에서의 MEC 배포 모델 대비 큰 특징은 MEC Platform이 API를 통해 코어 네트워크의 자원/정보 및 능력/기능을 활용할 수 있는 Control Plane의 구조적인 특징도 있지만 User Plane의 처리를 기존 ETSI MEC 아키텍처의 MEC Host의 Data Plane이 처리했던 것을 5G의 코어 네트워크 기능인 UPF가 대신해 처리한다는 것이다. 이와 같이 MEC와 밀결합을 위해 5G에서는 UPF를 유스 케이스에 따라 다양하게 배포할 수 있는 기술적인 유연성을 제공한다. 이는 앞에서 언급한 TS 23.501의 5.13절에서 명시한 Enabler 중 하나이다.

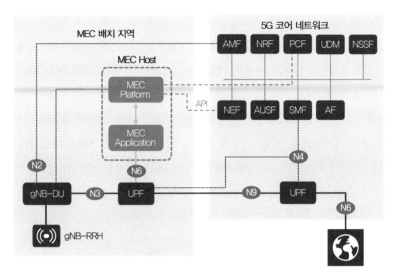

그림 6-4 5G SA에서 MEC 배치

6.2 MEC 구조

6.2.1 MEC Platform 표준 기술

MEC Platform 기술은 다양한 IoT 수용, 초저지연, 대용량 데이터 처리가 필요한 응용 서비스들을 엣지 네트워크상에서 지원하도록 MEC Host 내 응용 서버의 실행, 관리, 전송 제어 등을 수행한다. 또한 응용 서버에 전송 네트워크 개방을 중계하는 핵심 요소 기술이다. MEC Platform 기능이 탑재되는 MEC Host는 지역적으로 분산 설치된 5G망 내 공용 서버로 5G MEC 인프라의 핵심 네트워크 자원이다. MEC Host는 비즈니스 유형에 따라 네트워크 운영자 및 서비스 공급자가 관리하거나 외부 클라우드 서비스 사업자가 관리할 수 있다.

MEC Host는 크게 MEC Platform, MEC Application 실행 환경 및 가상화 인프라로 구성되고, MEC Application을 응용 실행 환경에 배포 및 실행할 수 있도록 한다. 이렇게 배포된 MEC Application은 MEC Platform 기능을 통해 실행 제어 및 전송 제어를 받아 단말과의 통신 및 트래픽 전송을 처리하게 된다. MEC Platform 기술의 표준화는 ETSI MEC 그룹에서 MEC 시스템 참조 아키텍처를 정립했고, 표 6-1과 같이 이에 따른 MEC Platform의 기능 구조와 API 표준, 5G망과 MEC Platform에서 제공하는 서비스 API 표준, MEC Platform과 Application의 관리에 관한 표준 등이 정의됐다. 이후 3GPP Release 15에서 5G 표준규격은 MEC가 3GPP 5G 코어망에 밀접하게 결합돼 5G망을 잘 활용하도록 Enabler가 정의돼 표준규격에 반영됐으며, 3GPP 표준규격 기반의 5G 이동통신망 도입에 따라 3GPP SA WG6에서 5G 코어 네트워크와 밀결합이 가능한 응용 계층 지원 플랫폼 기술에 대한 표준화가 지속적으로 진행 중에 있다.

6.2.2 MEC Framework

다중 액세스 엣지 컴퓨팅MEC, Multi-access Edge Computing을 사용하면 MEC 애플리케이션을 네트워크 엣지 내부 또는 가까이에 위치한 가상화 인프라에서 실행되는 소프트웨어 전용 엔터티로 구현할 수 있다. 그림 6-5는 ETSI GS MEC 003 규격 문서에서 정의하고 있는 MEC 프레임워크를 보여주고 있다. 이 MEC 프레임워크는 MEC와 관련된 일반 엔터티를 포함하고 있으며, 이들은 시스템 수준, 호스트 수준 및 네트워크 수준 엔터티로 그룹화할 수 있다.

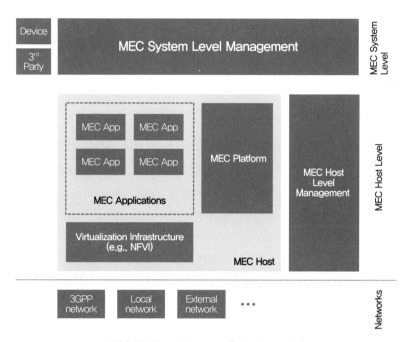

그림 6-5 ETSI MEC Framework(ETSI GS MEC 003)

그림 6-5에서와 같이 MEC 프레임워크에는 MEC Platform, MEC Application 및 Virtualization Infrastructure(가상화 인프라)를 포함하는 MEC Host, MEC Host Level Management, MEC System Level Management 및 물리적인 네트워크와 같은 외부 관련 엔터티들이 포함된다.

■ MEC Host

MEC Host는 MEC Platform과 MEC Application을 위한 컴퓨팅, 스토리지 및 네트워크 리소스를 제공하는 가상화 인프라를 포함하는 엔터티이다. 가상화 인프라에는 MEC Platform에서 수신한 트래픽 규칙을 실행하고 애플리케이션, 서비스, DNS 서버/프록시, 3GPP 네트워크, 기타 액세스 네트워크, 로컬 네트워크 및 외부 네트워크 간에 트래픽을 라우팅하는 데이터 플레인Data Plane이 포함된다.

■ **MEC Platform**

MEC Platform은 다양한 IoT 수용, 초저지연, 대용량 데이터 처리가 필요한 응용 서비스들을 엣지 네트워크상에서 지원하도록 MEC Host 내 응용 서버의 실행, 관리, 전송 제어 등을 수행한다. 또한 응용 서버에 전송 네트워크 개방을 중계하는 핵심 엔터티로서 MEC Platform은 다음의 기능을 담당한다.

- MEC Application이 MEC 서비스를 검색, 광고, 소비 및 제공할 수 있는 환경을 제공한다. 필요한 경우 다른 MEC Platform(동일 MEC 또는 다른 MEC 시스템에 있을 수 있음)을 통해 사용이 가능한 MEC 서비스를 포함해 제공할 수 있다.

- MEC Platform Manager, Application 또는 서비스로부터 트래픽 규칙(Traffic Rule)을 수신하고 그에 따라 데이터 플레인(Data Plane)에 지시해 User Data를 처리하게 한다.

- MEC Platform Manager로부터 DNS 레코드를 수신하고 그에 따라 DNS 프록시/서버를 구성한다.

- MEC Application이 MEC 서비스를 사용할 수 있도록 MEC 서비스를 호스팅한다.

- 영구 저장소 및 시간 정보에 대한 액세스를 제공한다.

위에서 정의된 기능들 외에 MEC Platform에는 MEC Application이 MEC 서비스 API에 액세스하기 위한 API 게이트웨이 기능이 포함될 수 있다.

■ **MEC Application**

MEC Application은 MEC Host가 제공하는 가상화 인프라 위에서 VM(가상 머신) 또는 컨테이너화된 애플리케이션과 같은 가상화된 애플리케이션으로 실행되며 MEC Platform과 상호 작용해 MEC 서비스를 사용 및 제공한다. 경우에 따라 MEC Application은 MEC Platform과 상호 작용해 가용성 표시, 사용자 상태 재배치 준비 등과 같은 애플리케이션 수명 주기와 관련된 특정 지원 절차를 수행한다. 이를 위해 MEC Application에는 필요한 리소스, 최대 지연 시간, 필수 또는 유용한 서비스 등과 같은 특정 수의 규칙 및 요구 사항이 관련될 수 있다. 이런 요구 사항은 MEC 시스템 수준 관리MEC System Level Management에 의해 검증되며 누락된 경우 기본값default으로 할당할 수 있다.

■ MEC System 레벨 관리

MEC 시스템 레벨 관리는 MEC Orchestrator, OSSOperations Support System, 사용자 애플리케이션 수명 주기 관리 프록시 등을 포함해 MEC Host, 자원, 서비스들을 MEC 시스템 전체 관점에서 관리하며, 애플리케이션 패키지 온보딩 등을 처리한다.

■ MEC Host 레벨 관리

MEC Host 레벨 관리는 MEC Platform Manager와 가상화 인프라 관리자 Virtualization Infrastructure Manager를 포함하며, MEC Platform Manager는 다음의 기능을 담당한다.

- 관련 응용 프로그램 관련 이벤트를 MEO에 알리는 것을 포함해 응용 프로그램의 수명 주기를 관리한다.

- Element 관리 기능을 MEC Platform에 제공한다.

- 서비스 인증, 트래픽 규칙(Traffic Rule), DNS 구성을 포함한 애플리케이션 규칙 및 요구 사항을 관리한다.

MEC Platform Manager는 가상화 인프라 관리자로부터 가상화된 리소스 장애 및 성능 측정값 등을 수신해 관련 정보가 서비스가 안정적으로 동작하는 데 사용될 수 있도록 OSS 및 MEC 오케스트레이터^{Orchestrator}에 제공한다. 가상화 인프라 관리자는 다음의 기능을 담당한다.

- 가상화 인프라의 가상화(컴퓨팅, 스토리지 및 네트워킹)된 리소스를 할당, 관리 및 해제한다.

- 소프트웨어 이미지를 실행하기 위한 가상화 인프라를 준비한다. 이런 준비에는 인프라 구성이 포함되며 소프트웨어 이미지 수신 및 저장이 포함될 수 있다.

- 가상화된 리소스에 대한 성능 및 장애 정보 수집 및 보고를 한다.

- 애플리케이션의 재배치를 수행한다. 즉, 외부 클라우드 환경으로부터 또는 외부 클라우드 환경으로의 애플리케이션 재배치의 경우 가상화 인프라 관리자는 외부 클라우드 관리자와 상호 작용해 애플리케이션의 재배치를 수행한다.

6.2.3 MEC 시스템 참조 아키텍처

ETSI MEC 그룹에서는 다양한 응용 서비스 산업군에 엣지 컴퓨팅 개념을 적용해 실질적 MEC 시스템 구현에 필요한 개방형 플랫폼을 정의하려고 MEC 시스템의 참조 아키텍처를 그림 6-6과 같이 정의했다. 이 참조 아키텍처는 크게 시스템 레벨과 호스트 레벨로 구분돼 각 레벨에서의 기능 구성 요소를 정의하고 이들 간의 인터페이스를 규정하고 있다. MEC 참조 아키텍처의 주요 기능 구성 요소의 역할은 다음과 같다.

- **MEC Orchestrator**: MEC 서비스, 응용, 플랫폼에 대한 수명 주기 관리 제어 등의 오케스트레이션 기능을 수행하고, MEC 시스템 전체를 제어 관리한다.

- **MEC Platform**: MEC 응용 검색, MEC 서비스 이용 등이 가능한 응용 실행 환경을 지원하며, Application의 트래픽 전송, DNS 설정, 스토리지 액세스 등 플랫폼 기능을 제공한다.

- **MEC Platform Manager**: 응용이나 MEC 시스템 구성 요소들의 수명 주기 관리를 포함해 여러 다른 위치에 배치된 MEC 플랫폼을 관리하는 기능을 수행한다.

- **MEC Service**: 여러 응용이 공통적으로 이용할 수 있도록 MEC 플랫폼에서 제공하는 서비스에 해당한다(예: 단말 위치, 무선 네트워크 정보 등).

- **Virtualization Infrastructure**: 응용이 실행되는 데 필요한 컴퓨팅, 저장소 및 네트워크 가상 자원을 제공한다.

- **MEC Host**: MEC 플랫폼, 가상 인프라, MEC 서비스 및 응용들로 구성되는 엔터티이다.

그림 6-6에서와 같이 ETSI MEC 시스템 참조 아키텍처는 MEC Host의 가상화 인프라 영역에 Data Plane을 포함하고 있어 3GPP Release 15 전까지는 3GPP 네트워크와 연관성 없이 독립적으로 동작할 수 있도록 Data Plane 영역을 포함했다. 하지만 5G에서는 UPF의 기능과 유연한 UPF 배포 모델의 지원으로 ETSI MEC 프레임워크의 MEC Host에 포함된 Date Plane을 5G 코어의 UPF가 대신할 수 있도록 해 ETSI MEC가 3GPP 5G 네트워크에 밀결합이 가능하게 됐다.

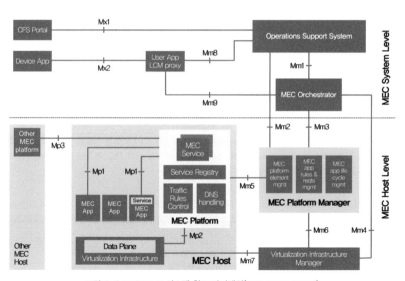

그림 6-6 ETSI MEC 시스템 참조 아키텍처(ETSI GS MEC 003)

6.2.4 응용 지원 계층

3GPP SA WG6에서는 5G MEC 지원을 위한 응용 계층^{Application Enablement} 플랫폼 구조로서 EDGEAPP 표준규격을 제정했으며, 3GPP 표준규격(3GPP TS 23.558 Architecture for Enabling Edge Applications, Release 17)에서는 5G MEC의 응용 계층^{Application Enablement} 지원을 위해 다음과 같은 주요 기능을 정의했다.

- **서비스 설정(Service Provisioning)**: 엣지 서비스의 선택 및 연결에 관한 초기 설정

- **등록(Registration)**: 단말 및 응용 서버의 정보 제공 및 관리

- **응용 서버 검색(Service Discovery)**: 단말에 가장 가까운 응용 서버의 검색

- **정보 개방(Capability Exposure)**: 네트워크 개방 정보의 전달 및 활용

- **서비스 지속(Service Continuity)**: 단말의 이동에 따라 응용 서버를 변경하고 서비스 단절 최소화

이런 기능의 제공을 위해 EDGEAPP 표준규격에서는 그림 6-7과 같은 기능 구조 및 인터페이스를 정의했으며, 이 참조 아키텍처에서 주요 기능 엔터티와 그 담당 역할은 다음과 같다.

- **엣지 설정 서버(ECS, Edge Configuration Server)**: 전체 MEC 서비스 및 네트워크 설정 정보를 관리하는 중앙 서버로서 서비스 초기 설정값을 EEC(Edge Enabler Client)에 전달한다.

- **엣지 지원 서버(EES, Edge Enabler Server)**: MEC 호스트의 플랫폼 역할을 담당하며, EEC에 EAS(Edge Application Server) 설정 전달, 네트워크 개방 정보 전달, 이동성 지원을 위한 실시간 정보(Context) 전달 등을 담당한다.

- **엣지 응용 서버(EAS)**: 서비스 사업자가 제공해 MEC 호스트에 설치하는 응용 서버로서 실제 응용 서비스 연결 및 데이터를 제공한다.

- **엣지 지원 클라이언트(EEC)**: UE단에서 엣지 플랫폼 클라이언트 역할을 담당하며, 엣지 서비스 설정 및 저장, EAS 검색 및 발견 등의 역할을 수행한다.

- **응용 클라이언트(AC, Application Client):** 응용 클라이언트 역할로서 EAS와 응용 서비스 데이터를 직접 교환한다.

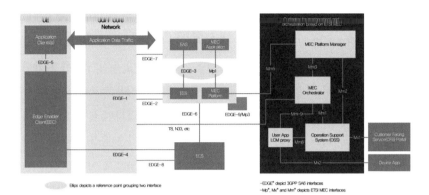

그림 6-7 3GPP SA6(EDGEAPP) 아키텍처와 ETSI MEC 아키텍처 간의 관계(TS 23.558)

6.2.5 3GPP 전송 계층

MEC의 3GPP 전송 계층 지원 기술은 MEC 응용 서비스 데이터를 단말에 전송할 때 최적의 전송 경로를 설정하거나 단말의 이동에 따라 전송 경로를 동적으로 재설정하는 역할을 담당하는 요소 기술이다. 아울러 전송망 내부에서 관리되는 네트워크 및 단말의 제어 정보를 MEC Platform을 통해 MEC Application 서버에 개방함으로써 서비스 제공자가 응용 서비스 제어 및 품질 향상 등에 활용할 수 있도록 한다. 이 MEC 지원 네트워크 기술은 MEC 지원을 위한 데이터 플레인 연결 모델, 네트워크 개방 기능, MEC 응용 서버의 검색 및 연결 기능 등을 제공한다.

3GPP에서는 MEC 전송 지원을 위해 트래픽 경로를 로컬 데이터 네트워크로 설정할 수 있도록 데이터 플레인 연결 모델을 새로 구성했으며, 특히 MEC 응용 서비스가 활용될 수 있도록 네트워크 전송 경로 제어, UE 위치

정보, QoS 정보 등을 개방하는 NEF 네트워크 기능의 새로운 인터페이스를 제공한다.

또한 MEC 응용 서버 검색 및 연결을 위한 네트워크 기능인 EASDF[EAS Discovery Function] 기반 5G MEC 전송 계층 지원을 위한 EASDF가 정의됐다. 그림 6-8은 EASDF 기반의 MEC 전송 계층 지원 기능 및 동작 구조를 요약한 것으로 그림에서 기술된 것처럼 UE는 DNS 쿼리를 사용해 EASDF에 응용 서버의 연결 주소를 요청하고, EASDF는 네트워크 사업자의 설정과 DNS 쿼리의 소스 IP 주소를 기반으로 UE의 위치에 가장 가까운 응용 서버를 선택해 해당 연결 주소를 제공하게 된다. UE가 새로운 지역으로 이동할 경우 응용 서버 변경에 따른 데이터 유실을 막을 수 있도록 UPF의 패킷 버퍼링과 패킷 수신 IP 대체 등과 같은 추가 기능을 제공한다.

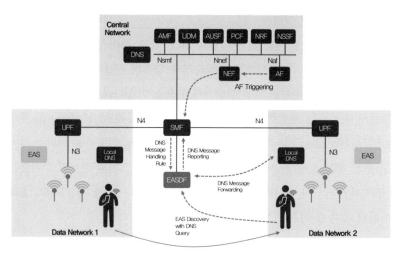

그림 6-8 3GPP 5G MEC 전송 계층 지원 구조

6.3 5G 네트워크에서 MEC 구현 및 서비스 제공

6.3.1 MEC와 5G

■ 5G에서 MEC 역할

MEC(다중 액세스 엣지 컴퓨팅)는 5G망 환경에 결합돼 많은 미래 산업사회에서 다양한 유스 케이스를 실현하는 데 있어 미래 5G 네트워크의 핵심 요소이다. MEC는 초고속, 광대역폭, 로컬 관련성 및 고도로 개인화된 서비스를 제공하기 위한 5G망의 핵심 Enabler이다. 예를 들어 스포츠 경기장에서는 경기장에서 새로운 방식으로 동작을 보여주는 증강 현실 또는 가상 현실 서비스와 고해상도 비디오 재생을 관중에게 제공해 사용자 경험을 차별화하고 네트워크 운영자 및 서비스 공급자에게 새로운 수익을 창출할 수 있으며 산업 환경과 스마트시티 전반에서 IoT(사물 인터넷) 애플리케이션을 지원하는 데 중요한 기술이다. 또한 상황 정보와 위치 인식을 통해 고도의 개인화된 실시간 모바일 서비스를 제공하는 MEC의 능력은 사용자 경험을 크게 향상시킬 수 있다.

이런 MEC는 5G가 정의된 Release 15 이전부터 ETSI에서 정의된 기술로서 3GPP와는 독립적으로 규격이 제정되고 기술이 개발됐다. 하지만 Low Latency가 5G의 핵심 유스 케이스의 목표가 되고, 다양한 Vertical Industry의 요구 사항을 지원해야 하는 5G와 MEC의 서비스 및 아키텍처적인 결합을 위해 3GPP는 ETSI에서 정의된 MEC가 5G망을 잘 활용할 수 있는 방향으로 사용되고 통합될 수 있도록 Enabler와 5G 아키텍처의 주요 구현 요소를 정의했다.

따라서 MEC는 5G 네트워크 아키텍처 측면에서 5G 기술과 결합해 5G 네트워크 엣지에서 클라우드 컴퓨팅 환경을 제공한다. 즉, 최종 사용자가 위치하는 고객사 내 또는 기지국에 더 가까이에서 사용자 애플리케이션을 실행할 수 있는 기술적 환경을 가능하게 해 Low Latency를 위한 네트워크 구조를 제공한다. 뿐만 아니라 해당 MEC Application들이 5G망과 상호 작용해 5G 네트워크 자원/정보(상황 정보, 위치 정보 수집 등)와 이용 및 제어/관리할 수 있도록 하는 다양한 API 및 NF(NEF, EASDF)와 같은 기술적 방안이 제공됨으로써 사용자 경험이 크게 향상되고 Application에서 구현되는 서비스가 훨씬 다양하고 정교해질 수 있다. 또한 사용자 애플리케이션의 적용 사례 및 환경에 따라 MEC를 중앙집중식 및 엣지 분산 구조로 배치해 애플리케이션을 동작시킬 수 있다.

■ **MEC 동작을 위한 UPF**

MEC Application(응용 서비스)을 위한 User Plane은 그림 6-9와 같이 5G 코어 네트워크가 UE에 가까운 UPF를 선택하고 N6 인터페이스(SGi 인터페이스와 동일)를 통해 UPF에서 로컬 MEC로 트래픽 스티어링을 실행할 수 있도록 UPF에 QoS 프로파일 정보를 제공한다. MEC 트래픽 라우팅을 위해서는 UL CL^{Uplink Classifier function}을 데이터 경로에 포함해 UL CL 정보에 의해 UPF가 트래픽을 분류할 수 있다. 이를 위해서는 MEC가 AF로서 NEF/PCF에 연동이 필요하고, UPF는 SMF/PCF로부터 트래픽 분류 정책을 받을 수 있다.

MEC Application을 위해 지역에 구성된 UPF는 MEC Application에서 필요한 트래픽을 포함한 인터넷 트래픽(인터넷 트래픽이 Local에서 Break out되는 경우)을 Local UPF의 N6으로 처리하는 반면, IMS와 같이 중앙에 위치하는 서비스 트래픽 처리를 위해서는 중앙에 위치하는 UPF와 N6을 통해 처리할 수 있다. 따라서 동일한 사용자의 MEC 및 eMBB 트래픽은 로컬 UPF에

서, IMS와 같이 중앙에서 처리되는 경우의 서비스는 중앙 UPF에서 동시에
서비스에 액세스할 수 있다.

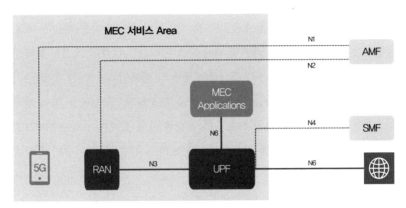

그림 6-9 MEC 동작을 위한 UPF

■ MEC는 5G의 기본 기술

5G 시대가 기반이 되는 미래 산업사회는 원격 자동 제어 등 초저지연이 중
요시되는 유스 케이스가 주요하게 적용될 수 있기 때문에 MEC가 구성돼야
하는 당위성이 있다. 5G는 프로그램이 가능한 소프트웨어 중심 네트워크로
다양한 유스 케이스를 지원한다. NFV 및 SDN과 같은 기술 Enabler를 사용
해 네트워크 기능의 효율적이고 확장이 가능한 배포를 가능하게 해 사용자
를 제어 평면에서 분리할 수 있다. MEC는 5G의 핵심 Enabler 아키텍처 개
념으로 5G 처리량, 지연 시간, 확장성 및 자동화 목표를 충족하는 데 도움이
된다. 또한 MEC를 5G 아키텍처에 통합하면 부가가치를 창출해 효율적인
네트워크 운영, 서비스 제공 및 고도로 개인화된 사용자 경험을 보장하며,
이는 산업용 디바이스까지 확대 적용될 수 있다.

이와 같이 5G 환경에서 중요하게 사용되는 네트워크 요소인 MEC 관련 3GPP의 주요 표준화 영역은 엣지 응용 지원 계층^{Edge Enabler Layer}, 3GPP 전송 계층^{Transport Layer}, 엣지 관리 계층^{Edge Management Layer}과 같이 크게 3가지로 분류할 수 있다. 엣지 응용 지원 계층은 MEC 응용의 검색 및 연결 등 MEC 핵심 기능을 처리하는 응용 플랫폼 기능을 제공하며, 3GPP 전송 계층은 MEC 응용의 연결, 로컬 트래픽 라우팅 제어 등을 처리하는 네트워크 기능을 제공한다. 엣지 관리 계층은 MEC 플랫폼과 응용의 컴포넌트에 대한 수명 주기 관리^{Lifecycle Management}나 과금에 대한 기능을 제공한다. 엣지 응용 지원 계층의 MEC 기술은 SA WG6에서 표준화가 진행 중에 있으며, EDGEAPP라고 지칭하는 Release 17 표준규격 제정을 완료하고 이후 세부 기술의 확장은 Release 18 표준규격에서 완료하는 것을 목표로 하고 있다. 3GPP 전송 계층의 MEC 기술은 현재 SA WG2에서 표준화가 진행 중이다.

6.3.2 MEC의 기본 구성 요소

- **MEC 구성**

MEC는 사용자와 가까운 네트워크 엣지에서 클라우드 컴퓨팅 및 IT 기능을 구현해 실시간 및 개인화된 모바일 서비스를 위한 "클라우드"가 된다. MEC 시스템은 네트워크 또는 네트워크의 일부 내에서 소프트웨어 전용 엔터티로 애플리케이션을 실행하기 위한 MEC Application Enablement, API^{Application Programming Interface} 및 Application Management & Orchestration 기능으로 구성된다. 그림 6-10은 이와 같은 MEC 프레임워크를 간단히 나타내고 있다.

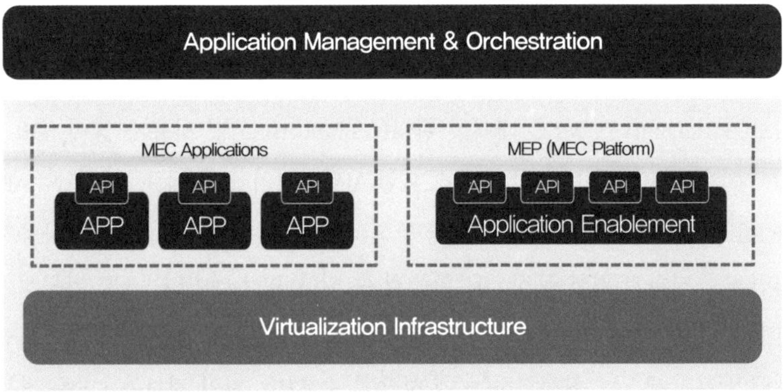

그림 6-10 MEC Application Enablement 프레임워크

■ MEC Application Enablement

그림 6-10에서 MEC Application Enablement를 사용하면 사용이 허가된 애플리케이션이 네트워크 운영자의 5G 네트워크에 액세스할 수 있고, 네트워크 내에서 실행되며, API를 통해 네트워크 및 컨텍스트 정보를 사용할 수 있다. MEC Application Enablement 런타임 호스팅 환경은 하드웨어 리소스와 애플리케이션을 실행하기 위한 가상 컴퓨팅, 스토리지 및 네트워크 리소스를 제공하는 가상화 인프라로 구성된다.

MEC Application Enablement는 다음의 기능을 제공한다.

- 서비스의 등록(Registration), 공고(Announcement), 발견(Discovery) 및 통지(Notification)
- 서비스를 제공하고 이용하는 애플리케이션에 대한 인증 및 권한 부여
- 서비스에 대한 통신 지원(Query/Response and Notifications)

■ MEC API

그림 6-10에서 MEC API에는 RNI^{Radio Network Information}(GS MEC 012), 위치
정보(GS MEC 013), MEC 대역폭 관리(GS MEC 015) 및 사용자 장비 ID(GS
MEC 014)를 포함한 다수의 서비스 관련 API가 정의됐다. 예를 들어 RNI API
는 MEC 애플리케이션에서 네트워크 및 서비스 운영을 최적화하고 사용자
경험을 유지하기 위한 목적으로 활용될 수 있다. RNI 데이터는 UE 이동성이
발생해 그에 따른 해당 애플리케이션 재배치가 필요한 경우 애플리케이션
재배치 프로세스를 최적화하는 데 사용될 수 있다. 위치 정보는 UE를 찾는
데 도움이 되고 UE와 함께 사용자가 어떻게 분포돼 있는지에 대한 분포 현
황을 제공할 수 있다. 예를 들어 교통 상황 최적화 또는 유틸리티 계획과 같
은 스마트시티 애플리케이션에서 사용할 수 있고, 위치 서비스를 통해 지능
형 및 맞춤형 광고에 사용할 수도 있으며, 위치 정보를 이용해 지정된 지리
적 영역에서만 사용할 수 있는 지오펜싱 서비스 유형에 사용될 수 있다. 표
6-1은 ETSI에서 정의한 MEC, MEC API 및 3GPP에서 5G망에 연동돼 처리
되기 위한 규격 문서의 일례이다.

표 6-1 MEC 및 API 규격문서

규격 No.	규격명
GR MEC 001	Multi-access Edge Computing(MEC); Terminology
GS MEC 002	Multi-access Edge Computing(MEC); Use Cases and Requirements
GS MEC 003	Multi-access Edge Computing(MEC); Framework and Reference Architecture
GS MEC 005	Multi-access Edge Computing(MEC); Proof of Concept Framework
GS MEC 009	Multi-access Edge Computing(MEC); General principles, patterns and common aspects of MEC Service APIs
GS MEC 010-1	Multi-access Edge Computing(MEC); Mobile Edge Management; Part 1: System, host and platform management
GS MEC 010-2	Multi-access Edge Computing(MEC); Mobile Edge Management; Part 2: Application lifecycle, rules and requirements management

규격 No.	규격명
GS MEC 011	Multi-access Edge Computing(MEC); Mobile Edge Platform Application Enablement
GS MEC 012	Multi-access Edge Computing(MEC); Radio Network Information API
GS MEC 013	Multi-access Edge Computing(MEC); Location API
GS MEC 014	Multi-access Edge Computing(MEC); UE Identity API
GS MEC 015	Multi-Access Edge Computing(MEC); Traffic Management APIs
GS MEC 016	Multi-access Edge Computing(MEC); Device application interface
GR MEC 017	Mobile Edge Computing(MEC); Deployment of Mobile Edge Computing in an NFV environment
GR MEC 018	Mobile Edge Computing(MEC); End to End Mobility Aspects
GS MEC 021	Multi-access Edge Computing(MEC); Application Mobility Service API
GR MEC 022	Multi-access Edge Computing(MEC); Study on MEC Support for V2X Use Cases
GR MEC 024	Multi-access Edge Computing(MEC); Support for network slicing
GS MEC 026	Multi-access Edge Computing(MEC); Support for regulatory requirements
GR MEC 027	Multi-access Edge Computing(MEC); Study on MEC support for alternative virtualization technologies
GS MEC 028	Multi-access Edge Computing(MEC); WLAN Access Information API
GS MEC 029	Multi-access Edge Computing(MEC); Fixed Access Information API
GS MEC 030	Multi-access Edge Computing(MEC); V2X Information Service API
GR MEC 031	Multi-access Edge Computing(MEC); MEC 5G Integration
GS MEC 032	Multi-access Edge Computing(MEC); MEC API Conformance Test Specifications
GR MEC 035	Multi-access Edge Computing(MEC); Study on Inter-MEC systems and MEC-Cloud systems coordination
3GPP TS 23.501	System Architecture for the 5G System(Chapter 5.13 for MEC support)

규격 No.	규격명
3GPP TS 23.548	5G System Enhancements for Edge Computing
3GPP TS 23.558	5G; Architecture for enabling Edge Applications

■ **Application Management & Orchestration**

그림 6-10에서 MEC 관리 및 오케스트레이션 기능은 기술 및 서비스 요구 사항에 따라 원하는 위치에 애플리케이션을 적시에 실행할 수 있도록 지원한다. 이 아키텍처는 필요한 대기 시간, 사용이 가능한 가상화 리소스, 애플리케이션 실행에 필요한 기능, 연결 요구 사항, 지리적 범위, UE 지원, 이동성 및 서비스 연속성과 같은 애플리케이션의 요구 사항에 따라 MEC의 유연한 배포를 가능하게 한다.

6.3.3 MEC 구축 모델

■ **MEC 구축 모델 개요**

MEC는 네트워크 운영자의 비즈니스 목표에 맞게 다양하게 구축 및 배포할 수 있도록 유연한 망 구성 특성을 제공한다. MEC를 구축할 수 있는 다양한 유스 케이스의 예는 표 6-2, 그림 6-11과 같이 다양하다.

표 6-2 MEC 구축 모델

구축 모델	규격명
Hotspot 구축	경기장, 전시회, 쇼핑몰 및 기업 캠퍼스 등과 같이 특정 지역에서 특별 서비스를 지원하기 위한 핫스팟 단위 구축
통합 사이트 구축	특정 지역(예: 대도시) 전체에 애플리케이션을 지원하기 위한 통합 사이트 단위 구축
분산 및 중앙 집중 데이터 센터 구축	특정 애플리케이션을 네트워크 전반에 걸쳐 지원하기 위한 분산된 데이터 센터 및 중앙집중식 데이터 센터 단위 구축

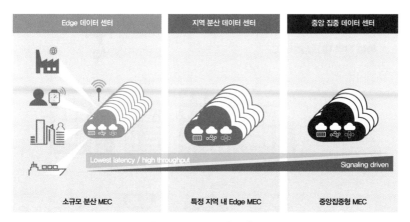

Edge 데이터 센터	지역 분산 데이터 센터	중앙 집중 데이터 센터
Lowest latency / high throughput		Signaling driven
소규모 분산 MEC	특정 지역 내 Edge MEC	중앙집중형 MEC

그림 6-11 MEC의 다양한 구축 옵션

■ **통합 사이트 구축(특정 지역 내 Edge MEC 구축)**

애플리케이션 특성상 특정 지역(예: 도시) 전체에 걸쳐 적용해야 하는 애플리케이션은 네트워크 토폴로지의 상위 계층(예: 트래픽 집계 지점 또는 RAN 베이스밴드 용량이 풀링되는 사이트)에 구축된 MEC에서 지원할 수 있다. 그림 6-12는 특정 지역 내 MEC를 구축하는 경우로서 특정 지역 전체를 위한 애플리케이션에는 그 지역 전체에서 사용되는 비디오 분석이나 스마트시티 인프라를 모니터링하는 IoT 애플리케이션 등이 될 수 있다.

위와 같은 특정 지역 단위 분산 MEC는 5G 네트워크의 주요 배포 시나리오 중 하나가 될 수 있다. 예를 들어 특정 도시에서 MEC는 보다 더 개선된 안전 서비스 구현에 적용할 수 있고, 그 지역 내 자율주행을 지원하는 Car-to-X와 같은 저지연 서비스를 지원할 수 있다. 또한 수많은 IoT 장치를 IoT 게이트웨이로 연결해 스마트시티 기능을 지원할 수 있다. MEC 콘텐츠 캐싱은 4/8K 비디오 스트리밍 또는 증강 현실과 같은 고급 콘텐츠를 많은 5G 사용자에게 효율적이고 빠르게 전달할 수 있도록 지원하는 동시에 과도한 데이터 트래픽이 외부 전송 네트워크에 미치는 영향을 줄일 수 있다.

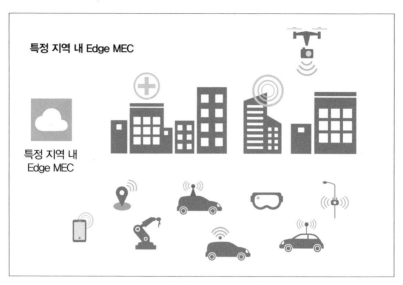

특정 지역 내 Edge MEC

특정 지역 내 Edge MEC

그림 6-12 특정 지역 내 Edge MEC 구축 모델

■ 중앙집중형 MEC 구축

그림 6-13과 같이 상위 네트워크 계층에 중앙 집중 배포된 MEC 구조는 더 낮은 구축 및 운영 비용으로 광범위한 범위에 서비스를 적용할 수 있다. 중앙집중식 MEC는 무선 액세스 네트워크에서 비교적 멀리 떨어져 있으므로 엄격한 대기 시간 요구 사항이 없거나 로컬 컨텍스트가 필요하지 않은 서비스에 유리하게 적용할 수 있다. 여기에는 비디오, 건강 서비스, 장거리 콘텐츠의 빈번한 전송을 방지하는 즐겨찾는 콘텐츠 캐싱이 해당될 수 있다. 중앙집중식 MEC는 UPF를 호스팅하고 인터넷에 대한 연결 지점을 제공하는 중앙 코어 사이트에 배포할 수 있다.

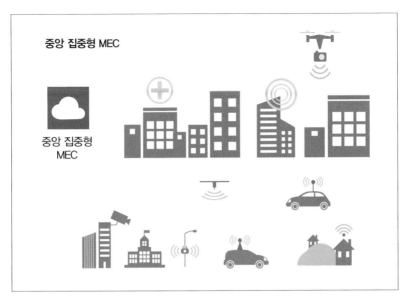

중앙 집중형 MEC

중앙 집중형
MEC

그림 6-13 중앙집중형 MEC 도입 구축 모델

■ **소규모 분산 MEC 구축(특정 장소 내 MEC 구축)**

그림 6-14와 같이 소규모 분산 MEC는 높은 수준의 지역성^{Locality}이 필요한, 즉 제조 시설, 항만, 에너지 플랜트, 교통허브, 쇼핑몰, 경기장, 전시장 등과 같은 특정 장소 및 기업 캠퍼스 내 서비스를 위해 기업 내에 구축돼 낮은 응답을 요구하는 서비스에 적합하게 사용될 수 있다. 이를 위해 MEC 애플리케이션은 5G UPF와 함께 그 장소 내의 5G 스몰 셀, 매크로 셀에 가깝게 구축할 수 있고 이로써 기업 및 특정 장소에 한정된 서비스를 제공할 수 있다. 예를 들어 스포츠 경기장은 MEC를 사용해 경기장 내 관중에게 고품질 비디오 클립을 제공할 수 있고, 대형 쇼핑몰 등은 광고, 위치 및 가상 현실을 위해 MEC를 사용할 수 있다. 제조 산업 내 공장은 비디오 감시 및 비전 기반의 비디오 분석^{Video Analytics}을 통해 산업 안전과 생산 라인의 품질을 향상시키기 위한 애플리케이션을 적용할 수 있다.

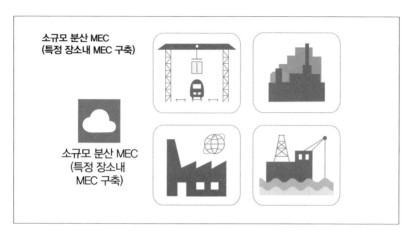

그림 6-14 소규모 분산 MEC(특정 장소 내 MEC 구축)

6.3.4 MEC와 NF의 통합 아키텍처

MEC는 5G가 정의된 Release 15 이전부터 ETSI에서 정의된 기술이며, 3GPP와는 독립적으로 규격이 정의되고 기술이 개발됐다. 하지만 Low Latency가 5G의 핵심 유스 케이스의 목표가 되고, 다양한 Vertical Industry 의 요구 사항을 만족하는 망으로서 5G가 정의되는 Release 15에서 3GPP 는 ETSI에서 정의된 MEC가 5G망을 잘 활용할 수 있는 방향으로 사용되고 통합될 수 있도록 5G Network Function 측면에서 Enabler와 MEC 통합 을 위한 아키텍처의 주요 구현 요소를 정의했다. 그리고 그림 6-15와 같이 MEC를 다른 3GPP NF^{Network Function}의 다양한 기능을 사용하는 AF(응용 기 능)로 정의했다. 3GPP 네트워크 내 AF로서의 MEC는 5G 네트워크의 필요 한 모든 기능을 사용할 수 있다.

3GPP 5G 아키텍처는 엣지 클라우드에서 MEC를 구성하고 있다. 그림에서 첫 번째 UPF는 구성된 트래픽 규칙에 따라 로컬 DN(데이터 네트워크) 트래 픽과 외부로 전송해야 할 트래픽을 조정한다. 그리고 제어 평면에서 MEC

Application Enablement 플랫폼은 MEC Application의 요청 지원을 위해 3GPP NF^{Network Function}에서 제공하는 API를 사용해 MEC Application에서 요구하는 망의 정보 및 상태 등을 제공할 수 있다.

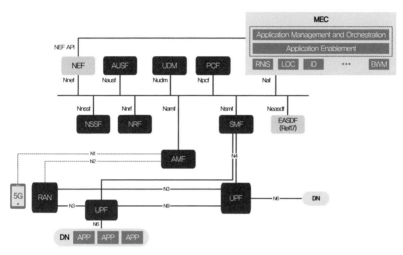

그림 6-15 5G 네트워크 아키텍처에서 MEC 연동

5G에서 MEC를 통합하는 또 다른 방법은 그림 6-16과 같이 MEC가 엣지 및 중앙 클라우드에 구축 및 배포되고 5G 코어의 NEF에서 제공하는 API를 사용하는 것이다. NEF를 통한 통합은 MEC가 주로 Non-trusted Network 에 위치하는 경우 MEC Application의 요청을 받은 MEC Application Enablement 플랫폼이 NEF가 제공하는 API를 통해 필요한 5G 네트워크로 부터 필요한 정보를 제공받거나 5G 네트워크로 정보를 제공해 망 자원을 제어 관리할 수도 있다.

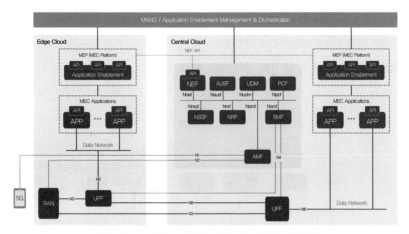

그림 6-16 5G 클라우드 환경에서 MEC 연동 구조(EASDF 생략)

MEC는 5G가 목표로 하는 까다로운 처리량, 지연 시간, 확장성 및 자동화 요구 사항을 충족할 수 있기 때문에 5G 아키텍처에서 중요한 구성 요소가 됐다. MEC를 사용해 애플리케이션을 분산 클라우드에서 호스팅할 수 있으며, 5G NF와 유기적인 결합을 위한 SBA(서비스 기반 아키텍처)를 위한 프레임워크를 제공한다. 또한 MEC가 엣지 클라우드와 중앙 클라우드 모두에서 네트워크 내 가장 적절한 위치에서 서비스를 제공하고 사용될 수 있도록 MEC는 네트워크 자원 및 비즈니스 매개변수를 기반으로 필요한 위치에서 앱을 관리하고 오케스트레이션하기 위한 프레임워크를 제공한다. 즉, MEC의 오케스트레이션은 서비스 및 네트워크 오케스트레이터Service & Network Orchestrator의 관리 및 제어를 통해 사용자의 유스 케이스에 맞게 엣지 클라우드 또는 중앙 클라우드에 배포 및 구축된다.

6.3.5 5G 네트워크에 결합된 MEC 동작

MEC는 5G 네트워크와의 통합^{Integration}을 통해 동작하고 5G 네트워크에서 제공하는 다양한 기능이 필요하기 때문에 MEC를 단순히 애플리케이션 기능$^{Application Function}$으로만 정의하지 않는다. 따라서 5G 시스템 아키텍저의 3GPP 사양 TS 23.501은 유연하고 효율적인 MEC 솔루션을 구현하는 데 필요한 기능을 다음과 같이 정의하고 있다.

- 단일 PDU(Packet Data Unit) 세션에서 로컬 DN과 중앙 DN에 동시 액세스

- UPF에 트래픽 처리 규칙을 보내는 SMF(세션 관리 기능)

- UE와 가까운 PDU 세션에 대한 UPF 선택

- UE 이동성 이벤트를 기반으로 새로운 UPF 선택

- 단일 UE 또는 UE 그룹에 대해 로컬로 트래픽 조정

- MEC가 UE에 대한 정보를 요청하거나 UE에 대한 조치를 요청할 수 있도록 하는 네트워크 기능 노출(NEF)

- SMF에서 MEC로 이동성 이벤트 트리거

- 로컬로 라우팅된 트래픽에 대한 과금 지원

- 로컬로 라우팅된 트래픽에 대한 위치 정보 지원

- 특정 위치에서 제공되는 MEC 서비스에 대한 LADN(Local Access Data Network) 사용이 가능한지에 대해 UE에 표시

ETSI MEC는 이미 기존 네트워크와 함께 사용할 수 있지만, 3GPP는 MEC Enabler를 정의해 5G 아키텍처가 MEC를 지원하도록 설계했다. 이렇듯 3GPP가 취한 접근 방식은 MEC와 같은 애플리케이션 기능이 5G 시스템에서 제공하는 서비스를 사용할 수 있도록 하는 필수 Enabler를 정의했고, 이를 통해 MEC가 5G 시스템에 완전히 통합된다.

MEC를 통해 제공되는 서비스는 네트워크에서 구성되므로 사용자에게 투명하다. 즉, 사용자는 단일 PDU 세션을 사용해 Local DN^{Data Network}의 데이터 액세스 서비스와 중앙 DN의 데이터 액세스 서비스에 동시에 접속할 수 있다. 이는 UE가 망에 Attach하는 지점에 가까운 UPF를 선택해 사용함으로써 구현될 수 있다. SMF는 로컬 DN으로 라우팅해야 하는 사용자 평면 데이터 트래픽을 위해 로컬 UPF를 구성한다. AF로서의 MEC는 트래픽의 라우팅 구성을 PCF(정책 제어 기능)를 통해 하거나 SMF로 직접 요청할 수 있다.

서비스 연속성은 사용자의 높은 QoE를 위해 필수적이며 5G 네트워크와 MEC 시스템이 사용자가 UPF 서비스 영역을 벗어나면 UE에 대해 새로운 UPF를 할당하고 구성해야 한다. 이를 위해 MEC는 NEF로 UE에 대한 정보를 요청해 처리하고, 수신된 정보에 기초해 UE에 대해 서비스에서 필요한 조치를 요청할 수 있다. 또한 SMF는 이동성 이벤트에 대한 표시 정보를 MEC 시스템에 보낼 수 있다. 그러면 MEC 시스템은 트래픽 라우팅을 재구성하거나 새로운 DN에 있는 애플리케이션을 재배치하는 절차를 트리거할 수 있다.

5G QoS,
무선기술과 안테나

5G QoS, 무선기술과 안테나

7.1 5G QoS

7.1.1 5G QoS 모델 개요

- **5G QoS 모델**

5G QoS 모델은 QoS Flow를 기반으로 동작한다. 각각의 QoS Flow 패킷들은 QFI^{QoS Flow Identifier}를 사용해 식별되고 무선 액세스 네트워크에서 DRB^{Data Radio Bearer}로 매핑된다. 이는 4G의 Default 베어러 및 Dedicated 베어러와 같이 EPC의 S1/S5 베어러와 무선 베어러^{Radio Bearer} 간에 일대일로 매핑되는 4G의 베어러 유형과는 다르다. 5G QoS 모델은 전송률이 보장된 GBR QoS Flow와 전송률이 보장되지 않은 Non-GBR QoS Flow, PDU Session, Radio Bearer 및 NG-U 터널 등으로 구성돼 처리된다. 이와 같은 5G QoS 모델은 그림 7-1과 같다.

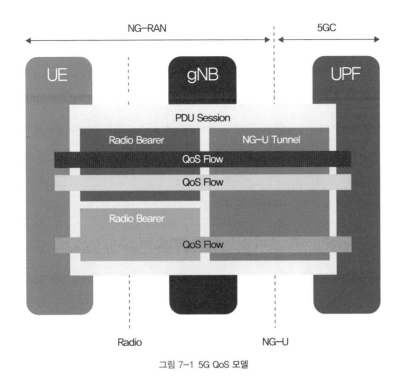

그림 7-1 5G QoS 모델

그림 7-1에서 QoS Flow는 PDU 세션 내에서 QoS 차별화를 나타내는 가장 세분화된 최소의 기본 인자로서 QFI로 식별되고 N3의 헤더에 캡슐화돼 전달된다. 이는 PDU 세션 내에서 동일한 QFI를 사용하는 사용자 평면User Plane 트래픽들이 각 NE에서 트래픽 처리(예: 포워딩, 스케줄링) 시 동일한 지침이 적용됨을 의미한다. 이 사용자 패킷은 UL/DL에 따라 UL 사용자 데이터 패킷은 UE에서, DL 사용자 데이터 패킷은 5GC의 UPF에서 QoS Flow에 매핑된다. UE, 5G RAN 및 5G 코어는 다음과 같은 동작 특성을 기반으로 5G QoS를 실행한다.

- 5G 코어는 각 UE에 대해 하나 이상의 PDU 세션을 설정한다.

- 5G RAN은 PDU 세션에 적어도 하나의 데이터 무선 베어러(DRB)를 설정하고 해당 PDU 세션의 QoS Flow에 대한 추가 DRB는 각 UE에 대해 후속적으로 구성될 수 있다.

- 5G-RAN은 서로 다른 PDU 세션에 속한 패킷을 서로 다른 DRB에 매핑한다.

- UE 및 5GC의 NAS 레벨 패킷 필터는 UL 및 DL 패킷을 QoS Flow와 연관시킨다.

- UE 및 5G-RAN의 AS 레벨 매핑 규칙은 UL 및 DL QoS Flow를 DRB와 연결한다.

그림 7-1에서 PDU 세션은 UE에게 DN^{Data Network} 연결을 제공하도록 형성 되는 UE와 DN 간의 연결 관계이다. 이는 기존 LTE의 PDN 접속^{PDN Connection} 과 동일한 개념이다. PDU 세션은 여러 QoS Flow를 가질 수 있으며 그중 하나는 UE와 gNB 간에 Non-GBR DRB, gNB와 UPF 간에 N3 GTU-U 터 널을 갖는 Default QoS Flow이다. Default QoS Rule과 관련된 QoS Flow는 하나의 PDU 세션에 설정되며 PDU 세션의 수명 동안 설정된 상태를 유지 한다. 이런 QoS Flow는 SMF에 의해 제어되며 사전에 구성되거나 PDU 세 션 설정 절차 또는 PDU 세션 수정 절차를 통해 설정된다.

PDU 세션 내 QoS Flow 적용을 5G RAN 네트워크와 5G 코어 네트워크 중 심으로 살펴볼 때 5G RAN 네트워크 측면에서 보면 그림 7-8에서와 같이 UE는 N1인터페이스를 통해 AMF(SMF가 AMF로 전송)로부터 전달받은 QoS Rule을 적용하고, gNB는 N2 인터페이스를 통해 AMF(SMF가 AMF로 전송) 로부터 전달받은 QoS Profile 정보를 기준으로 NG-RAN 결정에 따라 QoS Flow를 DRB에 매핑한다. 그리고 서로 다른 패킷 포워딩 처리가 필요한 QoS Flow에 대해서는 별도의 DRB를 설정하거나 동일한 PDU 세션에 속 한 여러 QoS Flow를 동일한 DRB에 매핑한다.

그림 7-2는 이런 QoS Rule 및 Profile이 적용돼 QoS Flow에 대한 별도의 DRB의 예와 2개의 QoS Flow에 대한 동일한 DRB의 예를 보여주고 있다. 5G 코어 네트워크 측면에서는 단일 NG-U/N3 터널이 PDU 세션의 모든 QoS Flow를 전송한다. 따라서 이중 연결의 경우 하나 이상의 NG-U 터널, 즉 마스터 노드에 하나, 보조 노드에 하나의 NG-U 터널을 연결할 수 있다.

■ 5G QoS 모델 동작

앞에서 살펴본 바와 같이 5G QoS 모델은 QoS Flow를 기반으로 하는 프레임워크를 원칙으로 수용했다. 5G 코어 네트워크에서는 트래픽을 기존 EPC의 베어러 단위에서 IP Flow 단위로 보다 세분화한 반면, 5G RAN에서는 기존의 DRB 개념을 그대로 유지함으로써 유무선 구간 사이가 분리되도록 했고, 이의 완충을 위해 무선 구간에 새로운 계층(SDAP, Service Data Adaptation Protocol, 일명 QoS Layer)을 추가했다. 또한 5G QoS 모델은 GBR QoS Flow와 Non-GBR QoS Flow 이외에 LTE에 없던 'Reflective QoS'를 추가로 도입했다.

Reflective QoS 기능은 UE가 수신한 DL 패킷을 기준으로 UL 패킷 QoS가 바로 설정되게 함으로써 UL 패킷 QoS를 위한 별도의 제어 신호가 필요없다. 이는 시그널링 오버헤드를 일정 부분 감소시킬 수 있는 요소가 된다.

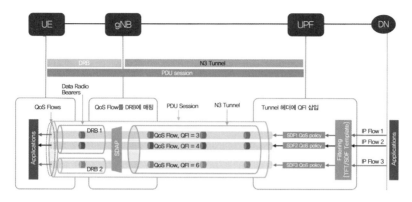

그림 7-2 5G QoS 모델 동작

앞에서 살펴본 바와 같이 QoS Flow는 PDU 세션에서 QoS를 식별하는 최소의 단위이며, QFI는 5G 시스템에서 QoS Flow를 식별하는 최소 식별자이다. 동일한 QFI를 갖는 사용자 트래픽은 PDU 세션 내에서 동일한 스케줄링 및 자원 수락 제어Admission Control 지침을 적용받는다. 이를 위해 그림 7-2에서와 같이 UE와 DN(데이터 네트워크) 사이에는 PDU 세션과 서비스 데이터 흐름 SDF, Service Data Flow이 설정된다. 이는 정의된 SDF 템플릿에 따라 여러 IP Flow를 동일한 QoS Flow에 매핑하거나 각각의 QoS Flow에 매핑한다.

그림은 3개의 QoS Flow를 전달하는 예를 보여주고 있으며, 무선 인터페이스에서 QoS Flow는 해당 QoS를 전달하도록 구성된 DRB에 매핑된다. 즉, 그림에서 UPF측의 DL 패킷은 SDF의 우선순위에 따라 SDF 템플릿 기반으로 분류된다. 이후 UPF는 동일 QFI로 마킹된 QoS Flow들을 N3 인터페이스를 통해 RAN으로 전달한다. RAN은 SDAP 계층을 통해 QoS Flow들을 RAN 무선 자원(DRB)으로 매핑하고 바인딩시킨다(QFI3,4 → DRB1, QFI6 → DRB2). 또한 여러 QoS Flow를 단일 DRB에 매핑할 수 있으며 DRB1은 그 예로서 QoS Flow(QFI3)과 QoS Flow(QFI4)를 전달한다.

예를 들어 PDU 세션 내 각각 다른 QoS 요구 사항의 패킷을 전달할 수 있는 여러 QoS Flow를 고려할 때 그림 7-2에서 나타낸 것과 같이 QFI3의 QoS Flow는 사용자가 SNS를 하거나 비디오를 스트리밍하는 실시간성 인터넷 패킷으로 가정할 수 있고, QFI6의 QoS Flow는 FTP 서버에서 대용량 파일을 다운로드를 하기 위한 패킷으로서 각각의 서비스 특성에 맞는 QoS 특성을 고려한 QoS Flow들이 발생할 수 있다. 즉, 실시간성 비디오는 지연과 지터가 중요하기 때문에 이 특성을 만족하는 QoS Flow로 처리되고, 실시간성과 지연이 덜 중요한 FTP 다운로드는 그 특성에 맞게 QoS Flow가 처리됨을 의미한다.

7.1.2 5G QoS와 4G QoS 비교

■ 4G vs 5G QoS Flow 파라미터

4G/LTE의 QoS 개념은 베어러를 기반으로 동작하는 반면, 5G에서 QoS의 개념은 Flow를 기반으로 동작한다. 즉, 4G에서는 EBIEPS Bearer ID를 사용해 각각의 베어러가 고유한 서비스 특성을 갖는 QoS 파라미터가 매핑돼 서로 다른 QoS를 베어러 단위로 구분한다. 하지만 5G에서는 QFI 개념이 적용돼 각각 식별되는 QoS Flow를 사용한다. 이는 4G와 5G의 QoS 모델간의 가장 큰 차이점이라고 할 수 있다. 5G는 Non-GBR Flow, GBR Flow와 함께 새로운 Delay-Critical GBR(지연이 중요한 GBR)를 규정할 뿐만 아니라 Reflective QoS(반사 QoS)라는 새로운 개념을 도입했다. 5G QoS Flow는 5G RAN에서 DRB로 매핑돼 처리된다. 이는 4G/LTE에서 EPC와 무선베어러 간에 일대일로 매핑되는 개념과는 다르다. 5G와 4G/LTE의 QoS 파라미터는 표 7-1과 같이 비교될 수 있다.

표 7-1 5G vs 4G QoS 파라미터

파라미터	5G	4G
QoS 식별자	5QI(5G QoS Identifier)	QCI(Quality Class Indicator)
IP Flow	QoS Flow	EPS Bearer
Flow/Bearer 식별자	QFI(QoS Flow Identifier)	EBI(EPS Bearer Id)
Reflective QoS	RQI(Reflective QoS Indicator)	N/A
Data 세션	PDU Session	PDN Connection

■ 4G QoS Flow

4G/LTE에서 EPS 베어러 종류는 Default 베어러와 Dedicated 베어러가 있다. UE가 LTE망에 접속하면 IP 주소를 할당받고 PDN^{Packet Data Network} 연결을 생성하면서 동시에 Default EPS 베어러가 생성된다. 사용자가 Default 베어러를 통해 서비스(예: Internet)를 이용하다가 Default 베어러로는 QoS를 제대로 제공받을 수 없는 서비스(예: VoD)를 이용하게 되면 on-demand로 Dedicated 베어러가 생성된다. 이때 이런 Dedicated 베어러는 이미 설정돼 있는 베어러와 다른 QoS로 설정된다. 예를 들어 그림 7-3에서 첫 번째 EPS 베어러를 Default 베어러라고 할 수 있고, 두 번째 EPS 베어러를 Dedicated 베어러라고 할 수 있다.

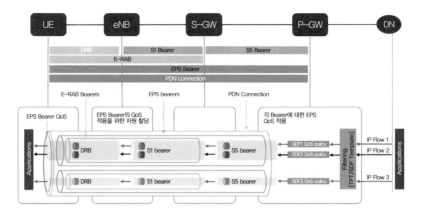

그림 7-3 4G/LTE QoS Flow

4G/LTE에서는 그림 7-3에서와 같이 UE가 PDN에 연결될 때 생성되는 PDN 연결을 EPS 세션이라고도 한다. EPS 세션은 하나 이상의 EPS 베어러를 가지며 LTE망의 PCRF로부터 QoS 정책을 적용받아 EPS 베어러에 이를 적용한다. 하나의 PDN에 대해 EPS 세션이 갖는 최소한의 기본 베어러를 Default EPS 베어러라고 한다.

EPS 베어러는 EPS 세션 중 UE에서 P-GW까지의 구간으로 그림에서와 같이 DRB, S1 베어러, S5/S8 베어러의 세 구간으로 구성되고, 사용자 트래픽은 각 구간에서 구간별 베어러를 통해 전달된다. 각 베어러에 대한 세부 설명은 표 7-2를 참조한다.

표 7-2 4G QoS를 위한 베어러 유형

베어러 유형	세부 내용
DRB	• UE와 eNB 간의 데이터 무선 베어러(DRB, Data Radio Bearer)이다. • 무선 구간인 LTE-Uu 인터페이스 구간으로 사용자 IP 트래픽은 DRB를 통해 전송된다.
S1 베어러	• eNB와 S-GW 간에 구성된 베어러이다. • S1-U 인터페이스 구간으로 사용자 IP 트래픽은 GTP 터널을 통해 전송된다.
S5/S8 베어러	• S-GW와 P-GW 간에 구성된 베어러이다. • S5 인터페이스 구간으로 사용자 IP 트래픽은 GTP 터널을 통해 전송된다.
E-RAB 베어러	• UE와 S-GW가 종단점이 되는 베어러로 DRB-S1 베어러로 구성된다.
EPS 베어러	• UE와 P-GW가 종단점이 되는 베어러로 DRB-S1 베어러-S5/S8 베어러로 구성된다.

■ 5G QoS Flow

그림 7-4는 5G 시스템의 QoS 모델에 대한 상위 수준에서의 기능을 보여주고 있다. 5G 시스템에서 QoS의 개념은 항상 특정 연결에 적용된다. 이런 의미에서 이 연결은 PDU 세션 내의 QoS Flow이다. PDU 세션은 그림에서와 같이 UE와 UPF 간에 IP 패킷 또는 이더넷 프레임을 전달하는 5G 시스템 내의 논리적 연결로서 하나 이상의 QoS Flow를 형성할 수 있다. 이를 위해 QoS Flow와 QoS Profile 사이에는 일대일 매핑 관계를 형성한다. 즉, 특정 QoS Flow에 속하는 모든 패킷은 동일한 5QI로 매핑돼 처리됨을 의미한다. 이 PDU 세션 내의 QoS Flow는 트래픽 처리(스케줄링, Rate Shaping) 등의 측면에서 트래픽을 구별하기 위한 가장 작은 단위로 정의된다. 그리고 QoS 특성QoS Characteristics과 QoS 매개변수QoS Parameters로 나눠지는 QoS 속성QoS Attributes 세트에 의해 그 Flow의 특성이 특징 지어진다.

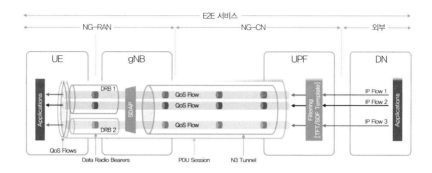

그림 7-4 5G QoS Flow

표 7-3은 5G QoS Flow를 구성하는 세부 설명을 보여주고 있다.

표 7-3 5G QoS Flow 구성

QoS Flow 구성	세부 내용
DRB	• UE와 gNB 간의 데이터 무선 베어러(DRB, Data Radio Bearer)이다. • 무선 구간인 NR-Uu 인터페이스 구간으로 사용자 IP 트래픽 및 이더넷 프레임은 DRB를 통해 전송된다.
N3 터널	• RAN과 UPF 사이에서 GTP 프로토콜을 사용해 사용자 데이터를 캡슐화해 송수신한다. • 헤더를 포함해 전송해 PDU 세션 내에서 QoS Flow를 식별이 가능하게 한다. • GTP-U 터널는 주어진 한 쌍의 사용자 평면 터널 종점 노드 사이의 터널링 프로토콜로 각 끝점에 할당된 TEID(Tunnel Endpoint Identifier)값은 특정 Tunnel-PDU가 속한 터널을 나타낸다.
QoS Flow	• PDU 세션에서 QoS 차별화의 가장 최소의 단위이다. • QFI라는 고유 식별자를 갖는다. • Flow에는 GBR QoS Flow와 Non-GBR QoS Flow의 2가지 유형이 있다.
PDU 세션	• UE와 특정 DN(데이터 네트워크) 간의 종단 간 사용자 평면 연결을 제공하기 위한 UPF와 UE 간 종단 연결이다.

7.1.3 4G QoS 처리

■ 공통 QoS EPS 베어러 QoS 모델

그림 7-5는 4G의 QoS 처리 개념으로서 3개의 서비스가 동일한 QoS 처리 가 되도록 해당 서비스에 맞게 QoS 특성을 갖는 공통 EPS 베어러로 처리되 는 경우를 보여주고 있다. 즉, 3개의 서비스에 특정 QoS 특성(GBR QoS 파 라미터(QCI, ARP, GBR, MBR), Non-GBR QoS 파라미터(QCI, ARP, UE-AMBR, APN AMBR))을 갖는 베어러에 매핑된 후 동일한 QoS 처리를 받는다.

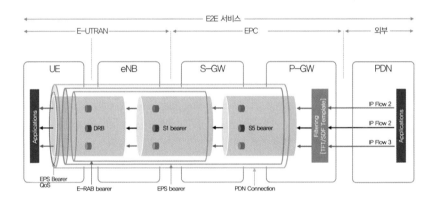

그림 7-5 공통 베어러 기반 QoS 처리

■ QoS 차별화 EPS 베어러 QoS 모델

그림 7-6은 3개의 서비스가 서로 다른 QoS 처리가 되도록 해당 서비스에 맞게 QoS 특성을 갖는 각각의 EPS 베어러로 처리되는 경우를 보여주고 있 다. 즉, 각각의 서비스의 특성에 맞는 QCI 베어러에 매핑된 후 그 특성에 맞 게 QoS 차별화 처리를 받는다. QoS 차별화는 서로 다른 QoS 특성(GBR QoS 파라미터(QCI, ARP, GBR, MBR), Non-GBR QoS 파라미터(QCI, ARP, UE-

AMBR, APN AMBR))에 맞게 별도의 베어러를 설정해야 하기 때문에 베어러 설정을 위한 시그널링 오버헤더를 초래한다.

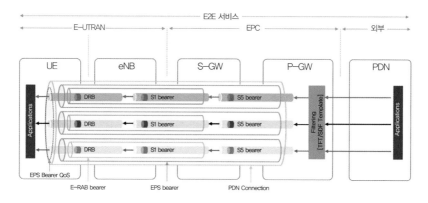

그림 7-6 개별 EPS 베어러 기반 QoS 처리

7.1.4 5G QoS 처리

■ 5G QoS Flow 및 RAN Resource 매핑

5GC에는 4G EPC와 다르게 gNB와 코어 간의 데이터 전송을 위한 단일 사용자 평면 네트워크 기능인 UPF만 정의됐으며 gNB와 N3 사용자 평면을 연동한다. QoS 처리를 위한 패킷 처리를 위해 UPF와 gNB에서 QoS Flow 매핑이 두 번 발생한다. 즉, N3의 각 QoS Flow는 단일 GTP-U 터널에 매핑되고 GTP-U 터널과 무선 인터페이스의 DRB 사이에 일대다 관계로 처리된다. 그리고 gNB는 N3 GTP-U 터널로 수신되는 개별 QoS Flow를 QoS Profile에 따라 하나 이상의 DRB로 매핑해 전송하거나 특정 DRB에 복수개의 QoS Flow를 전송할 수 있다. 따라서 PDU 세션에는 여러 QoS Flow와 여러 DRB가 포함될 수 있지만 단일 N3 GTP-U 터널만 포함된다.

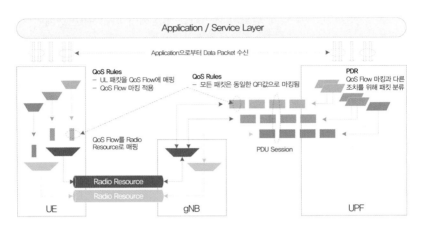

그림 7-7은 사용자 평면 트래픽의 분류 및 표시와 RAN 리소스에 대한 QoS Flow 매핑에 대한 원리을 보여주고 있다.

DL의 경우 그림에서와 같이 애플리케이션으로부터 수신된 데이터 패킷은 우선순위에 따라 DL PDR(SDF Template에 포함된 파라미터)의 패킷 필터 세트를 기반으로 UPF에 의해 분류된다. 단, 일치하는 DL PDR이 발견되지 않으면 UPF는 DL 데이터 패킷을 폐기한다. 유효한 DL PDR의 패킷 필터 세트에 의해 사용자 패킷이 분류되면 UPF는 SDF에 정의된 QFI를 GTP-U의 터널 헤더에 포함해 해당 QoS Flow에 속하는 사용자 평면 트래픽을 gNB로 전달한다. 그러면 gNB는 GTP-U N3 터널로 수신된 QFI와 QoS Rule에 따라 해당 QoS Flow를 RAN 자원, 즉 DRB에 바인딩한다. 이때 DL의 무선 자원 매핑 시 QoS Flow가 매핑될 수 있는 필요한 RAN 리소스를 설정하고 해제하는 것은 gNB에 달려 있으며, QoS Flow와 RAN 자원 사이에는 엄격한 일대일 관계가 없다. 또한 gNB는 QoS Flow가 매핑된 Radio 자원 해제 시 그 정보를 SMF에 알린다.

UL의 경우 UE는 대응하는 매칭 QoS Rule에 있는 QFI를 사용해 UL 패킷을 QoS Flow에 바인딩하고 그 QoS Flow를 RAN 리소스에 매핑 처리한다. 이때 UE가 애플리케이션으로부터 수신되는 데이터를 QoS Rule에 적용 시 IP 또는 이더넷 유형의 PDU 세션의 경우 UE는 QoS Rule의 우선순위 값을 기반으로 QoS Rule의 패킷 필터 집합에 있는 UL 패킷 필터가 UL 패킷에 일치 여부를 검증해 해당 패킷 필터가 UL 패킷과 일치하는 QoS Rule을 선택한다. 만약에 일치하는 QoS Rule이 발견되지 않으면 UE는 UL 데이터 패킷을 폐기한다. 비정형 PDU 세션의 경우 Default QoS Rule은 패킷 필터 세트를 포함하지 않으며 모든 UL 패킷을 허용하도록 한다(구조화되지 않은 유형의 PDU 세션은 Default QoS Rule만 있다).

패킷 필터에서 사용이 가능한 매개변수에는 트래픽 방향(업링크 또는 다운링크)과 PDU 세션의 유형에 따라 IP PDU 세션의 경우 Source/Destination IP 주소 또는 IPv6 Prefix, Source/Destination Port 번호, 프로토콜 식별자, 서비스 또는 트래픽 클래스 유형이 포함되고. 이더넷 PDU 세션의 경우 Source/Destination MAC 주소, PCP(우선순위 코드 포인트), 이더넷 유형 및 기타 매개변수가 포함된다.

- **5GS QoS 프레임워크와 원리(3GPP)**

그림 7-8은 시그널링 관점에서 QoS Rule, QoS Profile 및 SDF Template 이 5G 시스템의 QoS 프레임워크에서 어떻게 처리되는지 원리를 나타낸다. 그림에서와 같이 N1/N2 인터페이스를 통해 처리되는 NAS 레벨의 QoS Flow가 있다. NAS 레벨의 QoS Flow에는 5GC가 gNB에 제공하는 QoS Profile과 UE에 제공하는 QoS Rule이 있다. UE 및 5GC의 NAS 레벨의 패킷 필터는 UL/DL 패킷을 QoS Flow와 연결한다. 그리고 UE 및 gNB의 AS 레벨 매핑 규칙은 UL/DL QoS Flow를 DRB와 연결하고 무선 인터페이스(Uu)에서 패킷 처리를 정의한다.

UPF에서는 SMF로부터 수신한 N4 PFCP의 메시지로 전달된 SDF Template에 따라 QoS Flow에 맞게 QFI를 GTP-U 터널 헤더에 포함해 gNB로 전송한다. gNB는 PDU 세션 설정 및 변경 절차 시 수신한 QoS Profile에 따라 N3 터널로 수신한 QFI를 DRB에 매핑해 UE로 전송한다. 반대로 UE에서는 UL 처리 시 N1 NAS 메시지로 수신한 QoS Rule에 포함된 패킷 필터를 기준으로 트래픽을 분류해 QoS Flow를 적용한다.

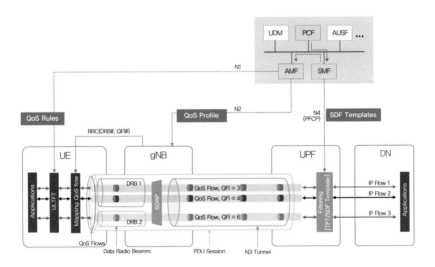

그림 7-8 3GPP 5GS QoS 프레임워크 및 원리

5G 시스템의 QoS 프레임워크와 원리는 다음과 같은 특징이 있다.

- SMF가 N2를 통해 RAN에 QoS 프로파일(QoS Profile) 제공

- SMF가 N1을 통해 UE에 QoS Rule을 제공하거나 UE에 의해 Reflective QoS가 파생됨

- SMF가 N4를 통해 UPF에 SDF 템플릿 제공

표 7-4 5G 시스템 QoS 프레임워크에서 각 노드에 전달되는 속성

Node	Node에 전달되는 속성	파라미터
UE	QoS Rule	• QRI(QoS Rule Identifier) • QFI • Packet Filter Set • DQR(Default QoS Rule) • QoS Rule Precedence • DNN • Session AMBR • PDU Session Type • UE Address • S-NSSAI
RAN (gNB)	QoS Profile	• 5QI • ARP • RQA • GFBR • MFBR • Notification Control • Maximum Packet Loss Rate • QFI • UL/DL UE-AMBR • PDU Session Type
UPF	SDF Template	• QFI • Packet Filter Set • Precedence • DSCP (for DL) • RQI • PDR • RQoS • FAR • QER • URR • BAR • UE Address • PDN Type

그림 7-8에서 SMF는 QoS 및 서비스 요구 사항을 기반으로 PCC 규칙을 QoS Flow에 바인딩한다. 즉, SMF는 새로운 QoS Flow에 대해 QFI를 할당하고, QoS Flow에 바인딩될 PCC Rule 등 PCF가 제공하는 정보로부터 QoS Profile, QoS Rule 및 해당 UPF에 지시를 위한 SDF Template을 도출한다. 이후 SMF는 AMF N2 메시지를 통해 해당 QoS Flow에 "QoS Profile, Alternative QoS Profile(Optional)" 정보를 RAN에 제공한다. 그리고 QoS Flow에 바인딩된 각 PCC Rule에 대해 다음과 같은 SDP Template 정보를 UPF에 제공해 사용자 평면 트래픽의 분류, 대역폭 처리 및 마킹을 활성화한다.

- SDF Template의 DL 부분을 포함하는 DL PDR

- SDF Template의 UL 부분을 포함하는 UL PDR

- DL/UL PDR에 대한 PDR 우선순위 값을 PCC Rule의 우선순위 값으로 설정

- QoS 관련 정보(예: SDF의 경우 MBR, GBR/QoS Flow의 경우 GFBR 및 MFBR)

- 해당 패킷 표시 정보(예: QFI, Transport Level 패킷 표시 값/외부 IP 헤더의 DSCP값)

- Reflective QoS Indication은 DL PDR와 연관된 QER에 포함

QoS Flow에 바인딩된 각 PCC Rule이 적용이 가능한 경우 SMF는 다음의 원칙에 따라 명시적으로 시그널링된 QoS Rule을 생성하고 추가 작업과 함께 이를 UE에 제공한다.

- PDU 세션에 대한 고유한 QoS Rule 식별자 할당

- QoS Rule의 QFI는 PCC Rule이 바인딩되는 QoS Flow의 QFI로 설정

- QoS Rule의 Packet Filter Set는 PCC Rule의 UL SDF Filter로부터 생성되나 경우에 따라서는 선택적으로 DL SDF Filter로부터 생성

- QoS Rule Precedence Value는 QoS Rule이 생성되는 PCC Rule의 우선순위 값으로 설정

- 동적으로 할당된 QFI의 경우 기존 QoS Flow와 연관된 QoS Rule에 추가해 QoS Flow 레벨의 QoS 매개변수(예: 5QI, GFBR, MFBR, Averaging Window)는 UE에 시그널링된다. 즉, 기존 QoS Flow의 QoS Flow 레벨 QoS 파라미터는 PCC Rule에서 수신된 MBR 및 GBR 정보를 기반으로 업데이트된다.

QoS Flow에 대한 PCC Rule의 바인딩 변경, PCF에 의해 제공되는 PCC Rule 또는 기타 정보의 변경은 SMF(AMF N1, N2 메시지)가 RAN, UPF 및 UE에 제공해야 하는 QoS Flow에 대한 변경을 동반한다. QoS Flow와 관련된 명시적으로 시그널링된 QoS Rule의 변경의 경우는 SMF(AMF N1 메시지)는 명시적으로 시그널링된 QoS Rule 및 그 동작(추가, 수정, 삭제)을 UE에 제공한다.

■ 5G QoS Flow Description 매개변수

네트워크는 PDU 세션 설정 시 또는 PDU 세션 수정 시 PDU 세션과 연관된 하나 이상의 QoS Flow Descriptions를 UE(QoS Rule), RAN(QoS Profile) 및 UPF(SDF Template)에 제공한다. 각 QoS Flow Description은 표 7-5에 나열된 매개변수를 포함한 매개변수 세트로 구성된다. 보다 자세한 내용은 TS 23.501의 5.7.2절을 참조한다.

표 7-5 5G QoS 매개변수

QoS 매개변수	세부 내용
5QI	• 5G QoS Identifier이다. • QoS 특성에 대한 값 식별자로 정수 값으로 표현된다.
ARP	• Allocation and Retention Priority이다. • QoS Flow의 상대적 중요도 또는 우선순위를 나타낸다. • 1에서 15 사이의 값을 가질 수 있으며 1은 가장 높은 우선순위에 해당된다. • 5G 네트워크는 망의 리소스가 제한될 때 ARP값을 기준으로 QoS Flow를 제공하는 방법을 결정한다. • 리소스가 제한되면 네트워크는 할당된 ARP PC/PV값을 사용해 기존의 QoS Flow를 해제하고 리소소를 확보하는 것을 결정할 수 있다. • **ARP PC(Pre-emption Capability)**: ARP 선점 기능은 QoS Flow가 더 낮은 우선순위를 가진 다른 QoS Flow에 이미 할당된 리소스를 얻을 수 있는지 여부를 정의한다. • **ARP PV(Pre-emption Vulnerability)**: ARP 선점의 취약점은 QoS Flow가 더 높은 우선순위를 가진 QoS Flow를 허용하도록 할당된 리소스를 잃을 수 있는지 여부를 정의한다.
GFBR	• Guaranteed Flow Bit Rate이다. • GBR QoS Flow 매개변수이다. • 네트워크가 Averaging Window(평균화 창)에서 QoS Flow를 제공할 것으로 예상할 수 있는 보장된 비트 전송률을 정의한다.
MFBR	• Maximum Flow Bit Rate이다. • GBR QoS Flow 매개변수이다. • 비트 전송률이 보장된 QoS Flow에서 실제 전송률이 가질 수 있는 최댓값을 정의한다.
Maximum Packet Loss Rate	• GBR QoS Flow 매개변수이다. • Voice Media를 전송하는 데 사용되는 보장된 비트 전송률의 QoS Flow에서 이 매개변수는 Uplink및 Downlink 방향에서 최대로 허용할 수 있는 패킷 손실 백분율을 나타낸다.

QoS 매개변수	세부 내용
Notification Control	• GBR QoS Flow 매개변수이다. • 보장된 비트 전송률이 있는 QoS Flow에서 이 매개변수는 GFBR이 QoS Flow의 수명 동안 더 이상 보장될 수 없는 경우 RAN에 통지해야 하는지 여부를 지정한다. • 네트워크 상태 변화에 따라 네트워크가 다른 QoS Profile로 전환해야 하는 경우에 UE, AF(Application Function)는 5G NEF를 통해 Notification을 수신할 수 있다. • AF가 QoS의 변경에 적용할 수 있는 경우에만 사용할 수 있다.
RQA	• Reflective QoS Attribute이다. • Non-GBR QoS Flow 매개변수이다. • 선택적 매개변수로 보장된 비트 전송률(GBR)이 없는 QoS Flow에만 적용된다. • 다운링크 트래픽에 적용된 동일한 QoS가 업링크 트래픽에도 적용돼야 함을 지정한다.
Session-AMBR	• per Session Aggregate Maximum Bit Rate이다. • Non-GBR QoS Flow 매개변수이다. • UE 및 RA에 대한 PDU 세션이 형성된 UPF에 시그널링돼 설정되며 특정 PDU 세션에 대한 모든 Non-GBR QoS Flow에 걸쳐 제공될 것으로 예상할 수 있는 총 비트 전송률을 제한한다. • Session-AMBR는 GBR QoS Flow에는 적용되지 않는다.
UE-AMBR	• per UE Aggregate Maximum Bit Rate이다. • Non-GBR QoS Flow 매개변수이다. • 특정 UE의 모든 Non-GBR QoS Flow에 걸쳐 제공될 것으로 예상할 수 있는 총 비트율을 제한한다. 따라서 UE-AMBR는 GBR QoS Flow에는 적용되지 않는다. • 각 RAN(gNB)은 AMF로부터 수신한 UE-AMBR값을 기준으로 이 RAN에 연결된 사용자 평면이 있는 모든 PDU 세션의 Session-AMBR의 합으로 UE-AMBR가 계산돼 제한된다. • UE-AMBR는 UDM에서 검색된 Subscribed UE-AMBR 또는 PCF에서 검색된 동적 서빙 네트워크 UE-AMBR(예: 로밍 가입자용)의 값을 기반으로 AMF가 RAN에 제공하는 파라미터이다.

QoS 매개변수	세부 내용
UE–Slice–MBR	• per UE per Slice–Maximum Bit Rate이다. • 사용 중인 사용자 평면이 있는 동일한 슬라이스(S–NSSAI)에 대한 UE의 PDU 세션에 해당하는 모든 GBR 및 Non–GBR QoS Flow에 걸쳐 제공될 것으로 예상할 수 있는 총 비트율을 제한한다. • 각 RAN은 특정 UE가 사용 중인 사용자 평면이 있는 슬라이스(S–NSSAI)에 해당하는 모든 PDU 세션의 Non–GBR 및 GBR QoS Flow에 대한 Session–AMBR 및 MFBR의 합을 UE–Slice–MBR로 설정된 값까지 제한한다.

5G QoS 모델은 5G 네트워크에서 제공하는 QoS Rule 없이 UE가 수신하는 DL 트래픽을 기반으로 UL 사용자 평면 트래픽을 QoS Flow에 매핑할 수 있도록 하는 Reflective QoS를 지원한다.

즉, 5GC에 의해 특정 트래픽 Flow에 대한 Reflective QoS 기능이 사용되고, UE가 Reflective QoS 기능을 지원하는 경우 UE는 수신된 DL 트래픽을 기반으로 UL 트래픽에 대해 파생된 QoS 규칙을 생성해 사용한다. 이 Reflective QoS는 IP PDU 세션 및 이더넷 PDU 세션에 적용된다.

이는 gNB의 QoS Profile에서 다운링크 트래픽에 적용된 동일한 QoS가 업링크 트래픽에도 적용돼야 함을 표시하는 RQA[Reflective QoS Attribute] 및 N3 GTP 터널 헤더에 UPF에서 삽입되는 RQI[Reflective QoS Indicator], gNB에서 SDAP 헤더에 QFI 태그(7bit)와 함께 RQI를 위한 1bit를 포함해 DRB에 매핑해 UE에 전달하고, UE가 이 정보를 인식해 처리함으로써 UL을 위한 Reflective QoS가 동작한다.

표 7-5에서 정의된 QoS 매개변수는 Flow Type 및 Resource Type에 따라 표 7-6과 같이 분류할 수 있다.

표 7-6 Flow 및 Resource Type별 5G QoS 매개변수

Flow Type	Non-GBR	GBR	
Resource Type QoS 파라미터	Non-GBR	GBR	Delay-Critical GBR
5QI	M	M	M
QFI	M	M	M
ARP	M	M	M
RQA	O		
GFBR		M	M
MFBR		M	M
Notification Control		O	O
Maximum Packet Loss Rate		O	O
Session-AMBR	M		
UE-AMBR	M		
UE-Slice-MBR	M	M	M
PDB	M	M	M
PER	M	M	M
Averaging Window	M	M	M
MDBV		M	M

　※M: Mandatory, O: Optional

- **5G QoS Profile 파라미터**

사용자 평면 데이터는 QoS Profile에 의해 정의된 QoS 파라미터에 따라 RAN에서 스케줄링된다. QoS Flow는 QoS 프로파일에 따라 'GBR' 또는 'Non-GBR'로 설정된다.

QoS Flow의 QoS Profile은 N2 제어 메시지를 통해 RAN으로 전송되거나 사전에 RAN에 구성될 수 있다. 이 QoS Profile은 표 7-7에 설명된 QoS 매개변수를 포함한다.

표 7-7 5G QoS Profile 매개변수

QoS Profile 매개변수	비고
5QI	• 5G QoS Identifier • QoS Profile이 공통으로 포함
ARP	• Allocation and Retention Priority • QoS Profile이 공통으로 포함
RQA	• Reflective QoS Attribute • Non-GBR QoS Flow에 한해 QoS Profile에 포함
GFBR	• Guaranteed Flow Bit Rate • GBR QoS Flow에 대해서만 QoS Profile에 포함
MFBR	• Maximum Flow Bit Rate • GBR QoS Flow에 대해서만 QoS Profile에 포함
Notification Control	• GBR QoS Flow에 대해서만 QoS Profile에 포함
Maximum Packet Loss Rate	• GBR QoS Flow에 대해서만 QoS Profile에 포함

■ 5G QoS Rules

UE는 QoS Rule을 기반으로 UL 사용자 평면 트래픽의 분류 및 마킹, 즉 QoS Flow에 대한 UL 트래픽의 매핑을 수행한다. 이런 QoS Rule은 PDU 세션 설정/수정 절차 시 시그널링 메시지를 통해 UE에 명시적으로 제공되거나 UE에서 사전에 구성될 수 있다. 또한 PDU 세션을 통해 수신된 DL 사용자 데이터 패킷을 기반으로 PDU 세션과 관련해 파생된 QoS Rule을 생성하는 Reflective QoS의 UE에 의해 만들어질 수 있다.

표 7-8에서와 같이 QoS Rule은 관련 QoS Flow의 QFI, Packet Filter Set (표 7-9 참조) 및 우선순위 값 등을 포함한다. N1 제어 메시지에 의해 명시적으로 시그널링된 QoS Rule은 PDU 세션 내에서 고유하며 SMF에 의해 생성되는 QoS Rule 식별자를 포함한다. 이는 동일한 QoS Flow, 즉 동일한 QFI 사용과 연관된 QoS Rule이 둘 이상 있을 수 있기 때문이다.

표 7-8 QoS Rule

QoS Rule 구성 요소	비고
QRI(QoS Rule Identifier)	QoS Rule을 식별하는 식별자
DQR(Default QoS Rule)	Default QoS Rule인지의 여부 표시 (DQR=1이면 Default QoS를 의미함)
Packet Filter Set	패킷 필터 수 및 식별자 파라미터로 Packet Filter Set를 정의
QoS Rule Precedence	Rule 우선순위 표시
QFI	Rule에 적용될 QoS Flow 식별자

UE가 PDU 세션에 대한 시그널링된 QoS Rule에 대해 지원되는 Packet Filter의 수에 대해 네트워크에 알릴 때 SMF는 PDU 세션에 대한 모든 시그널링된 QoS Rule에 의해 사용되는 Packet Filter 합이 UE에 의해 표시된 수를 초과하지 않도록 해야 한다.

Default QoS Rule은 모든 PDU 세션 설정을 UE에 전송해야 하며 이는 QoS Flow와 관련이 있다. IP 유형 PDU 세션 또는 이더넷 유형 PDU 세션의 경우 Default QoS Rule은 모든 UL 패킷을 허용하는 Packet Filter Set를 포함할 수 있는 PDU 세션의 유일한 QoS Rule이다. 이 경우 QoS Rule은 가장 높은 우선순위 값을 사용한다.

Default QoS Rule이 Packet Filter Set를 포함하지 않거나 모든 UL 패킷을 허용하는 Packet Filter Set를 포함하는 한 Default QoS Rule이 연결된 QoS Flow에 대해 Reflective QoS를 적용해서는 안 되며, 이 QoS Flow에 대해 RQA를 보내지 않아야 한다.

■ Packet Filter Set

패킷 필터 세트는 QoS Rule 및 PDR에서 하나 이상의 패킷(IP 또는 이더넷) Flow를 식별하는 데 사용된다. 즉, QoS Flow는 UE에서는 QoS Rule의 Packet Filter Set에 의해, UPF에서는 PDR의 Packet Filter Set에 의해 특성화돼 분류된다. Packet Filter Set는 다음의 특징이 있다.

- 하나 이상의 패킷 필터를 포함할 수 있다.
- 모든 패킷 필터는 DL 방향, UL 방향 또는 양방향 모두에 적용이 가능하다.
- IP Packet Filter Set와 이더넷 Packet Filter Set의 2가지 유형이 있다.

IP 패킷 필터 세트(Packet Filter Set)

IP PDU 세션 유형의 경우 패킷 필터 세트는 표 7-9에 정의된 구성 요소의 조합을 기반으로 패킷 필터가 구성된다.

표 7-9 IP 패킷 필터 세트 구성 요소

Packet Filter Set 구성 요소	비고
Source/Destination IP 주소 또는 IPv6 Prefix	IP 주소 또는 Prefix는 Prefix Mask와 결합될 수 있음
Source/Destination Port 번호	포트 범위로 지정할 수 있음
IP/Next Header Type 상위 프로토콜의 프로토콜 ID	
IPv4 TOS/IPv6 Traffic Class 및 Mask	

Packet Filter Set 구성 요소	비고
Flow Label (IPv6)	
Security Parameter Index(보안 매개변수 Index)	
Packet Filter Direction	

이더넷 패킷 필터 세트(Packet Filter Set)

이더넷 PDU 세션 유형의 경우 패킷 필터 세트는 표 7-10에 정의된 구성 요소의 조합을 기반으로 하는 패킷 필터가 구성된다.

표 7-10 이더넷 패킷 필터 세트 구성 요소

Packet Filter Set 구성 요소	비고
Source/Destination MAC Mask와 결합될 수 있음	IP 주소 또는 Prefix는 Prefix
EtherType	IEEE 802.3 정의된 Entertype
C-TAG 및/또는 S-TAG VID 필드	IEEE Std 802.1Q 정의 기준
C-TAG 및/또는 S-TAG PCP/DEI 필드	IEEE Std 802.1Q 정의 기준
IP Packet Filter Set	Ethertype이 IPv4/IPv6 페이로드를 나타내는 경우
Packet Filter Direction	

■ 5QI 및 QoS 특성(5G QoS Flow 특성)

5G 네트워크 내에서는 5QI라고 하는 서비스 품질 클래스 식별자 메커니즘을 사용한다. 5QI는 패킷을 서로 다른 QoS 클래스로 분류하는 메커니즘으로서 서비스 트래픽을 특정 요구 사항에 맞게 각 NE에서 조정(예: 패킷 forwarding 처리)하는 데 사용하며, 표준 5QI값에 정의된 각 QoS 클래스에는 자체적으로 할당된 QoS 특성(예: 패킷 지연 및 패킷 손실)을 규정하고 있

다. 예를 들어 인터넷 액세스 서비스가 다른 슬라이스의 특수한 서비스와 동시에 병렬로 네트워크 슬라이스를 통해 제공되는 아키텍처를 고려할 때 5QI는 다양한 "트래픽 범주"제공을 위한 합리적인 트래픽 관리(각 서비스의 트래픽에 적용된 5QI별로 Traffic 처리를 다르게 함)규칙을 준수하는 인터넷 액세스 서비스를 제공하기 위한 트래픽 관리 수단으로 사용될 수 있다.

5G QoS 특성은 QoS Flow가 UE와 UPF 사이에서 각 NE에서 패킷 포워딩 처리를 다음과 같은 성능 특성으로 처리한다.

- **Resource Type**
  - GBR, Delay Critical GBR 또는 Non-GBR 등의 Resource 유형을 규정한다.
  - 이 설정은 네트워크 리소스가 보장되거나 보장되지 않는 비트 전송률(GBR 또는 Non-GBR)에 대해 영구적으로 할당되는지 여부를 결정한다.
  - 지연이 중요한 GBR QoS Flow에 필요한 비트 전송률도 지정되고 영구적으로 할당되며, 패킷이 PDB(Packet Delay Budget)보다 지연되면 손실된 것으로 간주된다.

- **Priority Level**
  - 패킷 처리에 대한 우선순위 레벨을 규정한다.
  - 리소스 예약을 위해 다른 Flow와 관련해 Flow의 우선순위를 나타내도록 할당된 값이다. 가장 낮은 우선순위 값은 가장 높은 우선순위에 해당된다.

- **Packet Delay Budget**
  - 패킷 처리에 대한 허용이 가능한 지연 시간을 규정한다.
  - 이 매개변수는 NE 사이를 이동하는 동안 패킷이 지연될 수 있는 시간의 상한을 설정한다. 5G 시스템 내에서 이동하는 동안 패킷이 분할되거나 다른 패킷과 결합되는 경우 이런 처리는 Packet Delay Budget에 영향을 준다. 그래서 5G 시스템에서는 NE 간의 패킷 단편화를 피하려고 네트워크는 PDU 세션을 설정할 때 최대 전송 단위(MTU)의 크기(바이트)를 UE에게 알려줄 수 있고, 이는 MTU 크기를 제한하려고 수행된다.
  - UE가 네트워크로 보낸 패킷의 자세한 내용은 TS 23.501의 5.6.10 및 5.7.4절 및 부록을 참조한다.

- Packet Error Rate

  - 패킷 처리에 대한 허용이 가능한 패킷 오류율을 규정한다.

  - 패킷이 잘못 수신되거나 손실된 패킷의 수를 수신된 총 패킷 수로 나눈 값이다.

- Maximum Data Burst Volume

  - 지연이 중요한 GBR 리소스와 관련되며 패킷 지연 예산을 초과하지 않고 보낼 수 있는 최대 데이터 볼륨을 지정한다.

- Averaging Window

  - GBR 및 지연이 중요한 GBR 리소스 유형에 적용된다.

  - 주어진 트래픽 흐름에 대해 GFBR 및 MFBR를 계산하는 데 할당된 시간을 나타낸다.

■ QoS 특성 매핑에 대한 표준화된 5QI

표준화된 5QI값은 자주 사용되는 서비스에 대해 지정됐다. 따라서 이 표준화된 QoS 특성은 최적화된 시그널링의 이점이 있다. 동적으로 할당된 5QI 값(QoS Profile의 일부로 QoS 특성의 시그널링을 필요로 함)은 표준화된 5QI값이 정의되지 않은 서비스에 사용할 수 있다. 5G QoS 특성에 대한 표준화된 5QI값의 일대일 매핑은 TS 23.501의 표 7-11과 같이 명시돼 있다.

표 7-11 QoS 특성 매핑에 대한 표준화된 5QI(Table 5.7.4-1 in TS 23.501)

5QI Value	Resource Type	Default Priority Level	Packet Delay Budget	Packet Error Rate	Default Maximum Data Burst Volume	Default Averaging Window	Example Services
1	GBR	20	100ms	10^{-2}	N/A	2000ms	Conversational Voice
2		40	150ms	10^{-3}	N/A	2000ms	Conversational Video (Live Streaming)

5QI Value	Resource Type	Default Priority Level	Packet Delay Budget	Packet Error Rate	Default Maximum Data Burst Volume	Default Averaging Window	Example Services
3		30	50ms	10^{-3}	N/A	2000ms	Real Time Gaming, V2X Messages (see TS 23,287)
4		50	300ms	10^{-6}	N/A	2000ms	Non-Conversational Video (Buffered Streaming)
65		7	75ms	10^{-2}	N/A	2000ms	Mission Critical User Plane Push To Talk Voice (e.g. MCPTT)
66		20	100ms	10^{-2}	N/A	2000ms	Non-Mission-Critical user plane Push To Talk voice
67		15	100ms	10^{-3}	N/A	2000ms	Mission Critical Video User Plane
75[주1]							
71		56	150ms	10^{-6}	N/A	2000ms	"Live" Uplink Streaming (e.g. TS 26,238)
72		56	300ms	10^{-4}	N/A	2000ms	"Live" Uplink Streaming (e.g. TS 26,238)
73		56	300ms	10^{-8}	N/A	2000ms	"Live" Uplink Streaming (e.g. TS 26,238)
74		56	500ms	10^{-8}	N/A	2000ms	"Live" Uplink Streaming (e.g. TS 26,238)

주1) 5QI값 "75"는 TS 23.285에 정의된 대로 MBMS 베어러를 통한 V2X 메시지 전송에만 사용되기 때문에 현재 규격의 Release(Release17)에서 지원하지 않는다. 단, "75"값은 향후 사용을 위해 Reserved됐다.

5QI Value	Resource Type	Default Priority Level	Packet Delay Budget	Packet Error Rate	Default Maximum Data Burst Volume	Default Averaging Window	Example Services
76		56	500ms	10^{-4}	N/A	2000ms	"Live" Uplink Streaming (e.g. TS 26.238)
5	Non–GBR	10	100ms	10^{-6}	N/A	N/A	IMS Signaling
6		60	300ms	10^{-6}	N/A	N/A	Video (Buffered Streaming) TCP–based (e.g. www, e–mail, chat, ftp, p2p file sharing, progressive video, etc.)
7		70	100ms	10^{-6}	N/A	N/A	Voice, Video (Live Streaming) Interactive Gaming
8		80	300ms	10^{-6}	N/A	N/A	Video (Buffered Streaming) TCP–based (e.g. www, e–mail, chat, ftp, p2p file sharing, progressive video, etc.)
9		90		10^{-6}			
10		90	1100ms	10^{-6}	N/A	N/A	Video (Buffered Streaming) TCP–based (e.g. www, e–mail, chat, ftp, p2p file sharing, progressive video, etc.) and any service that can be used over satellite access type with these characteristics

5QI Value	Resource Type	Default Priority Level	Packet Delay Budget	Packet Error Rate	Default Maximum Data Burst Volume	Default Averaging Window	Example Services
69		5	60ms	10^{-6}	N/A	N/A	Mission Critical Delay Sensitive signaling (e.g. MC–PTT signaling)
70		55	200ms	10^{-6}	N/A	N/A	Mission Critical Data (e.g. example services are the same as 5QI 6/8/9)
79		65	50ms	10^{-2}	N/A	N/A	V2X Messages (see TS 23.287)
80		68	10ms	10^{-6}	N/A	N/A	Low Latency eMBB Applications Augmented Reality
82	Delay–Critical GBR	19	10ms	10^{-4}	255bytes	2000ms	Discrete Automation (see TS 22.261)
83		22	10ms	10^{-4}	1354bytes	2000ms	Discrete Automation (see TS 22.261); V2X messages (UE – RSU Platooning, Advanced Driving: Cooperative Lane Change with low LoA, see TS 22.186, TS23.287)
84		24	30ms	10^{-5}	1354bytes	2000ms	Intelligent Transport Systems (see TS 22.261)

5QI Value	Resource Type	Default Priority Level	Packet Delay Budget	Packet Error Rate	Default Maximum Data Burst Volume	Default Averaging Window	Example Services
85		21	5ms	10^{-5}	255bytes	2000ms	Electricity Distribution- High Voltage (see TS 22.261), V2X Messages (Remote Driving, see TS 22.186, see TS 23.287)
86		18	5ms	10^{-4}	1354bytes	2000ms	V2X Messages (Advanced Driving: Collision Avoidance, Platooning with high LoA, see TS 22.186, TS 23.287)
87		25	5ms	10^{-3}	500bytes	2000ms	Interactive Service − Motion Tracking Data(see TS 22.261)
88		25	10ms	10^{-3}	1125bytes	2000ms	Interactive Service − Motion Tracking Data(see TS 22.261)
89		25	15ms	10^{-4}	17000bytes	2000ms	Visual Content for Cloud/Edge/Split Rendering(see TS 22.261)
90		25	20ms	10^{-4}	63000bytes	2000ms	Visual Content for Cloud/Edge/Split Rendering

7.2 무선 기술과 안테나

7.2.1 dB와 dBm

- **dB(Decibel)**

데시벨(기호: dB)의 정의는 벨[Bel]의 1/10에 해당하는 상대적인 측정 단위로 20세기 초 미국 Bell System(현재 BellLab)에서 전화의 전송 손실 및 전력 측정에서 시작됐다. 벨[Bel]은 Alexander Graham Bell의 이름을 따서 명명돼 탄생됐다고 한다. dB는 데시벨[Decibel]로 읽으며, Deci+Bel의 합성어로 앞의 Deci는 '10'을 의미하는 영어의 접두사이다. 여기서 데시벨(dB)은 기준에 대한 비율에 상용로그를 취한 물리량의 단위이다. 이런 데시벨이 상대적인 측정 단위로서 사용된 배경에는 오래 전에 BellLab에서 넓은 범위의 값들을 한눈에 보기 어렵고 계산이 불편해 상용로그로 변환해 사용하기 시작했을 때 상용로그로 계산된 값이 작아서 여기에 추가적으로 10을 곱해 사용함으로써 접두어로 'Deci'가 붙었다고 한다. 이 데시벨값으로 표시되는 수치는 어떤 기준치에 대한 비율에 상용로그를 취한 것이기 때문에 데시벨 자체는 절대치가 아니라 상대치로서 그 예는 다음과 같다.

- $10 \times \log 10 = 10\text{dB}$

- $10 \times \log 100 = 20\text{dB}$

- $10 \times \log 1000 = 30\text{dB}$

- $10 \times \log 10000 = 40\text{dB}$

dB 스케일을 사용하는 이유는 진동수, 주파수를 갖는 신호의 성질은 자연 상태에서의 측정값(예: 전류, 전압)에 비례하는 것이 아니라 dB 스케일에 정량적으로 비례하는 특성을 갖고 있기 때문이다. 이것이 바로 AC 회로나 RF에서 dB 스케일을 주로 사용하는 아주 중요한 이유가 된다.

예를 들어 어떤 RF 신호를 전송하는 데 있어 10dB의 신호를 20dB로 올리는 것과 30dB의 신호를 40dB로 올리는 것이 같은 비례적 효과가 나타날 수 있다는 것이다. 즉, 둘 다 10dB씩 신호의 크기를 10배로 올린다는 의미이다. 전력의 예를 보면 10dB(10W)를 20dB(100W)로 올린 경우의 신호는 90W의 차이가 나고, 30dB(1,000W)를 40dB(10,000W)로 올린 경우는 9,000W의 차이가 있다. 90W와 9,000W의 전력은 매우 큰 차이가 있다. 이는 낮은 전력 레벨에서는 dB값 자체에 민감한 변화를, 큰 전력 레벨에서는 둔감한 변화를 보여주고 있어 큰 값을 표현하기에 적합하다고 할 수 있다.

또한 시스템을 연달아 연결할 때 늘어나고 줄어드는 신호 레벨을 일일이 계산하기가 매우 번거롭고 불편하다. 이 경우 dB 스케일로 모든 신호 레벨을 정한다면 간단한 산술연산으로 모든 계산이 가능하기 때문에 매우 편리하게 사용할 수 있다.

■ dBm

dBm은 dB와 다르게 상대 값이 아니고 절대 값이다. 즉, dBm이란 mW 단위의 전력을 기준으로 특정 전력값을 dB 스케일로 나타낸 단위를 의미한다. 예를 들어 1W를 dB 스케일로 표현하면 30dBm(= 10log1000)이 되고, 0.001W(1mW)를 dB 스케일로 표현하면 -30dBm(= 10log1 - 10log1000)이 된다.

- 1mW = 0dBm

- 10mW = 10dBm

- 100mW = 20dBm

- 1000mW = 1W = 30dBm = 0dB(W)

즉, 일반적인 W(와트) 전력값에 30dB를 더한 것이 dBm 단위라고 할 수 있다.

■ dB와 dBm의 차이

dB와 dBm의 차이는 앞에서 살펴본 바와 같이 dBm은 mW를 기준으로 하는 전력 측정값을 지칭하고, dB는 임의의 어떤 측정값을 대수 스케일로 보여주는 것을 말한다. 예를 들어 5G 무선 장비에서 1W(1000mW)의 출력 전력으로 전파를 방사하는 경우를 30dBm의 출력이라고 한다. 하지만 Radio 모듈 후에 10dB의 손실이 있는 경우 최종 수신 전력은 20dBm(=30dBm-20dB)이 된다. 즉, 절대 값에 상대 배율을 가감해 연산하며, 그 예를 표 7-12에서 보여주고 있다.

표 7-12 dB, dBm 연산 방식

계산 방식	비고
dBm + dB = dBm	dBm으로 표현된 어떤 절대적 전력값에 dB로 표현된 상대적 신호 전력의 증/감분을 더함으로써 최종적으로 얼마 만한 크기의 전력이 생성되는지에 대한 수식으로 결과는 dBm이 된다.
dB + dB = dB	각각 상대적 신호 전력이 얼마나 증감하는지를 합하는 수식으로 결과는 dB가 된다.

7.2.2 안테나

■ 개요

안테나Antenna란 말의 어원은 곤충의 더듬이에서 유래됐다고 한다. 눈에 보이지 않는 파동 신호를 감지할 수 있는 장치로서 곤충의 더듬이와 무선 통신의 안테나는 그 용도와 특징이 거의 유사하고 할 수 있다. 무선 통신에서 신호가 전달되는 경로는 유선의 선로가 아닌 자유 공간Free Space이다. 이런 자유 공간에 신호를 방사하고, 또 그 방사된 신호를 잡아 수신하는 역할을 하는 무선 통신의 최종단이 안테나이다.

그림 7-9 안테나 개념

전기적 신호는 도체를 통한 전위차와 전하의 흐름으로 전달되기 때문에 자유 공간과 같은 부도체(절연체)에서는 전하가 흐를 수 없다. 하지만 전자기파는 도체를 통과하지 못하고 부도체(유전체)에서 전기장과 자기장을 구성하면서 진행한다. 이렇게 그림 7-9와 같이 전압 및 전류로 표현되는 전기적 신호와 전기장/자기장으로 표현되는 전자기파를 서로 변환해 주는 역할을 하는 장치가 안테나이다. 즉, 안테나는 외부의 전자기장의 변화와 안테나 도선상의 전기적 신호가 상호 연동함으로써 대기 중에 떠다니는 전자기파 신호를 감지한다. 그리고 전기적 신호를 전자기파로 방사한다.

■ 안테나 이득(Gain)

안테나는 수동 소자이다. 즉, 입력되는 외부 전원 없이 안테나 입력에 외부로 내보내고 싶은 신호만 보내면 안테나가 공기 중에 방사시킨다. 안테나는 수동 회로Passive Circuit이기 때문에 입력된 신호보다 큰 신호를 내보낼 수 없다.

따라서 안테나에서의 이득Gain은 능동 회로의 이득과 다르게 입력 신호에 대비해 출력 신호가 더 커진다는 의미의 이득이 아니라 방향성Directivity으로 인해 파생되는 상대적 이득을 의미한다. 즉, 안테나의 이득이란 그림 7-10에서와 같이 최대 전기장 방향을 기준으로 등방성Isotropic 복사 패턴에 대비한 실제 사용 안테나 복사 패턴의 비율을 의미한다.

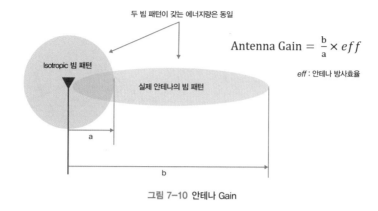

그림 7-10 안테나 Gain

안테나 때문에 신호가 커지는 것이 아니라 사방으로 고르게 퍼져 나가야 할
에너지가 일정 방향으로 집중되는 경우 그 집중되는 비율을 의미한다. 단위
로는 dB를 사용하며, 등방성^{Isotropic} 안테나를 기준으로 할 때는 dBi라고 표
현하고 다이폴^{Dipole} 안테나를 기준으로 해 이득을 계산할 때는 dBd라는 단
위를 사용하기도 한다. 다이폴^{Dipole} 안테나의 이득은 2.15dBi이므로 dBd와
dBi는 그림 7-11과 같은 관계를 갖는다.

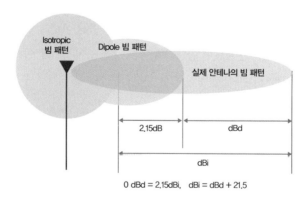

그림 7-11 안테나 Gain: dBi

안테나의 이득이 크다는 의미는 결국 신호를 보내기 위한 특정 방향으로 더욱 예리하게 전자기파가 모인다는 의미가 된다. 따라서 안테나의 이득이 높다는 것은 전자기파를 전달하기를 원하는 특정 방향으로 더욱 강한 전자기파를 보낼 수 있다는 의미가 된다.

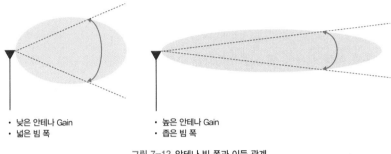

- 낮은 안테나 Gain
- 넓은 빔 폭

- 높은 안테나 Gain
- 좁은 빔 폭

그림 7-12 안테나 빔 폭과 이득 관계

안테나의 이득과 빔 폭(커버리지)의 상관 관계를 보면 그림 7-12에서 나타내고 있는 것과 같이 안테나가 가진 제한된 에너지량 때문에 이득과 빔 폭은 기본적으로 반비례 관계를 갖게 된다. 그렇기 때문에 일반적으로 안테나 이득이 높다고 무조건적으로 좋은 것이 아니며 시스템에서 원하는 만큼 적절한 대역폭과 이득을 갖는 것이 중요하다. 그리고 빔 폭의 기준점으로 HPBW^{Half Power Beam Width}(반전력 빔 폭)라는 지표를 사용한다. 그림 7-13은 HPBW(반전력 빔 폭)를 보여주고 있는데 안테나의 빔 폭의 기준점으로 최대 빔 방향의 전력을 기준으로 전력이 반($10\log0.5 = -3$ dB)으로 줄어드는 지점까지의 각도를 HPBW라고 한다.

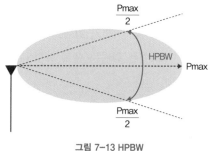

그림 7-13 HPBW

빔 폭과 이득 문제를 원하는 수준만큼 구현 시에는 하나의 단일 안테나로는 해결이 어려울 수 있다. 이 경우 여러 개의 안테나를 특정 규칙에 따라 배열하면 각각의 안테나의 복사 전력이 합쳐져서 더욱 멀리 퍼져 나가는 강한 빔 패턴을 만들 수 있다.

- **EIRP&ERP(유효 복사 전력)**

EIRP^{Effective Isotropic Radiated Power} 또는 ERP^{Effective Radiated Power}는 무선기기의 유효 출력의 개념으로 안테나 이득의 효과를 함께 고려한 유효 송신 출력을 나타내는 수치이다.

$$EIRP = Pt \times Ga$$

(Pt: 송신기 출력, Ga: 안테나 이득)

즉, 송신기의 출력이 30dBm이고 안테나 이득이 5dBi라면 EIRP는 30 + 5 = 35dBm이 된다. 실제 무선 통신 환경에서 안테나의 빔 패턴은 목적지를 향해 최대의 이득을 갖도록 설계된다. 따라서 목적지에서는 다른 지역보다 더 큰 전력 신호를 수신할 수 있다. 송신기의 출력은 특정 방향의 개념이 들어 있지 않지만 안테나를 통해 특정 방향으로 빔이 집중되도록 하는 안테나 이득을 갖고 있다. 그래서 EIRP처럼 송신기의 유효 출력이라는 개념의 규격이 정의됐다.

그림 7-14에서 수신 안테나까지 FSPL^{Free Space Path Loss}이 −55dB라고 가정하면 수신 안테나는 Low Gain 안테나 환경에서는 −20dBm(=30dBm+5dBi-55dB)의 신호 레벨을 수신하고, High Gain 안테나 환경에서는 −15dBm(=30dBm+10dBi-55dB)의 신호 레벨을 수신한다(수신 안테나의 Gain 은 고려하지 않는다).

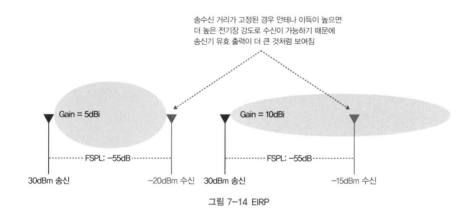

송수신 거리가 고정된 경우 안테나 이득이 높으면
더 높은 전기장 강도로 수신이 가능하기 때문에
송신기 유효 출력이 더 큰 것처럼 보여짐

Gain = 5dBi

Gain = 10dBi

FSPL: −55dB

FSPL: −55dB

30dBm 송신

−20dBm 수신

30dBm 송신

−15dBm 수신

그림 7-14 EIRP

EIRP가 등방성 패턴에 대비한 안테나의 이득 자체만을 포함하는 개념이라면, ERP는 거기에 다이폴^{Dipole} 안테나의 이득을 곱한 유효 출력의 개념이다. 이는 시스템 버짓 계산을 위해 송수신 측의 이득을 함께 고려하기 위한 것으로 다이폴^{Dipole} 안테나의 이득 2.15dB가 고려돼 ERP와 EIRP는 다음과 같이 간단한 수식 관계를 갖는다.

$$ERP = EIRP - 2.15dB$$

7.2.3 빔포밍 원리

■ 두 신호의 위상과 결합

그림 7-15와 같이 2개의 동일한 진폭, 동일한 주파수, 정현파가 동위상으로
함께 추가되면 결과는 신호 레벨이 2배인 정현파가 된다(6dB 증가). 따라서
결합된 신호의 전력은 성분 신호의 전력의 4배가 된다. 즉, 20log10(x)가
되기 때문이다. 여기서 X는 전압 신호를 의미한다.

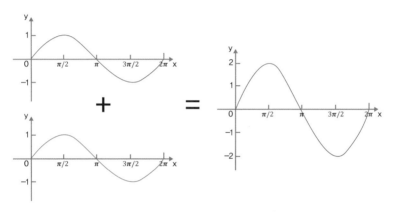

그림 7-15 동위상, 동일 레벨 신호의 결합

그림 7-16과 같이 2개의 동일한 진폭, 동일한 주파수, 정현파가 반대 위상
으로 함께 추가되면(180° 이동) 2개는 서로를 완전히 상쇄한다.

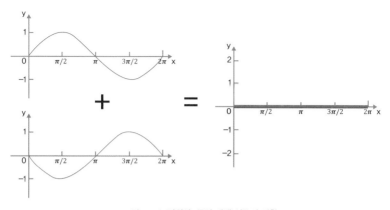

그림 7-16 역위상, 동일 레벨 신호의 결합

■ 등거리 두 안테나 신호의 결합

2개의 동일한 진폭, 동일한 주파수, 정현파가 임의의 위상차와 함께 추가되면 결합된 신호의 예상 전력값은 구성 요소 신호보다 3dB 더 높게 된다. 이와 같은 원리로 그림 7-17에서와 같이 2개의 동일한 안테나가 동일한 신호를 동일한 위상으로 무선으로 전송하고 송신기로부터 동일하게 떨어져 있는 수신기의 2개의 안테나에서 동일한 신호가 결합되면 이때 결합된 신호는 구성 요소 신호보다 6dB 더 강하다. 이와 유사하게 무선 신호가 송신기로부터 동일하게 떨어진 수신기의 동일한 2개 안테나에 의해 수신되고 동일한 위상의 두 신호가 안테나급 전선에서 결합되면 결합된 신호는 구성 요소 신호보다 6dB 더 강하다. 신호가 반대 위상에서 결합되면 서로 상쇄되므로 간섭 제거에 사용될 수 있다. 여기서 2개의 신호는 2배의 전력, 즉 3dB 더 많은 전력을 의미한다. 그러나 여기서 이득은 6dB, 즉 4배의 전력이다. 이는 지향성에서 추가로 3dB 이득이 있기 때문이디(역방향으로 방사되지 않도록 Reflector가 추가되는 경우 3dB의 추가 이득을 얻을 수 있다).

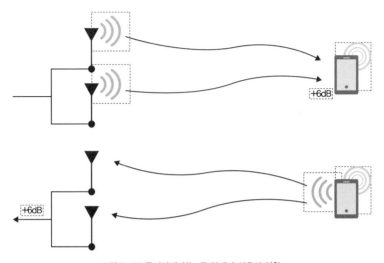

그림 7-17 등거리에 있는 두 안테나 신호의 결합

■ 비등거리 두 안테나 신호의 결합

2개의 동일한 안테나가 동일한 신호를 동일한 위상으로 무선으로 전송하면 수신기의 안테나에서 신호가 결합된다. 그러나 수신기에서 두 안테나가 동일하게 떨어져 있지 않으면 신호가 반드시 동일한 위상으로 도착하지 않는다. 이는 무선 신호가 2개의 동일한 안테나에 의해 수신되고 2개의 신호가 안테나 피드에서 결합되지만 2개의 안테나가 수신기에서 동일하게 떨어져 있지 않으면 신호가 반드시 동일한 위상으로 결합되지 않는 것을 의미한다. 안테나 쌍인 이 두 Element 안테나 어레이의 이득은 방향에 따라 다르게 된다. 즉, 송수신은 한 방향에서 강하고 다른 방향에서 약하게 된다. 이것이 빔이 형성되는 원리이다.

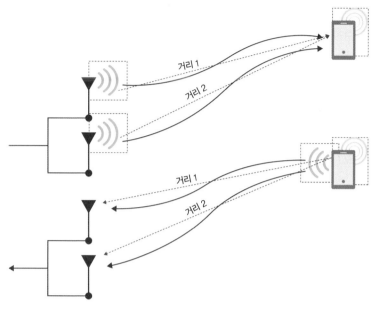

그림 7-18 비등거리에 있는 두 안테나 신호의 결합

- **자유 공간 수신 전력 계산**

그림 7-19는 Friis 전송 방정식의 표현이다. Friis 전송 방정식은 자유 공간을 통한 무선 링크의 송수신 관계를 표현하는 공식으로 "수신 전력"을 "송신 전력", "안테나 이득", "파장 (또는 주파수)", "거리"와의 관계로 표현한 식이다. 이 공식에 따르면 더 낮은 주파수에서 더 멀리 전파되고, 안테나 이득에 비례해 전파됨을 알 수 있다.

다음의 표현식은 송신 전력에 대한 수신 전력의 차이로서 FSPL[Free Space Path Loss]을 표현한다.

$$\frac{P_r}{P_t} = D_t D_r \left(\frac{\lambda}{4\pi d} \right)^2 = \frac{A_t A_r}{d^2 \lambda^2}$$

그림 7-19는 수신 안테나의 실효 개구 면적을 고려한 수신 전력을 표현하는데 수신 전력의 크기는 송신 전력 및 송수신 안테나 이득 및 Carrier 주파수의 파장에 비례하고, 거리의 제곱승에 반비례한다. 따라서 송신 전력 및 안테나 이득이 클수록 수신 전력이 크고, Carrier 주파수가 낮을수록, 거리가 짧을수록 경로 손실이 작아 수신 전력이 크다는 것을 알 수 있다. 예를 들어 3GHz와 30GHz 대역을 Carrier 주파수로 사용하는 경우 동일한 거리에서 경로 손실은 30GHz 사용이 3GHz 사용 시보다 100배(20dB = $10Log_{10}{}^{100}$, 여기서 100은 f^2이기 때문) 높음을 의미한다.

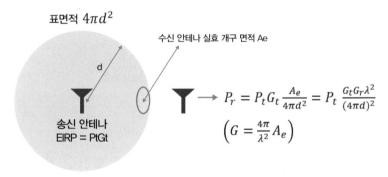

그림 7-19 수신 전력

여기서

- Pr: 수신 전력

- P_t: 전송 전력

- Gr: 수신기 안테나 Gain

- Gt: 송신기 안테나 Gain

- Dr: 수신기 안테나 지향성

- Dt: 송신기 안테나 지향성

- λ : 파장

- d: 송신기와 수신기 사이의 거리

- Ar: 수신기 안테나 Aperture 크기

- At: 송신기 안테나 Aperture 크기

- A_e: 유효 안테나 Aperture 크기

다른 모든 매개변수에 관계없이 이상적인 등방성 안테나 요소의 실효 개구 면적은 다음의 공식과 같으며, 안테나가 공간상으로 전파되는, 즉 실제 송신하거나 받아들일 수 있는 전력을 면적 관점으로 환산한 등가적인 개구 면적이다. 이는 이 크기의 단면에 있는 전자기파가 수신기 안테나로 향하게 됨을 의미한다.

$$A_e = \frac{\lambda^2}{4\pi}G$$

따라서 다이폴 안테나와 같은 등방성 안테나에 가까운 요소를 사용하는 경우 링크 버짓이 더 높은 주파수에서 더 나빠질 것임을 의미한다. 반대로 Aperture 안테나를 사용하는 경우 동일한 크기의 Aperture에 대해 더 높은 주파수에서 안테나 이득이 더 높으므로 링크 버짓이 더 높은 주파수에서 더 좋다고 할 수 있다.

이를 통해 알 수 있는 것은 더 높은 주파수에서는 지향성 안테나가 필요하고, 가능한 최대 셀 범위를 위해서는 빔포밍과 대규모 MIMO가 필요하다는 것이다. 그리고 더 높은 주파수에서 AE^{Antenna Element}를 더 가깝게 배치할 수 있으므로 안테나 어레이 크기를 줄일 수 있다.

■ Array 안테나 Gain 계산

안테나 이득은 개별 AE$^{\text{Antenna Element, 안테나 요소}}$의 방사 패턴에 의해 추가로 이득을 향상시킬 수 있는 특징이 있다. 안테나 어레이의 총 송신 전력은 일반적으로 제한되고, Antenna Element가 많을수록 개별 AE가 전송하는 전력은 줄어들 수 있다. 표 7-13은 안테나 어레이 수에 따른 안테나 이득이 어떻게 증가하는지 보여주고 있다. 이는 "$10 \times \text{Log}_{10}(\text{AE수})$"로 계산된다.

표 7-13 Array 안테나 Gain 계산

AE(Antenna Elememt) 수	무지향성 AE의 Gain	Antenna Array가 역방향으로 방사하지 않는 경우의 Gain
1	0dB	3dB
2	3dB	6dB
4	6dB	9dB
8	9dB	12dB
16	12dB	15dB
32	15dB	18dB
64	18dB	21dB
128	21dB	24dB

■ 지향성(Directivity), Gain and EIRP

지향성은 특정 방향으로 방사 전력을 집중시키는 안테나의 능력을 정의하는 것이다. 즉, 같은 방향의 등방성 안테나의 방사 강도에 대한 특정 방향의 방사 강도의 비율로서 다음과 같이 표현할 수 있다.

- Isotropic Antenna(등방성 안테나): D = 0dBi
- Dipole Antenna: D = 2.15dBi

안테나 이득은 지향성에 방사 효율을 곱한 값이다(G = 효율 × D). 이득은 일반적으로 지향성 대신 사용되는 매개변수로서 예를 들어 다음과 같은 방법으로 빔을 형성해 이득을 늘릴 수 있다. 즉, 더 많은 Radiator N개를 추가하면 $10 \log_{10} N$ 이득이 승가함을 의미한다. 여기에 더해 표 7-13에서와 같이 역방향으로 방사되지 않도록 Reflector가 추가되는 경우 3dB의 추가 이득을 얻을 수 있다.

$$+N = +10 \log_{10} N \text{ [dB]}$$

따라서 5G Antenna Array에 대한 EIRP는 그림 7-20과 같이 계산될 수 있다. 여기서 PA[Power Amp]와 안테나 사이의 손실은 없는 것으로 가정한다.

각 Path의 출력 Power는 1W(=30dBm)이고 총 출력 Power는 4W(=36dBm)이다. 여기서 개별 AE[Antenna Element]의 Gain은 3dBi이기 때문에 Antenna Array의 Gain은 9dBi(=3dBi + $10 \log_{10} 4$)가 된다. 따라서 Antenna Array를 갖는 5G RF 모듈의 EIRP는 45dBm(=36dBm + 9dBi)이 된다.

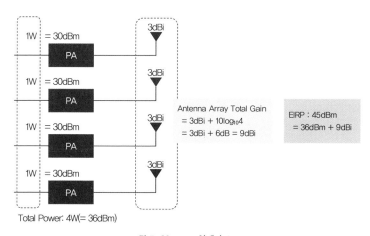

그림 7-20 Array 안테나 Gain

■ Massive MIMO가 필요한 이유

무선 통신에서 송수신 데이터 성능을 향상시킬 수 있는 기술적인 방법은 사용하는 주파수 채널 대역폭을 늘리거나 에러에 강하고 심볼당 더 많은 Bit를 전송할 수 있는 변조 방식을 사용하거나 복수 개의 데이터 Stream을 동시에 전송할 수 있는 MIMO^{Multiple Input Multiple Output} 기술이 필요하다.

하지만 주파수 자원은 제한돼 있고, 변조 방식 또한 RF 환경에 많은 영향을 받기 때문에 무선 기지국으로부터 데이터 송수신하는 효율을 높이는 방안으로 MIMO 기술은 매우 중요하다. MIMO는 여러 개의 안테나로 구성되는 기지국을 설계함으로써 공간적으로 분리된 여러 사용자 단말기들이 동일한 주파수 자원에서 동시에 통신하고 다중 경로로 전파할 수 있게 한다. 이를 가능하게 하는 것은 MIMO 시스템의 다중 트랜시버는 상관되지 않는 전파 경로를 별도의 안테나를 통해 전송해 한 명 이상의 사용자에 대해 더 높은 처리량을 달성하는 Spatial Multiplexing(공간 다중화) 또는 동일한 출력 신호가 다중 안테나를 통해 전송되고 수신기에서 결합돼 신호 품질을 향상시키는 Spatial Diversity를 실현할 수 있기 때문이다.

일반적으로 8개 이상의 Antenna Array를 사용하는 MIMO를 Massive MIMO라고 한다. '매시브^{Massive}'란 기지국 안테나 어레이에 있는 수많은 안테나 또는 안테나 요소를 가리킨다. MIMO는 공간적으로 분리된 여러 사용자가 안테나 어레이에 의해 동일 시간, 동일 주파수 자원에서 처리된다는 것을 의미한다.

Massive MIMO 시스템의 수많은 안테나 요소^{Antenna Element}를 통해 Spatial Multiplexing과 Spatial Diversity 특성을 결합할 수 있다. 따라서 Massive MIMO 시스템은 Spatial Multiplexing(공간 다중화)뿐만 아니라 빔포밍을 용이하게 구현할 수 있는 특성이 있다.

- **MIMO Stream:** 단일 사용자(UE, Single User)에 대해 공간적으로 구분되는 Data Stream

- **MIMO Layer:** 동시 다중 사용자(Multi User) MIMO Stream 수, 예를 들어 16Layer를 지원하는 Massive MIMO Radio 시스템의 경우, User별로 2 MIMO Stream을 사용하는 경우 동시에 8개의 User에 각각 2 x MIMO Stream을 전송할 수 있음

다중 안테나를 통해 신호를 전송할 때는 3가지 주요 원칙이 있다.

Spatial Diversity

Spatial Diversity(공간 다이버시티)는 그림 7-21에서와 같이 공간적으로 분리된 다중 안테나를 통해 데이터 페이로드를 동일한 무선 신호의 다중 복사본에 실어 전송하고 수신해 신호 페이딩을 줄이는 MIMO의 기술이다. 즉, 수신 안테나는 각각의 안테나에 수신되는 신호 복사본을 사용해 신호를 재구성함으로써 다중 경로 페이딩에 의한 영향을 최소화해 신호 품질을 개선시킨다. 5G 네트워크에서 Spatial Diversity는 송신기와 수신기에서 다중 안테나를 사용하는 MIMO 시스템의 중요한 부분이다.

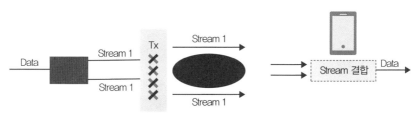

그림 7-21 Spatial Diversity

Spatial Multiplexing

Spatial Multiplexing(공간 다중화)은 공간적으로 분리된 안테나를 통해 데이터 페이로드를 별도의 스트림으로 전송해 데이터 속도를 높이는 MIMO의 기술이다. 즉, 송신 안테나 쌍과 수신 안테나 쌍 사이의 채널 차이를 활용해 송신 안테나와 수신 안테나 사이에 다중 독립 스트림을 제공하고 병렬 스트림을 통해 데이터를 전송해 처리량을 향상시킨다. 예를 들어 그림 7-22와 같은 시나리오의 경우 2개의 독립적인 스트림을 생성해 처리량을 2배로 늘릴 수 있다. 하지만 실제 데이터 처리량은 각 스트림에서 얼마나 높은 SINR를 달성할 수 있는지에 따라 달라진다.

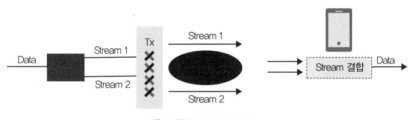

그림 7-22 Spatial Multiplexing

Beamforming

빔포밍 기술은 그림 7-23과 같이 많은 수의 안테나에 실리는 신호를 각각 정밀하게 제어해 특정 방향으로 에너지를 집중시키거나 반대로 특정 방향으로 에너지가 나가지 않도록 조절이 가능한 기술로 전파의 에너지를 집중시켜 거리를 늘리고 빔Beam 간의 간섭을 최소화시킬 수 있다. 따라서 물리적 특성상 낮은 주파수에 비해 멀리까지 전파되지 못하고 장애물 등을 통과하는 투과력이 상대적으로 약한 특성을 갖고 있는 5G의 높은 주파수의 물리적 특성을 극복하기 위한 수단으로서 수십 개 이상의 많은 안테나를 활용하는 빔포밍 기술이 유리하게 적용될 수 있다. 하지만 안테나를 많이 사용할수록 빔의 모양이 예리Sharp해져서 에너지를 더 집중시킬 수 있으나 단말이 빠르게 이동하는 경우 이런 예리한 빔을 계속 정확하게 추적Tracking해야 하는 것이 기술적 관건이 된다.

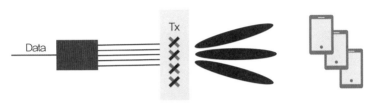

그림 7-23 Beamforming

■ Massive MIMO 사용 동기

기존 4G/LTE 대비 높은 주파수 밴드(특히 mmWave)를 사용하는 5G에서 Massive MIMO가 왜 유리하게 적용될 수 있을까? 이 부분은 Friis 전송 방정식으로 설명될 수 있다. 따라서 그림 7-24와 같이 거리 R로 배치된 하나의 송신 안테나와 하나의 수신 안테나를 가정한다.

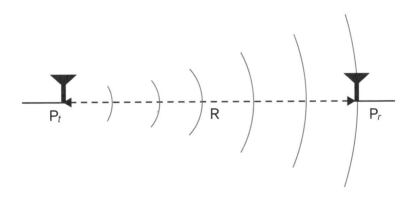

그림 7-24 송수신 안테나 배치

$$P_r = \frac{P_t}{4\pi R^2}\frac{\lambda^2}{4\pi}G_r G_t$$

- R: 송수신 간 거리
- Pt: 전송 전력
- Pr: 수신 전력
- λ : 파장
- Gr: 수신기 안테나 이득
- Gt: 송신기 안테나 이득

수신 전력은 신호 품질 및 커버리지에 영향을 주는 요인이 된다. Friis 방정식을 기준으로 수신기단의 수신 전력을 높일 수 있는 방법을 살펴보면 다음과 같다.

① 송신기 전력 Pt를 높인다(P_r는 P_t에 비례).
② 송신기와 수신기 안테나 사이의 거리를 좁힌다(P_r는 R^2 크기에 반비례).
③ 파장을 증가한다(낮은 주파수 사용, P_r는 λ^2에 비례).
④ 수신기 안테나 이득을 증가시킨다(P_r는 G_r에 비례).
⑤ 송신기 안테나 이득을 증가시킨다(P_r는 G_t에 비례).

5G에서는 기존 4G/LTE 대비 훨씬 더 높은 주파수(훨씬 더 짧은 파장을 의미) 신호를 사용한다. 이는 수신 전력이 동일한 조건(송신 파워, 송신 거리, 송수신 안테나 게인, 전송 방식)에서 기존 LTE의 낮은 주파수 밴드를 사용하는 통신 시스템보다 훨씬 낮음을 의미한다. 예를 들어 LTE에서 2GHz 주파수를 사용하고 5G에서 20GHz 주파수를 사용한다면 20GHz의 파장은 2GHz의 파장보다 10배 짧다. 이는 20GHz에서 수신된 전력이 2GHz에서 수신된 전력보다 100배 낮다는 것을 의미한다.

이 경우 제한된 통신 환경, 즉 서비스에 정의된 매개변수(송신 파워, 송수신기 단거리, 사용 주파수)에서 수신기 단위의 수신 전력을 높일 수 있는 유일한 방법은 안테나 수(개별 안테나 게인을 무작정 늘리는 것은 빔 폭에는 한계가 있음)를 늘리는 것인데 이것이 Massive MIMO를 사용하는 무선 통기가 될 수 있다.

$$P_r = \frac{P_t}{4\pi R^2} \frac{\lambda^2}{4\pi} G_r G_t$$

안테나 Gain

안테나 수를 늘리면 게인이 증가된다는 것은 앞서 "Array 안테나 Gain 계산"에서 기술했다. 5G는 기존 LTE 통신 시스템보다 높은 주파스 밴드 사용을 기본으로 하고 있기 때문에 5G 전파의 전파 특성상 Massive MIMO를 사용하는 것이 유리할 수 있다.

- 파장에 대해 고정된 안테나 크기(예: 1/4 파장, 1/2 파장 등)를 사용한다고 가정하면 반송파 주파수가 높을수록 경로 손실이 증가한다.

- 반송파 주파수가 높을수록 안테나의 절대 물리적 크기가 작아진다. 이는 더 높은 반송파 주파수의 동일한 영역에 더 많은 안테나를 배치할 수 있음을 의미한다. 그리고 이는 안테나 어레이의 전체 크기를 늘리지 않고 더 많은 안테나를 배치함으로써 높은 반송파 주파수에서 높은 경로 손실을 보상할 수 있는 솔루션이 된다.

- Massive MIMO(어레이에 많은 안테나 사용)를 사용하면 링크 버짓(dB) 측면에서 커버리지를 늘리고, 스펙트럼 효율성(bps/Hz/cell) 측면에서 용량을 늘리고, Interference를 줄이는 효과를 발생하는 고이득 적응형 빔포밍(high gain adaptive beamforming)을 구현할 수 있다.

■ 빔포밍

빔포밍Beamforming은 안테나 여러 개를 일정한 간격으로 배열하고 각 안테나로 공급되는 신호의 진폭과 위상을 변화시켜 특정한 방향으로 안테나 빔을 만들어 그 방향으로 신호를 강하게 송수신하는 기술이다. 빔포밍은 안테나 여러 개를 배열한 형태로 둬 여러 안테나 패턴을 겹치게 한 상태에서 각 안테나로 송수신되는 신호의 진폭과 위상을 변조해 특정 방향으로는 신호가 세게, 다른 방향으로는 신호가 약하게 송수신되도록 한다. 즉, 여러 안테나에서 송수신되는 신호가 특정한 방향의 빔Beam과 같이 마치 하나의 안테나처럼 동작해 신호를 세게 송수신한다. 이런 빔포밍 기술은 그림 7-25에서와 같이 각 개별 빔은 공간이 제한된 신호로 해당 특정 빔의 커버리지 영역에 있는 사용자에게 도달하기 위한 것이지만 다른 사용자에게는 보이지 않는다. 실제로는 다른 사용자에게도 보일 수도 있지만 아주 낮은 수준으로 감지되기 때문에 특정 빔 커버리지 영역에 있는 사용자를 위한 협대역 안테나 신호로 간주될 수 있다. 빔포밍은 사용자의 이동성을 추적하면서 빔을 형성한다.

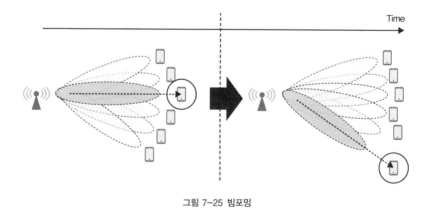

그림 7-25 빔포밍

빔포밍으로 신호를 특정 방향으로 세게 송수신하면 셀 커버리지^{Cell Coverage}가 확대되고 전송 속도를 향상시킬 수 있다. 앞에서 살펴본 "비등거리 두 안테나 신호의 결합", "Array 안테나 Gain 계산" 및 "Massive MIMO 사용 동기" 부분에서와 같이 빔의 형성은 농밀한 신호를 위상자(앞에서는 물리적인 수신 안테나 거리를 달리해 그 원리를 설명했음)를 달리해 다수의 안테나로 보냄으로써 특정 방향으로 빔을 형성할 수 있다. 그리고 다수의 AE^{Antenna Element}를 사용함으로써 그에 따른 안테나 게인을 얻을 수 있다. 이와 같이 일반적으로 N개의 안테나로 빔 형성을 하는 경우 생성되는 빔의 안테나 패턴은 빔의 방향으로 N배의 이득이 생기고 빔 폭은 N배 좁아진다. 따라서 빔 형성에 사용하는 안테나의 수가 많아질수록 빔 폭이 좁고 안테나 이득이 큰 빔이 만들어진다. 빔 형성은 송신과 수신에 모두 적용이 가능해 송신 빔포밍과 수신 빔포밍이 있다. 구현 방법에 따라 아날로그 빔포밍, 디지털 빔포밍, 하이브리드 빔포밍으로 구분된다.

빔포밍 기술은 초기에는 안테나 배열을 수평으로 만든 수평적인 빔포밍^{Horizontal Beamforming, Azimuth Beamforming}이 주로 고려됐고, 이후 수직적인 빔포밍^{Vertical beamforming, Elevation Beamforming}과 안테나를 수평적, 수직적인 2차원의 배열 형태로 만들어 수평과 수직 모두 빔 형성이 가능한 3차원 빔포밍^{3D Beamforming}이 있다.

빔포밍 기술은 5G 시스템에서 특히 중요하게 사용된다. 즉, 5G에서는 밀리미터파^{mmWave} 대역과 같은 고주파 대역의 주파수를 사용하는 경우 셀 커버리지가 기존의 저주파 대역을 사용할 때보다 훨씬 작아진다. 반면에 전파의 파장은 짧아져 안테나 크기와 안테나 간의 이격 거리를 작게 할 수 있어 동일한 면적에 많은 안테나를 고밀도로 배치할 수 있다. 따라서 많은 안테나를 2차원 배열로 만들어 빔포밍 기술을 적용하면 커버리지를 확대하고 전송 속도를 나아지게 할 수 있는 기술적 특성이 있다.

망 설계 및 적용

망 설계 및 적용

8.1 사설 5G망 도입 방안

이음$^{e-Um}$ 5G 제도가 도입되면서 국내에서 사설 5G$^{P5G, \ Private \ 5G}$망을 구축할 수 있는 방안은 표 8-1과 같이 구분할 수 있다.

표 8-1 P5G(Private 5G)망 도입 방안

구분	세부 사항	적용 기술 및 제도
독립망	P5G 전용 스펙트럼을 사용해 독립적인 5G 코어 네트워크와 함께 완전 독립망을 구축한다.	3GPP: SNPN 제도: 이음 5G
	사업자의 상용 서비스 스펙트럼을 공유하면서 5G 코어 네트워크는 완전 독립된 시스템으로 구축한다.	3GPP: MOCN, SNPN
사업자망 활용/연계망	사업자의 상용 서비스 스펙트럼과 코어 네트워크의 일부 네트워크 기능(NF, Network Function)을 공유해 P5G망을 구축한다.	3GPP: PNI-NPN
	사업자의 상용 서비스 스펙트럼과 코어 네트워크의 모든 네트워크 기능(NF, Netwrok Function)을 활용해 P5G망을 구축한다.	3GPP: PNI-NPN, Network Slice

8.2 NPN

8.2.1 NPN 개요

5G 기술은 Vertical Industry의 다양한 요구 사양을 만족시킬 수 있는 네트 워크의 구현을 목표로 개발되고 표준화됐다. 이를 통해 기존의 개인 중심 서비스를 넘어 전체 산업 환경의 혁신을 견인하고 산업 영역 전반에서 빠른 DX(디지털 전환)가 가능하게 하는 기반 인프라가 되고 있다. 이런 측면에서 5G 기술은 4차 산업혁명의 기반이라고 할 수 있다. 국내에서도 5G 기술을 다양한 산업에서 활용할 수 있도록 별도의 전용 스펙트럼(n79: 4.7GHz, n257: 28GHz)을 할당하고 2021년 특화망 정책 및 제도를 완료했다. 5G 특화망은 특정 지역(건물, 공장 등)에서만 사용이 가능한 5G망으로 특정 버티컬 사업자가 도입하고자 하는 서비스에 특화된 맞춤형 네트워크를 제공한다. 5G 특화망의 구축 및 운영 방식이 수요 기업 또는 제3자(SI 기업, SW 기업, 유선 통신사 등)에 따라 Type1, Type2 그리고 Type3으로 구분해 라이선스를 부여한다(5G 특화망은 현재 e-Um 5G망으로 불린다).

3GPP 표준에서 5G는 특화망에서 요구하는 버티컬 사용자용 네트워크에 특화된 5G 네트워크 시스템을 어떻게 구축하고 서비스할 것인지에 대한 표준화를 진행해 NPN[Non-Public Network]이라는 기술을 Release 16에 도입했다. 그림 8-1은 SNPN과 PNI-NPN에 대한 NPN 개념을 나타내고 있다.

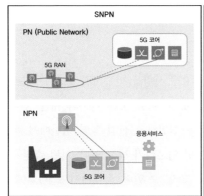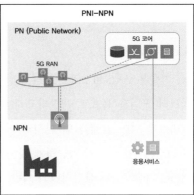

그림 8-1 NPN 개념

1) NPN 유형

NPN은 Private 5G 시스템으로 범용 5G 이동통신 시스템에서 분리돼 특정 버티컬 사업자의 용도에 맞게 특화된 전용 서비스를 특정 단말에만 제공하는 독립된 5G 시스템이다. NPN은 Public(이동 사업자망)에 종속되지 않은 단독 시스템인 SNPN^{Standalone NPN}과 Public을 활용하는 PNI-NPN^{Public Network Integrated NPN}으로 구분한다.

■ SNPN(Standalone Non-Public Network)

- PLMN(Public 이동 사업자망)에서 제공하는 네트워크 기능에 종속되지 않고 별도로 5G망을 구축해 NPN 접속을 제공하는 사설망을 SNPN이라고 하며, SNPN을 지원하는 셀을 SNPN 셀이라고 한다. 일반적으로 SNPN에서는 SNPN에 가입한 UE에만 서비스를 제공한다.

- SNPN은 PLMN ID와 NID(Network Identifier)의 조합으로 식별되며, SNPN 지원 UE는 PLMN ID와 NID의 조합으로 식별되는 각 가입된 SNPN에 대한 가입자 식별자(SUPI) 및 인증 정보(Credential)가 설정된다. NID에 대한 할당 모델은 다음 2가지가 있다.

    - 자체 할당(Self-assignment): NID는 조정 할당 범위 밖에서 SNPN에 의해 개별적으로 선택돼 할당되는 모델이다. 따라서 할당돼 사용되는 ID값이 독립적(Unique)이지 않을 수 있다.

- 조정된 할당(Coordinated-assignment): NID는 다음 2가지 옵션 중 하나를 사용해 할당
  된다.

    - NID는 사용된 PLMN ID와 독립적으로 전역적으로 고유하도록 할당된다.

    - NID와 PLMN ID의 조합이 전역적으로 고유하도록 NID가 할당된다.

- UE가 SNPN 접속 모드(SNPN Access Mode)로 동작하도록 설정되면 SNPN만을 선택해 접속
  시도를 하고, PLMN은 선택하지 않는다. 하지만 SNPN 모드가 아닌 UE는 PLMN을 선택한다.

■ PNI-NPN(Public Network Integrated NPN)

- PLMN(Public 이동 사업자망)에서 제공하는 네트워크 기능을 활용하는 NPN을 PNI-NPN이라
  고 한다.

- PNI-NPN을 구현하는 예로 특정 기업 고객을 위한 NPN용 네트워크 슬라이스를 할당하는 방
  법과 특정 가입자 그룹에만 접속을 허용하는 방식을 사용할 수 있다. 이 특정 가입자 그룹을
  CAG(Closed Access Group)라고 하며, CAG 식별자를 브로드캐스트하는 셀을 CAG 셀이라고
  부른다. CAG 셀은 CAG 접속과 PLMN 모두를 허용하는 셀 또는 CAG 접속만을 허용하는 CAG-
  only 셀일 수 있다.

- PLMN ID는 네트워크를 식별하고 CAG ID는 CAG(Closed Access Group) 셀을 식별하며, CAG
  셀은 PLMN당 하나 이상의 CAG 식별자를 브로드캐스트한다.

- 네트워크 선택 및 재선택은 PLMN ID를 기반으로 하고, 셀 선택 및 재선택, 접근 제어는 CAG ID
  를 기반으로 한다. CAG 셀은 CAG를 지원하는 UE만이 해당 셀에 액세스할 수 있다는 정보를 브
  로드캐스트한다.

국내에 적용되고 있는 e-Um 5G망은 도입 초기 단계로 망 도입 환경이 복
잡하지 않기 때문에 3GPP Release 15 기준으로 적용돼 서비스되고 있
다. 시간이 지나면서 망 서비스 및 도입 환경이 좀 더 복잡해지면 3GPP
Release 16 NPN 기술적 내용의 적용이 필요할 수도 있다. NPN은 기본적인
주요 서비스 외에 긴급 서비스, PWS^{Public Warning System, 재난 문자 서비스} 등은 NPN
타입 및 셀 특성에 따라 제한된다.

2) NPN 셀 식별 정보

NR 셀에서는 UE의 접속 제어를 위해 셀이 방송하는 SIB1에 네트워크 식별 정보인 접속 제어 정보를 포함한다. 이 네트워크 식별 정보는 셀이 지원하는 PLMN 목록을 포함하고, NPN 셀의 경우 추가로 NPN 식별 정보를 포함한다. NPN 셀이 지원하는 NPN 식별 정보는 1개 이상 최대 12개의 NPN 식별자를 포함하며, NPN 식별자의 구성은 NPN 타입에 따라 다르다.

- **CAG 식별**: CAG는 32비트의 CAG ID로 식별되며, CAG ID는 1개의 PLMN 내에서 고유한 값을 가진다.

- **SNPN 식별**: SNPN은 44비트 NID와 PLMN ID의 조합으로 식별된다. NID는 NID의 할당 모드에 따라 PLMN 내에서 NID가 고유하거나 PLMN과 상관없이 고유한 값으로 정해질 수 있다.

[NID]

- TS 23.003에서는 NID(Network Identifier)를 정의하고 있으며, NID 할당 모델에는 자체 할당(Self-assignment)과 조정된 할당(Coordinated-assignment)의 2가지 모델을 정의하고 있다.

- 자체 할당(Self-assignment): NID는 조정 할당 범위 밖에서 SNPN에 의해 개별적으로 선택돼 할당되는 모델이다. 따라서 할당돼 사용되는 ID값이 독립적(Unique)이지 않을 수 있다. 이 할당 모델은 할당 모드를 값 1로 설정해 인코딩된다.

- 조정된 할당(Coordinated-assignment): NID는 다음 2가지 옵션 중 하나를 사용해 할당된다.

  - 옵션 1: NID는 사용된 PLMN ID와 독립적으로 전역적으로 고유하도록 할당되며, 할당 모드를 값 0으로 설정해 인코딩된다.

  - 옵션 2: NID와 PLMN ID의 조합이 전역적으로 고유하도록 할당된 NID가 할당되며, 할당 모드를 값 2로 설정해 인코딩된다.

- 이외에 다른 할당 모드값은 예약돼 있다.

그림 8-2는 NID 포맷을 나타내고 있다.

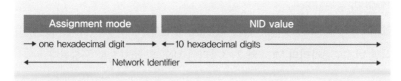

Assignment mode

- 1: Self-assignment
- 0: Option1 for Coordinated assignment mode
- 2: Option2 for Coordinated assignment mode

그림 8-2 NID 포맷

할당 모드 0의 NID의 NID값은 그림 8-3과 같이 NID PEN과 NID code로 구성된다. NID PEN은 민간 기업 번호 관리자인 IANA^{Internet Assigned Numbers Authority}가 SNPN의 서비스 제공자에게 발급한 민간 기업 번호이다. 기업 번호 확인은 IANA 사이트(https://www.iana.org/assignments/enterprise-numbers/enterprise-numbers)에서 할 수 있다. (참고로 IANA에서 발급한 민간 기업 번호는 NID 내에서 사용할 때 고정 길이 8자리 16진수로 변환해야 하는 10진수이다. 예를 들어 32473은 00007ed9로 변환된다.)

NID code는 NID PEN에 의해 식별되는 서비스 제공자 내에서 SNPN을 식별하는 정보이다.

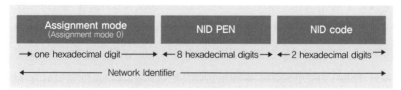

그림 8-3 NID Assignment mode 0 포맷

PLMN^{Public Land Mobile Network} ID는 전 세계 통신사 네트워크마다 부여된 고유 식별 번호로 3자리의 MCC와 2~3자리의 MNC의 조합으로 구성된다.

NPN 셀은 사람이 인식할 수 있는 문자열 포맷의 NPN 이름(HRNN, Human Readable Network Name)을 SIB10을 통해 방송할 수 있다.

8.2.2 NPN 선택

UE가 PN(공용망)에서 서비스가 가능한 PLMN에 접속하려고 할 경우 UE AS 와 NAS^{Non-Access Stratum}는 긴밀하게 상호 작용을 한다. UE AS가 현재 각 주 파수에서 지원되는 PLMN을 검색해 NAS에 알리면 NAS는 PLMN 선택 정책 에 따라 특정 PLMN을 선택해 AS에 알리고, AS는 선택한 PLMN에 속한 셀 에 Attach를 시도한다. UE가 NPN을 선택하는 것은 PN(공용망) 선택과 유 사하다. UE AS가 각 주파수를 검색해 가용한 NPN을 NAS로 보고하면 NAS 는 특정 NPN을 선택하고 이어서 UE AS는 NAS가 선택한 NPN에 속한 셀에 Attach를 시도한다.

■ SNPN 선택

UE가 특정 SNPN을 통해 전용 서비스를 제공받으려면 SNPN 접속 모드로 동작해야 한다. SNPN 접속 모드에서 UE는 PLMN 네트워크에 접속하지 못 하고 SNPN 네트워크에만 접속할 수 있다. 사용자의 개입 없이 자동으로 SNPN을 고르는 "자동 SNPN 선택" 과정에서 UE NAS는 검색된 SNPN 중 에서 접속이 가능한 SNPN 중 어느 SNPN을 선택할지는 UE의 영역이다. 사 용자가 직접 SNPN을 선택하는 "수동 PLMN 선택" 과정에서 UE NAS는 AS 로부터 보고받은 SNPN 식별 정보(HRNN)를 사용자에게 전달하고, 사용자는 원하는 SNPN을 선택한다. 자동 및 수동 SNPN 선택 과정을 통해 선택된 SNPN은 UE AS로 전달된다.

■ CAG 선택

CAG 선택은 UE NAS의 "PLMN 선택" 과정을 통해 이뤄진다. "자동 PLMN 선택"을 통한 CAG 선택과 "수동 PLMN 선택" 과정을 통한 CAG 선택 모두 지원된다. PLMN 선택 과정에서 NAS는 검색된 CAG가 접속이 가능한 CAG 인지 판단하고 접속이 가능하면 이 CAG를 선택한다.

■ 셀 선택 및 선택한 NPN 등록

UE AS는 NAS가 선택한 NPN을 지원하는 셀에 접속하고자 셀 선택 절차를 수행한다. 셀 선택을 통해 적합한 셀에 접속하면 UE는 선택한 NPN에 등록 하기 위한 절차를 수행한다.

그림 8-4는 UE가 선택한 SNPN에 등록하는 과정을 나타낸다. 먼저 UE는 기지국으로 등록 요청 메시지와 함께 등록하고자 하는 SNPN ID(PLMN ID + NID)를 같이 전달한다. 기지국은 해당 SNPN을 지원할 수 있는 AMF를 선택 하고 등록 요청 메시지를 전달한다. 이때 UE가 선택한 SNPN ID를 같이 전 달한다. AMF는 UE의 가입자 정보를 통해 UE가 해당 SNPN을 통해 서비스 를 제공받을 수 있는 UE인지 확인한다.

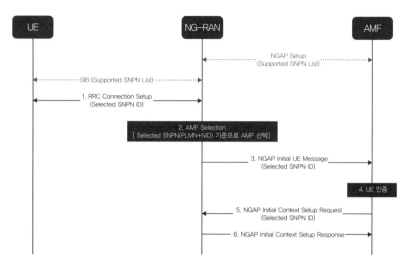

그림 8-4 Initial UE Access(SNPN)

그림 8-5는 UE가 선택한 CAG에 접속을 위해 PLMN에 등록하는 절차를 나타낸다. UE가 CAG 셀을 통해 접속한 경우 기지국은 AMF에게 해당 셀에서 지원하는 CAG 목록을 같이 전달한다. AMF는 UE의 가입자 정보를 통해 UE가 PNI-NPN 서비스를 받을 수 있는 UE인지, UE가 액세스한 셀이 UE의 Allowed-CAG-List에 포함됐는지 확인한다. 해당 UE에 대한 액세스를 승낙하는 경우 AMF는 기지국에 PNI-NPN UE에 대한 페이징 메시지를 전달할 때 UE의 Allowed-CAG-List와 함께 UE가 PLMN 셀에 접근이 가능한지에 대한 정보(UE가 해당 PLMN의 Non-CAG 셀에 접근이 가능한지에 대한 정보)를 같이 전달한다.

해당 정보를 기반으로 기지국은 UE가 액세스할 수 없는 셀로는 페이징 메시지를 전달하지 않는다.

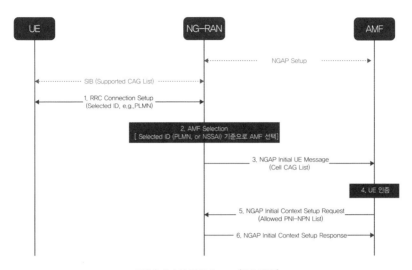

그림 8-5 Initial UE Access(PNI-NPN)

8.2.3 NPN 배포 모델

앞에서 NPN의 개념, 유형 및 NPN 선택 절차의 기술적인 내용을 간단히 기술했다. 여기서는 SNPN과 PNI-NPN을 RAN 공유 및 일부 코어 네트워크를 공유하는 다양한 환경 조건에서 NPN을 배포하는 방법을 보여준다. 그림 8-6은 SNPN망을 구성하는 방법을 나타내고 있다. "완전 독립망 모델"은 NPN이 독립적인 5G 스펙트럼과 RAN 시스템 및 코어 시스템을 갖는 형태로 표 8-2에서와 같이 Private PLMN ID 또는 Private PLMN ID + NID 형태의 SNPN ID를 사용해 망에 접속할 수 있다. "완전 독립망 모델"에서 어떤 망 접속 ID 체계를 사용할지의 조건은 하나의 독립적인 NPN망을 구성하는 측면에서는 특별한 제약이 없다. 단, 사용되는 UE와 5G 시스템이 Release 16의 NPN을 지원하는지 여부에 따라 PLMN+NID를 선택해 사용할 수 있다.

"RAN 공유 모델"은 RAN을 공유하는 주체가 PN[Public Network]이 되거나 다른 하나의 SNPN이 될 수 있다. 그림 8-6에서는 PN이 RAN을 공유하는 형태를 나타내고 있다. 따라서 표 8-2에서와 같이 RAN을 공유하려면 MOCN을 사용하거나 Network Slice 방식에 의해 NPN 코어를 선택할 수 있다. MOCN을 사용하는 경우는 PN의 PLMN이 구별되는 Private PLMN을 사용해 망에 접속할 수 있고, Network Slice 방식을 사용하는 경우는 PN의 PLMN ID를 공유하면서 S-NSSAI를 구분해 NPN의 코어에 접속할 수 있다. 공유되는 RAN에서 5G 코어의 AMF를 선택하려면 PLMN ID나 S-NSSAI ID 정보를 사용할 수 있다. Release 16 표준 기준으로 NPN망에 접속할 경우에 여기에 NID를 조합해 사용할 수 있다.

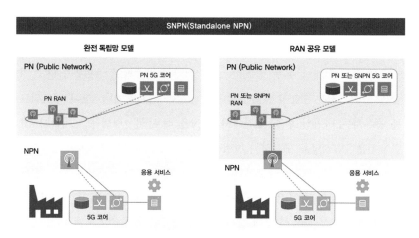

그림 8-6 SNPN 배포 모델

그림 8-7은 PNI-NPN망을 구성하는 방법을 나타내고 있다. "RAN 공유 및 일부 PN 코어 공유 모델"은 NPN이 독립적인 5G 스펙트럼을 갖지 않고, PN 망의 스펙트럼, RAN 시스템 및 코어 시스템을 이용하는 형태의 NPN 배포 모델이다.

표 8-2에서와 같이 지원하는 표준규격에 따라 PLMN ID, PLMN ID+NSSAI 그리고 PLMN ID+CAG, PLMN ID+NSSAI+CAG 형태의 망 접속 ID를 사용해 망에 접속할 수 있다. "RAN 공유 및 일부 PN 코어 공유 모델"에서는 APN/DNN 제어나 Network Slice 방식에 의해 PN 코어를 분리해 구성할 수 있다. "완전 PN망 이용 모델"에서는 Network Slice 방식에 의해 PN의 네트워크 자원만으로 NPN을 구성할 수 있다.

CAG는 PNI-NPN 모델에서 CAG 셀을 통해 NPN에 액세스하는 것이 허용되지 않는 UE가 CAG 셀을 자동으로 선택하고 액세스하는 것을 방지하는데 사용된다. 이와 같은 CAG 액세스 제어를 위해 셀 선택 시 권한 부여 및 이동성 제한으로 가입 정보에 구성된다. 따라서 CAG 제어를 통해 NPN UE의 물리적인 서비스 범위를 정의할 수 있다. CAG는 S-NSSAI에 독립적이며 AMF 선택이나 네트워크 슬라이스 선택을 위한 정보로 사용되지 않는다.

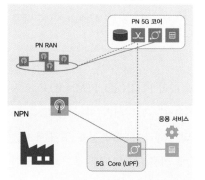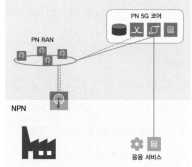

그림 8-7 SNPN 배포 모델

표 8-2는 NPN 구성을 위한 배포 모델 및 그에 따른 코어망 분리 방안 및 망 접속 방안을 보여주고 있다. 현재 국내의 특화망 제도에 기반해 도입되고 있는 각 기업의 e-Um 5G망은 Type1 및 Type2 라이선스를 가진 사업자는 SNPN의 "완전 독립망 모델"로 접근할 수 있고, Type3 라이선스를 가진 사업자는 SNPN의 "완전 독립망 모델" 또는 "RAN 공유 모델"로 접근할 수 있다. 또한 e-Um 5G(n79 사용)망이 아닌 이동통신 사업자망을 활용해 Private 5G망을 도입하는 방식은 PNI-NPN의 "RAN 공유 및 일부 PN 코어 공유 모델" 또는 "완전 PN망 이용 모델"을 적용할 수 있다.

표 8-2 NPN 구성 방안

NPN Type	구분	코어 분리 방안	Network Identifiers	
			Rel-15	Rel-16
SNPN	완전 독립망 모델	해당 없음	Private PLMN ID 사용 • MNC: 999 • MCC: xx or xxx (99 or 999 제외)	Private PLMN ID+ NID[주1] • PLMN ID (999/xx or xxx) • NID: 44bits
	RAN 공유 모델	• MOCN • Network Slice	• Private PLMN ID • PN PLMN ID + NSSAI	• Private PLMN ID[주2] + NID[주1], • PN PLMN ID + NSSAI + NID[주1]
PNI-PN	RAN 공유 및 일부 PN 코어 공유 모델	• APN/DNN 제어 • Network Slice	• PN PLMN ID • PN PLMN ID + NSSAI	• PN PLMN ID + CAG 또는 • PN PLMN ID + NSSAI + CAG
	완전 PN망 이용 모델	• Network Slice	• PN PLMN ID + NSSAI	• PN PLMN ID + NSSAI + CAG

주1) 세부 사항은 8.4.1의 "NID"절을 참조한다.
주2) 세부 사항은 8.4.1의 "PLMN ID"절을 참조한다.

8.3 NPN 적용 방안

8.3.1 SNPN

SNPN은 Private 5G 스펙트럼을 사용해 서비스하는 e-Um 5G망에 기반한 Private 5G[P5G] 네트워크를 도입하고자 하는 경우에 적용할 수 있으며, 기존 이동통신 사업자[CSP, Commercial Service Provider]망에 독립적으로 동작한다. 그림 8-8은 e-Um 5G망을 구성하는 5G망 구조를 간략히 보여주고 있다. 산업용 5G UE부터 5G RAN 및 5G 코어 시스템과 개별 산업 내에서 요구되는 응용 서비스를 포함하고 있다. 국내 e-Um 5G를 위해 n79(100MHz BW)

와 n257(600MHz BW)이 할당돼 있으며, e-Um 5G 라이선스 유형(Type1, Type2, Type3)에 따라 주파수 지정 또는 할당을 받아 서비스할 수 있다.

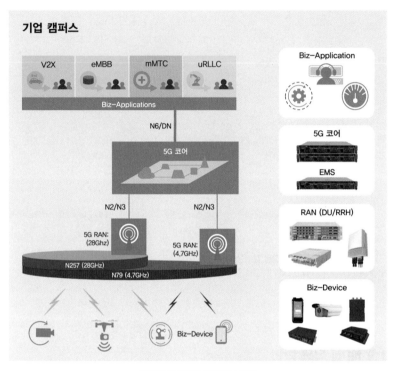

그림 8-8 SNPN 네트워크 구성

SNPN 모델로 e-Um 5G망을 도입하고자 할 때 도입하고자 하는 기업의 환경 및 목적에 따라 그림 8-9와 같이 5GC^{5G Core}를 분산해 배치할 수 있으며, 중앙에는 관리 시스템을 설치해 종합적인 네트워크 관리가 가능하다. 그리고 5GC가 개별 사업장에 구축됨으로써 사업장별로 사용자 트래픽을 지역 Local에서 처리할 수 있다. 이 구성은 사업장별 독립적인 P5G망 구축으로 장애 시 서비스에 미치는 영향을 최소화할 수 있는 반면에 독립적인 5GC 설계로 도입 비용이 높아질 수 있다.

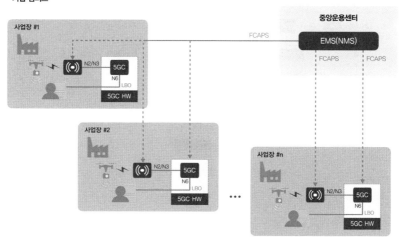

그림 8-9 기업 사업장 독립형 5GC 도입 모델

그림 8-10은 5GC의 제어 평면을 기업의 중앙운용센터에 구축하고, 사용자 평면를 처리하는 UPF 시스템을 개별 사업장에 구축해 서비스할 수 있는 모델을 나타내고 있다. 5GC의 UPF가 개별 사업장에 구축됨으로써 사업장별로 사용자 트래픽을 지역Local에서 처리할 수 있다. 이 모델은 중앙운용센터에 위치한 5GC의 제어 기능 처리 장애 시 전 사업장에 걸쳐 서비스에 영향을 미치는 반면에 사업장별 독립적인 5GC 구축 모델에 비해 UPF만 개별 사업자에게 구축되므로 5GC 도입 비용이 다소 절감될 수 있다.

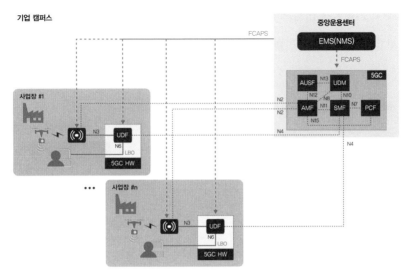

그림 8-10 기업 사업장 독립형 Remote-UPF 도입 모델

그림 8-11은 5GC의 제어 평면 및 사용자 평면을 포함하는 5GC의 모든 기능을 기업의 중앙운용센터에 구축하고, 개별 사업자의 5G RAN과는 백홀로 연결해 서비스할 수 있는 모델을 나타내고 있다. 5GC의 UPF가 특정 사업장의 운용센터에 구축됨으로써 개별 사업장에서 발생하는 모든 사용자 트래픽이 중앙의 5GC까지 전달돼야 한다. 이는 아주 짧은 대기 시간을 요구하는 응용 서비스에 적합하지 않을 수 있다(사업장이 지리적으로 상당한 거리에 떨어져 있는 경우가 아니라면 중요한 문제가 아닐 수 있다). 이 모델은 중앙운용센터에 위치한 5GC의 제어 기능 처리 장애 시 전 사업장에 걸쳐 서비스에 영향을 미치지만 개별 사업장에는 RAN만 구축되기 때문에 앞의 2가지 모델보다 상대적으로 도입 비용이 절감될 수 있다.

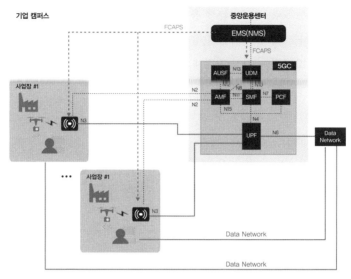

그림 8-11 기업 사업장 중앙집중형 5GC 도입 모델

그림 8-12는 전역에 분산돼 있는 대형 클러스터 사업장의 e-Um 5G망을
도입해 서비스하는 형태를 나타내고 있다. 특정 기업의 사업장이 지역으로
클러스터링돼 있는 경우 클러스터 단위로 구분해 네트워크를 구축하고 중
앙에 있는 NMS에서 관리할 수 있는 접근 방법이다.

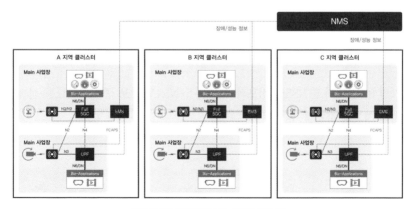

그림 8-12 대형 클러스터 사업장 도입 예

앞에서 살펴본 SNPN에 대한 적용 방안은 특정 기업의 다수의 사업장에 P5G를 도입하는 예이다. 기업 환경은 다양하기 때문에 앞에서 살펴본 사례를 바탕으로 요구되는 기업 환경에 맞는 설계와 적절한 망 구성 방법을 선택해 P5G를 구축할 수 있다.

8.3.2 PNI-NPN

PNI-NPN은 이동통신 사업자(공용망) 스펙트럼 및 네트워크에 기반한 Private 5G 네트워크를 도입하고자 하는 경우에 적용할 수 있으며, 기존 이동통신 사업자망에 밀접하게 결합돼 제공된다.

그림 8-15는 이동통신 사업자의 RAN을 공유하고 별도의 소형 5GC를 기업 캠퍼스 내에 위치시키는 P5G망 구조를 간략히 보여주고 있다. 산업용 5G UE부터 5G RAN 및 5G 코어 시스템과 개별 산업 내에서 요구되는 응용 서비스를 포함한다. 이동통신 사업자의 RAN을 공유하기 때문에 해당 RAN은 사업자의 B2C UE와 기업의 산업용 UE인 P5G UE에 대해 동시에 서비스한다.

UE가 RAN에서 사업자 5G 코어와 기업 캠퍼스 내 5GC를 구분해 접속하는 방법은 그림 8-13과 같이 S-NSSAI 정보를 사용하는 방식과 그림 8-14와 같이 MOCN을 사용하는 방식으로 구분할 수 있다(Release 16 기준에서는 NID를 조합해 사용한다).

그림 8-13에서 S-NSSAI 정보의 사용은 S-NSSAI 정보 중 SD 필드를 적절하게 정의해 사용할 수 있다.

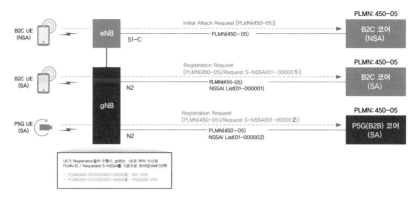

그림 8-14는 기존에 사용 중인 PLMN ID 외에 별도의 PLMN ID를 할당해 5GC를 구분해 접속하는 MOCN 방식을 나타내고 있다. 새로 할당돼야 하는 PLMN ID는 이동통신사가 보유하고 있는 PLMN을 할당할 수 있다. 하지만 공용 PLMN ID는 하나의 번호 자원이기 때문에 사용에 제한이 있을 수 있다.

따라서 Private 네트워크를 목적으로 정의된 Private PLMN을 사용할 수 있다. 이와 관련해 ITU-T E.212 Appendix III 문서에서는 Private Network 내에서 내부 사용을 MCC(모바일 국가 코드) 999와 관련된 원칙을 기술하고 있다. Private Network 내부 사용 목적을 위해 MCC값 999를 정의하고 있으며, MCC 아래 사용되는 MNC값에 대해서는 ITU와 상호 협의 없이 독자적으로 사용이 가능(단, MNC 999 또는 99는 시험용으로 할당됨)하다. 따라서 Public Network를 위한 PLMN ID(450-XX)를 별도로 할당(central B2B 코어) 하거나 Private Network를 위한 PLMN ID(999-XX)를 할당할 수 있다. 그림 8-14는 새로 할당될 PLMN을 450-XX를 사용하는 경우의 예이다, 여기서 XX는 사업자에서 사용할 수 있는 번호이다. 본서에서 사용된 PLMN ID(450-05)는 설명을 위한 예이며, 특정 사업자를 의미하지 않는다.

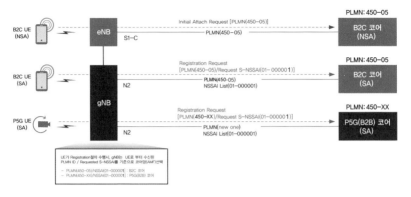

그림 8-14 MOCN 방식

그림 8-15는 이동 사업자의 RAN을 공유하고 별도의 소형 5GC를 기업 캠퍼스 내에 위치하는 P5G망 구조를 간략히 보여주고 있다. 공유되는 RAN에서 P5G 코어와 이동통신 사업자 5G 코어의 구분은 앞서 기술된 Network Slice ID 또는 P5G 전용으로 할당된 PLMN을 사용하는 MOCN 방식에 의해 처리된다.

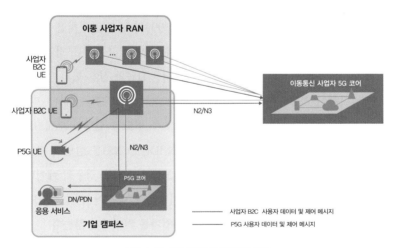

그림 8-15 이동 사업자 RAN 공유 모델

그림 8-16은 Network Slice ID 또는 P5G 전용 PLMN ID를 갖고 P5G UE가 기업 캠퍼스 내에 구축된 P5G 코어로 연결되는 모습을 나타낸다. 사업자의 B2C UE와 P5G UE가 RAN을 공유하기 때문에 Radio Resource에 대한 할당은 S-NSSAI ID에 정의된 QoS Profile을 기반으로 QoS를 차별화해 제공함으로써 Resource의 경쟁 문제를 처리해 상대적으로 우선순위가 있는 슬라이스에 Radio Resource를 우선적으로 할당한다.

Release 16에서 정의된 CAG Cell 액세스 제어를 통해 P5G 서비스 커버리지를 물리적인 셀 기반으로 서비스 범위를 정의할 수 있다. 즉, P5G UE는 물리적인 서비스 영역을 벗어난 셀에 접속이 제한될 수 있다. 이는 P5G 코어를 공유하는 그림 8-17과 같은 환경에서 적합하게 적용될 수 있다(중앙에서 공유되는 코어 전역에 있는 RAN에 연결된다). CAG는 S-NSSAI에 독립적이고 AMF 선택이나 네트워크 슬라이스 선택을 위한 정보로 사용되지 않는다.

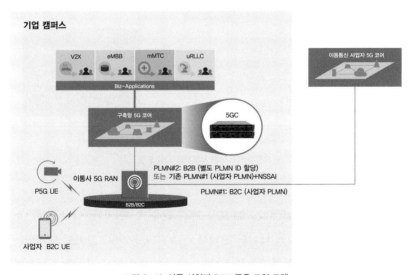

그림 8-16 이동 사업자 RAN 공유 도입 모델

그림 8-17은 이동 사업자의 네트워크 시설을 활용해 특정 기업을 대상으로 P5G 서비스를 제공하는 P5G망 구조를 간략히 보여주고 있다. 공유되는 RAN에서 이동 사업자의 B2B 전용 P5G 코어와 B2C 5G 코어의 구분은 앞서 기술된 Network Slice ID 또는 P5G 전용으로 할당된 PLMN을 사용하는 MOCN 방식에 의해 처리된다. B2B 전용 P5G 코어는 사업자의 중앙 데이터 센터에 위치하거나 지역 데이터 센터에 위치해 서비스를 제공할 수 있다. P5G 코어를 물리적으로 공유하기 때문에 그림 8-18과 같이 네트워크 슬라이스 방식으로 개별 P5G 기업에게 논리적인 전용 5G 네트워크를 제공한다.

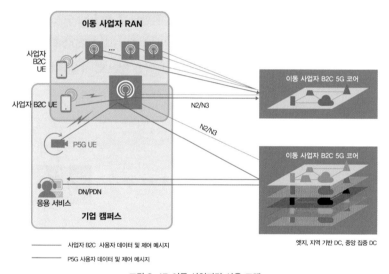

그림 8-17 이동 사업자망 사용 모델

그림 8-18은 Network Slice ID 또는 P5G 전용 PLMN ID를 갖고 P5G UE가 사업자 중앙 및 지역 데이터 센터에 구축된 공용 P5G 코어로 연결되는 모습을 나타낸다. 사업자의 B2C UE와 P5G UE가 RAN을 공유하기 때문에 Radio Resource에 대한 할당은 S-NSSAI ID에 정의된 QoS Profile을 기

반으로 QoS를 차별화해 제공함으로써 Resource의 경쟁 문제를 처리해 상대적으로 우선순위가 있는 슬라이스에 Radio Resource를 우선적으로 할당한다.

Release 16에서 정의된 CAG Cell 액세스 제어를 통해 P5G 서비스 커버리지를 물리적인 셀 기반으로 서비스 범위를 정의할 수 있다. 즉, P5G UE는 물리적인 서비스 영역을 벗어난 셀에 접속이 제한될 수 있다. 이는 P5G 코어를 공유하는 환경에서 적합하게 적용될 수 있다(중앙에서 공유되는 코어 전역에 있는 RAN에 연결된다). CAG는 S-NSSAI에 독립적이고 AMF 선택이나 네트워크 슬라이스 선택을 위한 정보로 사용되지 않는다.

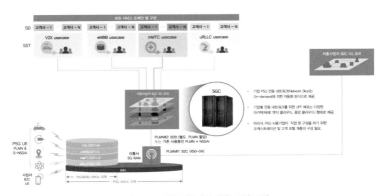

그림 8-18 이동 사업자망 사용 도입 모델

그림 8-19는 사업자의 P5G(B2B) 코어를 사용해 P5G 서비스를 제공하는 경우 기업 고객의 유형에 따라 사용자 트래픽을 처리하는 UPF가 어떻게, 어디에 위치해야 하는지의 관련 배포 형태를 보여주고 있다. 즉, 중앙의 UPF에서 사용자 트래픽 처리, 지역 데이터 센터에 위치한 UPF에서 사용자 트래픽 처리 또는 기업 캠퍼스로 전진 배치된 UPF에서 사용자 트래픽 처리가 있는데 이는 요구되는 유스 케이스와 환경에 따라 선택될 수 있다.

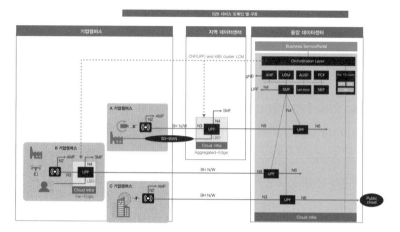

그림 8-19 이동 사업자망 사용 도입 모델 형태

8.4 번호 계획

8.4.1 네트워크 ID

- PLMN ID

PLMN^{Public Land Mobile Network}은 특정 국가의 특정 사업자가 제공하는 무선 통신 서비스망을 식별하는 정보이다. PLMN은 일반적으로 그림 8-20과 같이 특정 국가 내에서 사업자에 의해 제공되는 모바일 네트워크라고 하는 4G(LTE), 5G 등과 같은 여러 모바일 기술에 사용된다.

PLMN은 MCC^{Mobile Country Code, 모바일 국가 코드}와 MNC(모바일 네트워크 코드)로 구성된 세계적으로 고유한 PLMN 코드로 식별된다. 따라서 일반적으로 450-05 또는 450-005 형식(단, 국내에서는 MSIN을 10자리로 해 450-XX 형식 사용)으로 표시되는 국가 및 해당 국가의 이동 네트워크 사업자를 식별하는 5~6자리 숫자이다(BCD 형식으로 표시된다). Private 네트워크를 위해 그림 8-21

과 같이 MCC 999를 사용할 수 있다. 이와 관련해 ITU-T E.212 Appendix III 문서에서는 Private Network 내에서 내부 사용을 MCC(모바일 국가 코드) 999와 관련된 원칙을 기술하고 있다. Private Network 내부 사용 목적을 위해 MCC값 999를 정의하고 있으며, MCC 아래 사용되는 MNC값에 대해서는 ITU와 상호 협의 없이 독자적으로 사용이 가능(단, MNC 999 또는 99는 시험용으로 할당됨)하다.

국내의 공용망을 위한 PLMN ID는 이동전화망번호관리기준[미래창조과학부고시 제2017-10호, 2017. 2. 6., 제정] ITU에서 지정한 MCC^{Mobile Country Code} 450을 기준으로 MNC^{Mobile Network Code} 및 관련 사항을 표 8-3과 같이 규정하고 있다.

표 8-3 이동전화망번호관리기준

제1장 총칙

- 제1조(목적) 이 기준은 「전기 통신사업법」(이하 "법"이라 한다) 제48조에 따라 이동전화망번호의 효율적 관리를 위해 이동전화망번호 관리에 관한 기본적인 사항을 규정함을 목적으로 한다.
- 제2조(적용 범위) 이 기준은 비동기방식의 이동전화망 구축 및 식별에 필요한 번호에 적용한다.
- 제3조(정의)
  ① 이 기준에서 사용하고 있는 용어의 정의는 다음 각 호와 같다.
     1. 이동전화망번호: 다수의 이동전화망 중 특정 이동전화망을 구분하기 위한 고유 번호로 이동전화망 국가 번호와 이동전화 네트워크 운영자 번호로 구성된다.
     2. 이동전화망 국가 번호: 이동전화망이 속한 국가를 나타내는 번호(이하 "국가 번호"라 한다)를 말한다.

3. 이동전화 네트워크 운영자 번호: 이동전화망이 속한 사업자등을 구분하기 위한 번호(이하 "사업자망 번호"라 한다)를 말한다.

② 이 기준에서 사용하는 용어의 정의는 제1항에서 정한 것을 제외하고는 관련 법령 및 고시에서 정하는 바에 따른다.

제2장 이동전화망번호의 부여 및 사용

- 제4조(번호체계)

① 이동전화망번호는 국가 번호 및 사업자망 번호로 구성된다.

② 이동전화망번호는 다음과 같이 5자리의 십진수로 구성된다.

국가 번호	사업자망 번호
3자리	2자리

- 제5조(이동전화망번호의 부여)

① 국가 번호는 국제전기 통신연합(ITU)에서 우리나라에 지정한 번호인 450을 사용한다.

② 미래창조과학부장관은 제4조제2항에 따른 사업자망 번호를 다음 각 호와 같이 사용 용도별로 구분하고, 이동전화사업자, 통신서비스 및 솔루션 제공업자, 통신장비 제조업자, 정부기관, 지방자치단체 및 공공기관 등(이하 "사업자등"이라 한다)에게 부여한다. 이 경우, 할당된 영역 내에서 연구 또는 시험 목적으로 일정 기간 사용할 수 있도록 연구·시험용 또는 시범서비스용 사업자망 번호를 부여할 수 있다.

1. 이동통신영역: 00~29 중에서 부여

2. 공공영역: 30~39 중에서 부여

3. 예비대역: 40~99 중에서 부여

③ 제2항제3호에 따른 예비대역 번호는 제2항제1호 내지 제2호에 따라 사업자등의 번호 부족 시 또는 사업자망 번호가 필요한 통신서비스 등이 출현할 경우에 부여한다.

- 제6조(이동전화망번호의 사용) 제5조제2항에 따라 이동전화망번호를 부여받은 사업자등은 미래창조과학부장관이 부여한 번호를 사용목적에 맞게 사용해야 한다.

제3장 이동전화망번호의 관리

- 제7조(사업자망 번호의 신청 및 부여) 제5조에 따라 미래창조과학부장관이 관리하는 번호를 사용하고자 하는 사업자등은 사업자망 번호의 사용목적, 사용계획 등을 첨부해 미래창조과학부장관에게 신청해야 하며, 미래창조과학부장관은 신청을 받은 날부터 1개월 이내에 그 결과를 통보해야 한다.
- 제8조(사업자망 번호의 회수 등)
  ① 미래창조과학부장관은 번호의 사용이 다음 각 호에 해당되는 경우에는 그 번호의 회수 등을 명할 수 있다.
     1. 전기 통신사업의 전부 또는 일부가 폐지되거나 사업허가가 취소되는 경우
     2. 부여받은 사업자 이외의 자가 사용하는 경우
     3. 번호자원의 고갈 등으로 번호 계획이 변경되는 경우
     4. 번호자원이 효율적으로 관리되지 않은 경우
  ② 이 기준에 따라 번호를 부여받은 사업자는 법 제19조, 제20조, 제26조 및 제27조에 따른 사업의 폐지 또는 허가 · 등록의 취소 및 법 제18조, 제24조 및 제25조에 따른 사업의 양도 · 양수 또는 법인의 합병 등이 있는 경우에는 미래창조과학부장관에게 그 사실을 지체 없이 신고해야 한다.
- 제9조(사업의 양도 · 양수 또는 법인의 합병시 사업자망 번호 신청 및 부여)
  ① 법 제18조, 제24조 및 제25조에 따른 사업의 양수 또는 합병 등의 사유로 종전의 사업자 지위를 승계한 사업자가 이 기준에 의해 종전의 사업자가 부여받은 번호의 사용에 관한 권리와 의무

를 승계하고자 하는 경우에는 미래창조과학부장관의 승인을 얻어야 한다.

② 제1항에 따라 승인을 얻고자 하는 기간통신 사업자는 법 제18조에 따른 사업의 양수 또는 합병에 관한 인가신청 시, 별정통신 사업자는 법 제24조에 따른 사업의 양수 또는 합병에 관한 등록 시 그 증빙서류와 번호의 사용목적, 사용계획 등을 미래창조과학부장관에게 제출해야 한다.

③ 미래창조과학부장관은 제1항에 따라 양수 또는 합병하는 사업자가 양수 또는 합병한 사업을 영위하기 위해 번호사용을 신청하는 경우에는 특별한 사유가 없는 한 종전의 번호를 우선 부여할 수 있다.

- 제10조(이동전화망번호의 사용현황 관리)

① 미래창조과학부장관은 이동전화망 번호의 확보, 부여 및 사용현황 등을 관리한다.

② 미래창조과학부장관은 국내에 할당된 이동전화망번호의 80% 이상이 사용되는 경우 ITU에 국가 번호를 추가 신청해 할당받아야 한다.

③ 미래창조과학부장관은 이동전화망번호의 지정 또는 회수에 대해 사업자등으로부터 제공받은 다음 각 호의 정보를 ITU에 통보해야 한다.

　　1. 이동전화망번호 부여 현황

　　2. 이동전화망번호 부여 및 회수 등 변경 내역

- 제11조(국제전기 통신연합 권고 준용) 이 기준에서 정하지 않은 이동전화망번호 부여와 관리 등에 관한 사항은 국제전기 통신연합(ITU)에서 정한 권고안에 따른다.

제4장 보칙

- 제12조(재검토기한) 「훈령·예규 등의 발령 및 관리에 관한 규정」에
  따라 이 고시 발령 후 법령이나 현실여건의 변화 등을 검토해 이 고
  시의 폐지, 개정 등의 조치를 해야 하는 기한은 이 고시 발령일로부
  터 매 3년이 되는 시점까지로 한다.

그림 8-20은 국내 Public 무선 네트워크의 PLMN 사용 원칙을 나타내고 있
으며, 표 8-3의 이동전화망번호관리기준에 근거한다.

- MCC값 450은 ITU에서 대한민국을 위해 지정한 번호이다.

- MNC값은 MSIN값의 길이에 따라 2~3자리 숫자로 사용할 수 있으나 국내는 MSIN을 10자릿수
  를 사용하기 때문에 MNC는 2자리 수를 사용한다. 00~29는 "이동통신영역", 30~39는 PS-LTE,
  LTE-R, LTE-M 네트워크와 같은 "공공영역" 그리고 40~99 예비용으로 지정돼 있다.

Public Wireless Network	
MCC(3Digits)	**MNC(2Digits)**
450	− 00~29: 이동통신영역 − 30~39: 공공영역 − 40~99: 예비영역

그림 8-20 국내 Public PLMN

그림 8-21은 사설 네트워크 내에서 내부 사용을 위한 MCC(모바일 국가 코
드) 999와 관련된 원칙을 나타낸다.

- MCC값 999는 사설망 내부용으로 정의되며, MCC에서 사용하는 MNC값은 ITU와의 상호 협의
  없이 독립적으로 사용할 수 있다.

- Private Mobile Network(사설 네트워크)에 PLMN ID(999-XX)를 할당할 수 있다.

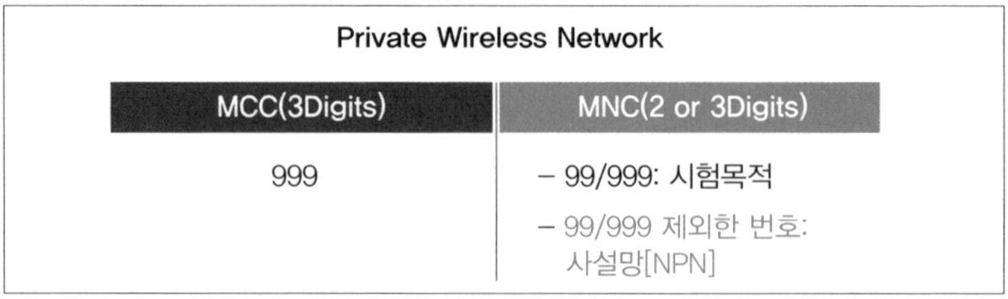

Private Wireless Network	
MCC(3Digits)	MNC(2 or 3Digits)
999	− 99/999: 시험목적 − 99/999 제외한 번호: 　사설망[NPN]

그림 8-21 Private PLMN

- MCC(999)에는 MNC 코드로 임의의 숫자가 할당된다.

- SNPN 또는 필요한 경우 PNI-NPN에 기술적인 적용이 가능하다.

표 8-3의 이동전화망번호관리기준 "제11조(국제전기 통신연합 권고 준용) 이 기준에서 정하지 않은 이동전화망번호 부여와 관리 등에 관한 사항은 국제 전기 통신연합(ITU)에서 정한 권고안에 따른다"에 의해 ITU-T E.212에서 규정한 Private 무선망용 MCC 999는 e-Um 5G 기반 NPN이나 사업자 망 기반 PNI-NPN의 P5G망에서 임의적으로 사용할 수 있는 것으로 보인다.

그림 8-21의 PLMN 사용 원칙에 기반해 P5G를 위한 PLMN ID 번호 계획의 예를 표 8-4에서 보여주고 있다. P5G망을 도입하고자 하는 기업은 표의 예 시와 같은 방식으로 네트워크에 적용할 수 있다.

표 8-4 Private 네트워크 PLMN ID 번호 계획 예

P5G 네트워크	MCC	MNC	PLMN ID
A 기업 P5G 네트워크	999	10	999-10
B 기업 P5G 네트워크	999	11	999-11
C 기업 P5G 네트워크	999	12	999-12
D 기업 P5G 네트워크	999	13	999-13
..	999	xx	MNC 99/999 제외

■ NID

NID[Network IDentifier]는 SNPN 식별을 위해 PLMN과 함께 사용되는 정보이다. NID는 NID의 할당 모드에 따라 PLMN 내에서 NID가 고유하거나 PLMN과 상관없이 고유한 값으로 정해질 수 있다. NID는 TS 23.003에서 정의하고 있으며, NID 할당 모델에는 자체 할당[Self-assignment]과 조정된 할당[Coordinated-assignment]의 2가지 모델을 정의하고 있다.

- 자체 할당(Self-assignment): NID는 조정 할당 범위 밖에서 SNPN에 의해 개별적으로 선택돼 할당되는 모델이다. 따라서 할당돼 사용되는 ID값이 독립적(Unique)이지 않을 수 있다. 이 할당 모델은 할당 모드를 값 1로 설정해 인코딩된다.

- 조정된 할당(Coordinated-assignment): NID는 다음 2가지 옵션 중 하나를 사용해 할당된다.

  - 옵션 1: NID는 사용된 PLMN ID와 독립적으로 전역적으로 고유하도록 할당되며, 할당 모드를 값 0으로 설정해 인코딩된다.

  - 옵션 2: NID와 PLMN ID의 조합이 전역적으로 고유하도록 할당된 NID가 할당되며, 할당 모드를 값 2로 설정해 인코딩된다.

- 이외에 다른 할당 모드값은 예약돼 있다.

그림 8-22는 NID 포맷을 나타내고 있다.

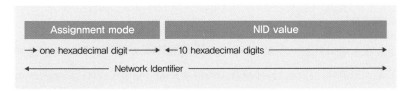

Assignment mode
- 1: Self-assignment
- 0: Option1 for Coordinated assignment mode
- 2: Option2 for Coordinated assignment mode

그림 8-22 NID 포맷

할당 모드 0의 NID의 NID값은 그림 8-23과 같이 NID PEN과 NID code로 구성된다. NID PEN은 민간 기업 번호 관리자인 IANA^{Internet Assigned Numbers Authority}가 SNPN의 서비스 제공자에게 발급한 민간 기업 번호이다.

기업 번호 확인은 https://www.iana.org/assignments/enterprise-numbers/enterprise-numbers에서 할 수 있다. (참고로 IANA에서 발급한 민간 기업 번호는 NID 내에서 사용할 때 고정 길이 8자리 16진수로 변환해야 하는 10진수이다. 예를 들어 32473은 00007ed9로 변환된다.)

NID code는 NID PEN에 의해 식별되는 서비스 제공자 내에서 SNPN을 식별하는 정보이다.

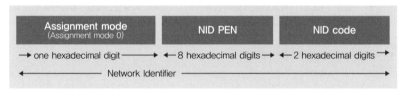

그림 8-23 NID assignment mode 0 포맷

- NSSAI

네트워크 슬라이스는 등록 영역 내에서 유효하며 가입된 S-NSSAI 정보에 의해 식별된다. 그림 8-24에서와 같이 S-NSSAI는 8비트 SST(슬라이스/서비스 유형)와 24비트 SD(슬라이스 구분자)로 구성되도록 규정(3GPP TS 23.501의 5.15.2절)돼 있다. SST 필드는 표준화된 값과 표준화되지 않은 값을 가질 수 있다. SD 필드는 필수 항목이 아니라서 네트워크 운영자가 임의대로 할당해 사용할 수 있다.

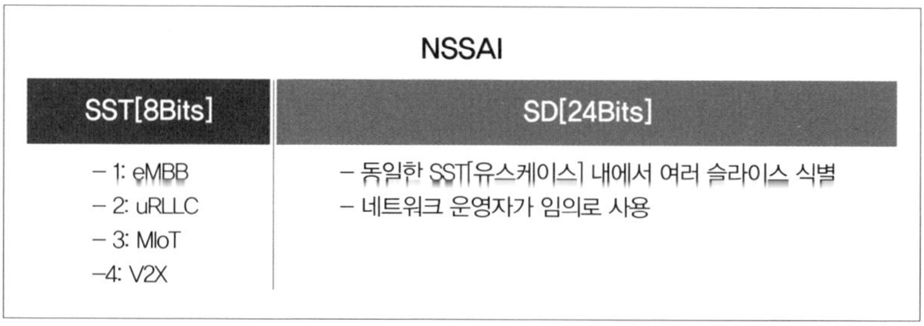

NSSAI

SST[8Bits]	SD[24Bits]
– 1: eMBB – 2: uRLLC – 3: MIoT –4: V2X	– 동일한 SST[유스케이스] 내에서 여러 슬라이스 식별 – 네트워크 운영자가 임의로 사용

그림 8-24 네트워크 슬라이싱을 위한 NSSAI

- SST(슬라이스/서비스 유형): 정의된 슬라이스 특성을 참조하는 필수 매개변수(숫자)이다. 4가지 경우(eMBB(1), uRLLC(2), MIoT(3), V2X(4))가 정의돼 있다. V2X(4)는 Release16에 정의됐다.

- SD(Slice Differentiator): 동일한 SST(유스 케이스) 내에서 여러 슬라이스를 식별한다.

- 3GPP에 따르면 SST는 1에서 255 사이의 값을 가질 수 있다. 그러나 1에서 127까지의 값은 3GPP 표준값이 되고, 128에서 255 사이의 값은 네트워크 운용자가 유스 케이스에 정의해 사용할 수 있다.

- 현재 SST가 1에서 4까지인 eMBB, uRLLC, MIoT 및 V2X의 4가지 표준화된 슬라이스가 있다.

- S-NSSAI는 네트워크에 액세스하는 UE에 의해 사용된다.

그림 8-24의 S-NSSAI 사용 원칙에 기반해 P5G를 위한 S-NSSAI 번호 계획의 예를 표 8-5에서 보여주고 있다. P5G망을 도입하고자 하는 기업은 표의 예시와 같은 방식으로 네트워크에 적용할 수 있다.

표 8–5 NSSAI ID 사용 예

Use-case	SST	SD	비고
eMBB	1	000001	
		000002	
		...	
uRLLC	2	000001	
		000002	
		...	
MIoT	3	000001	
		000002	
		...	
V2X	4	000001	
		000002	
		...	

8.4.2 UE(User Equipment) 및 NE(Network Entity) ID

■ SUPI

SUPI$^{Subscription Permanent Identifier}$는 각 가입자에게 할당되고 3GPP 사양 TS 23.501에 정의된 전 세계적으로 고유한 5G UE ID이다. SUPI값은 USIM 및 5G 코어의 UDM/UDR 기능에서 프로비저닝된다. 5G망에서 유효한 SUPI 는 다음 중 하나가 사용된다.

- 3GPP RAT용 TS 23.503에 정의된 IMSI(International Mobile Subscriber Identifier)

- RFC 4282에 정의된 NAI(Network Access Identifier): Non-3GPP RAT에 대해 TS 23.003에 정의된 사용자 식별 ID

SUPI는 일반적으로 15자리 십진수 문자열이다. 처음 세 자리는 MCC(모바일 국가 코드)를 나타내고, 다음 두 자리 또는 세 자리는 네트워크 사업자를 식별하는 MNC(모바일 네트워크 코드)를 나타낸다. 나머지(9 또는 10, 국내 Public 망에서는 10자릿수) 자리는 MSIN(모바일 가입자 식별 번호)으로 알려서 있으며 해당 특정 사업자의 개별 사용자를 나타낸다. SUPI는 그림 8-25와 같이 ME를 고유하게 식별하는 IMSI와 동일하며, NAI 형식이면 15자리 문자열이 되기도 한다.

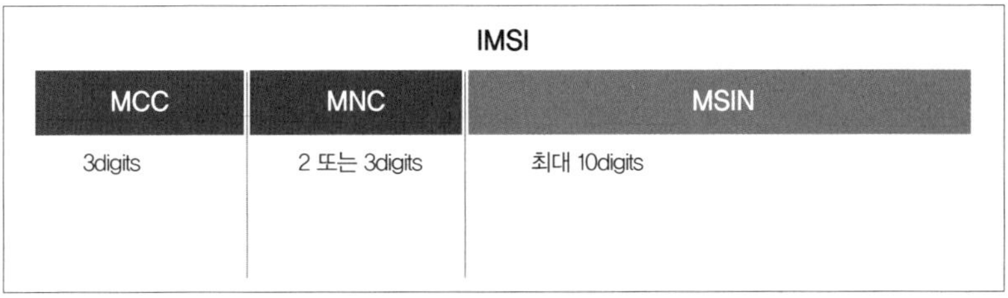

IMSI		
MCC	MNC	MSIN
3digits	2 또는 3digits	최대 10digits

그림 8-25 IMSI 형식

그림 8-25의 IMSI 형식에 기반해 P5G를 위한 IMSI 번호 계획의 예를 표 8-6에서 보여주고 있다. P5G망을 도입하고자 하는 기업은 표의 예시와 같은 방식으로 네트워크에 적용할 수 있다.

예를 들어 표 8-4에서 정의된 PLMN ID를 기반으로 IMSI를 위한 MSIN 정보를 9000000001부터 9999999999까지 할당할 수 있다. 표 8-6과 같은 IMSI값이 기업의 P5G 네트워크 서비스에 적용될 수 있다.

표 8-6 SUPI(IMSI) 번호 계획 예

UE	MCC	MNC	MSIM	IMSI
UE 1	999	10	9000000001	999-10-9000000001
UE 2	999	10	9000000002	999-10-9000000002
UE 3	999	10	9000000003	999-10-9000000003
UE 4	999	10	9000000004	999-10-9000000004
⋯	999	10	⋯	⋯
UE 100	999	10	9000000100	999-10-9000000100
⋯	999	10	9999999999	999-10-9999999999

■ SUCI

SUCI^{Subscription Concealed Identifier}는 숨겨진 SUPI를 포함하는 개인 정보 보호 식별자이다. UE는 USIM 등록 시 USIM에 안전하게 프로비저닝된 홈 네트워크의 공개 키로 ECIES 기반 보호 방식을 사용해 SUCI를 생성한다. SUPI의 MSIN 부분만 보호 방식에 의해 은폐되고 홈 네트워크 식별자, 즉 MCC/MNC는 평문으로 전송된다. SUCI를 구성하는 데이터 필드는 그림 8-26과 같다. SUCI는 UE가 보안에 대한 Context 없는 상태(예: UE Power on/off)에서 망에 초기 등록 시 인증을 위해 사용되고, 인증이 정상적으로 완료되면 그 이후부터는 AMF에서 임시로 할당한 5G-GUTI[5G Globally Unique Temporary Identifier]가 사용된다.

SUCI					
SUSI Type	Home Network Id	Routing Indicator	Protection Scheme	Home Network Public key Id	Protection Scheme Output
Value: 0~7	Value depends on SUPI type	1~4digits	Value: 0~15	Value: 0~255	Output depends on Scheme used

그림 8-26 SUCI 형식

- **SUCI Type(SUPI 유형):** 0에서 7 사이의 값으로 구성된다. SUCI에 숨겨진 SUPI의 유형을 식별하며, 다음 값이 정의돼 있다.

  - 0: IMSI
  - 1: Network Specific Identifier(네트워크 액세스 식별자– NAI 형식 식별자)
  - 2~7: 향후 사용을 위한 예비값

- **Home Network ID(홈 네트워크 식별자):** 가입자의 홈 네트워크를 식별한다. SUPI Type이 IMSI인 경우 Home Network Identifier는 MCC와 MNC로 구성된다. SUPI 유형이 네트워크 액세스 식별자(NAI)인 경우 홈 네트워크 식별자는 도메인 이름을 나타내는 가변 길이의 문자열로 구성된다(예: user@nokia.com).

- **Routing Indicator:** 홈 네트워크 사업자가 할당하고 USIM 내에서 제공하는 1~4자리의 10진수로 구성된다. 주어진 SUCI에 대해 SBA 코어망 내부의 특정 AUSF 및 UDM에서 처리하도록 라우팅하기 위한 값이다. 보통 USIM 내에 저장하며, USIM 내에 없을 경우 0값을 사용한다.

- **Protection Scheme Identifier:** IMSI 또는 Network Specific Identifier가 암호화될 형식을 지정한다. 0~15 범위의 값으로 구성되고, 4비트로 표현되며, 이 중 0~2 사이의 값만 정의돼 있다.

  - Null-scheme 0x0
  - Profile 〈A〉 0x1
  - Profile 〈B〉 0x2

- **Home Network Public Key Identifier:** 0~255 범위의 값으로 구성되며 Home PLMN에서 제공하는 공개 키(SUPI 암호화에 사용하는 Home Network에서 제공하는 Public Key 세트가 USIM에 저장돼 있음)를 나타내며 SUPI 보호에 사용되는 키를 식별하는 데 사용된다. Null-scheme이 사용되는 경우 이 데이터 필드는 값을 0으로 설정한다.

- **Protection Scheme Output:** 사용된 보호 체계에 따라 가변 길이 또는 16진수의 문자열로 구성된다. Protection Scheme ID(0-null-scheme, 1-Profile A, 2-Profile B)에 따라 다음 3가지 형식 중 하나를 가진다. 즉, IMSI의 PMLN(MCC, MNC)이나 Network Specific Identifier의 도메인 영역은 앞의 Home Network Identifier에 그대로 사용되고, 나머지 영역인 IMSI의 MSIN, Network Specific Identifier의 username 부분을 암호화해 "Protection Scheme Output" 필드에 삽입한다.

  - Null-scheme인 경우에는 해당 영역을 추기 암호회 없이 삽입한다.
  - Profile A의 경우 암호화 및 MAC 생성에 사용되는 256-bit 길이의 Public Key가 삽입되고, 그다음에 암호화된 MSIN 또는 username 값이 들어간다. 그리고 그 뒤에 64-bit MAC 값이 추가돼 들어간다.
  - Profile B의 경우 264-bit 길이의 Public Key의 길이를 사용하는 것이 Profile A와의 차이이다.

그림 8-26의 SUCI 형식에 기반해 P5G를 위한 SUCI 번호 계획의 예를 표 8-7에서 보여주고 있다. P5G망을 도입하고자 하는 기업은 표의 예시와 같은 방식으로 네트워크에 적용할 수 있다.

예를 들어 표 8-4에서 정의된 PLMN ID(999-10)를 기반으로 IMSI를 위한 MSIN 정보를 "9000000001"을 사용하고, Protection Scheme이 "Null-scheme"인 경우 표 8-7과 같은 SUCI값이 기업의 P5G 네트워크 서비스에 적용될 수 있다.

표 8-7 SUCI 번호 계획 예

SUCI 형식 필드	Value	비고
SUSI Type	0	IMSI
Home Network ID	999-10	MCC(999), MNC(10)
Routing Indicator	123	RI를 "123" 가정
Protection Scheme	Null-scheme (0x0)	
Home Network Public Key Id	0	Protection Scheme값에 "Null-scheme"이 사용됨
Protection Scheme Output	9000000001	MSIN값을 암호 없이 사용

표 8-6에 기반한 해당 IMSI(999109000000001)의 SUCI는 "0-999-10-123-0-0-9000000001"값이 될 수 있다("-" 편의상 구분자로 표시됨).

■ GUAMI

GUAMI^{Globally Unique AMF ID}는 5G 네트워크 내에서 AMF를 고유하게 식별하는 데 사용된다. 그림 8-27과 같이 MCC^{Mobile Country Code}, MNC^{Mobile Network Code}, AMF Region ID, AMF Set ID, AMF Pointer로 구성된다.

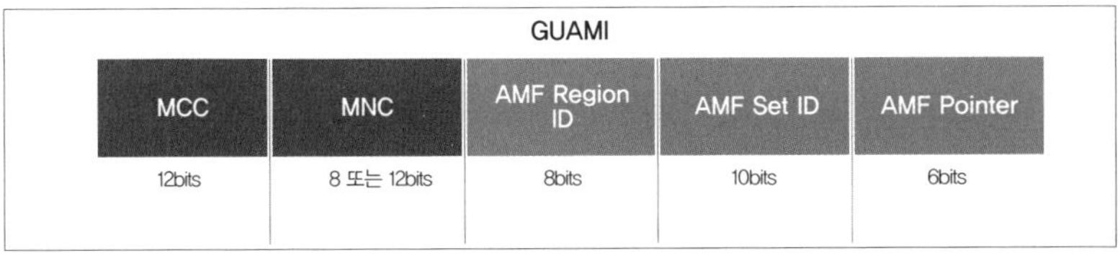

그림 8-27 GUAMI 형식

초기 NAS 메시지를 NG-RAN에서 AMF로 라우팅하는 데 사용된다. UE가 맨 처음 NAS 메시지와 함께 RRC 연결에서 GUAMI를 제공하면 RAN은 수신한 NAS 메시지를 준비해 올바른 AMF 노드로 보낸다(수신된 GUAMI를 기반으로 선택). UE가 처음에 3GPP 액세스를 통해 AMF에 등록한 다음 Non-3GPP 액세스를 사용해 동일한 AMF에 다시 등록할 때도 유용하다. 이 경우 두 번째 등록이 N3IWF를 거치면 UE는 AMF Id를 제공해 요청이 오른쪽 AMF로 전달되도록 한다.

그림 8-27의 GUAMI 형식에 기반해 P5G를 위한 GUAMI 번호 계획의 예를 표 8-8에서 보여주고 있다. P5G망을 도입하고자 하는 기업은 표의 예시와 같은 방식으로 네트워크에 적용할 수 있다. 예를 들어 표 8-4에서 정의된 PLMN ID(999-10)를 기반으로 AMF Region ID를 "1", AMF Set ID를 "1", AMF Pointer를 "1"로 가정한 경우 표 8-8과 같은 GUAMI값이 기업의 P5G 네트워크 서비스에 적용될 수 있다.

표 8-8 GUAMI 번호 계획 예

GUAMI 형식 필드	Value	Remark
MCC	999	
MNC	10	
AMF Region ID	1	0000 0001
AMF Set ID	1	0000 0000 01
AMF Pointer	1	00 0001

- **gNB ID**

gNB ID는 PLMN 내에서 gNB를 식별하는 데 사용된다. 해당 셀의 NCI^{NR} ^{Cell Id} 내에 포함된다. gNB ID는 길이가 22~32비트일 수 있다. 해당 Local Cell ID 클라우드는 14~4비트이다. 따라서 전체 NCI(gNB+CI)는 0에서 68719476735까지 36비트가 된다. 그림 8-28은 gNB ID 형식을 보여준다.

그림 8-28 gNB ID 형식

32비트의 최대 gNB ID는 0~4294967295이고 14비트의 최대 셀 ID^{CI}는 0~16383이다. 이동 사업자망과 다르게 P5G는 셀 수가 상대적으로 매우 적기 때문에 P5G의 gNB ID의 길이는 22비트 길이가 적합하다.

그림 8-28의 gNB ID 형식에 기반해 P5G를 위한 gNB ID 번호 계획의 예를 표 8-9에서 보여주고 있다. P5G망을 도입하고자 하는 기업은 표의 예시와 같은 방식으로 네트워크에 적용할 수 있다.

예를 들어 표 8-4에서 정의된 PLMN ID(999-10)를 기반으로 gNB(DU)의 3식이 각각 십진값을 11~13까지 할당하는 것을 가정한 경우 표 8-9와 같은 gNB ID값이 기업의 P5G 네트워크 서비스에 적용될 수 있다. (표 8-9는 PLMN ID를 포함하지 않은 gNB ID의 예이다.)

표 8-9 gNB ID 번호 계획 예

DU No	gNB ID		비고
	Binary Value	Decimal Value	
DU #1	00 0000 0000 0000 0000 1011	11	
DU #2	00 0000 0000 0000 0000 1100	12	
DU #3	00 0000 0000 0000 0000 1101	13	

■ NCGI 및 NCI

NCGI[NR Cell Global Identify]는 전 세계적으로 NR 셀을 식별하는 데 사용되며 4G/ LTE의 ECGI[EUTRA Cell Global Identify]와 유사하다. NCGI는 셀이 속한 PLMN ID 와 셀의 NCI[NR Cell Identify]로 구성된다. 그림 8-29는 NCGI 및 NCI 구조에 대한 형식을 보여준다.

NCI의 총 크기는 36비트이며, 이 36비트는 gNB ID[gNB Identify] 및 CI[Cell Identify]를 구성한다. 여기서 gNB ID로 22비트를 할당하고, 나머지 14비트는 CI에 각각 할당된다. 따라서 22비트를 할당해 gNB ID로 할당될 수 있는 총 개수는 2^{22} = 4,194,305(0~4,194,304)로 이 범위 내에서 eNB ID로 할당해 사용할 수 있다. 그리고 나머지 14비트를 할당해 gNB 내에서 CI로 사용할 수 있는 총 개수는 2^{14} = 16,384(0~16,383)가 돼 이 범위에서 CI를 할당해 사용할 수 있다.

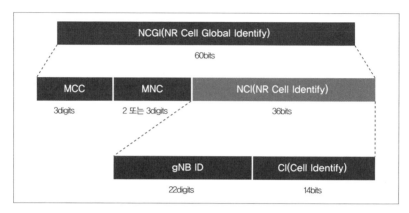

그림 8-29 NCGI 및 NCI ID 형식

그림 8-29의 NCI 형식에 기반해 P5G를 위한 Cell ID 번호 계획의 예를 표 8-10에서 보여주고 있다. P5G망을 도입하고자 하는 기업은 표의 예시와 같은 방식으로 네트워크에 적용할 수 있다.

예를 들어 표 8-4에서 정의된 PLMN ID(999-10)를 기반으로 gNB(DU)의 3 식이 각각 십진값을 11~13까지 할당하고 각각의 gNB(DU)에 6개의 셀을 구성하는 것을 가정한 경우 표 8-10과 같은 NCI값이 기업의 P5G 네트워크 서비스에 적용될 수 있다. (표 8-10은 PLMN ID를 포함하지 않은 NCI의 예이다.)

표 8-10 NCI 번호 계획 예

DU No	Cell No	NCI	
		Binary Value	Decimal Value
DU #1	1	00 0000 0000 0000 0000 1011 00000000000001	180225
	2	00 0000 0000 0000 0000 1011 00000000000010	180226
	3	00 0000 0000 0000 0000 1011 00000000000011	180227
	4	00 0000 0000 0000 0000 1011 00000000000100	180228
	5	00 0000 0000 0000 0000 1011 00000000000101	180229
	6	00 0000 0000 0000 0000 1011 00000000000110	180230

DU No	Cell No	NCI	
		Binary Value	Decimal Value
DU #2	1	00 0000 0000 0000 0000 1100 00000000000001	196609
	2	00 0000 0000 0000 0000 1100 00000000000010	196610
	3	00 0000 0000 0000 0000 1100 00000000000011	196611
	4	00 0000 0000 0000 0000 1100 00000000000100	196612
	5	00 0000 0000 0000 0000 1100 00000000000101	196613
	6	00 0000 0000 0000 0000 1100 00000000000110	196614
DU #3	1	00 0000 0000 0000 0000 1101 00000000000001	212993
	2	00 0000 0000 0000 0000 1101 00000000000010	212994
	3	00 0000 0000 0000 0000 1101 00000000000011	212995
	4	00 0000 0000 0000 0000 1101 00000000000100	212996
	5	00 0000 0000 0000 0000 1101 00000000000101	212997
	6	00 0000 0000 0000 0000 1101 00000000000110	212998

■ PCI

각 5G NR 셀은 PCI^{Physical Cell ID}에 해당하며 무선 측에서 셀을 구별하는 데 사용된다. 5G NR에 대한 PCI 계획은 LTE에 대한 PCI 계획과 매우 유사하다. 5G New Radio에는 LTE 504 PCI와 비교해 1,008개의 고유 PCI가 있으며 다음 공식으로 제공된다.

$$N^{cellid} = 3N^{id(1)} + N^{id(2)}$$

여기서

- $N^{id(1)}$은 SSS이고 범위는 {0, 1 ⋯ 335}이다.
- $N^{id(2)}$은 PSS이고 범위는 {0, 1, 2}이다.

앞의 PCI 계산식에 기반해 P5G를 위한 PCI 번호 계획의 예를 표 8-11에서 보여주고 있다. P5G망을 도입하고자 하는 기업은 표의 예시와 같은 방식으로 네트워크에 적용할 수 있다.

예를 들어 표 8-9에서 정의된 gNB(DU)의 3식이 있고 각각의 gNB(DU)에 6개의 셀을 구성하는 것을 가정한 경우 표 8-11과 같은 PCI값이 기업의 P5G 네트워크 서비스에 적용될 수 있다.

표 8-11 PCI 번호 계획 예

SSS	PSS	PCI	비고	DU No	Cell No	NCI
0	0	0	0 (=3 x 0 + 0)	DU #1	1	180225
	1	1	1 (=3 x 0 + 1)		2	180226
	2	2	2 (=3 x 0 + 2)		3	180227
1	0	3	3 (=3 x 1 + 0)		4	180228
	1	4	4 (=3 x 1 + 1)		5	180229
	2	5	5 (=3 x 1 + 2)		6	180230
2	0	6	6 (=3 x 2 + 0)	DU #2	1	196609
	1	7	7 (=3 x 2 + 1)		2	196610
	2	8	8 (=3 x 2 + 2)		3	196611
3	0	9	9 (=3 x 3 + 0)		4	196612
	1	10	10 (=3 x 3 + 1)		5	196613
	2	11	11 (=3 x 3 + 2)		6	196614
4	0	12	12 (=3 x 4 + 0)	DU #3	1	212993
	1	13	13 (=3 x 4 + 1)		2	212994
	2	14	14 (=3 x 4 + 2)		3	212995
5	0	15	15 (=3 x 5 + 0)		4	212996
	1	16	16 (=3 x 5 + 1)		5	212997
	2	17	17 (=3 x 5 + 2)		6	212998

■ TAI

TAI^{Tracking Area Identifier}는 UE가 위치하는 Tracking Area를 식별하는 데 사용된다. TAI는 UE가 서비스받는 네트워크의 PLMN ID와 Tracking Area(추적 영역)의 TAC^{Tracking Area Code}로 구성된다.

그림 8-30과 같이 5GS TAI는 MCC^{Mobile Country Code}, MNC^{Mobile Network Code} 그리고 TAC^{Tracking Area Code}로 구성된다. 여기서 TAC^{Tracking Area Code}는 PLMN 내에서 Tracking Area를 식별하는 고정 길이 코드(3 옥텟)이며, 이 부분은 완전한 16진수 표현을 사용해 코딩돼야 한다.

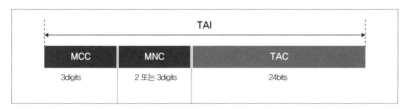

그림 8-30 TAI 형식

Note

"000000" 및 "FFFFFE"는 TAC의 예약된 16진수 값이며, 이 예약된 값은 UE에 유효한 TAI가 존재하지 않는 특수한 경우에 사용될 수 있다(자세한 내용은 3GPP TS 24.501 참조).

그림 8-30의 TAI 형식에 기반해 P5G를 위한 TAC 번호 계획의 예를 표 8-12에서 보여주고 있다. P5G망을 도입하고자 하는 기업은 표의 예시와 같은 방식으로 네트워크에 적용할 수 있다.

예를 들어 표 8-9에서 정의된 gNB(DU)의 3식이 기업의 비즈니스 빌딩1, 빌딩2, 빌딩3에 배치되고 각 DU에 연결된 6개 셀에 모두 동일한 TAC를 구성하는 것을 가정한 경우 표 8-12와 같은 TAC값이 기업의 P5G 네트워크 서비스에 적용될 수 있다.

표 8-12 TAC 번호 계획

DU No	Cell No	PCI	NCI	TAC	물리적인 Area	
DU #1	1	0	180225	00000B(11)	1층	빌딩1
	2	1	180226	00000B(11)	2층	
	3	2	180227	00000B(11)	3층	
	4	3	180228	00000B(11)	4층	
	5	4	180229	00000B(11)	5층	
	6	5	180230	00000B(11)	6층	
DU #2	1	6	196609	00000C(12)	1층	빌딩2
	2	7	196610	00000C(12)	2층	
	3	8	196611	00000C(12)	3층	
	4	9	196612	00000C(12)	4층	
	5	10	196613	00000C(12)	5층	
	6	11	196614	00000C(12)	6층	
DU #3	1	12	212993	00000D(13)	1층	빌딩3
	2	13	212994	00000D(13)	2층	
	3	14	212995	00000D(13)	3층	
	4	15	212996	00000D(13)	4층	
	5	16	212997	00000D(13)	5층	
	6	17	212998	00000D(13)	F12	

- **DNN**

5G에서 데이터 네트워크는 DNN을 사용해 구체적으로 식별된다. DNN[Data Network Name]은 일반적으로 4G/LTE에서 APN 형식(TS 23.003 정의)과 동일

하고 동일한 정보를 운반한다. 5GS에서 DNN은 PDU 세션에 대한 SMF 및 UPF를 선택하는데 PDU 세션에 대해 N6 인터페이스를 선택 및 이 PDU 세션에 적용할 정책을 결정하는 데 사용된다.

따라서 DN 식별은 DNN^Data Network Name에 의해 이뤄진다. DNN은 DN ID 라고도 불리며 사용자가 통신하기 원하는 IP망, 즉 DN을 식별하기 위한 식별자이다. 그림 8-31은 DNN 형식을 나타내며, TS 23.003에 정의된 APN 형식을 따른다. DNN은 네트워크 ID^NI, Network Identifier와 사업자 ID^OI, Operator Identifier로 구분된다. 네트워크 ID는 인터넷이나 기업 내 응용 서비스가 위치하는 네트워크를 연결하는 DN을 식별하는 데 사용된다. DNN은 가입자 등록 시 등록 정보로 UDM에 프로비저닝되며 UE가 초기 접속 시 UDM으로부터 AMF로 다운로드돼 PDU 세션의 연결이 설정되면서 AMF, SMF, UPF, PCF에 저장된다.

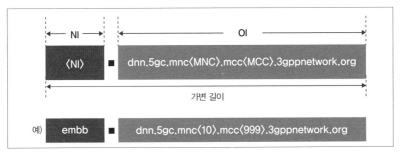

그림 8-31 DNN 형식

그림 8-31의 DNN 형식에 기반해 P5G를 위한 DNN 번호 계획의 예를 표 8-13에서 보여주고 있다. P5G망을 도입하고자 하는 기업은 표의 예시와 같은 방식으로 네트워크에 적용할 수 있다.

표 8-13 DNN 번호 계획 예

Category	Value
Service-1	Service-1.dnn.5gc.mmc(10).mcc(999).3gppnetwork.org
Service-2	Service-2.dnn.5gc.mmc(10).mcc(999).3gppnetwork.org
Service-N	Service-N.dnn.5gc.mmc(10).mcc(999).3gppnetwork.org

5G의 미래와 6G

5G의 미래와 6G

9.1 3GPP 5G NR 기반 버티컬 서비스 표준

앞에서 언급한 것과 같이 산업 자동화, 차량 간 통신 등 저지연과 신뢰도가 엄격히 요구되는 고신뢰 및 저지연 서비스uRLLC의 지원은 5G의 가장 중요한 특징 중 하나이다. 특히 4차 산업혁명의 중요한 축으로서 5G의 성공적인 적용을 위해 기존 모바일 네트워크에서 제공되지 않았던 산업 요구 사항의 반영이 시급하다.

3GPP에서는 5G NR 기술 개발에 단계적 접근을 적용했다. 5G NR의 1단계로 볼 수 있는 Release 15에서는 상대적으로 상업적인 니즈가 명확하고 우선순위가 높은 eMBB 관련 기본 기능들을 규격화했다. 특히 6GHz 이하 주파수 대역(FR1, 450MHz~6GHz)과 24.25GHz 이상 주파수 대역(FR2, 24.25~52.6GHz)에서 동시에 통신을 지원하기 위한 표준 개발이 이뤄졌다. 앞서 언급한 것과 같이 Release 15를 기반으로 초기 구축되는 5G 시스템은 NSA 기반의 네트워크로 구성되는데 이를 통해 기존 LTE망에 5G 기지국을 점진적으로 추가하는 방식으로 5G 상용망을 빠르게 구축할 수 있었다. NSA 기반 네트워크는 기존 4G의 EPC 기반의 코어 네트워크 위에서 동작하는 5G 기지국을 통해 Gbps급의 높은 데이터 전송 속도를 지원한다. 다만, NSA는 5G의 코어 네트워크가 적용되지 않아 5G 코어 네트워크의 주요 기

능들이 지원되지 않는다. 이런 초기 5G NSA 방식은 점차 5G 코어 네트워크를 통해 LTE의 도움 없이 독자적으로 서비스가 지원되는 5G SA 방식으로 진화하고 있다.

앞서 언급된 산업적 요구 사항은 Release 15에서 일부 기능들을 통해 제한적으로 반영됐다. 결국 이런 산업 요구 사항의 반영을 위해 Release 16과 Release 17에서는 eMBB 서비스 지원을 위한 추가 성능 개선뿐만 아니라 다양한 산업용 기능 강화와 생태계 확장을 위한 모든 5G 요구 사항을 만족시킬 수 있는 기능들을 추가 도입해 5G 규격을 강화했다. Release 18부터는 5G의 2단계로 5G-Advanced라는 명칭하에 기존 성능 향상과 더불어 정밀 포지셔닝Positioning, 시간 동기 서비스 등 통신 이외의 영역으로 기능을 확대하고 있다.

그림 9-1은 3GPP 표준 Release에 따른 산업용 표준 기술의 발전 방향을 보여준다.

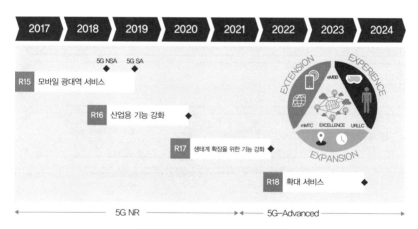

그림 9-1 3GPP의 5G 표준의 발전 방향

Release 16과 Release 17에서 추가된 주요 기능들은 다음과 같이 4가지 방향으로 구분해 정리할 수 있다. 먼저 산업용 IoT 지원을 위한 IIoT 관련 기능으로 uRLLC, NR-U, NPN, 무선 포지셔닝 등이 있으며, 무선 성능 강화를 위한 MIMO, 전력 감소, 이동성 제어 등의 기능이 추가됐다.

또한 자동차, 위성 및 방송 등의 새로운 버티컬로의 확장을 지원하는 기술이 표준화됐으며, 네트워크의 자동화와 지능화를 지원하는 IAB, SON/MDT 등에 대한 표준이 개발됐다.

주파수의 경우 NR-U 대역의 확장으로 FR1은 7.125GHz까지 확장됐고, 66~71GHz 대역 지원을 위해 FR2는 71GHz까지 확장됐으며, 신규 대역의 구분을 위해 FR2-1(24.25~52.6GHz)/FR2-2(52.6~71GHz)로 정의됐다.

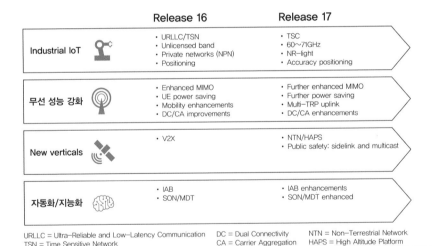

그림 9-2 3GPP Release 16, 17의 표준 개발 방향과 주요 표준 과제

초기 NR 시스템인 Release 15에서는 AR/VR와 같은 엔터테인먼트 산업과 서비스를 우선적으로 고려했다면, Release 16 NR IIoT 과제에서는 서비스 적용 유형을 공장 자동화Factory Automation, 교통, 전력 산업 등으로 확장했고, Release 17에서는 응급 의료, AR/VR 기반 제조, UAV 등으로 추가로 확장 됐다.

그림 9-3 3GPP Release에 따라 지원하는 산업용 서비스 시나리오

Release 16과 17에서는 산업용 네트워크 지원 기술과 관련된 다양한 작업 과제가 제안됐으며, 2022년 9월 Release 17 규격이 확정됐다. Release 16 과 17에서 산업 요구 사항 지원을 위해 진행된 주요 작업 과제로는 다음과 같은 것들이 있다.

- 공장 자동화 및 특화망 지원을 위한 uRLLC 기술

- 특화망 네트워크 지원을 위한 NPN (Non-Public Network)

- 위치 기반 서비스 제공을 위한 무선 포지셔닝 기술

- 5G 기반 시간 동기 서비스와 5G LAN 서비스

- 산업용 단말 규격인 RedCap(NR-Light)

이후에서는 각 표준 과제에서 표준화된 내용들을 살펴본다.

9.1.1 URLLC 지원 기술

■ Release 15 기술

3GPP의 최초 5G 표준인 Release 15 규격은 주로 5G 기본 기능과 eMBB 서비스 지원을 위한 기능 위주로 개발됐으나 5G의 핵심 서비스인 URLLC를 위해 다음과 같은 URLLC 특화 기능들이 지원된다.

저지연 관련 기술 (무선 접속망)

무선 접속망 측면에서 낮은 전송 지연의 지원을 위해 다음과 같은 기능이 지원된다. 우선 프레임 구조 측면에서 HARQ 지연을 줄이려고 전송 슬롯에서 바로 HARQ ACK/NACK를 송신할 수 있는 프레임 구조가 지원된다. 또한 전송 단위를 2~14 OFDM 심볼로 자유롭게 구성할 수 있어 다양한 슬롯 구성을 지원한다. 특히 기존의 14심볼 슬롯 대비 적은 수의 심볼 단위로 데이터를 전송하는 것을 지원하며, 이 경우 전송 단위 시간이 짧아져 슬롯 단위의 전송에 비해 전송 지연을 크게 낮출 수 있다. 그리고 DM-RS를 전면에 배치해 데이터 복조에 필요한 채널 추정을 미리 수행해 수신기에서 복조에 필요한 처리 시간을 최소화할 수 있도록 변경했다. PDCCH 스케줄 없이 RRC로 미리 설정된 자원을 통해 빠른 UL 전송을 지원하는 Configured

Grant라는 전송 방식을 지원한다. 이외에도 긴급한 uRLLC 데이터의 전송이 필요한 경우 이미 설정된 eMBB 전송 자원을 uRLLC 전송에 사용하는 선점유Pre-emption 기능을 지원하는데 선점유 지시자Pre-emption Indicator를 전송해 단말에 이를 알려줄 수 있다.

저지연 관련 기술(코어 네트워크)

코어 네트워크 측면에서 저지연 지원을 위해 다음과 같은 기술이 개발됐다. 사용자 데이터 전달 시 지연 시간을 줄이기 위한 가장 직관적인 방법은 바로 세션 앵커 역할을 하는 UPF를 단말을 서빙하는 기지국에 가깝게 배치하는 것이다. 이를 엣지 컴퓨팅Edge Computing이라고 하며, 5GC는 Release 15부터 엣지 컴퓨팅을 지원한다. 단말과 통신하는 서빙 기지국 가까이에 있는 세션 앵커 역할을 하는 UPF를 선택하는 데 사용되는 정보는 단말의 가입자 정보, 단말의 위치, 응용 서버 정보 등이다. 단말이 움직이지 않는다면 이런 선택 작업이 가장 중요한 과제이겠지만 기본적으로 5G는 이동통신에 관한 것이기 때문에 단말의 이동성을 고려하지 않을 수 없다. 따라서 세션의 연속성을 유지하면서 세션 앵커 역할을 하는 UPF를 변경하는 기능이 5GC에 추가됐다.

엣지 컴퓨팅을 지원하기 위한 5GC 기능들은 다음과 같다.

- UPF 재선택
- 다수의 세션 앵커를 보유한 세션
- 다양한 세션 및 서비스 연속성(SSC, Session and Service Continuity) 모드
- AF가 UPF 선택에 영향을 끼칠 수 있는 구조
- 네트워크 응용 프로그램 인터페이스(API, Application Program Interface) 제공
- 서비스 품질(QoS, Quality of Service) 및 과금
- 지역적 데이터 네트워크(LADN, Local Area Data Network) 기능

앞에 나열한 기능들 중 하나 또는 둘 이상을 알맞게 조합하면 다양한 수준의 지연 시간을 제공해 줄 수 있다. 5G 이동통신망을 운용하는 사업자는 서비스 요구 사항과 구축 비용을 고려해 어떤 기능들을 도입할지 정할 수 있다.

신뢰도 향상 관련 기술(무선 접속망)

uRLLC의 또 다른 요구 사항인 높은 신뢰도의 지원을 위해 다음과 같은 기능이 지원된다.

낮은 오류 정정 능력을 지원하기 위해 eMBB 서비스에 특화된 MCS Table에서 지원하는 최저 코드율(R=0.117) 대비 현저히 낮은 코드율(R=0.03)을 지원하는 uRLLC 서비스 전용 MCS Table을 지원한다. 이 MCS Table은 RRC 설정을 통해 또는 MCS-C-RNTI라는 특별한 RNTI를 통해 적용이 가능하다. 또한 슬롯 집성Slot Aggregation 방식을 지원해 연속된 다수의 슬롯에서 동일한 데이터를 반복해 전송함으로써 수신 성능 향상을 통한 고신뢰 전송을 지원한다.

상위 계층 측면 NR에서는 높은 신뢰도 지원을 위해 PDCP에서 생성된 패킷의 중복 전송 방식을 도입했다. 그리고 지연 시간을 줄이려고 MAC 계층에서 생성하는 MAC PDU 구조를 변경하고, RLC 계층의 패킷 결합 기능을 삭제했으며, 패킷 재배열 기능도 PDCP 계층으로 단일화했다.

신뢰도 향상 관련 기술(코어 네트워크)

5G 코어 네트워크의 네트워크 기능 블록은 하나 이상의 인스턴스를 이용해 구현된다. 이 인스턴스들의 집합을 NFNetwork Function 집합이라고 지칭하며, NF 집합을 구성하는 인스턴스들은 컨텍스트를 공유할 수 있어야 한다. 이를

위해 5GC에서는 NF 컨텍스트 전달 과정이 정의됐다. 따라서 한 NF 인스턴스가 고장 나도 다른 NF 인스턴스를 쓸 수 있다. 특별히 세션 관리 기능^{SMF,} Session Management Function의 경우 NF 집합을 구성하는 인스턴스는 동일한 사용자 평면 기능UPF, User Plane Function과 연결돼야 한다.

잘 알려졌다시피 5GC의 구조로 서비스 기반 구조가 채택됐으며, 5GC의 각 NF는 NF 서비스를 제공하거나 소비한다. NF 서비스를 제공해 주는 인스턴스가 제대로 동작하지 않는다는 것을 스스로 감지하거나 네트워크 저장소 기능NRF, Network Repository Function으로부터 통지받은 NF 서비스 소비자 인스턴스는 새로운 NF 서비스 제공자 인스턴스를 선택한다.

■ **Release 16 기술**

앞에서 언급된 Release 15의 주요 기술들은 주로 데이터 채널 기준으로 기존 eMBB 기반 네트워크의 성능을 높이는 방향으로 uRLLC를 지원하는 것이었다면, Release 16의 uRLLC 관련 표준화는 성능 강화와 더불어 uRLLC 서비스 QoS를 보장하기 위한 새로운 기능들을 추가하는 방향으로 진행됐다. 특히 네트워크 측면에서 기존 3GPP 코어 네트워크가 기간 통신 사업자 서비스에 적합한 형태로 구현됐던 것을 보다 산업/버티컬 영역에 적합한 형태로 진화할 수 있도록 지원하는 기능을 제공한다. 또한 물리 계층 측면에서도 Release 15에서 다루지 못했던 제어 채널에 대한 성능 향상을 통해 물리 계층 전 영역에서 uRLLC 서비스를 위한 성능 및 기능 향상을 이뤘다.

Release 16에서는 공장 자동화, 원격 운전, 전력 분배 등의 새로운 산업용 서비스 유형의 지원을 목표로 했다. 이런 목표를 위해 다음과 같은 높은 수준의 KPIKey Performance Indicator의 달성이 요구된다.

- 높은 신뢰도: 패킷 오류율(PER)(10^{-6})
- 저지연: 0.5~1ms의 무선 전송 시간
- 대규모 데이터 지원: 수천 byte의 데이터 패킷 지원

향상된 uRLLC 지원 기능(코어 네트워크)

3GPP Release 16에서는 높은 신뢰도의 보장을 위해 보조적인 전송 경로를 제공하는 기능을 제정했다. 보조적인 전송 경로를 제공하는 기능은 몇 가지 종류로 구분할 수 있는데 우선 UPF와 NG-RAN 사이에 터널을 이중으로 만드는 방법이 있다. 또한 전송 계층을 이중화시키는 방법도 있고, 이중 접속을 활용하는 방법도 가능하다. 이중 터널을 만드는 방법은 N3 터널을 이중화하는 방법과 N3과 N9 터널을 모두 이중화하는 방법이 있다.

향상된 uRLLC 지원 기능(무선 접속망)

무선 접속망에서 강화된 기술은 다음과 같다.

하향 링크 제어 채널^{PDCCH}의 기능이 강화됐다. 새로운 하향 제어 정보^{DCI,} ^{Downlink Control Information} 타입이 정의돼 전송 신뢰도가 높아졌으며, uRLLC 서비스에 필요한 기능들의 지원을 위한 새로운 정보가 포함됐다. 특히 서비스 우선순위에 따라 차별화하는 기능이 추가됐다. 상향 링크 제어 채널에서는 HARQ-ACK 정보 전송 단위를 슬롯보다 작은 단위로 세분화해 전송 지연을 줄였으며, 중요도가 다른 상향 링크 제어 정보 전송 시 우선순위 제어, 멀티플렉싱 등의 기능 등이 정의됐다.

상향 링크 데이터 정보의 전송 시 신뢰도를 높일 수 있도록 동일 정보를 반복해 전송할 수 있는데 기존에는 슬롯 단위로 반복 전송이 가능해 전송 지연이 크게 발생했으나 Release 16에서는 이를 한 슬롯 내에서 반복 전송이 가능하도록 해 전송 지연 증가 없이 신뢰도를 높일 수 있게 됐다.

또한 하향 제어 채널 없이 전송할 수 있는 데이터 채널의 개수를 늘려 다양한 QoS를 갖는 uRLLC 서비스를 동시에 지원하도록 했다.

eMBB 트래픽을 지원하는 단말과 uRLLC 트래픽을 지원하는 단말이 동일한 캐리어에서 UL 전송을 시도하는 경우 발생하는 단말 간의 간섭 제어를 위해 eMBB 데이터를 취소하도록 했으며, 서비스에 따라 서로 다른 전력 제어를 지원하는 기능이 추가됐다.

9.1.2 NPN

3장에서 언급된 내용에 이어 Release 16과 17에서 다음과 같은 NPN 지원을 위해 다음과 같은 표준 기술이 개발됐다.

■ **SNPN에서의 단말 식별자**

SNPN에서는 SUPI^Subscription Permanent Identifier를 통해 서비스에 등록된 단말을 식별한다. SUPI에는 IMSI가 포함되거나 네트워크 특정 아이디가 NAI^Network Access Identifier 형태로 포함된다. 만일 단말이 NAI를 이용해 식별되는 경우에는 NAI는 SNPN의 NID를 포함하게 된다. SNPN에 접속이 가능한 단말은 SUPI와 가입된 SNPN의 크리덴셜^Credential을 갖고, SNPN 접속 모드에서 SNPN을 선택해 접속할 수 있다. 만일 크리덴셜 홀더에 CH에 의해 할당된 크리덴셜을 이용해 SNPN에 접속하는 경우 SUPI에는 해당 CH의 정보가 포함돼 있어야 한다. 만일 CH가 SNPN인 경우에는 네트워크 특정 아이디 기반의 SUPI가 사용돼야 하고, PLMN인 경우에는 IMSI 기반의 SUPI가 사용돼야 한다.

■ NPN 인증 방식

3GPP는 5G AKA 인증 방식을 선호하지 않는 경우 EAP 기반 인증을 대신 사용할 수 있도록 했다. EAP 기반 인증은 5G AKA 인증 방법에 대한 대안을 지원하려는 SNPN에서 사용할 수 있다. EAP 인증 프레임워크는 EAP 서버, EAP 피어, EAP 인증자로 구성된다. 5GS 아키텍처에서는 인증 서버 AUSF가 EAP 서버 역할을 하고 단말이 피어 역할을 하며 SEAF가 서빙 네트워크에서 AMF의 기능인 통과Pass-through 인증자의 역할을 한다.

일반적으로 EAP는 다양한 구체적인 인증 방법을 지원하는데 5GS는 EAP의 사용을 키 생성 EAP 인증 방법으로 제한한다.

5GS는 SNPN의 NPN 인증과 PNI-NPN 인증을 다음과 같이 구분한다.

- PNI-NPN 방식은 PLMN 가입을 기반으로 하므로 필수적으로 5G AKA 또는 EAP-AKA 인증 상식을 지원해야 한다. 단말은 USIM을 지원해야 한다.

- SNPN의 경우 AKA 기반 방식을 사용할 수 있지만 이는 선택 사항이며, EAP-TLS와 같은 다른 EAP 방법을 사용할 수 있다. SNPN은 USIM 없이 단말에서 구현할 수 있다. 일반적으로 SNPN에서 단말에 필수적인 인증 방식은 정의돼 있지 않다.

키 생성 인증 방법을 사용할 때 서빙 네트워크 식별자SN ID는 키 유도 프로세스 내에서 UE의 인증을 요청하는 홈 네트워크 운영자에 의해 서빙 네트워크의 검증을 허용하는 입력 매개변수로 사용된다. PLMN의 경우 SN ID에는 PLMN ID만 포함되지만 SNPN에는 사설망 식별을 위해 NID(네트워크 식별자)도 사용된다. 따라서 SNPN의 경우 SN ID에는 PLMN ID와 키 유도를 위한 NID가 포함돼야 한다.

■ SNPN과 공중망(PLMN)의 서비스 연속성 지원

3GPP 규격은 SNPN과 PLMN에 서비스 수준 계약(SLA, Service Level Agreement)이 없는 시나리오에서도 SNPN과 PLMN 간의 서비스 연속성을 지원한다. 3GPP는 PLMN과 SNPN 단말에 서비스 연속성을 위해 다음 옵션을 정의했다.

- 단말이 SNPN RAN과 5G Core에 연결돼 있는 동안 PLMN 서비스에 액세스할 수 있는 기능인데 이때 SNPN을 언더레이 네트워크, PLMN을 오버레이 네트워크로 본다.

- 단말이 PLMN RAN 및 5G Core에 연결돼 있는 동안 SNPN 서비스에 액세스할 수 있는 기능인데 이때 PLMN을 언더레이 네트워크, SNPN을 오버레이 네트워크로 본다.

단말은 각 언더레이 네트워크에 액세스하고 등록하는 데 필요한 크리덴셜을 사용하고 언더레이 네트워크에서 IP 연결을 얻는다. 단말은 획득한 IP 연결과 오버레이 네트워크로부터 획득한 크리덴셜을 이용해 오버레이 네트워크에 등록을 하는데 이때 오버레이 네트워크상의 종단 게이트웨이(N3IWF라고 함)의 보안 터널을 통해 연결된다. 단말은 보안 터널을 사용해 오버레이 네트워크에서 서비스를 받을 수 있다. IP 앵커가 오버레이 네트워크에 있고 변경되지 않기 때문에 SNPN과 PLMN 간에 서비스 연속성이 활성화된다. 단말이 양쪽 무선망에 이중 연결이 가능하고 양쪽 망에 등록될 수 있으면 UE가 이중 무선 기능이 있고 두 네트워크 모두에서 캠프할 수 있는 경우 끊김 없는 서비스 연속성이 지원되는데 이는 옵션 사항이다.

SNPN에서는 SUPI(Subscription Permanent Identifier)를 통해 서비스에 등록된 단말을 식별한다. SUPI에는 IMSI가 포함되거나 네트워크 특정 아이디가 NAI(Network Access Identifier) 형태로 포함된다. 만일 단말이 NAI를 이용해 식별되는 경우에는 NAI는 SNPN의 NID를 포함하게 된다. SNPN에 접속이 가능한 단말은 SUPI와 가입된 SNPN의 크리덴셜(Credential)을 가진다.

■ SNPN 온보딩X

온보딩과 원격 프로비저닝은 네트워크의 단말에 대한 액세스와 동적 프로비저닝을 가능하게 한다. 이를 통해 단말은 유효한 크리덴셜이나 구독 정보 없이도 SNPN에 접속할 수 있다. 이를 온보딩 SNPN 또는 ON-SNPN이라고 한다. 예를 들어 단말 제조 업체는 출고 전에 기본 크리덴셜(인증서 등)을 사용해 단말을 사전 설정하고, 이렇게 사전 설정된 단말은 출고돼 사설망을 사용하는 업체로 배송된다. 일단 해당 단말이 제조 업체의 기본 자격 증명 서버DCS, Default Credential Server를 통해 기본 인증 절차를 마치면 해당 단말은 ON-SNPN을 통해 네트워크 접속이 지원되며, 실제 구독 소유자Subscription Owner로부터 원격으로 크리덴셜과 구독 정보를 제공받을 수 있다. 구독 소유자를 구독 소유자 SNPN 또는 SO-SNPN이라고 부른다. ON-SNPN 및 SO-SNPN은 같거나 다를 수 있다. ON-SNPN은 무선 접속망을 통해 온보딩 지시자Onboarding Indicator를 방송해 온보드 단말에 이런 기능을 지원할 수 있음을 광고한다.

3GPP를 사용하면 단말 프로비저닝을 위해 프로비저닝 서버와의 IP 연결 설정을 위해 단말에 대한 제한된 사용자 평면 연결을 설정할 수 있지만 서버와 단말 간의 실제 프로비저닝 프로토콜은 3GPP 시스템상에서 구성된다.

그림 9-4 온보딩 SNPN과 원격 프로비저닝

그림 9-4 온보딩 SNPN과 원격 프로비저닝

PNI-NPN의 경우 NPN에 자원을 제공하는 PLMN이 PLMN에 등록하는데 필수적인 크리덴셜을 사용해 단말을 프로비저닝한 것으로 가정하는 반면에 슬라이스 특정 인증을 위한 크리덴셜은 기본 등록 성공 후 기본 크리덴셜을 사용해 원격으로 프로비저닝될 수 있다.

■ PNI-NPN과 네트워크 슬라이싱

NPN 특정 슬라이스를 사용해 PLMN을 통해 PNI-NPN을 사용하는 경우 단말은 PNI-NPN에 접속하는 데 유효한 PLMN 가입이 필요하다. 따라서 PNI-NPN은 5G에서 네트워크 슬라이싱의 중요한 적용 유형 중 하나이다. 네트워크 슬라이스 특정 인증 및 권한 부여NSSAA, Network Slice-Specific Authentication and Authorization 액세스 기능을 사용할 때 NPN은 인증된 사용자에 대해서만 NPN 특정 슬라이스에 대한 접속을 허용한다. 즉, 슬라이스 소유자 역할을 하는 NPN이 슬라이스 특정 인증을 수행한다. 네트워크 슬라이싱은 단말이 PNI-NPN에 할당된 네트워크 슬라이스를 사용하는 것이 허용되지 않는 영역에서 단말이 네트워크에 액세스하려고 시도하는 것을 방지하지 않으므로 추가 액세스 제어의 적용을 위해 폐쇄형 액세스 그룹CAG, Closed Access Group이 선택적으로 사용될 수 있다.

CAG 개념이 허용되지 않은 단말은 NPN에 연결된 셀을 통해 NPN에 액세스하는 것을 막는 데 사용된다. CAG는 액세스 제어, 셀 선택 시 권한 부여에 사용되며, 이동성 제한 데이터의 일부로 사용자의 가입 데이터 설정에 포함된다.

■ NPN에서 음성과 응급 서비스 지원

3GPP Release 17과 함께 SNPN에서 음성과 응급 서비스 지원이 도입됐으며, 다음과 같은 구축 옵션을 제공한다.

- SNPN은 HSS^Home Subscriber Server 기능을 포함한 자체 IMS^IP Multimedia Subsystem를 구축하고, 가입자에 대한 IMS 크리덴셜을 저장한다. IMS 인프라는 내부 음성 통화에만 사용될 수도 있고, SNPN 사용자가 PLMN 또는 유선 네트워크를 통한 음성 서비스에 '트렁킹' 인터페이스가 필요한 경우 외부 통화를 걸고 받을 수 있도록 허용할 수도 있다. IMS 인증은 단말의 UICC에 저장된 크리덴셜을 사용하거나 IMS 크리덴셜(IMC)이라고 하는 간단한 아이디와 패스워드를 단말에 저장해 사용할 수도 있다.

- SNPN에 자체 IMS 인프라를 구축하는 대신 PLMN 또는 기타 IMS 기반 음성 서비스를 활용할 수 있다. 이 경우 IMS 서비스를 통해 SNPN 단말과 내부 및 외부 통화를 라우팅하게 된다. 이 경우 2가지 옵션이 가능하다.

    - VoWLAN과 유사하게 SNPN에 캠핑한 단말이 먼저 IMS 네트워크 보안 터널을 설정하는 경우로 이때 터널의 종단은 N3IWF가 된다. 단말은 N3IWF의 주소와 보안 터널 설정을 위한 크리덴셜을 미리 설정할 수 있다. 단말은 IMS에 등록한 후 터널을 통해 음성 통화를 송수신할 수 있다. 시그널링 및 미디어 데이터는 터널을 통해 교환된다. IMS 네트워크가 단말의 정확한 위치를 확인하지 못할 수 있으므로 이 옵션에서는 응급 통화가 불가능할 수 있다.

    - SNPN은 SNPN에 캠핑하는 단말에 P-CSCF(Proxy Call Session Control Function) 주소와 같은 IMS 관련 정보를 제공해 단말이 타사 IMS 서비스에 등록할 수 있게 한다. 시그널링 및 미디어 데이터는 단말 간에 직접 교환된다. SNPN 사용자가 IMS 네트워크에서 인증될 수 있도록 하는 IMS 가입 데이터는 IMS 서비스 제공자의 HSS에 저장되며, IMS 서비스 제공자는 SNPN 단말의 내부 및 외부 음성 통화를 라우팅한다.

SNPN의 5GS 내에서 응급 서비스를 지원하기 위한 주요 특징은 다음과 같다.

① SNPN의 AMF는 긴급 서비스 지원을 표시해야 한다(단, SNPN 접속 모드인 단말 제외).

② SNPN의 기지국은 셀이 제한된 수준의 응급 서비스를 지원함을 알리는 지시자를 방송해야 한다.

③ 단말은 응급 서비스를 위해 SNPN을 선택하는 기능을 지원하며, 단말이 SNPN에 대한 가입이 없더라도 제한된 서비스 상태에서 위에서 언급한 지시자로부터 SNPN 셀이 응급 서비스를 지원하는지 여부를 확인할 수 있다.

PNI-NPN의 음성 지원은 3GPP Release 16부터 IMS를 통해 제공될 수 있다. PLMN은 NPN용으로 예약된 특정 슬라이스 및 CAG 셀 내의 모든 NPN 가입자에 대한 IMS 음성 및 응급 서비스를 지원할 수 있다. 구체적으로 NPN용 슬라이스에 접속이 허용된 단말에게는 P-CSCF 주소가 제공된다. NPN 사용자에 대한 IMS 가입 데이터는 PLMN의 HSS에 저장된다.

5G의 NPN은 기업의 요구 사항과 기능에 따라 사설망을 단독으로 또는 PLMN에 통합해 구축될 수 있다. 또한 SNPN 및 PNI-NPN은 네트워크 슬라이싱, uRLLC 지원 및 네트워크 공유와 같은 공중망을 위해 표준화된 거의 모든 주요 기능을 지원한다.

공중망 사업자가 경기장, 항구 등에 NPN 개념을 사용해 자체 비공개 네트워크를 구축하는 것도 가능하다. 이 경우 사업자는 특정 지역 또는 특정 구축 유형을 위해 PLMN ID를 요청할 필요가 없다. SNPN 및 PNI-NPN에 대한 잠재적인 개선 사항은 5G-Advanced의 일부로 3GPP Release 18에서 논의되고 있다.

9.1.3 5G 무선 포지셔닝 기술

GNSS^{Global Navigation Satellite System}나 다른 기술의 도움 없이 무선 통신을 활용한 포지셔닝 기술은 3G, 4G 및 Wi-Fi 시스템을 통해서도 지원됐으나 5G 기반 무선 포지셔닝, 즉 5G 포지셔닝은 높은 정확도와 신뢰도를 기반으로 실내외 단말의 위치를 확인하는 핵심 기능으로 진화하고 있다. 비상 호출자의 위치 찾기, 자율주행, 공장 내 자동 지게차 추적 등 다양한 경우에 포지셔닝 서비스가 필요하다. 모바일 광대역 통신 서비스를 넘어 산업용 적용을 위해서는 정확한 위치 측정이 매우 중요하다.

5G 기반 무선 포지셔닝 기술은 시간 차이를 이용하는 방법, 송수신 신호의 입사 및 출사각을 이용하는 방법, 수신 신호의 세기를 통한 거리 측정 방법 또는 여러 방법을 동시에 적용하는 하이브리드 기술을 활용한다. NR은 광대역 신호를 사용하므로 시간 차이를 구분하는 해상도가 높으며, 대규모 MIMO를 통한 빔포밍을 통해 입사각 등의 정확한 추정이 가능하고, 네트워크 밀도가 높아 위치 측정의 정확도를 높일 수 있다. 5G 기반 포지셔닝 방식은 GNSS를 통한 위치 측정이 불가능한 실내 등에서 이에 대한 보완재 또는 확실한 대안이 될 수 있다. 5G 포지셔닝은 GNSS 포지셔닝과 융합돼 정확도를 향상시킬 수 있으며 5G망을 통해 고정밀 GNSS를 위한 보조 데이터를 제공할 수 있다.

■ 적용 유형과 요구 사항

5G 포지셔닝이 적용되는 다양한 유형에 따라 다양한 요구 사항이 정의된다. 그림 9-5는 3GPP Release에 따라 변화하는 서비스 요구 사항을 보여준다. 요구 사항은 수평 위치 오류와 응답 시간으로 표현되지만 이외에도 다양한 요구 사항이 추가될 수 있다. E911과 같은 법적 규제에 따른 요구 사항은 수십 초 안에 수십 미터 정도의 정확도를 제공하는 것이지만, Release 16에서

정의된 상업적 요구 사항은 실외 사용자의 80%에 대해 10미터 미만의 수평 정확도가 필요했다. Release 17에서 정의한 산업용 사물 인터넷[IIoT]의 목표 성능은 90% 단말에 대해 20센티미터 수평 위치 정확도와 1미터 미만 수직 정확도를 제공한다.

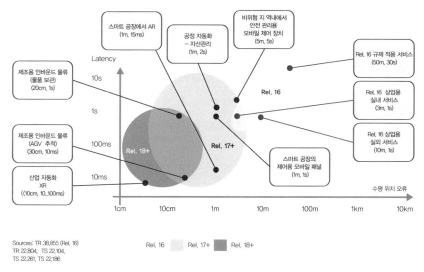

그림 9-5 3GPP Release에 따라 지원하는 포지셔닝 관련 서비스와 요구 사항

정확성과 더불어 응답 시간도 매우 중요한 성능 지표이다. 모바일 사용자의 경우 응답 시간이 길어지면 현재 위치에서 멀리 떨어진 과거의 위치가 측정될 수 있어 빠른 응답 시간이 요구된다. E911과 같은 법적 규제에 따른 경우 응급 상황이 발생한 지역이 실시간으로 변하지 않는다는 가정하에 응답 시간 요구 사항은 30초이다. 반면에 공장에서 수행 궤적을 추적하는 것과 같은 일부 IIoT 적용 유형의 경우에는 10ms 미만의 응답 시간이 필요하다.

정확도와 응답 시간 이외에도 포지셔닝 서비스가 지원되는 커버리지도 중요하다. 제한된 실내 커버리지만 제공하는 Wi-Fi 또는 실외 서비스에 제한된 GNSS와 다르게 5G는 광역 네트워크를 통해 실내외에서 모두 적용이 가능하다.

■ **3GPP의 주요 포지셔닝 기술**

Release 15에서는 셀 기반 측정, 무선망에 독립적인 GNSS나 Wi-Fi에 기반한 몇 가지 기본 포지셔닝 기능이 NR에 도입됐지만, Release 16에서는 3GPP 시스템 이외 다른 시스템의 도움 없이 높은 안정성 및 정확도를 지원하는 포지셔닝 기술이 개발됐다. Release 16에서는 무선망을 이용한 포지셔닝 성능 강화를 위해 6가지 방식이 도입됐다.

- NR E-CID: 단말이 탐지한 Cell-ID와 신호 수신 전력에 기반한 기술

- DL-TDOA: 단말이 여러 셀에서 수신한 다운링크 신호의 도착 시차를 이용하는 기술

- UL-TDOA: 단말이 송신한 신호가 여러 기지국에서 수신되는 시간 차이를 이용하는 기술

- DL-AoD: 기지국에서 단말에 송신하는 다운링크 신호의 발사각을 이용하는 기술

- UL-AoA: 기지국에서 단말로부터 수신한 업링크 신호의 입사각을 이용하는 기술

- 다중 셀 RTT(Round-Trip-Time): 단말과 다수의 셀 간 왕복 시간을 이용하는 기술

특히 각도를 이용한 측정 방법은 NR의 빔포밍 기능의 활용을 위해 도입됐고, 특히 mmWave 기반 시스템에서 더 높은 정확도를 제공한다. 기지국 간의 시간 동기 차이 때문에 발생하는 포지셔닝 오류를 줄이려고 다수의 셀과의 왕복 시간을 활용하는 기술이 도입됐다. NR은 기지국 또는 단말이 측정값을 중앙 위치 서버에 보고해 위치를 추정하는 네트워크 기반 포지셔닝을 지원한다. 또한 NR에서는 다운링크를 활용하는 단말 기반 포지셔닝이 도입됐다. 단말이 네트워크로부터 제공되는 기지국 위치 정보와 단말에서 측정

한 값을 기반으로 위치를 측정하는 방법이다. 시간 차이의 측정을 위해 하향 링크에서는 포지셔닝 참조 신호PRS, Positioning Reference Signal가 도입됐고, 상향 링크에서는 하나의 단말이 여러 기지국에 SRS를 송신할 수 있도록 했다. 그림 9-7은 몇 가지 포지셔닝 방식의 개념을 보여주고 있다.

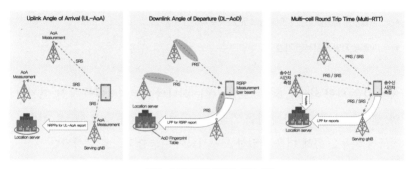

그림 9-6 포지셔닝 방식별 측정 개념

NR 포지셔닝 중 가장 유망하고 어려운 분야가 IIoT용 포지셔닝 기술이다. 그림 9-6에서 볼 수 있는 것과 같이 무선 포지셔닝 기술을 실내 공장에서 적용할 경우 Release 16 대비 높은 성능이 요구된다.

Release 17에서는 단말 네트워크 구현 시 발생하는 오차에 따른 영향을 낮추고, 정확도를 높이는 기법들이 연구됐다. 특히 무선 채널에서 반사파에 의해 수신되는 NLOSNon-Line-Of-Sight 신호는 전송 지연을 증가시켜 정확한 거리 측정을 어렵게 하기 때문에 NLOS를 구분해 제외하는 기술이 지원된다. 또한 다운링크와 업링크를 모두 활용한 하이브리드 기술이 적용됐으며, 단말의 도움으로 오차를 보정하는 기법들이 표준화됐다. 이외에도 응답 시간을 줄일 수 있도록 측정 간격 등을 최적화했다. 그리고 단말이 연결 상태가 아닌 휴지 상태인 경우에도 적용이 가능한 기법이 연구됐다.

Release 17 이후에도 포지셔닝에 대한 표준 개발이 계속되고 있으며, 다음과 같은 방향으로 기술 개발이 진행 중이다.

- cm 수준의 정확도 지원을 위한 캐리어 위상 기반 포지셔닝
- 비면허 스펙트럼을 사용한 포지셔닝(예: NR-U 기반 포지셔닝)
- 자산 추적을 가능하게 하는 매우 저렴한 비용 및 낮은 복잡성의 포지셔닝
- 자율주행 지원을 위한 사이드링크 및 V2X 포지셔닝
- AI/ML 기반 포지셔닝 기법

이와 같은 사항 외에도 6G 네트워크에는 하나의 네트워크에서 통신, 포지셔닝, 센싱을 모두 가능하게 하는 기술의 도입이 예상된다. 특히 AI/ML 기술의 적극적 활용을 통해 더욱 정밀한 포지셔닝이 가능할 것으로 예상된다.

9.1.4 5G 시간 동기 서비스

3GPP Release 16은 무선 5G를 통해 마이크로초[us] 범위의 매우 높은 정확도를 가지면서 실내에서도 지원되는 시간 동기화 기능을 지원한다. 여기서는 5G 기반의 "시간 동기 서비스" 기능과 적용 유형에 대해 설명한다. 그림 9-7은 5G 시간 동기 서비스[5G Time Service]의 활용 분야를 나타내고 있다.

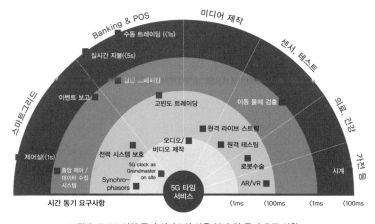

그림 9-7 5G 시간 동기 서비스의 사용 분야 및 동기 요구 사항

■ 무선 기반 시간 동기 기술

단말은 셀룰러 연결을 위해 기지국과 트래픽을 교환할 수 있는 주파수와 시간을 알아야 하므로 기지국의 기준 신호에 동기화된다. 3GPP Release 16, 17에서는 IIoT 지원 기능과 이의 범위를 넘어 최근 그 중요도가 강조되고 있는 물리적인 절대 시간(UTC와 같은 시간)에 대한 정확한 시간 동기를 지원한다.

UTC와 같은 절대 시간에 대한 동기 정보는 메시지 형태로 단말에 전송된다. 단말은 무선 접속 기술을 통해 현재 수신되는 신호에 대한 시스템 프레임 넘버SFN, System Frame Number를 모니터링하고, 5G 시스템 정보 블록 9SIB9, System Information Block 9를 통해 SFN 번호와 연관된 GPS 시간과 UTC와 관련된 정보를 획득한다. SIB9 메시지는 SFN이 바뀌는 경계에서 셀에 방송된다. 따라서 단말이 내부 클록을 시스템 프레임에 동기화하면 이 메시지를 사용해 절대 시간을 설정할 수 있다. SIB9를 통한 시간 정보 수신은 5G 서비스 가입과 관계 없이 모든 단말에서 가능하다. 이에 추가해 서비스에 접속된 단말에서 네트워크는 전용 시그널링(RRC 메시지 사용)을 통해 추가로 타이밍 정보를 수신할 수 있다.

기지국과 단말 사이에는 무선 신호 전파 지연에 따른 시간 차이가 발생하나 일반적으로 수 km 범위에서는 수 us 이내로 동기가 유지된다. 또한 전송 지연에 대한 일부 보상을 통해 1us 이내의 정확한 동기를 획득할 수 있다.

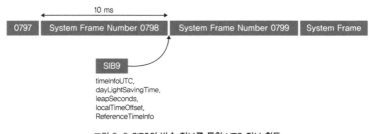

그림 9-8 SIB9의 방송 정보를 통한 UTC 정보 획득

■ 5G IIoT를 위한 시간 동기 기술

Release 16에서는 지연 민감형 이더넷 서비스 지원을 위해 IEEE TSN^Time Sensitive Networking과 같은 동기화 기능이 지원된다. 또한 IEEE Std 802.1Qcc[7]에 정의된 TSN 구성 모델 가운데 완전 중앙집중식 모델을 적용하는 IEEE 802.1 TSN 네트워크와 5G 시스템과의 연동 규격을 지원한다. 5G 시스템은 TSN 네트워크의 하나의 논리적인 TSN 브릿지로 동작하도록 연동되고, TSN 트래픽 처리를 위해 스트림별 필터링 및 정책^PSFP, Per-Stream Filtering and Policy과 스케줄드 트래픽^Scheduled Traffic을 지원한다. 그림 9-9는 TSN 브릿지로 동작하는 5G 시스템의 구조를 보여준다[8]. 그림에서 보는 바와

같이 5G 시스템은 TSN 네트워크와의 통합을 위해 논리적인 TSN 브릿지로 동작하고 있으며, 사용자 평면과 제어 평면 모두에 대해 TSN 변환 기능을 추가해 TSN 시스템과 5G 시스템 간의 상호 연동을 수행한다. 실제로 TSN 네트워크상에서는 변환기만 보이게 된다.

5G 시스템에서 사용자 평면의 변환기는 DSTT^Device-Side TSN Translator와 NW-TT^Network-Side TSN Translator로 구성되며, 제어 평면의 변환기는 TSN AF^TSN Application Function가 수행한다.

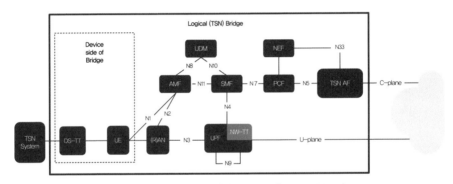

그림 9-9 TSN 브릿지로 동작하는 5GS 구조(3GPP TS 23.501)

변환기 기능은 개별 시간 동기화 메시지가 사용자 평면 트래픽으로 5G 네트워크를 통과할 때 발생하는 지연 및 지터에 대한 보상을 포함해 IEEE Std 802.1AS 메시지로 변환한다. 이런 방식으로 단말은 900ns 이하의 정확도로 5G 네트워크 종단에 연결된 수직 그랜드 마스터 클록(GM)에 동기화할 수 있다.

Release 17에서는 업링크 시간 동기화 지원이 추가돼 마스터 클록이 단말 쪽에 위치할 수 있고, 다른 5G 단말이나 네트워크에 연결돼 있는 다른 단말에 대한 동기를 지원한다. 또한 BMCA^{Best-Master Clock Algorithm}에 대한 지원이 추가돼 클록 오류를 복구하는 기능을 지원한다. Release 17에서는 IEEE Std 802.1AS(gPTP) 외에 IEEE Std 1588 PTP[8]도 추가로 지원된다.

앞서 언급한 것과 같이 5G 기반 시간 동기 서비스는 GNSS 서비스가 가용하지 않은 지역 또는 GNSS 수준의 높은 정확도가 필요하지 않는 경우에 효율적인 대안이 될 수 있다. 특히 GNSS의 안정성을 보조하는 역할로도 사용될 수 있다. 3GPP에서는 5G-Advanced에서 GNSS를 대용하는 5G 동기 서비스의 제공을 위한 표준화를 진행하고 있다.

표 9-1 5G 시간 동기 서비스와 GNSS의 비교

비교 항목	5G	GNSS
정확도(UTC)	〈900ns (동기 서비스 구독), 〈5–10µs (동기 서비스 구독)	〈100ns
실내 지원	지원	외장형 안테나로 제한적으로 지원
외딴 지역 지원	제한적 지원	지원
서비스 구독 여부	정밀 서비스는 구독 필요	필요 없음
서비스 복구 능력	높음	중간, 다수의 GNSS 성능 오류 요인
저전력/저가 단말 지원	지원(〈10µs 정확도)	미지원

9.1.5 5G 산업용 단말-RedCap

5G의 주요 서비스 중 mMTC는 주로 저전력-광역^{LPWA, Low-Power Wide Area} 커버리지를 지원하는 것을 목표로 하고 있으며, 4G/LTE에서 표준화됐던 LTE-M 또는 NB-IoT 등이 초기 5G에서 mMTC 서비스를 지원한다. 5G 표

준화 초기부터 3GPP에서는 기존 LTE 기반 LPWA 기술의 상업적 연속성을 고려해 5G 기반 LPWA 기술에 대해서는 추후에 검토하기로 했다. 다만, 5G를 산업용으로 확산하는 경우 기존 스마트폰에서 주로 사용하는 서비스와는 다른 사물 인터넷용 단말에 적용되는 서비스의 지원이 필요하다. 예를 들어 산업용 무선 센서, 비디오 모니터링 단말 또는 스마트 시계, 의료 모니터링 단말과 같은 웨어러블 단말들이 있다. 이런 경우 5G 스마트폰에서 사용하는 광대역 서비스보다는 좀 더 특화된 서비스 지원을 위한 등급의 단말이 필요하다.

5G Release 17에서는 좀 더 단순하고 저렴한 산업용 단말을 위해 기능을 축소한 RedCap^{Reduced Capability}이라는 새로운 유형의 단말에 대한 표준을 개발했다. 이런 단말은 복잡도를 낮추고, 전력 소모를 낮춰 산업용으로 사용되는 데 적절한 기능을 제공한다. 기존 스마트폰용 단말과 비교하면 약 70%의 복잡도를 갖고 있으며, 낮은 전력을 지원한다. 표 9-2는 RedCap 단말의 성능을 기존의 다른 단말과 비교해 보여주고 있다.

표 9-2 RedCap 단말과 다른 성능의 단말과의 비교

	LPWA 기술		LTE cat 4	RedCap	NR eMBB
	LTE-M	NB-IoT			
DL 최대 속도	~2.4Mbps	~127Kbps	150Mbps	150Mbps	~20Gbps
UL 최대 속도	~2.6Mbps	~159Kbps	50Mbps	50Mbps	~10Gbps
배터리 지속 기간	10년 이상	–	수년		
Coverage	100km	120km		100km	
전송 지연	〈10sec	〈10ms	5–10ms(안전 센서), 100ms(이외)	4ms	
신뢰도	99~99.9%	–	99.99%		
단말 대역폭	5MHz	200kHz	20MHz	20MHz	

보다 구체적인 적용 유형은 다음과 같다.

- 교통 감시 및 보안 카메라를 위한 영상 전송

- 스마트 워치, 고글, 스마트 안경, 신체 건강 센서 및 의료 기기와 같은 웨어러블

- 온도, 압력, 근접, 연기, 레벨 및 진동을 위한 산업용 무선 센서

- 인포테인먼트, 텔레매틱스, 실시간 고화질 지도 및 소프트웨어 업그레이드와 같은 커넥티드 카

- 드론 제어 및 통신(비디오 전송 등)

그림 9-10은 RedCap 단말이 사용되는 적용 유형들을 보여준다.

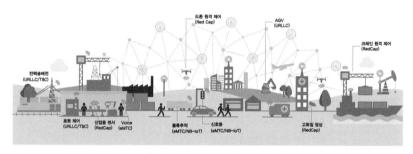

그림 9-10 RedCap 단말의 적용 유형

RedCap 단말의 복잡도를 낮출 수 있도록 다음과 같은 기술들이 적용됐다.

- **단말 대역폭 축소**: NR의 광대역 지원은 높은 데이터 속도를 위해 필요하다. 반면에 RedCap 단말은 요구되는 데이터 속도가 낮기 때문에 더 작은 크기의 대역폭만 지원해도 된다. 작은 대역폭을 사용하면 송수신단의 IFFT/FFT 동작 복잡도가 크게 감소해 복잡도 및 전력 소모를 줄일 수 있다. RedCap의 경우 단말의 최소 지원 대역폭을 100MHz에서 20MHz로 낮춰 복잡도를 약 30%가량 줄일 수 있다.

- **송수신 안테나 개수 축소**: NR에서는 단말 성능의 보장을 위해 수신단에 2/4개의 안테나 사용을 의무화하고 있으나 이는 복잡도, 비용 그리고 단말 크기의 증가를 가져온다. RedCap 단말에는

1/2개의 수신 안테나를 장착할 수 있도록 했다. 다만, 수신 안테나 개수 감소로 저하되는 수신 성능은 반복 전송 등의 방법으로 보상하며, 이는 추가적인 시간 지연을 요구한다.

- **Half-duplex FDD 동작 지원**: 원래 FDD는 동시에 송수신이 가능해야 하나 이 경우 단말 복잡도가 높아져 한 번에 송신 또는 수신만 가능한 H-FDD가 지원된다.

- **전력 소모 감소 기술**: 전력 소모를 줄이기 위해 eCRX를 적용해 오랜 기간 동안 휴지기를 가질 수 있게 했으며, 이동성의 지원이 불필요한 고정 단말의 경우 무선 자원에 대한 주기적인 측정을 감소해 전력 소모를 낮추도록 했다.

이런 RedCap 단말은 복잡도가 낮고 가격이 저렴해 산업용 단말 생태계를 확장하는 데 도움이 되며, 산업용 사설망 구축에 큰 도움이 될 것이다. 3GPP는 Release 18에서 더 낮은 성능을 갖는 단말의 도입 등 RedCap 단말의 기능을 확대하는 표준화를 진행 중이다.

9.2 3GPP 5G-Advanced

3GPP는 Release 15부터 17까지 5G의 1단계로 보고 주요 서비스인 eMBB, uRLLC를 중심으로 표준을 개발했다. 2022년 6월 Release 17이 공식 완료됐다. 제정된 표준은 보완 과정을 거쳐서 안정된 버전의 표준으로 완성될 것이다.

이와 더불어 3GPP는 Release 18부터 5G의 2단계인 5G-Advanced 표준 개발을 시작했다. 3GPP는 각 Release 종료 약 6개월 전에 Release 워크샵을 통해 다음 Release에서 연구 또는 작업할 주제를 논의하기 시작한다. 2021년 6월 Release 18 워크샵이 개최됐고, 300개 이상의 기관에서 1,200여 명이 등록했다. 참석자와 기고 제출 회사의 분포를 살펴보면 기존과는 다르게 제조사와 통신 사업자의 비중이 줄고 버티컬 업체의 참여가 확대돼 3GPP 표준의 생태계 확장이 예상된다.

오랜 논의를 통해 2021년 12월에 Release 18의 연구 및 작업 과제를 확정했으며, 그림 9-11은 주요한 연구 및 작업 과제를 보여준다.

특히 산업용 요구 사항 지원을 위해 RedCap 강화, 5MHz를 지원하는 기술, 포지셔닝 강화 및 시간 동기 서비스의 확대 등을 관심 있게 볼 수 있다. 또한 AI/ML에 대한 연구가 본격적으로 시작돼 네트워크를 자동화하고 최적화하는 방향으로 진화될 것이다.

또 다른 중요한 특징으로 5G-Advanced의 주요 과제는 새로운 버티컬 영역으로의 확대를 지원한다. 주요한 기술 및 연구 과제로는 위성이나 HAPS^{High-Altitude Platform System}를 통해 3GPP 서비스를 지원하는 NTN^{Non-Terrestrial Network}, 드론 등의 지원을 위한 UAV^{Unmanned Aerial Vehicle}, 기존 GSM-R를 대체하는 철도용 NR 시스템의 지원 등이 있다.

5G-Advanced는 6G로 가는 시발점으로 인식되고 있기 때문에 앞으로 더 진화된 기술들이 연구되고 개발될 것으로 생각된다.

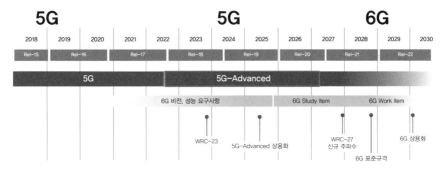

그림 9-12 3GPP 5G-Advanced와 6G의 예상 일정

■ 산업용 네트워크를 위한 Release 18 주요 연구 및 작업 과제

저성능 RedCap 단말

Release 17에서 표준화된 RedCap 단말은 더 적은 수의 수신 안테나와 감소된 RF 대역폭을 사용해 전체 NR 단말보다 훨씬 저렴하도록 설계됐다. Release 18에서는 복잡성을 추가로 줄여 보다 다양한 애플리케이션으로 확장이 가능하도록 한다. 예를 들어 산업 품질 관리 및 프로세스 모니터링, 센싱 및 자산 추적 등을 위한 저가형 비디오 감시 단말 등에 적용할 수 있다. 이를 위해 대역폭을 5MHz까지 줄이고, 최대 속도를 10Mbps 정도까지 지원하게 되며, 이를 통해 Release 17 RedCap 단말 대비 70%의 복잡도를 갖는 단말을 지원할 수 있다. 또한 저속 데이터를 낮은 전력으로 송수신하는 기술이 지원될 것이다. 표 9-3은 Release 18에서 고려 중인 RedCap 단말을 기존 단말 규격과 비교하고 있다.

표 9-3 RedCap 단말 성능과 비용 비교

비교 항목	5G eMBB	RedCap Release 17	RedCap Release 18
대역폭	100MHz	20MHz	5MHz
최대 속도	2Gbps	100Mbps	10Mbps
RF 비용	100%	56%	54%
Baseband 비용	100%	30%	11%
전체 비용	100%	40%	29%

RedCap 단말은 소량의 데이터를 짧게 전송하는 경우가 많으며 이런 단말의 효율적인 지원을 위해 5G에는 SDT^{Small Data Transmission} 통신을 위한 특정 기능이 포함돼 있다. 특히 5G-Advanced에서는 이 기능의 추가적인 최적화가 진행될 것이다. 모바일 엣지용 SDT에 대한 향상된 지원, UE 컨텍스트의 불필요한 가져오기를 방지하기 위한 백홀 향상 및 안정성 강화 등이 포함된다.

5MHz 이하 특정 주파수용 NR

Release 18 RedCap 단말도 5MHz 대역폭을 지원하도록 표준화되고 있으나 이와는 별도로 산업용으로 특정 대역에서 적용하기 위한 NR 표준도 개발되고 있다. 특히 유럽의 철도통신규격인 GSM-R의 대체를 위해 개발 중인 FRMCS^{Future Railway Mobile Communication System}의 경우 5.6MHz의 상하향 대역폭을 갖고 있어 낮은 대역폭의 신호가 필요하다. 또한 미국과 유럽, 중동 등에서는 IoT 용도로 3.6MHz의 상하향 대역폭을 갖는 스펙트럼이 있어 이 대역폭에 NR를 지원하기 위한 요구를 수용할 수 있도록 Release 18에서는 3MHz, 5MHz의 대역폭을 갖는 시스템에 대한 표준 개발이 진행될 것이다. 이 단말은 RedCap과는 다르게 단말의 복잡도 감소 등에 대한 요구 사항이 없고, 충분한 커버리지와 전송 속도 지원이 요구된다. 이런 시스템은 현재 국내에 일부 남아 있는 IoT, 단문 메시지 시스템용 스펙트럼에 적용이 가능할 것으로 보인다.

포지셔닝 강화

셀룰러 기반 포지셔닝은 Release 16에서 도입됐고, NR의 넓은 대역폭과 빔포밍 기능을 통해 다양한 포지셔닝 기술을 지원할 수 있다. Release 17에서는 포지셔닝 추정의 주요 불확실성 중 하나인 LOS^Line-Of-Sight로 들어오는 신호와 NLOS^Non-LOS 신호를 구분해 성능을 개선하는 기능이 포함됐고, 실내에서 반송파 위상 추정을 기반으로 해 센티미터 수준의 정확도를 제공하는 기술이 포함됐다.

5G-Advanced에서 지원하는 포지셔닝 기술은 GNSS를 사용할 수 없는 실내에서 포지셔닝 정확도를 높일 수 있게 기지국에서 전송되는 포지셔닝 참조 신호^PRS에 적용되는 반송파 위상 기반 포지셔닝이다. 기본 기술은 이미 RTK GNSS 포지셔닝에서 잘 알려져 있으며 실내외에서 일관되게 센티미터 레벨의 정확도를 달성하는 것을 목표로 하고 있다. 이외에 D2D^Device-to-Device 환경에서 주변 단말 존재를 확인하고 상대적인 위치를 측정하는 사이드링크 포지셔닝/레인징이 개발되고 있다.

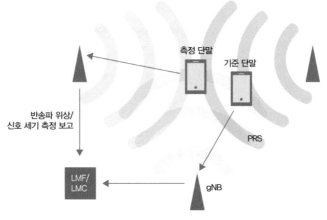

그림 9-13 RTK 기반 포지셔닝 개념

엣지 컴퓨팅 강화

엣지 컴퓨팅은 5G 시스템 아키텍처의 필수적인 부분으로 지원된다. 5G 시
스템에는 UpLink CLassifier$^{UL CL}$ 및 멀티 호밍$^{Multi-homing}$과 같은 기능이 포
함돼 있어 UE가 엣지 애플리케이션 서버에서 로컬로 사용이 가능한 콘텐츠
에 액세스할 수 있는 동시에 중앙 사용자에 고정된 IP 주소 및 서비스를 유
지할 수 있어 원활한 서비스 연속성을 지원할 수 있다. 5G는 모바일 UE를
위한 UPF의 make-before-break 기반의 재배치를 통해 서비스 연속성을
지원하는 모드를 도입했다. 또한 AF가 특정 단말이나 트래픽에 대해 오프로
드가 적용되는지 등을 알려줘 선택적으로 트래픽의 라우팅을 재설정할 수
있는 기능을 제공한다.

5G 시스템은 애플리케이션의 사용자 평면 트래픽을 기반으로 하는 UL CL
의 동적 삽입과 같은 기능을 지원하고, 운영자가 UE URSP(경로 선택 정책)를
사용해 특정 애플리케이션 트래픽을 특정 PDU 세션에 매핑할 수 있는 기능

을 지원한다. PDU 세션은 UE와 데이터 네트워크 간의 연결로 IPv4, IPv6, IPv4v6, 이더넷 등이 사용된다.

5G-Advanced에서는 다음과 같은 엣지 컴퓨팅 향상이 고려된다.

- 특정 UE에 대해 해당 애플리케이션에 접속하는 동안 평균적인 무선 통신 환경 정보 제공

- 다양한 UE 카테고리에 대해 서로 다른 정책을 가능하게 하고 AF가 애플리케이션 사용을 기반으로 동일한 영향을 미칠 수 있음

- 클라우드 게이밍과 같은 애플리케이션에서 미리 정의된 그룹이 아닌 특정 UE 그룹에 대해 주어진 엣지 애플리케이션 서버 재배치 기능

- 로밍 상황에서 홈 라우팅 PDU 세션에 대한 트래픽 오프로드 지원

5G 시스템에 대한 이런 엣지 컴퓨팅 개선의 주요 이점은 운영자나 타사 콘텐츠 제공 업체의 특정 서비스를 효율적으로 제공할 수 있을 뿐만 아니라 비용 효율적인 방식으로 장거리 서비스를 제공할 수 있다는 것이다. 이를 통해 UE의 연결 지점 가까이에 구축된 서비스에 액세스할 수 있으며 동시에 NFV(네트워크 기능 가상화)도 활용할 수 있는 유연하고 비용 효율적인 방식으로 일반 인터넷에 액세스할 수 있다.

시간 동기 서비스 및 타이밍 복구 능력

5G 네트워크의 발전과 함께 네트워크 동기화에 대한 보다 엄격한 요구 사항으로 gNB는 주요 타이밍 동기화 소스를 사용할 수 없을 때 타이밍 복원 기능을 지원해야 한다. 따라서 5G-Advanced는 IEEE, IEC 및 ITU-T 프로토콜을 기반으로 널리 사용되는 타이밍 표준들을 동시에 고려해 타이밍 복원 등 안정성을 지원하는 시스템을 제공하게 된다. 이를 타임 서비스^{SaaS,} Synchronization-as-a-Service라는 새로운 서비스로 정의할 수 있다.

5G 시스템은 구축된 5G 네트워크에 연결된 다양한 타이밍 소스나 관련 장비를 관리하고 감독할 수 있는 지능형 타이밍 복구 관리 시스템으로 동작하게 된다. 5G 코어 네트워크는 기지국 등으로부터 사용하는 타이밍 소스에 대한 상태 보고를 수집하고, 특정 광역 네트워크의 시스템 상태를 진단하고 타이밍 소스를 변경하는 등의 관리를 진행할 수 있게 된다.

그림 9-14는 금융 이벤트의 정확한 타임스탬프를 위해 증권 거래소 내에서 타이밍 복원력을 위해 5G를 적용하는 예를 보여준다. 5G 서비스의 적용 범위가 확대되면서 5G 기반 타이밍을 현재 GNSS 타이밍 솔루션에 의존하고 있는 다른 산업에 확장하는 것이 가능할 것이다.

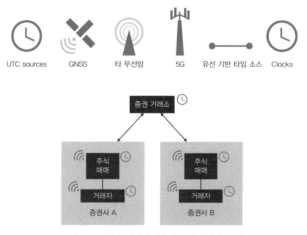

그림 9-14 증권 거래에 적용하는 타임 서비스 예

XR(eXtended Reality)와 미디어 서비스

XR는 컴퓨터 기술 및 웨어러블에 의해 생성된 관련 인간-기계 상호 작용과 결합된 실제 및 가상 환경을 중심으로 구축된 새로운 서비스이다. XR는 증강 현실^{AR, Augmented Reality}, 혼합 현실^{MR, Mixed Reality}, 가상 현실^{VR, Virtual Reality} 및 클라우드 게임^{CG, Cloud game}을 포괄하는 용어이다. 이는 애플리케이션 계층에서 일반적으로 30~100Mbps 정도의 고속 데이터 전송을 필요로 하며, 동시에 5~15ms의 낮은 패킷 지연과 99~99.9%의 낮은 패킷 오류율을 요구한다. 5G-Advanced에서 XR에 대한 높은 수준의 지원을 달성하기 위한 핵심은 네트워크 용량을 효율적으로 사용하는 방식으로 XR 데이터 흐름의 다양한 요소에 대해 올바른 서비스 품질을 제공하는 것이다. XR 애플리케이션에서 가장 중요한 요소 중 하나는 고품질 비디오 전송이며, 종종 프레임 내 코딩과 프레임 간 코딩을 혼합해 압축을 적용한다. 혼합 현실^{MR}은 최대 6개의 자유도(위치(x, y, z)와 회전(yaw, pitch, roll))가 있는 포즈 정보를 사용해 가시적인 시야에만 전송해 데이터의 속도를 최소화한다. 이는 뷰포트 종속 VR 스트리밍으로 알려져 있으며 그림 9-15에 설명돼 있다. 데이터의 속도는 포즈 정보의 정확도에 따라 조정될 수 있다. 효율적인 무선 자원 관리와 XR 서비스에 최적화된 스케줄링을 가능하게 하려면 애플리케이션의 트래픽 특성이 무선망으로 전달되는 것이 중요하다. 이는 코어 네트워크에서 무선망으로 QoS 특성을 신호하는 5G QoS 식별자^{5QI}를 확장하는 것을 포함해 보다 향상된 5G QoS 프레임워크를 필요로 한다. 예를 들어 6개의 자유도^{DoF} 정보는 대화형 XR 및 게임 서비스에 대해 정의된 QoS 흐름 및 5QI에 대한 새로운 애플리케이션 특성으로 포함될 수 있다. 이를 통해 뷰포트 종속 비트 전송률 적응 및 스케줄링 최적화가 가능해지며, 무선 리소스를 더 효율적으로 활용할 수 있게 된다. 결과적으로 향상된 최종 사용자 경험으로 동시에 지원될 수 있는 XR 사용자 수 측면에서 네트워크 용량이 향상된다.

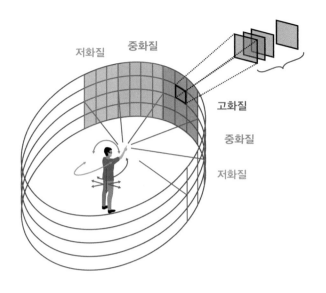

저화질   중화질   고화질   중화질   저화질

그림 9-15 뷰포트 종속 VR 스트리밍

유무선 융합

5G 시스템은 그림 9-16과 같이 Wi-Fi 및 유선과 같은 3GPP 및 비3GPP 액세스를 모두 포함해 기본적으로 다중 액세스 기술을 지원하도록 설계됐다. 단말이 한 액세스 기술에서 다른 액세스 기술로 이동한다. 공통 인증, 등록, 이동성 관리 및 세션 관리를 가능하게 하고 모든 액세스 기술에 대한 보편적인 정책 프레임워크를 제공한다. 다양한 액세스 기술에 공통 5G Core를 사용하면 데이터 속도를 극대화하고 안정성을 높여 사용자 경험을 개선할 수 있다. 5G는 무선 및 유선 액세스 간의 트래픽 조정 기능을 지원해 주어진 서비스의 데이터 흐름에 가장 적합한 네트워크를 선택할 수 있도록 한다. 유무선 통합 액세스는 동일한 운영자가 관리할 것으로 예상되기 때문에 5G 시스템 관점에서 유선 액세스는 신뢰할 수 있는 액세스(때로는 신뢰할 수 있는 비3GPP 액세스라고도 함)로 간주된다.

예를 들어 5G 시스템 기능은 5G-RG[Residential Gateway]를 통해 연결된 여러 단말에 차별화된 IP 서비스를 제공하고 커뮤니티 Wi-Fi 서비스에 대한 지원을 개선하게 된다. 5G-Advanced는 5G-RG가 다른 위치에서 네트워크에 연결될 때 다른 가입 데이터를 고려하고 신뢰할 수 있는 비3GPP 액세스 네트워크 간에 이동하는 UE에 대한 이동성 지원을 개선하는 기능을 제공한다.

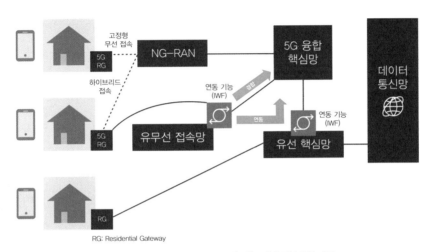

RG: Residential Gateway

그림 9-16 3GPP 5G-Advanced 네트워크의 유무선 융합 개념

9.3 6G 통신 기술 전망

5G 시스템 구축이 본격화되면서 6G 모바일 시스템에 대한 연구가 시작됐다. 기존 이동통신 시스템이 10년을 주기로 진화해 온 것을 고려하면 6G 시스템은 2030년 상용화를 목표로 표준화될 것으로 예상된다.

5G의 서비스들은 크고 작은 모든 기기의 디지털화 및 네트워킹을 지원해 4차 산업혁명을 지원하며, 이는 엣지 클라우드에서 생성되는 다양한 객체의 디지털 트윈이 미래 디지털 세계의 필수 기반을 형성할 것이다.

5G에서 지원하는 사물 인터넷이 확장되는 6G에서는 물리적 세계Physical World와 인간의 바이오 세계Biological World를 연결하는 디지털 트윈 세계Digital World가 새로운 디지털 서비스를 위한 필수 플랫폼이 될 것이다. 모든 시공간에서 물리적 세계를 보다 자세히 표현하고 함축하는 포괄적인 디지털 세계의 실현을 위해서는 짧은 시간에 엄청난 양의 데이터와 통신 속도를 요구할 것이다. 또한 디지털화는 초물리적 세계를 만들 수 있도록 디지털 세계와 연결되는 다양한 가상 객체를 통해 새로운 가상 세계를 만드는 길을 열어줄 것이다. 또한 스마트 워치와 심박수 모니터는 피부에 부착하거나 신체 이식이 가능한 형태 등으로 발전되고, 인간의 신체 활동은 매 순간 정확하게 디지털 및 가상 세계에 통합돼 새로운 능력을 가능하게 할 것이다. 증강 현실 사용자 인터페이스는 물리적, 가상 또는 바이오 세계에 대한 효율적이고 직관적인 인간 제어를 가능하게 할 것이다. 따라서 미래의 연결성은 이런 서로 다른 세계의 원활한 통합을 가능하게 할 것이다.

그림 9-17과 같이 물리, 바이오 및 디지털 세계에서 통합된 경험의 제공을 위해 6G 통신은 다음과 같은 새로운 기능을 지원해야 한다.

- 다수의 로컬 디바이스의 연계를 지원하는 단말을 통한 새로운 사람-기계 인터페이스
- 여러 로컬 디바이스와 클라우드에 분산된 유비쿼터스 범용 컴퓨팅
- 데이터를 저장, 처리 및 실행이 가능한 지식으로 변환하는 지식 시스템
- 물리적 세계를 제어하기 위한 정밀 감지 및 동작

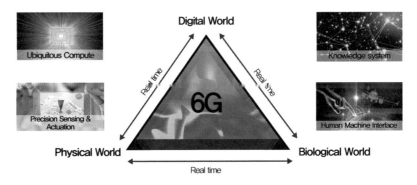

그림 9-17 6G를 통한 물리적 세계, 인간 및 디지털 세계의 상호 연동

9.3.1 6G 서비스 및 통신 환경의 변화

■ 새로운 디바이스 및 인터페이스

2030년에도 여전히 스마트폰과 태블릿이 활용되겠지만 훨씬 더 편리한 인간-기계 인터페이스Man-Machine Interface를 사용하게 될 것이다. 디바이스 및 인터페이스와 관련해 다음과 같은 변화가 예상된다.

- 웨어러블 및 임베디드 디바이스: 이어폰이나 옷 등에 내장된 웨어러블 디바이스가 보편화되고 피부 패치와 바이오 임플란트가 사용될 것이다. 또한 뇌 센서를 통한 제어도 나타날 수 있고, 개인은 여러 개의 웨어러블을 동시에 갖게 되며, 서로 원활하게 동작해 자연스럽고 직관적인 인터페이스를 제공할 것이다.

- 입력 방식: 터치 스크린을 넘어 여러 단말에 몸짓과 대화를 통한 인터페이스가 지원될 것이다.

- 상황 인식: 디바이스가 여러 상황을 인식해 사용자의 요구를 예측할 것이며, 상황 인식이 새로운 인간-기계 인터페이스와 결합될 경우 물리적 및 디지털 세계와의 상호 작용을 훨씬 더 직관적이고 효율적으로 만들 것이다. 컴퓨팅 능력은 디바이스에 있지 않으며, 네트워크를 통해 엣지 클라우드에 연결돼 로컬 컴퓨팅 리소스를 활용할 것이다.

■ 새로운 서비스

- 자율주행차의 대중화: 이동 중에도 인터넷을 통해 다양한 데이터를 소비하는 시간이 증대되며, 자율주행차량 자체가 데이터를 소비하는 주체가 될 것이다. 차량은 다양한 센서를 통한 데이터를 실시간으로 네트워크에 전송하고, 고해상도 지도를 다운로드하고 다른 차량과 연결될 것이다.

- 대규모 무선 카메라 네트워크: 센서 역할을 하는 카메라가 대규모로 구축돼 무선으로 연결되고, 이렇게 모인 시각적 센싱 정보들은 AI/ML 기술과 결합해 사람과 사물을 인식하고 구별하게 될 것이다. 카메라는 보편적인 센서가 돼 도처에서 사용될 것이다. 무선 라디오 신호와 음파 등도 주변을 센싱하는 데 널리 사용될 것이다.

- 센싱 기반 보안 관제: 여러 센서들을 통해 복잡한 도심에서도 사람과 사물의 이동을 센싱 및 추적할 수 있을 것이며, 특히 무선 통신을 활용한 센싱은 이런 기능을 제공하는 주요 수단이 될 것이다.

- 전자 화폐 및 전자 키가 물리 세계 및 디지털 세계에서 다양한 디바이스들과 연동돼야 하므로 네트워크는 이런 정보의 교환을 위한 보안 기능을 제공해야 한다.

- 수많은 가정용 로봇이 가전기기나 인간의 역할을 보조하며, 소규모 로봇이 상호 협력해 동작하게 될 것이다. 특히 이런 로봇에는 네트워크에 연동된 카메라가 장착돼 로컬 서버와 실시간 연동하게 돼 가정용 네트워크에 연동되는 기기의 수와 데이터 사용량이 크게 증가할 것이다.

- 헬스케어 서비스가 진화해 다수의 웨어러블 단말을 통해 건강 상태 및 질병에 대한 신체적 징후를 24시간 상시 모니터링하고 관리하게 될 것이다. 또한 인바디 단말은 웨어러블 단말과 상호 연동해 인터넷에 연결될 것이다.

4차 산업혁명으로의 전환을 위해 도입된 무선 네트워크 기반의 자동화와 5G 네트워크의 고신뢰 및 초저지연의 서비스는 6G에서 한 단계 더 높은 복잡도를 요구할 것이다.

- 홀로그램 기반의 텔레프레전스(telepresence)가 직장과 사회에서 보편화될 것이다. 이는 현재 있는 장소에 상관없이 지원되는 보다 높은 수준의 원격 근무, 원격 제어 등을 가능하게 할 것이며, 물리 세계를 완벽하게 모사하는 수준이 될 것이다.

- 대규모의 로봇과 드론이 그룹 지어 병원, 창고, 물류 및 공공 업무 등의 다양한 버티컬 영역에서 사용될 것이다.

- 디지털 트윈이 높은 정확도로 물리 세계를 디지털 세계로 업데이트하며, 이는 인간의 지능을 증강하는 중요한 플랫폼이 될 것이다.

표 9-4 5G와 차별화되는 6G의 애플리케이션 성능

서비스 용례	5G	6G
산업용 증강 현실	저해상도/고수준 작업	고해상도, 다감각/세부 작업, 공동 설계
텔레프레전스	고화질, 제한된 규모	혼합 현실/홀로그램
보안 관제, 결함 감지 (포지셔닝 및 센싱)	외부 탐지, 제한된 자동화	완전 자동화된 통합 무선 감지
분산 컴퓨팅 및 자동화	마이크로초 수준 작업	초정밀 나노초 수준 작업
실시간 디지털 트윈, 가상 세계 지원	미지원	지원
무선 데이터 센터	미지원	지원
제로 에너지 단말	미지원	지원
로봇 및 드론 군단	제한적	가능
신체 센서와 AI 활용	제한적	가능

9.3.2 6G 요구 사항 및 성능 지표와 디자인 고려 사항

■ 6G 요구 사항 및 성능 지표

6G 서비스 지원을 위해 5G와 차별화된 성능 지표[KPI, Key Performance Indicator] 및 요구 사항이 필요할 것이다. 데이터 속도/처리량/용량, 지연 시간, 안정성, 규모 및 유연성에 대한 5G의 핵심 성능 지표는 6G에서도 여전히 중요하며, 더 높은 수준의 성능을 요구할 것이다. 따라서 6G에서는 몇 가지 새로운 특성도 중요하게 고려될 것이다. 그림 9-18에서는 6G에 대한 요구 사항을 5G와 유사한 3개와 6G를 위한 세로운 3개의 범주로 분류했다. 새로운 요구 사항은 다음과 같다.

- 통신망을 이용한 무선 포지셔닝 및 센싱: 이에 대한 성능 지표(KPI)로 센티미터 수준의 정밀도가 요구되며, 물체 센싱 정확도를 위한 KPI로는 검출 오류(Miss Detection) 및 오경보(False Alarm) 확률 및 매개변수 추정 오류 등의 적용이 가능하다.

- 네트워크 자동화: 네트워크는 다양한 노드에 내장된 분산 AI/ML 기술로 설계되며 환경의 변화에 적응하게 된다. 수동 개입 없이 얼마나 빠르고 정확하게 자동화를 지원하는지가 중요한 기준이 될 것이다.

- 디바이스: 사용자 디바이스는 머신 내 네트워크(In-Machine/Robot Network), 인바디 네트워크 등 서브 네트워크를 지원할 것이며, 보다 직관적인 인터페이스를 갖게 된다. 특정 디바이스의 경우 네트워크를 통해 전원을 공급받는 저전력 디바이스가 될 것이다.

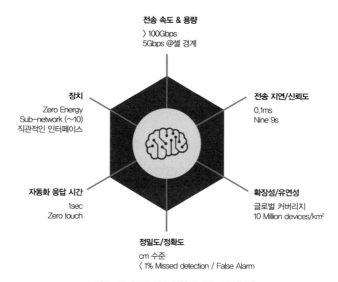

그림 9-18 6G의 요구 사항 및 성능 지표(KPI)

■ 6G 시스템 설계 고려 사항

5G까지는 스펙트럼, 스펙트럼 효율성 및 공간 재사용 등의 3가지 기본 관점에서 시스템 설계를 고려했으며, 6G에서도 여전히 중요한 고려 사항이다. RF 기술은 7~20GHz로 확장되며, 100~300GHz의 서브 테라헤르츠 대역 등 훨씬 더 높은 대역에서 스펙트럼이 전력 및 비용 효율적으로 발전할

것이다. 서브 테라헤르츠 주파수 대역의 경우 가용한 스펙트럼 양이 최소 10배 이상으로 최대 전송률을 크게 증가시킬 것이며, 보다 많은 수의 안테나를 사용하는 다중 안테나 기술을 통해 스펙트럼 효율성이 크게 향상될 것이다. 또한 네트워크 용량과 커버리지를 높이는 네트워크 집적도도 크게 증가할 것이다. 주파수 효율을 높일 수 있는 인공지능 기반으로 면허 주파수 대역에서 다수의 네트워크 간에 스펙트럼 재사용을 지원하는 기술이 발전할 것이다.

반면에 6G에서는 기존에 고려한 3가지 관점에 새로운 관점이 추가돼야 하는데 컴퓨팅, 에너지 및 AI/ML의 3가지가 시스템 디자인의 주요 고려 사항으로 적용돼야 한다. 대량의 데이터를 기반으로 6G 시스템 설계에 AI/ML을 적용하는 것은 매우 기본적인 방향이 될 것이다. 앞서 언급된 6G 주요 서비스들은 기본적으로 매우 높은 컴퓨팅 능력을 요구한다. 반면에 웨어러블 등 새로운 단말의 활용은 디바이스의 컴퓨팅 능력에 제한적 요소로 작용한다. 따라서 로컬 영역에서도 디바이스의 자체 컴퓨팅 능력에 제한을 받지 않고 통신 및 클라우드 컴퓨팅을 통해 복잡한 컴퓨팅 능력을 지연 없이 지원하는 것이 6G의 중요한 디자인 고려 사항이 될 것이다. 마지막으로 네트워크의 모든 요소에서 에너지의 사용이 제한될 것이며, 일부 디바이스는 거의 0에 가까운 에너지 사용을 요구할 것이다. 또한 기후 변화 문제의 대응을 위해 네트워크의 에너지 소비를 감소하는 것도 매우 중요해 무선 기지국의 전원 공급 제한, 데이터 센터의 전력 제한 등을 고려해야 한다.

9.3.3 6G의 주요 기술

여기서는 6G 시스템에서 주요하게 고려되고 있는 6가지 새로운 잠재적 혁신 기술을 소개한다.

■ AI/ML 기술의 확대 적용

AI/ML 기술, 그중 딥러닝은 지난 10년 동안 빠르게 발전했으며 이제 소셜 네트워크에서 보안에 이르기까지 여러 영역에서 폭넓게 사용되고 있다. 특히 이미지 분류 및 컴퓨터 비전과 관련된 부분에서 핵심적으로 사용되고 있다. 최근에는 무선 통신 시스템에 딥러닝 기술을 적용하는 연구가 많이 진행되고 있다. 또한 5G 표준인 3GPP Release 18에서도 AI/ML을 무선 통신에 적용하기 위한 연구가 진행되고 있다. 채널 추정, 다중 안테나 빔 관리 및 포지셔닝과 같은 영역에 적용하기 위한 연구도 진행 중이다. RAN에서 AI/ML을 사용하는 것 외에도 AI/ML은 여러 네트워크 도메인 및 계층에서 복잡한 오케스트레이션을 처리하는 5G 종단 간 네트워크 자동화에 필수적이 될 것이다. 이를 통해 네트워크 및 클라우드 리소스를 동적으로 조정, 새로운 서비스의 신속한 배포 및 신속 장애 복구 등을 통해 운영 비용을 크게 절감할 수 있다.

6G 시스템은 보다 근본적인 방식으로 AI/ML을 채택할 것으로 예상된다. 최근 연구를 통해 딥러닝을 기반으로 모델 기반 시스템 설계보다 더 효율적으로 통신할 수 있음을 밝혔다. 특히 표준에서 정의하는 물리 계층의 기본적인 전송 방식에 대한 명시적인 설계가 필요하지 않으며, 대규모의 딥러닝을 통해 송신기의 단일 딥러닝 네트워크와 수신기의 단일 딥러닝 네트워크는 이런 매개변수에 대한 최적의 설계를 수행하는 방법을 배울 수 있다. 동적으로 변화하는 다중 사용자 환경에서 6G 통신 프레임워크는 현장에서 학습해 송수신 방식을 선택할 수 있게 된다. 이를 통해 사용하는 스펙트럼, 채널 환경, 단말 성능 등에 따른 최적의 무선 인터페이스 적용이 가능하다. 특히 무선 설계 단계에서 하드웨어에 대한 고려가 필요하며, 안테나의 개수, ADC의 성능, 아날로그 단말의 성능 등에 따라 최적의 알고리즘이 설계될 것이다.

그림 9-19은 AI/ML의 도입을 통한 물리 계층 전송단 구조의 진화 방향을 보여주고 있다. RF와 아날로그 단말을 제외한 디지털 모뎀 영역의 경우 현재 송수신단에 각 기능들이 표준으로 정의돼 있어 특정 하드웨어가 이를 위해 사용되고 있는데 반해, 5G-Advanced에서는 특히 수신단에서 개별 블록을 AI/ML을 통해 구현하는 것을 볼 수 있다. 6G에서는 앞서 언급한 것과 같이 전체적인 무선 송수신 모뎀이 통합된 AI/ML 네트워크 형태로 대체될 것으로 전망된다.

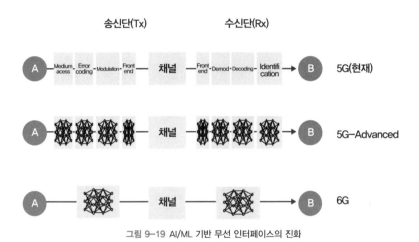

그림 9-19 AI/ML 기반 무선 인터페이스의 진화

6G 시대에 우리가 기대할 수 있는 또 다른 주요 발전은 환경, 트래픽 패턴, 이동성 패턴 및 위치 등 상황에 대한 인지 정보를 통신 체계에 통합하는 것인데 이는 AI/ML 기술의 새로운 적용 분야가 된다. 예를 들어 공장 현장과 같은 환경에서 비디오 카메라는 딥러닝 네트워크를 통해 실시간으로 처리될 수 있는 다양한 기계 및 단말의 존재 및 움직임을 캡처해 전파 환경의 변화를 예측할 수 있으며, 이는 차례로 통신을 최적화하는 데 사용될 것이다.

기본적으로 통신 시스템에 통합된 새로운 데이터 수집 및 처리 기술은 통신 링크의 불확실성을 줄일 수 있고, 장기적인 이동 패턴은 연결성을 최적화하는 데 사용될 수 있다. 미래 시스템의 또 다른 중요한 요소는 대규모 메타 서피스 등과 같은 디지털 제어 수동 단말의 사용을 가능하게 한다. 특히 이들은 실내 환경에서 음영 지역을 없애고 최적의 전송 환경을 만드는 데 사용될 수 있으며, AI/ML 기술을 통해 최적화된 형태로 제어될 수 있다.

모델 기반 최적화 방법을 사용해 이런 요소의 최적 제어를 결정하는 것은 매우 어렵다. 또한 여러 요인에 따라 달라지는 신호의 전파 환경을 정확히 모델링하는 것도 매우 어렵다. 따라서 AI/ML 기술은 6G 시대에 이런 복잡한 문제를 해결하는 데 사용될 것이다. 이는 단지 전송 채널뿐만 아니라 트래픽 패턴이나 단말 특성 등에 최적화된 방법을 제공하는 데 도움을 줄 것이다.

따라서 학습 기법을 통해 커뮤니케이션의 하위 계층까지 단말이나 서비스에 특화된 구현이 가능하다.

■ **새로운 스펙트럼 대역 및 스펙트럼 공유 기술**

5G에서는 전송 속도 및 네트워크 용량을 위해 3~6GHz 및 24~52GHz의 새로운 스펙트럼 대역이 할당됐다. 6G에서는 더 높은 요구 사항 달성을 위해 보다 높은 대역의 스펙트럼이 고려되고 있다. 특히 6~24GHz의 고중대역High-mid band 및 92~250GHz의 sub-THz 대역의 사용이 고려되고 있다. 이런 고대역을 사용할 때 중요한 것은 합리적인 비용으로 고출력 전력 단말을 구현하는 것이다. EIRP의 증가를 위해 대규모 안테나 어레이를 이용한 빔포밍을 사용하게 되는데 고대역에서는 전파의 파장이 짧아 장애물에 쉽게 차단되기 때문에 커버리지 확대가 어렵다.

중대역에서는 파장이 짧아져 작은 크기의 안테나가 적용되며, 512 또는 그 이상의 많은 수의 안테나를 활용하는 대규모 MIMO 시스템이 사용될 것이다. sub-THz 대역의 고대역의 경우는 IAB^Integrated Access and Back-haul, 디스플레이 연결, 무선 데이터 센터 등에 사용될 수 있다. 또한 고대역은 직진성이 강하고 광대역 전송으로 시간 차 등의 측정에 유리해 현재에도 레이더 등 많은 분야에서 적용되고 있다. 고대역 주파수의 경우 통신과 센싱을 동시에 활용하는 네트워크 서비스에 사용될 것으로 전망된다.

이와 더불어 기존의 지상파 TV에서 사용되던 대역이 빠르게 이동통신용으로 활용이 가능할 것이며, 특히 470~694MHz의 UHF 대역에 대한 공급이 가능해질 것으로 기대된다. 이를 활용하면 매우 넓은 지역에 대한 서비스가 가능하게 될 것이며, 특히 환경 센서, IoT 서비스, 해안 및 도서 지역 통신 서비스 등에 효과적일 것이다.

또한 통신 네트워크와 단말의 수가 무한히 증가하면서 스펙트럼 부족에 따른 문제가 발생할 것이다. 특히 스펙트럼의 부족으로 위성, 이동통신, 근거리 통신, 소규모 지역망, 전국망 등의 시스템들 간에 충분한 주파수가 확보되지 않는 경우 간섭 문제가 심각할 것이다. 보다 효율적인 스펙트럼의 활용을 위해서는 AI/ML 기반의 고도의 스펙트럼 공유 기술이 필요할 것이다.

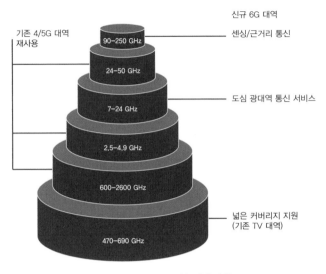

기존 4/5G 대역
재사용

신규 6G 대역

센싱/근거리 통신

90–250 GHz

24–50 GHz

7–24 GHz

도심 광대역 통신 서비스

2.5–4.9 GHz

600–2600 GHz

넓은 커버리지 지원
(기존 TV 대역)

470–690 GHz

그림 9-20 6G 주요 주파수 대역 및 용도

- **네트워크 기반의 포지셔닝 및 센싱 기술**

산업 자동화의 중요한 요구 사항 중 하나는 고정밀 포지셔닝이다. 실시간 위성 GNSS 시스템은 위성 가시성이 좋은 조건에서 매우 정확한 위치 파악을 제공할 수 있지만 자동화 시스템의 대부분은 실내에 있어 적용이 어렵다. 현재는 실내 포지셔닝 지원을 위해 UWB 또는 BLE[Bluetooth Low Energy]를 기반으로 하는 특수 시스템에 의존하는데 추가적인 인프라가 필요하다. 통신 시스템 외에 별도의 포지셔닝 시스템을 구축하는 것은 추가적인 투자 및 유지 비용이 발생하므로 통신 시스템을 통한 포지셔닝을 구현하는 것은 큰 도움이 된다. 6G로 이동함에 따라 네트워크는 고정밀 포지셔닝 외에도 다양한 센싱 작업을 수행할 것으로 예상된다. 포지셔닝 솔루션은 가시성[LOS] 환경뿐만 아니라 비가시성[NLOS] 환경을 지원하며 더 넓은 영역에 걸쳐 실내에서 센티미터 수준의 정확도를 달성하도록 향상될 것이다. 또한 대형 안테나 어레이 시스템에 적용된 AI/ML 기술과 로봇의 RF, 카메라 및 기타 센서를 통해 수집한 여러 데이터를 융합해 이를 활용하는 새로운 방식은 포지셔닝 및 센싱 정확도를 향상시킬 것이다.

6G 시스템은 수동 물체의 이미지 센싱에도 사용돼 시스템 실체에 통신뿐만 아니라 센싱을 위한 특수 기능도 통합할 것이다. 이를 위한 특수 파형이 사용될 수 있으며, 대규모 MIMO 통신을 위해 배치된 대형 안테나 어레이는 센싱을 위한 좁은 빔을 형성하는 데 활용될 것이다.

Sub-THz 대역으로의 진화는 정밀 센싱 기능의 확대를 위해 필요하며, 밀리미터 수준의 정밀 센싱 및 이미징은 업계에서 많은 새로운 서비스를 지원할 것이다.

다중 모드 감지 기능과 6G 플랫폼이 지원하는 인지 기술을 결합하면 행동 패턴과 사람들의 선호도, 감정까지도 분석할 수 있어 사용자의 요구를 예상하는 육감을 생성할 수 있다. 따라서 훨씬 더 직관적인 방식으로 물리적 세계와 상호 작용할 수 있게 될 것이다.

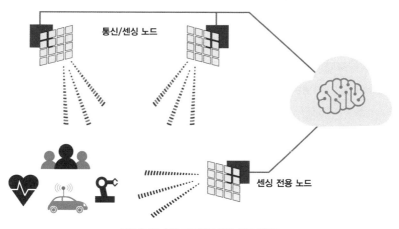

그림 9-21 통신 네트워크 기반 센싱 개념도

■ 극한의 네트워크 성능 달성 기술

5G가 지원하는 1ms 초저지연 및 five-9(99.999%)의 신뢰도는 특정 애플리케이션 지원에 부족함이 있다. 예를 들어 Sercos 또는 EtherCAT과 같은 기존의 산업용 유선 연결 솔루션을 대체하는 경우 1ms 지연도 많은 경우에 충분하지 않을 수 있다. 이런 경우 초당 기가비트 데이터 속도에서 100μs 정도의 상당히 낮은 무선 대기 시간이 필요하다. 또한 신뢰성 측면에서 일부 산업 자동화 적용 유형의 경우 nine-9(99.9999999%)의 신뢰도를 요구한다. 6G는 이런 극한 요구 사항을 비용 효율적으로 달성하도록 설계될 것이다. 가시성이 보장되는 공장 환경에서 mmWave 스펙트럼을 통해 높은 데이터 속도와 낮은 지연 시간을 달성할 수 있다. 다중 무선 홉을 포함하는 다중 경로를 통한 동시 전송을 통해 안정성을 향상시킬 수 있고, 단말 간 연결을 통한 협력 중계를 사용해 네트워크에서 단말로의 별도 경로를 생성할 수 있다. AI/ML 예측 기술을 사용한 예측 빔 관리도 링크 품질의 불확실성을 크게 줄일 수 있다.

6G에서 기대할 수 있는 또 다른 극단적인 네트워킹 형태는 IoT용 저전력 단말에서 제로 에너지 단말로 이동하는 것이다. 무선 제로 에너지 단말은 수동 RFID(무선 주파수 식별) 태그로 잘 알려져 있으며, 센서를 지원하는 저가 능동 RFID는 일반적으로 배터리 수명이 3~5년이지만 일반적으로 매우 짧은 커버리지로만 제한된다. 교량이나 터널의 건설 검사 등을 위해 사용되는 단말은 더 넓은 커버리지와 배터리 수명을 요구한다. 이런 단말들은 건물에 내장될 수 있고 사람의 개입 없이 100년 정도 동작할 수도 있다. 잠재적인 솔루션에는 저전력 통신, 극도로 낮은 유휴 전류, 에너지 하베스팅 및 재충전 에너지 저장 방식이 있다.

■ 새로운 네트워크 구조

6G 서비스 환경에 따라 다음과 같은 네트워크 구조로의 변화가 예상된다.

[서브 네트워크]

6G는 산업 환경에 적용하려면 다양한 연결 시나리오에서 유선 수준의 안정성을 제공해야 한다. 다양한 환경에서 초고신뢰도 서비스를 위해서는 서브 네트워크의 사용이 필요하다. 서브 네트워크의 장점은 다음과 같다.

- 높은 데이터 속도, 낮은 지연 시간, 안정성 및 탄력성 보장
- 가장 낮은 수준의 디바이스에도 서브 네트워크를 통해 6G 보안 및 복원 기능 지원
- 6G 서비스 실행은 동적으로 분할돼 엣지 클라우드와 서브 네트워크 내의 디바이스에서 실행

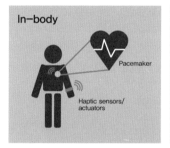

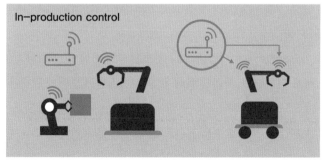

그림 9-22 다양한 서브 네트워크 유형

표 9-5 서브 네트워크 유형별 특징 비교

	제조	자동차, UAM	신체	가정
애플리케이션	동작 제어, 힘/토크 제어, 위치/근접 제어	엔진 제어, 전동식 파워 스티어링, ABS, 전자식 주차 브레이크, 서스펜션, ADAS, 센서	심장 박동 제어, 활력 징후 모니터링, 인슐린 펌핑, 근육 촉각 제어	엔터테인먼트, 게임, 교육, 의료 (로봇 보조 수술)
단말수	~20(힘/토크 제어) ~20-40(이동 로봇)	~50-100	<20	~10
통신 거리	~5m	~10m	~2m	~10m
링크당 속도	<10Mbps <10Gbps (ADAS 센서)	<10Mbps (제어) <20Mbps ~7Gbps (VR)		
지연 요구 사항	~100μs	~54μs	~20ms	~5ms(VR) ~2ms(의료)
신뢰도	99.9999% to 99.999999%	99.9999% to 99.999999%	99.9999999%	99.9999% (VR) 99.999999% (의료)
네트워크 밀도	~40,000/km²	~150/lane-km(자동차) ~15/비행체	~2/m²	~1/room
디바이스 전력	보통	보통	매우 낮음	보통

[초특화 슬라이싱]

6G 네트워크의 또 다른 특징은 보다 진화된 슬라이싱 및 가상화 지원이 될 것이다. 서로 다른 기능 처리를 위해 각 슬라이스에 별도의 소프트웨어 스택을 사용해 고도로 전문화되도록 구성될 것이다. 현재 이미 진행되고 있는 무선망 상위 계층의 가상화 추세가 더욱 발전돼 무선망 기능은 모듈식으로 더 세분화돼 구성되며, 이런 세분화된 기능들은 마이크로 서비스^{Micro Service}라는 작은 단위로 구성될 것이다. 마이크로 서비스의 조합으로 특정 슬라이스에

특화된 무선망을 보다 유연하게 구현할 수 있도록 진화할 것이다. 예를 들어 영상 최적화를 지원하는 마이크로 서비스의 경우 비디오 서비스 슬라이스에 필요하지만, 다른 슬라이스에는 필요 없는 기능으로 비디오 서비스망을 지원하는 슬라이스의 최적화를 위해 사용될 수 있다. 이와 유사하게 처리량이 낮은 IoT 슬라이스는 비연결 기반^{Connection-less} 액세스를 적용하고, 다른 슬라이스에는 기존 액세스처럼 연결 기반 액세스를 구현하는 등 유연한 네트워크 기능의 조합이 가능하다.

슬라이스의 요구 사항에 따라 다양한 하드웨어 플랫폼에 걸쳐 게이트웨이 단말, 릴레이, 셀 사이트, 먼 엣지^{far edge}, 엣지 및 로컬 클라우드에 슬라이스 특정 기능을 배치하고 이런 고도로 전문화된 조각을 만들고 관리하려면 서비스 관리 및 오케스트레이션에도 새로운 혁신이 필요하다.

[RAN-코어 컨버전스]

5G에서 기지국은 DU^{Distributed Unit}와 CU^{Centralized Unit}로 구분된다. DU에는 사용자 및 제어 평면 프로토콜 스택의 하위 계층, 즉 물리 계층(L1) 및 실시간 L2 계층이 포함되고, CU에는 비실시간 L2 계층 및 L3 계층이 포함된다. 추가적으로 CU는 제어 평면과 사용자 평면으로 분할되며 두 평면 사이에 인터페이스가 정의돼 있다. CU는 일반적으로 엣지 또는 센트럴 클라우드에서 가상화된 기능으로 구현되며 여러 DU를 지원할 수 있다. 반면에 5G 핵심 기능은 코어를 통한 트래픽 양이 크게 증가함에 따라 더욱 분산화되고 있다. 다양한 핵심 기능도 로컬 또는 센트럴 클라우드에 구현되고, 특히 짧은 지연 시간을 요구하는 서비스를 위해 엣지 클라우드에서 가상화를 통해 구현되고 있다. 상위 계층 RAN 기능의 중앙집중화 및 핵심 기능의 분산이 증가함에 따라 일부 RAN 및 핵심 기능을 단일 블록으로 결합해 단순하게 구현할 수 있다. 따라서 6G에서는 5G RAN과 코어를 조합해 적은 수의 기능 블록

집단으로 구현이 될 것이다. 그 결과 사용자 평면에서 "코어리스" RAN이 구현될 것이다.

■ 새로운 보안 및 개인 정보 보호 체계

높은 수준의 안정성 지원을 위해 새로운 보안 및 개인 정보 보호 조치가 지원돼야 한다. 산업용 네트워크의 경우 재밍 위협으로부터 보호돼야 한다. 공격자는 산업 시설 외부에서 재밍을 시도할 수 있으므로 물리적 보안이 충분하지 않다. 미래에 방해 전파는 간헐적으로만 간섭을 생성해 단순히 패킷 전달을 지연시키는 형태를 취할 수도 있다. 이는 시간에 민감한 네트워크에 의존하는 산업 운영에 심각한 영향을 미칠 수 있다. 6G 네트워크는 이런 새로운 위협으로부터 보호되도록 설계돼야 한다.

네트워크에서 서브 네트워크를 사용하려면 네트워크 권한 부여 방식의 변경이 필요하다. 서브 네트워크에 의한 권한 부여 및 제어의 경우가 있으므로 BAN^{Body Area Network}을 분석할 때 서브 네트워크의 자원은 서브 네트워크에 속하므로 권한 부여 및 자원 관리는 해당 신뢰 수준에서 처리돼야 한다. 네트워크는 서브 네트워크를 연결하고 네트워크 수준에서 두 번째 수준의 인증을 요구하게 된다. 서로 다른 서브 네트워크는 상호 신뢰할 수 없는 엔터티에 속할 수 있으므로 서브 네트워크 간에는 물론, 네트워크와 서브 네트워크 간에도 명확한 분리가 필요하다. 서브 네트워크가 독립적인 네트워크 역할을 하도록 권한을 부여받고 내부 자원의 관리를 책임지는 것이 중요하다. 서브 네트워크에 접속 및 해제하는 단말의 동적 동작으로 서브 네트워크 개인 정보 보호 및 잠재적인 익명성을 유지하는 것은 6G 네트워크 아키텍처에서 해결해야 할 과제가 될 것이다.

물리 세계 및 바이오 세계가 디지털 세계에 고정밀로 미러링되고 실제 및 가상 객체의 디지털 표현을 결합한 새로운 혼합 현실 세계가 생성될 때 오늘날의 개인 정보 보호 솔루션으로는 충분하지 않을 것이다. 다중 모드 감시가 주변 환경의 서의 모든 것을 캡처하시만 사용사가 공유하는 콘텐츠에서 다른 사람들이 경험할 수 없도록 제한하기를 원할 것이다. 사용자는 공유하려는 항목에 대해 간단한 방식으로 풍부한 기본 설정을 할 수 있어야 하며 데이터 처리는 자동으로 이를 보장해야 한다. 6G 네트워크의 필수 부분이 될 미래의 혼합 현실 세계에서 보안 해결을 위해 다양한 새로운 신호 처리 기술이 등장하고 있다.

■ 6G 전망

약 10년마다 새로운 셀룰러 세대를 배치하는 전통은 2030년대에 6G가 현실이 돼 미래에도 계속될 것이다. 6G에는 AI/ML 기술의 급속한 발전과 여러 영역에서 문제 해결의 효율성을 활용한 기술을 근본적으로 활용해 성능을 향상시키고 최적화하게 될 것이다. 더 높은 용량과 최고 속도에 대한 끊임없는 요구는 더 높은 대역을 활용하는 기술로 향하고 있다. 인프라 밀도의 증가와 높은 대역폭 요구에 따라 고대역 신호는 고속 및 저지연 통신뿐만 아니라 포지셔닝 및 센싱에 활용하기 유리한 특징을 갖고 6G에서 주요하게 활용될 것이다.

참고문헌

참고문헌

[1] 3GPP TS 22.104, "Service requirements for cyber-physical control applications in vertical domains", May 2022

[2] 3GPP TS 23.003, "Numbering, Addressing and Identification(Release 16)", October 2020

[3] 3GPP TS 23.122, "5G; Non-Access-Stratum(NAS) functions related to Mobile Station(MS) in idle mode", January 2021

[4] 3GPP TS 23.501, "5G; System architecture for the 5G System(5GS)", July 2022

[5] 3GPP TS 23.502, "5G; Procedures for the 5G System(5GS)", September 2021

[6] 3GPP TS 23.503, "5G; Policy and Charging Control Framework for the 5G System; Stage2", May 2022

[7] 3GPP TS 23.548, "5G System Enhancements for Edge Computing (Release 17)", May 2022

[8] 3GPP TS 23.558, "5G; Architecture for enabling Edge Applications (Release 17)", May 2022

[9] 3GPP TS 24.501, "Technical Specification Group Core Network and Terminals; Non-Access-Stratum(NAS) protocol for 5G System(5GS); Stage 3", April 2021

[10] 3GPP TS 38.101-1, "User Equipment(UE) radio transmission and reception; Part 1: Range 1 Standalone", August 2022

[11] 3GPP TS 38.101-2, "User Equipment(UE) radio transmission and reception; Part 2: Range 2 Standalone", August 2022

[12] 3GPP TS 29.500, "Technical Realization of Service Based Architecture; Stage3", May 2022

[13] 3GPP TS 38.213, "5G; NR; Physical layer procedures for control", October 2021

[14] 3GPP TS 38.413, "Technical Specification Group Radio Access Network; NG-RAN; NG Application Protocol(NGAP)", April 2021

[15] 3GPP TS 38.331, "5G; NR; Radio Resource Control(RRC); Protocol specification", July 2020

[16] 3GPP TR 28.801, "Technical Specification Group Services and System Aspects; Telecommunication management: Study on Management and Orchestration of Network Slicing for Next Generation Network (Release 15)"

[17] ETSI GR MEC 001, "Multi-access Edge Computing(MEC); Terminology"

[18] ETSI GS MEC 002, "Multi-access Edge Computing(MEC); Phase2: Use Cases and Requirements"

[19] ETSI GS MEC 003, "Multi-access Edge Computing(MEC); Framework and Reference Architecture"

[20] ETSI GS MEC 009, "Multi-access Edge Computing(MEC); General principles for Mobile Edge Service APIs"

[21] ETSI GS MEC 010-1, "Multi-access Edge Computing(MEC); Mobile Edge Management; Part 1: System, host and platform management"

[22] ETSI GS MEC 010-2, "Multi-access Edge Computing(MEC); Mobile Edge Management; Part 2: Application lifecycle, rules and requirements management"

[23] ETSI GS MEC 011, "Mobile Multi-access Computing(MEC); Mobile Edge Platform Application Enablement"

[24] ETSI GR MEC 017, "Mobile Edge Computing(MEC); Deployment of Mobile Edge Computing in an NFV environment"

[25] ETSI GR MEC 018, "Mobile Edge Computing(MEC); End to End Mobility Aspects"

[26] ETSI GS MEC 021, "Multi-access Edge Computing (MEC); Application Mobility Service API"

[27] ITU-T, Recommendation ITU-T E.212 - Amendment 1(07/2018), "The international identification plan for public networks and subscriptions"

[28] ITU-R, Recommendation ITU-R M.2083-0 (09/2015), "IMT Vision - Framework and overall objectives of the future development of IMT of 2020 and beyond"

[29] GSMA, NG.116 - "Generic Network Slice Template", Version 2.0, October 16, 2019

[30] GSMA, NG.127 - "E2E Network Slicing Architecture", Version 1.0, June 03, 2021

[31] ANDRÉS CÁRDENAS, DAVID FERN NDEZ, CARLOS M. LENTISCO, RICARDO FLORES MOYANO, LUIS BELLIDO, "Enhancing a 5G Network Slicing Management Model to Improve the Support of Mobile Virtual Network Operators", IEEE Access, September 30, 2021

[32] 전창범, 류영권 역, "5G NR 차세대 무선 기술", 도서출판 홍릉, 2020

[33] 조봉열 역, "4G LTE/LTE-A 이동통신 시스템", 홍릉과학출판사, 2013

[34] 정우기, "4세대 이동통신", 복두출판사, 2012

[35] 이상근 외 2, "3G/4G 이동통신 시스템", 홍릉과학출판사, 2008

[36] RFDH 운용자, "The basic of RF", 코너북, 2009

[37] 강태욱, "뉴노멀 디지털 트랜스포메이션", 씨아이알, 2022

[38] 황재선, "디지털 트랜스포메이션 (조직의 습관을 바꾸는 일)", 좋은습관연구소, 2021

[39] Deloitte Insight - Tech Trends 2021

[40] 한국정보화진흥원, "5G 특화망 백서" 5G 포럼, 2022년 4월

[41] 과학기술정보통신부, 한국방송통신전파진흥원 "5G 특화망 가이드라인", 2021년 10월

[42] 김광석 외, 미래 시나리오 2022, 와이즈베리, 2021

[43] 송경진 역, 클라우스 슈밥의 제4차 산업혁명, 새로운연재, 2016

[44] 김정희 외 역, 4차 산업혁명 이미 와 있는 미래, 다산북스, 2017

[45] KT경제경영연구소, 한국형 4차 산업혁명의 미래, 한스미디어, 2017

[46] 이성엽, 디지털 트랜스포메이션과 법, 고려대학교 출판문화원, 2021

[47] The Art of Service, Private 5G Complete Guide, The Art of Service, 2021

[48] 윤정원, 살아남는 것들의 비밀, 라곰, 2022

[49] Jon Gertner, The Idea Factory - Bell Labs and the Great Age of American Innovation, The Penguin Press, 2012

[50] Eoin O'Connell, Denis Moor, and Thomas Newe, "Challenges Associated with Implementing 5G in Manufacturing", 2020

[51] 권대흠, "2050년 세계 식품 수요 전망", 세계농협 제139호, 2012년 3월

[52] 이승익, 이동화, 안병준, "5G Multi-access Edge Computing 표준 기술 동향", 전자통신동향분석 제37권 제4호, 2022년 8월

[53] 이승익, 이지현, 신명기, "5G 네트워크 슬라이싱 및 네트워크 관리 기술 표준화 동향", 전자통신동향분석 제32권 제2호, 2017년 4월

[54] 문정모, 박용직, 황현용, 나지현, "5G NR 기반 개방형 스몰셀 기술 동향", 전자통신동향분석 제33권 제5호, 2018년 10월

[55] 강유화, 김창기, "3GPP 5G 시스템에서 Trusted Non-3GPP 액세스 연동 기술", 디지털콘텐츠학회논문지(J. DCS) Vol. 19, No. 4, pp. 639-647, Apr. 2018

[56] 윤영주, 정성훈, 김석중, "5G 특화망을 위한 무선 접속 기술", TTA저널 194호, 2021년 4월

[57] 신명기, 이수환, 이승익, 이종화, 안병준, "5G 네트워크/시스템(5GS) 표준 기술 동향, TTA저널 Vol 184, 2019년 7/8월

[58] 이동전화망번호관리기준, 미래창조과학부고시 제2017-10호, 2017. 2. 6., 제정

[59] Nokia, "Nokia Digital Automation Cloud User Guide", 2021

[60] Nokia, "Start 5G deployment with an eye on the future", 2019

[61] Nokia, "5G_Technology_Components", 2018

[62] Nokia, "Network Slicing", 2019

[63] Nokia, "5G new Radio Network", 2021

[64] Nokia, "Enabling applications at the edge of the 5G network", 2019

[65] Nokia, "The evolution of 5G New Radio positioning technologies," 2021

[66] Nokia, "5G evolution: a view on 5G cellular technology beyond 3GPP Release 15, " 2022

[67] Nokia, "5G Releases 16 and 17 in 3GPP, " 2020

[68] Nokia, "Industrial IoT networks: how 5G is transforming industry verticals," 2020

[69] Nokia, "Communications in the 6G era, " 2020

[70] Bell Labs Consulting, "The big inversion", 2021

[71] Samsung Electronics, "5G Standalone Architecture", January 2021.

[72] 삼성전자, 3GPP의장단 인터뷰, "5G 국제 표준의 이해"

[73] 화이트페이퍼: Muro, M., Liu S., Whiton J., and Kulkarni, S., "Digitalization and the American Workforce", Brookings Institution, November 2017

[74] 화이트페이퍼: World Economic Forum in collaboration with PwC, "The Impact of 5G: Creating New Value across Industries and Society", January 2020

[75] 화이트페이퍼: World Economic Forum in collaboration with McKinsey & Company, "Global Lighthouse Network: Insights from the Forefront of the Fourth Industrial Revolution", December 2019

[76] 화이트페이퍼: Bell Labs & Aalborg University, "5G Swarm Production: Advanced Industrial Manufacturing Concepts enabled by Wireless Automation"

[77] 화이트페이퍼: Qualcomm Technology, "The Benefits of OFDMA for Wi-Fi 6"

[78] Wikipedia "Digital Transformation", https://en.wikipedia.org/wiki/Digital_transformation

[79] HBR, "The 4 Pillars of Successful Digital Transformations by Nathan Furr, Andrew Shipilov, Didier Rouillard, and Antoine Hemon-Laurens", https://hbr.org/2022/01/the-4-pillars-of-successful-digital-transformations

[80] McKinsey, "Digital transformation: Improving the odds of success", https://www.mckinsey.com/capabilities/mckinsey-digital/our-insights/digital-transformation-improving-the-odds-of-success

[81] OECD, "Digitalisation and productivity: a story of complementarities", https://www.oecd.org/economy/growth/digitalisation-productivity-and-inclusiveness/

[82] 웹사이트: https://www.researchgate.net/publication/354767854

[83] 웹사이트: https://sdn.ieee.org/newsletter/december-2017/network-slicing-and-3gpp-service-and-systems-aspects-sa-standard

[84] 웹사이트: https://www.consultancy.eu/news/2960/industrial-companies-are-eagerly-anticipating-5gs-opportunities

[85] 웹사이트: https://www2.deloitte.com/za/en/insights/industry/technology/5g-edge-network-infrastructure-cxo.html

[86] 웹사이트: https://www2.deloitte.com/us/en/insights/industry/technology/global-5g-transformation.html?id=us:2em:3na:5gcxo:awa:di:061821

[87] 웹사이트: https://www.netmanias.com/ko/private-5g/public-cloud-company/1584/

[88] 웹사이트: https://aws.amazon.com/private5g/

[89] 웹사이트: https://www.nokia.com/networks/industry-solutions/private-wireless/digital-automation-cloud/

[90] 웹사이트: https://www.candriam.fr/en/professional/market-insights/topics/equities/amazing-technologies-the-impact-of-5g/

[91] 미디어 기사: Enterprise IOT Insights, "Toyota taps Nokia for 5G-upgradable private network", June 23, 2020. https://enterpriseiotinsights.com/20200623/5g/toyota-taps-nokia-for-5g-upgradable-private-network

[92] 미디어 기사: Nokia, "Nokia selected by TOYOTA Production Engineering for 5G private wireless network", June 3, 2020. https://www.nokia.com/about-us/news/releases/2020/06/23/nokia-selected-by-toyota-production-engineering-for-5g-private-wireless-network/

[93] 미디어 기사: automation World, "KUKA Deploys 5G In Augsburg Plant", August 4, 2021. https://www.automationworld.com/communication/article/21590745/kuka-deploys-nokia-5g-in-augsburg-plant#previous-slide

[94] 미디어 기사: Enterprise IOT Insights, "5G helped us through Covid-Lufthansa Technik on private 5G with Nokia, Vodafone", February 1, 2021. https://enterpriseiotinsights.com/20210201/channels/news/lufthansa-5g-saved-our-business

[95] 미디어 기사: Enterprise IOT Insights, "Latency, speed, propagation - Lufthansa Technik, and the real story of private 5G", February 10, 2021.https://enterpriseiotinsights.com/20210210/channels/fundamentals/lufthansa-technik-and-the-real-story-of-private-5g

[96] 미디어 기사: Mobile World Live, "Nokia cleared for private 5G take off with Lufthansa", June 21, 2021. https://www.mobileworldlive.com/featured-content/top-three/nokia-lufthansa-private-5g

[97] 조선일보 기사, 삼성전자, "5G 융합 서비스 프로젝트" 참여…특화망 솔루션 공급, 2022년 8월 31일. https://biz.chosun.com/it-science/ict/2022/08/31/XQUWOCZNGNAVTDPBPTWUH76XQE/

[98] 정보통신신문 기사, "5G 특화망, 5개 사업자 선정…서비스 영역 확대", 2022년 9월 3일. https://www.koit.co.kr/news/articleView.html?idxno=102372

[99] 디지털데일리 기사, "5G 특화망 실증사업 11개 중 4개 KT 품으로", 2022년 6월 29일. http://m.ddaily.co.kr/m/m_article/?no=241031

[100] 뉴스타운경제 기사, "5G가 바꾸는 농업 등 7가지 업종", 2021년 10월 22일. https://www.newstown.co.kr/news/articleView.html?idxno=510898

[101] 노키아 발표 기사: Nokia, "Nokia 5G private wireless networking moves from trial to permanent deployment for Lufthansa Technik", June 21, 2021. https://www.nokia.com/about-us/news/releases/2021/06/21/nokia-5g-private-wireless-networking-moves-from-trial-to-permanent-deployment-for-lufthansa-technik/

[102] 노키아 발표 기사: Nokia, "Arçelik selects Nokia, Türk Telekom in strategic deal for Turkey's first 5G-ready private wireless network", June 15, 2021. https://www.nokia.com/about-us/news/releases/2021/06/15/arcelik-selects-nokia-turk-telekom-in-strategic-deal-for-turkeys-first-5g-ready-private-wireless-network/

[103] 노키아 발표 기사: Nokia, "Nokia's digitalization of its 5G Oulu factory recognized by the World Economic Forum as an Advanced 4th Industrial Revolution Lighthouse", July 3, 2019. https://www.nokia.com/about-us/news/releases/2019/07/03/nokias-digitalization-of-its-5g-oulu-factory-recognized-by-the-world-economic-forum-as-an-advanced-4th-industrial-revolution-lighthouse/

[104] 노키아 발표 기사: Nokia, "Nokia to deploy 5G SA private wireless networking for KUKA, Germany", July 8, 2021. https://www.nokia.com/about-us/news/releases/2021/07/08/nokia-to-deploy-5g-sa-private-wireless-networking-for-kuka-germany/

[105] 노키아 발표 기사: Nokia, "Warehouse automation: Why you can't afford to rely on Wi-Fi", March 4, 2022. https://www.nokia.com/blog/warehouse-automation-why-you-cant-afford-to-rely-on-wi-fi/

[106] 노키아 발표 기사: Nokia, "NTT DOCOMO and OMRON bring 5G to the factory floor in Industry 4.0 trial", September 10, 2019. https://www.nokia.com/about-us/news/releases/2019/09/10/nokia-ntt-docomo-and-omron-bring-5g-to-the-factory-floor-in-industry-40-trial/

[107] 아르첼릭 발표 기사: ARÇELİK, "TÜRKİYE'NİN İLK 5G'YE HAZIR ÖZEL KABLOSUZ AĞINI KURACAK", June 11, 2021. https://www.google.com/url?sa=t&rct=j&q=&esrc=s&source=web&cd=&ved=2ahUKEwiC_o-yjKT4AhVXZd4KHQTGB4AQFnoECBsQAQ&url=https%3A%2F%2Fwww.arcelikglobal.com%2Fmedia%2F6398%2Farcelik_nokia_tt_isbirligi_basin_bulteni_11062021.docx&usg=AOvVaw2wPgoqQ7SKhcnZGUAAdvF8

[108] 시스코 블로그: Cisco Allen Huotari, "What is 802.11r? Why is this Important?" https://blogs.cisco.com/networking/what-is-802-11r-why-is-this-important

[109] 노키아 유튜브: "Nokia and Alibaba: Digital Transformation in the Logistics Industry". https://www.google.com/url?sa=t&rct=j&q=&esrc=s&source=web&cd=&cad=rja&uact=8&ved=2ahUKEwiZsurvg6j4AhWOCt4KHcxyAYoQtwJ6BAgGEAI&url=https%3A%2F%2Fwww.youtube.com%2Fwatch%3Fv%3DVLE9XROd9fo&usg=AOvVaw24j_VHAXxwqlmyvmonnq0I

[110] 유튜브 영상: "5G smart factory digitalization and sustainability at Arçelik Global". https://www.youtube.com/watch?v=2QAW-Pv2DbU

[111] 유튜브 동영상: "Welcome to Nokia Oulu factory - showcasing Nokia Digital Automation Cloud". https://www.youtube.com/watch?v=EwsOJcVgTso

[112] TTA 정보통신 용어사전: http://terms.tta.or.kr/dictionary/dictionaryView.do?word_seq=173035-3

[113] ETSI: https://www.etsi.org/

[114] 3GPP: https://www.3gpp.org/

[115] GSMA: https://www.gsma.com/

[116] ITU-T: https://www.itu.int/ITU-T/

[117] LF Edge: https://www.lfedge.org/

약어정리

약어정리

숫자	
16QAM	16 Quadrature Amplitude Modulation
2G	2nd Generation
3G	3rd Generation
3GPP	3rd Generation Partnership Project
4G	4th Generation
5G	5th Generation
5G-AN	5G Access Network
5G-BRG	5G Broadband Residential Gateway
5GC	5G Core Network
5G-CRG	5G Cable Residential Gateway
5G-EIR	5G Equipment Identity Register
5G-GUTI	5G Globally Unique Temporary Identifier
5G-NR	5G New Radio
5G-RG	5G Residential Gateway
5GS	5G System
5G-S-TMSI	5G S-Temporary Mobile Subscription Identifier
64QAM	64 Quadrature Amplitude Modulation
256QAM	256 Quadrature Amplitude Modulation
5QI	5G QoS Identifier

A	
AAS	Adaptive Antenna System
ACK	Acknowledgement
ADRF	Analytics Data Repository Function
AF	Application Function
AI	Artificial Intelligence
AGV	Automated Guided Vehicle
AKA	Authentication and Key Agreement

AM	Acknowledged Mode
AMF	Access and Mobility Management Function
AMPS	Advanced Mobile Phone System
AMR[1]	Autonomous Mobile Robot
AMR[2]	Adaptive Multi-Rate
ANDSP	Access Network Discovery and Selection Policy
AP[1]	Application Protocol
AP[2]	Access Point
API	Application Programming Interface
APL	Advanced Physical Layer
APN	Access Point Name
AR	Artificial or Augmented Reality
ARP	Allocation and Retention Priority
ARP PC	ARP Pre-emption Capability
ARP PV	ARP Pre-emption Vulnerability
ARQ	Automatic Repeat Request
AS	Access Stratum
ASN	Access Service Network
ASN.1	Abstract Syntax Notation 1
AUC	Authentication Center
AUSF	Authentication Server Function

B

BAP	Back-haul Adaptation Protocol
BCCH	Broadcast Control Channel
BCD	Binary Coded Decimal
BCH	Broadcast Channel
BER	Bit Error Rate
BFD	Beam Failure Detection
BH	Back-haul
BLER	Block Error Rate
BLS	Bureau of Labor Statistics
BPRE	Bits Per Resource Element
BSF	Binding Support Function
BW	Bandwidth
BWP	Bandwidth Part

C	
CA	Carrier Aggregation
CAG	Closed Access Group
CAG-ID	Closed Access Group Identifier
CAPC	Channel Access Priority Class
CAPIF	Common API Framework
CB	Code Block
CBG	Code Block Group
CBR	Channel Busy Ratio
CBRS	Citizens Broadband Radio Service
CCCH	Common Control Channel
CCE	Control Channel Element
CDMA	Code-Division Multiple Access
CFR	Common Frequency Resources
CG	Cell Group
CHF	CHarging Function
CHO	Conditional Handover
CINR	Carrier-to-Interference-and-Noise Ratio
CLI	Cross-Link Interference
CM	Connection Management
CMAS	Commercial Mobile Alert Service
CNF	Cloud-Native Function
CoMP	Coordinated Multi-Point
CORESET	Control Resource Set
CP[1]	Control Plane
CP[2]	Cyclic Prefix
CPA	Conditional PSCell Addition
CPC	Conditional PSCell Change
CPRI	Common Public Radio Interface
CQI	Channel Quality Information
CRC	Cyclic Redundancy Check
CRM	Customer Relationship Management
C-RNTI	Cell RNTI
CSI	Channel State Information
CSMF	Communication Service Management Function
CSP	Communication Service Provider
CSS	Common Search Space
CU[1]	Centralized Unit

CU²	Control Unit
CUC	Centralized User Configuration
C-V2X	Cellular Vehicle to X

D

D2D	Device-to-Device
DAC	Digital Automation Cloud
DAI	Downlink Assignment Index
DAPS	Dual Active Protocol Stack
DC	Dual Connectivity
DCCF	Data Collection Coordination Function
DCCH	Dedicated Control Channel
DCI	Downlink Control Information
DFN	Direct Frame Number
DHCP	Dynamic Host Configuration Protocol
DL	Downlink
DL-AoD	Downlink Angle of Departure
DL-PRS	Downlink Positioning Reference Signal
DL-SCH	Downlink Shared Channel
DL-TDOA	Downlink Time Difference of Arrival
DM-RS	Demodulation Reference Signal
DN	Data Network
DNAI	DN Access Identifier
DNN	Data Network Name
DQR	Default QoS Rule
DRB	Data Radio Bearer
DRX	Discontinuous Reception
DSS	Dynamic Spectrum Sharing
DTCH	Dedicated Traffic Channel
DTX	Discontinuous Transmission
DU	Distributed Unit

E

EADSF	EAS Discovery Function
EAS	Edge Application Server
EASDF	Edge Application Server Discovery Function
E-CID	Enhanced Cell ID

E-CID	Enhanced Cell ID
eCPRI	evolved CPRI
ECS	Edge Configuration Server
EES	Edge Enabler Server
EIR	Equipment Identify Register
EIRP	Effective Isotropic Radiated Power
eMBB	enhanced Mobile Broadband
eNA	enhanced Network Automation
EN-DC	E-UTRA NR Dual Connectivity
EPC	Evolved Packet Core
ePDG	evolved Packet Data Gateway
EPRE	Energy Per Resource Element
EPS	Evolved Packet System
ER	EAP Re-authentication
ERP[1]	EAP Re-authentication Protocol
ERP[2]	Enterprise Resource Planning
ETSI	European Telecommunication Standards Institute
ETWS	Earthquake and Tsunami Warning System
E-UTRA	Evolved Universal Terrestrial Radio Access
E-UTRA/5GC	E-UTRA connected to 5GC
E-UTRA/EPC	E-UTRA connected to EPC
E-UTRAN	Evolved Universal Terrestrial Radio Access Network

F	
F1AP	F1 Application Protocol
F1-U	F1 User plane interface
F1-C	F1 Control plane interface
FAR	Forwarding Action Rule
FCC	Federal Communications Commission
FDD	Frequency Division Duplex
FDM	Frequency-Division Multiplexing
FFS	For Further Study
FN-BRG	Fixed Network Broadband Residential Gateway
FN-CRG	Fixed Network Cable RGGUAMI Globally Unique AMF Identifier
FN-RG	Fixed Network RG
FQDN	Fully Qualified Domain Name
FR1	Frequency Range 1
FR2	Frequency Range 2

FRMCS	Future Railway Mobile Communications System
FSAI	Frequency Selection Area Identity

G

GBR	Guaranteed Bit Rate
GCI	Global Cable Identifier
G-CS-RNTI	Group Configured Scheduling RNTI
GERAN	GSM/EDGE Radio Access Network
GFBR	Guaranteed Flow Bit Rate
GIN	Group ID for Network selection
GLI	Global Line Identifier
GMLC	Gateway Mobile Location Centre
gNB	Next Generation Node B
GNSS	Global Navigation Satellite System
GPON	Gigabit Passive Optical Network
GPSI	Generic Public Subscription Identifier
G-RNTI	Group RNTI
GSCN	Global Synchronization Channel Number
GSM	Global System for Mobile communications
GSM-R	Global System for Mobile communications - Rail
GTP-U	GPRS Tunnelling Protocol
GUAMI	Globally Unique AMF Identifier
GUTI	Globally Unique Temporary UE Identity

H

HAPS	High Altitude Platform Station
HARQ	Hybrid Automatic Repeat Request
HARQ-ACK	Hybrid Automatic Repeat Request Acknowledgement
HFC	Hybrid Fiber Coax
HMD	Head Mounted Display
HMI	Human Machine Interface
HR	Home Routed (roaming)
HRM	Human Resource Management
HRNN	Human Readable Network Name
HSDN	High Speed Dedicated Network
H-SFN	Hyper SFN
HSS	Home Subscriber Service

IaaS	Infrastructure-as-a-Service
IAB	Integrated Access and Back-haul
IAB-DU	IAB-node DU
IAB-MT	IAB Mobile Termination
ICS	IMS Centralized Services
ICT	Information and Communications Technology
IDC	In-Device Coexistence
IE	Information Element
IEEE	Institute of Electrical and Electronics Engineers
IIoT	Industrial Internet of Things
IMS	IP Multimedia Subsystem
IMSI	International Mobile Subscriber Identity
IoT	Internet of Things
IP	Internet Protocol
ITU	International Telecommunication Union
ITU-R	ITU Radio communication sector

KB	Kilobyte (1,000 bytes)
KPI	Key Performance Indicator

L1	Layer 1
L2	Layer 2
L3	Layer 3
LAA	Licensed-Assisted Access
LADN[1]	Local Access Data Network
LADN[2]	Local Area Data Network
LBO	Local Break Out (roaming)
LBT	Listen Before Talk
LDPC	Low-Density Parity Check
LMC	Location Management Component
LMF	Location Management Function
LPWA	Low-Power Wide-Area
LRF	Location Retrieval Function
LTE	Long Term Evolution
LTE-M	Long Term Evolution (4G)

M	
M2M	Machine-to-Machine
MAC	Medium Access Control
MBMS	Multimedia Broadcast and Multicast Services
MBS	Multicast Broadcast Service
MCC	Mobile Country Code
MCCH	MBS Control Channel
MCG	Master Cell Group
MCS[1]	Modulation and Coding Scheme
MCS[2]	Mission Critical Service
MDBV	Maximum Data Burst Volume
MDT	Minimization of Drive Tests
MEC	Multi-access Edge Computing
MES	Manufacturing Execution System
MFAF	Messaging Framework Adaptor Function
MFBR	Maximum Flow Bit Rate
MIB	Master Information Block
MICO	Mobile Initiated Connection Only
MIMO	Multiple Input Multiple Output
mMTC	massive Machine-Type Communications
mmWave	millimetre Wave
MNC	Mobile Network Code
MPE	Maximum Permissible Exposure
MPS	Multimedia Priority Service
MQTT	MQ Telemetry Transport
MR	Mixed Reality
MRB	MBS Radio Bearer
MR-DC	Multi-Radio Dual Connectivity
MSIN	Mobile Subscription Identification Number
MTC	Machine Type Communication
MTCH	MBS Traffic Channel
MTSI	Multimedia Telephony Service for IMS
MUSIM	Multi-Universal Subscriber Identity Module

N	
N3IWF	Non-3GPP InterWorking Function
N5CW	Non 5G Capable over WLAN
NA	Network Automation

N/A	Not Applicable
NAI	Network Access Identifier
NAS	Non-Access Stratum
NB-IoT	Narrow Band IoT
NCGI	NR Cell Global Identify
NCI	NR Cell Identify
NDI	New Data Indicator
NE	Network Exposure
NE-DC	NR E-UTRA Dual Connectivity
NEF	Network Exposure Function
NF	Network Function
NFV	Network Functions Virtualization
NGAP	Next Generation Application Protocol
NID	Network Identifier
NPN	Non-Public Network
NR	New Radio
NR-DC	NR-NR Dual Connectivity
NRF	Network Repository Function
NR/5GC	NR connected to 5GC
NRT	Near-Real-Time
NR-U	NR Unlicensed
NS	Network Slicing
NSA	Non-Stand-Alone
NSACF	Network Slice Admission Control Function
NSAG	Network Slice As Group
NSI	Network Slice Instance
NSMF	Network Slice Management Function
NSSAA	Network Slice-Specific Authentication and Authorization
NSSAAF	Network Slice-Specific and SNPN Authentication and Authorization Function
NSSAI	Network Slice Selection Assistance Information
NSSF	Network Slice Selection Function
NSSMF	Network Slice Subnet Management Function
NSSP	Network Slice Selection Policy
NSWOF	Non-Seamless WLAN Offload Function
NTN	Non-Terrestrial Network
NWDAF	Network Data Analytics Function

PRB	Physical Resource Block
PRG	Physical Resource block Group
ProSe	Proximity Services
PRS	Positioning Reference Signal
PSA	PDU Session Anchor
PSCell	Primary SCG Cell
PTM	Point to Multipoint
PTP	Point to Point
PSBCH	Physical Sidelink Broadcast Channel
PSCCH	Physical Sidelink Control Channel
PSFCH	Physical Sidelink Feedback Channel
PSS	Primary Synchronization Signal
PSSCH	Physical Sidelink Shared Channel
PUCCH	Physical Uplink Control Channel
PUCCH-SCell	PUCCH SCell
PUSCH	Physical Uplink Shared Channel
PWS	Public Warning System

Q	
QCL	Quasi Co-Location
QFI	QoS Flow Identifier
QoE	Quality of Experience
QoS	Quality of Service
QPSK	Quadrature Phase Shift Keying
QRI	QoS Rule Identifier

R	
RAB	Radio Access Bearer
RACH	Random Access Channel
RACS	Radio Capability Signaling Optimization
RAN	Radio Access Network
RAT	Radio Access Technology
RB	Resource Block
RE	Resource Element
RET	Remote Electrical Tilting
Rel-15	Release 15
Rel-16	Release 16
Rel-17	Release 17

Rel-18	Release 18
RF	Radio Frequency
RFID	Radio Frequency Identification
RG	Residential Gateway
RIM	Remote Interference Management
RIM-RS	Remote Interference Management Reference Signal
RLC	Radio Link Control
RLM	Radio Link Monitoring
RMTC	RSSI Measurement Timing Configuration
RNA	RAN-based Notification Area
RNI	Radio Network Information
RNL	Radio Network Layer
RNTI	Radio Network Temporary Identifier
ROHC	Robust Header Compression
RPA	Robotic Process Automation
RPLMN	Registered Public Land Mobile Network
RQA	Reflective QoS Attribute
RQI	Reflective QoS Indication
RRC	Radio Resource Control
RRH	Remote Radio Head
RRM	Radio Resource Management
RS	Referencd Signal
RSRP	Reference Signal Received Power
RSSI	Received Signal Strength Indicator
RSU	Roadside Unit
RTK	Real-Time Kinematic
RTT	Round Trip Time

S	
SA	Standalone
SaaS	Software-as-a-Service
SAP	Service Access Point
SBA	Service Based Architecture
SBAS	Satellite Based Augmentation System
SBI	Service Based Interface
SCADA	Supervisory Control and Data Acquisition
SCell	Secondary Cell
SCG	Secondary Cell Group

SCI	Sidelink Control Information
SCP	Service Communication Proxy
SC-PTM	Single-Cell Point-to-Multipoint
SCS	Sub-Carrier Spacing
SCTP	Stream Control Transmission Protocol
SD	Slice Differentiator
SDAP	Service Data Adaptation Protocol
SDN	Software Defined Networking
SD-RSRP	Sidelink Discovery RSRP
SDT	Small Data Transmission
SD-WAN	Software-Defined Wide-Area Network
SEAF	Security Anchor Functionality
SEPP	Security Edge Protection Proxy
Session-AMBR	Session Aggregate Maximum Bit Rate
SFA	Sales Force Automation
SFCI	Sidelink Feedback Control Information
SFN	System Frame Number
SFTD	SFN and Frame Timing Difference
SI	System Information
SIB	System Information Block
SIM	Subscriber Identity Module
SL	Sidelink
SLIV	Start and Length Indicator Value
SLSS	Sidelink Synchronization Signal
SM	Session Management
SMF	Session Management Function
SMSF	Short Message Service Function
SNPN	Stand-alone Non-Public Network
S-NSSAI	Single Network Slice Selection Assistance Information
SON	Self-Optimizing Network
SpCell	Special Cell
SPE	Safety, Productivity, Efficiency
SPS	Semi-Persistent Scheduling
SR	Scheduling Request
SRAP	Sidelink Relay Adaptation Protocol
SRB	Signalling Radio Bearer
SRI	SRS Resource Indicator
SRS	Sounding Reference Signal

SSB	Synchronization Signal Block
SSC	Session and Service Continuity
SSS	Secondary Synchronization Signal
SST	Slice/Service Type
SUCI	Subscription Concealed Identifier
SUPI	Subscription Permanent Identifier

T

TA[1]	Timing Advance
TA[2]	Tracking Area
TAG	Timing Advance Group
TAI	Tracking Area Identifier
TCI	Transmission Configuration Indicator
TCP	Transmission Control Protocol
TDD	Time Division Duplex
TDM	Time Division Multiplexing
TDMA	Time Division Multiple Access
TEG	Timing Error Group
TEID	Tunnel Endpoint Identifier
TLS	Transport Layer Security
TM	Transparent Mode
TMA	Tower Mounted Amplifier
TMGI	Temporary Mobile Group Identity
TNGF	Trusted Non-3GPP Gateway Function
TNL	Transport Network Layer
TNLA	Transport Network Layer Association
TRP	Transmission and Reception Point
TSC	Time-Sensitive Communication
TSCTSF	Time Sensitive Communication and Time Synchronization Function
TSN	Time Sensitive Networking
TSNAF	Time Sensitive Networking AF
TSP	Traffic Steering Policy
TTI	Transmission Time Interval
TWAP	Trusted WLAN AAA Proxy
TWIF	Trusted WLAN Interworking Function

U	
U2N	UE-to-Network
UAV	Unmanned Aerial Vehicle
UC	Uplink Classifier
UCI	Uplink Control Information
UCMF	UE radio Capability Management Function
UDC	Uplink Data Compression
UDM	Unified Data Management
UDP	User Datagram Protocol
UDR	Unified Data Repository
UDSF	Unstructured Data Storage Function
UE	User Equipment
UE-AMBR	UE Aggregate Maximum Bit Rate
UL	Uplink
UL-SCH	Uplink Shared Channel
UL-TDOA	Uplink Time Difference Of Arrival
UM	Unacknowledged Mode
UP	User Plane
UPF	User Plane Function
uRLLC	ultra-Reliable and Low-Latency Communication
URSP	UE Route Selection Policy
USIM	UMTS SIM
USS	UE-Specific Search Space
UUID	Universally Unique Identifier
UWV	Ultra-Wide Band

V	
V2X	Vehicle-to-Everything
VID	VLAN Identifier
VLAN	Virtual Local Area Network
VNF	Virtual Network Function
VoIP	Voice over IP
VoLTE	Voice over LTE
VoNR	Voice over New Radio
VR	Virtual Reality
VPN	Virtual Private Network

V-PCF	a PCF in the VPLMN
VTI	Virtual Table Inspection

W~Z

W-5GAN	Wireline 5G Access Network
W-5GCAN	Wireline 5G Cable Access Network
W-AGF	Wireline Access Gateway Function
WAN	Wide Area Network
WEF	World Economic Forum
WLAN	Wireless Local Area Network
WLANSP	WLAN Selection Policy
WRC-19	World Radiocommunication Conference 2019
WWC	Wireless-Wireline Convergence
WWSF	WebRTC Web Server Function
WWW	World Wide Web
XR	eXtended Reality

| 찾아보기 |

기업의 DX와 5G

기업의 디지털 혁신을 위한 5G 자가망 사례 및 도입/구축 입문서

발 행 | 2023년 3월 3일

지은이 | 최 성 남 · 안 철 주 · 육 영 수

펴낸이 | 권 성 준
편집장 | 황 영 주
편 집 | 김 진 아
　　　　임 지 원
디자인 | 윤 서 빈

에이콘출판주식회사
서울특별시 양천구 국회대로 287 (목동)
전화 02-2653-7600, 팩스 02-2653-0433
www.acornpub.co.kr / editor@acornpub.co.kr

책값은 뒤표지에 있습니다.